明代東北史綱

楊　暘／著

臺灣 學 生 書 局 印行

自　序

　　中國爲世界文明古國之一。在漫長的歷史長河中，發展到明朝時期，即十四至十七世紀，已經進入了封建社會後期。神州震蕩，風雲聚變。値得我們認眞地思考和研究。有明一代東北，是明朝歷史的一部份，尤其明代東北地區的歷史與淸朝（後金）有着直接關係，即淸朝於東北崛起之時，正是明朝在東北統治衰亡之日。因此，研究明朝東北地區的社會歷史，是研究明代歷史和淸入關前的歷史一個重要課題。

　　洪武元年（1368 年），朱元璋率領起義軍推翻元朝的統治，建立了明朝。明朝建立後，朱元璋即着手統一東北地區。洪武四年（1371 年），元遼陽行省平章劉益獻遼東州郡地區和兵馬錢糧册籍，歸降明朝。接着，明置遼東衞於得利贏城（今遼寧復縣東北得利寺）。這是明朝接替元朝統治，在東北地區設置地方權力機構的開始。其後，於遼陽建立遼東都司和在黑龍江下游特林（今稱蒂爾Tblp）建立奴兒干都司，並於其地豎立永寧寺碑。刻碑記事，千載斯古。這些翻騰着的歷史浪花，記錄着那些消逝的崢嶸歲月。

　　明接管元代疆土後，便積極推行屯田，興修水利，修建城鎭，開放馬市貿易等措施。在東北各族民人辛勤勞動下，特別由江南漁米之鄉謫戍東北的廣大流人，渡湍水，越穹嶺，遠離故土，跋涉冰雪，來到了白山黑水中間，他們在重冰積雪，絕塞異鄉的北

國大地，與兄弟民族，披荆斬棘，辛勤勞動，屯田拓荒，星土戍疆乃至興辦教育，增華踵事，繁榮了社會經濟，創造了光輝燦爛的文化。塞磧絕域，東陲僻壤，莫不留下了他們的足跡，反映出明時期前人經營開發東北的生動場面。有明一代，特別洪武、永樂年間，在東北荒陬僻域之地，星羅棋布地建置起大量衛所，對各民族採取羈縻政策統治，隨着衛所的設置，又建立了驛站和驛道。這些衛所以及驛站和驛道，宛若游龍，麗如明珠，串綴在東北江山之間，使得千里冰封的北國明代版圖顯得生機盎然。朱棣即位爲永樂帝，他審時度勢，順應歷史潮流，改變了太祖朱元璋「祖訓禁絕之旨」，採取了帶有開放彩色的外交政策，派遣鄭和七下西洋，又諭旨亦失哈九上北海，試圖再度打通中國通往東北亞洲及其它各地和太平洋沿岸的島嶼並亞美沿海大陸的通道。同時，一批新興的城鎮在東北大地出現，商品貿易，馬市貿易，城鎮經濟日益發展，農業點也在星星點點的出現在松遼平原、三江平原、綏芬河流域，甚至黑龍江中下游，形成了十五世紀明代東北社會經濟發展和繁榮。又這一時期，由於倭寇入侵，東北地區漢、蒙古、女眞、高麗等民族在反侵略的自衛戰鬥中，走上了現代民族的行列，增加了中華民族意識，推動了社會前進。如西方一樣，東方也出現了資本主義萌芽，在東北社會經濟領域也透露了資本主義因素前的曙光。

但是，從十五世紀中葉起，明朝日趨腐敗，對東北統治的矛盾日益尖銳和加深，屯田的破壞，屯軍的逃亡，賦役的加重，社會經濟日漸衰退，社會動蕩不安。特別是明朝對東北的統治，經過中葉社會矛盾，與風風雨雨政治風暴之後，

約從十六世紀二十年代，已步入了它的歷史後期。皇帝昏庸無能，朝臣結黨營私，宦官專權，邊官貪利，橫徵暴斂，邊防鬆弛，衛所破壞，田地荒蕪，廣大軍民在死亡線上掙扎，實到無可忍受地步，便揭竿而起，激昂慷慨，多次爆發了「民變」和「兵變」的反封建鬥爭，起義颮火，血映神州，英勇獻身，可歌可泣。與此同時，建州女眞在努爾哈赤的領導下，統一女眞各部，接管明代奴兒干都司轄境廣大地域，建立了後金政權，逐步壯大起來，進入遼瀋地區。

歷史的長河，激流澎湃，洶湧向前。明王朝終於在東北廣大軍民反抗下，李自成所率領的起義軍和後金進攻的浪潮衝擊下滅亡了。

從以上明時期東北社會歷史的概括敍述，我們可將明代東北社會歷史分為三個時期：

第一個時期：從洪武四年（1371 年）至宣德十年（1435 年）。這一時期的特點是，明朝對東北統一及其鞏固和加強，其社會經濟恢復和發展繁榮時期。

第二個時期：從正統元年（1436 年）至正德十六年（1521年）。這一時期的特點是，明朝對東北統治的矛盾日益尖銳和加深。土地兼併，屯田破壞，經濟日漸衰退，社會矛盾日益顯露，謂之明代東北社會大動蕩時期。

第三個時期：從嘉靖元年（1522 年）至崇禎十七年（1644年）。這一時期特點是，明朝對東北統治的危機、瓦解。屯田崩潰，經濟遭到嚴重破壞，民族矛盾和階級矛盾十分尖銳，滿族厥起，各族人民不斷爆發反封建鬥爭，謂之東北社會的更替時期。

歷史的分期，使我們能清楚地認識和掌握有明一代東北社會歷史發展規律和特點。

《明代東北史綱》，主要依據實錄、檔案、地方誌、文集、墓誌、碑碣、家譜、族譜等有關記載，以及考古資料，在拙著《明代奴兒干都司及其衞所研究》、《明代遼東都司》、《中國東北社會》、《曹廷傑與永寧寺碑》等專著的基礎上，濃縮每書所長，送出新意，概而簡之，力求對有明一代東北社會歷史，做一深入、全面地研究和探索。

本書屬於斷代史。全書共分上、中、下三篇，十四章，十五幅插圖，十一條附錄，比較系統全面地敍述了有明一代東北地區社會歷史的發展和變化。因其爲斷代史，自當做爲一個體系來分析、撰寫，所以各個方面的內容，廣泛涉獵。但本書從駕輕成熟的前人寫史的格局中解脫出來，而側重研究明季東北社會的歷史，了解過去，對中國東北社會、中華民族獲得一個全面、立體、具體概念的認識，從而決定我們努力的目標，發展的方向。加強對明朝東北初、中、後各個時期，遼東都司社會經濟發展和奴兒干都司轄境的社會經濟形態研究，而就這方面而言，實是一種大膽的嘗試。尤其對有明一代東北城鎮的修建及其城鎮經濟，如冶煉業、武器製造業、舟車製造業和造紙業以及謫戍流人、社會生活的衣食住行、婚喪嫁娶、文明教化以及人們在社會生活中所形成的觀念形態、民族意識、成文規範、風俗習慣等方面的研究，勾勒出形形色色豐富多彩的歷史畫卷。情趣盎然，不苟於前人，顯得更富有新意。

但這些問題，泝其源流，啓其關鍵，難度量大，文字量大，

所以祇能提綱挈領而撰寫，因此本書爲其史綱，聊備覆瓿。稱爲綱者，蓋不敢視爲定本之意。有些問題，過去史學界研究很少，語焉不詳，且多零散片斷，甚至無人問津，實爲空白，無有借鑒，史籍關如，不祇缺乏編年記事的綜合史乘，即如議世傳聞的稗官野史，也鮮見著述，均使人不能無關如之嘆。

但是，本書是吉林省社會科學院「六五」科研重點項目，得到各方面重視和支持，又是合力攻關，精誠團結，潛心問學，用志不紛，夙興夜寐，辛勤筆耕，才構築、繪製出這一漫長而豐富絢麗多彩的有明一代東北社會歷史畫廊。

本書在撰寫過程中，多蒙李洵、王健群、傅郎雲、李健才諸先生大力幫助和指導，特別李洵先生對本書有關經濟章節撰寫提出了寶貴意見，給予指導。王健群先生雖患重病，但仍於病榻上一絲不苟地解答所請教的關於遼東碑誌緣起問題。還得到了吉林省社會科學院歷史所諸位同仁以及有關單位和許多專家朋友的大力支持和幫助。北京國家第一歷史檔案館李鵬年，遼寧省檔案館佟永功，遼寧省博物館王明琦、趙洪山，遼寧省社會科學院魏鑑勛，黑龍江省博物館李士良，中國人民大學清史所李鴻彬，北京考古所楊虎，旅順博物館曲傳林，新金縣文化館李金貴，以及蓋縣、金縣、義縣、彰武縣、北鎮縣、康平縣誌辦公室等同志提供了珍貴照片和重要歷史資料，在此一併致謝。尤在謄清書稿過程中，楊暘夫人曲若筠女士，也付出了大量勞動，情愫深篤。

由於我們水平有限，書中肯定有紕繆之處，且遠沒有寫出有明一代東北社會史研究眞諦。切盼學界同好不吝賜教爲幸。

著　者

一九八九年六月初稿

一九九一年七月定稿於長春

明代東北史綱

目　次

插　圖

附 錄

上　篇
明朝初期對東北統一及
其鞏固和加強

（洪武四年至宣德十年，西元 1371-1435 年）

第一章　明洪武朝對東北
統一與建置

第一節　洪武朝對東北統一與
遼東都司建置

一　元末明初的東北形勢

中國是世界文明古國之一，經歷了漫長的封建社會。

古老的中國，雖然以自己昌盛的古代文明，對世界產生過重大影響。但長期以來，卻是與世界各國，尤其與西方世界隔絕，是一個十足的封閉式的自然自給封建經濟，阻礙了中國社會的前進。而元朝統治者又實行殘酷的階級壓迫和民族壓迫。階級矛盾、民族矛盾十分尖銳。各族民眾不懈的進行反抗鬥爭。這種鬥爭，幾乎與蒙古貴族建立元朝的同時，反元鬥爭便已開始，元朝至元二十四年（1287 年），元平章桑哥、玉速帖木兒就說：全國各地，「歸附十年，盜賊迄今未靖。」❶玉呂魯也說：「江南盜賊，凡

---

❶　《元史》卷14，〈世祖本紀〉。

四百餘處。」❷其它地區的反元鬥爭亦所在蜂起，在元朝統治的近一個世紀的歷史，這種鬥爭也從未間斷過。終於元至正十一年（1351 年），爆發了全國範圍的反元民眾大起義。鐵馬金戈，廝殺鏖戰。結果於一三六八年被朱元璋所率領的農民起義軍推翻。中國的社會在動蕩、前進，中國東北社會同樣在動蕩、前進。

明朝建立後，朱元璋便着手統一東北。但是，當其建國之初，明朝統治基礎並不鞏固。就其全國來看，四川明玉珍之子明升與雲南梁王巴匝剌瓦爾密等割據勢力仍存在。周邊情況亦甚不利，元順帝北走後仍擁兵北邊，有時兵臨通州，威脅北平；擴廓帖木兒盤踞甘肅一帶，屢犯蘭州等地；特別是當時東北形勢，對明朝的統治來說，更為不利❸。首先元在東北餘部力量還很雄厚，在遼東尚有哈剌張「屯駐瀋陽古城」，高家奴「固守遼陽山寨」❹，也先不花「駐兵開原」，洪保保據守遼陽，劉益集兵「得利嬴城」（今遼寧省得利寺鎮）❺。尤其元丞相納哈出擁兵十萬，盤踞金山（今遼寧省開原西北），養精蓄銳，闚伺遼東，待機南下，「彼此相依，互為聲援」❻。元餘部勢力的存在，威脅着剛剛建立的明王朝的生存。這就是元末明初東北的政治形勢。

而當時東北的經濟也是比較落後的。地處邊陲，「土曠人

---

❷ 《元史》卷 15，〈世祖本紀〉。

❸ 拙著：《明代流人在東北》，載《歷史研究》1985 年 4 期。

❹ 《明太祖實錄》卷 66。

❺ 《明太祖實錄》卷 56；參閱《遼東誌》卷 8，第 7-8 頁（《遼海叢書》本）。

❻ 《明太祖實錄》卷 66。

稀」❼，「民以獵爲業，農作次之」❽，生產落後。加之元末明初戰亂頻仍，山河殘破。元的餘部勢力「各置部衆，多至萬餘人，少不下數千，互相雄長，無所統屬」，甚至互相攻打，「虜掠男女畜產」，連比較發達的遼陽古郡，也「城爲一空」❾，給東北民衆帶來了沉重的災難。因此，當時東北的經濟形勢是「元季兵寇殘破，居民散亡，遼陽州郡鞠爲榛莽」❿，社會經濟異常凋敝，民衆生活處於極端困苦之中。

朱元璋爲首的明初統治者必須以及時而得當的措施對待元末明初的東北形勢，否則不足以鞏固其統治。當時的必要地措施是解除北方元朝餘部的割據勢力，恢復被破壞的東北經濟，緩和社會矛盾。爲完成統一中國的大業，朱元璋便集中力量解除元代餘部勢力。洪武四年（1371 年），平定四川的明升。洪武十五年（1382 年），消滅巴匝刺瓦爾密，收復雲南。對元北方餘部勢力，而從洪武三年（1370 年）起，則派徐達由潼關出西安，直搗擴廓帖木兒的根據地定西（今甘肅定西縣）。李文忠北攻應昌（今內蒙古自治區多倫東北）的元順帝子愛猷識理達臘，兩路皆大勝。攻取了定西，擴廓帖木兒北走和林（今蒙古人民共和國阿魯渾河上游額爾德尼招），西北形勢穩定；明軍又攻取了應昌，愛猷識理達臘敗走，北邊威脅減輕。這對明朝統治的鞏固起了不小的作

---

❼　《明太祖實錄》卷 145。

❽　《明太祖實錄》卷 144。

❾　《遼東誌》卷 8，第 7 頁（《遼海叢書》本）。

❿　《遼東誌》卷 8，第 7 頁（《遼海叢書》本）。

用⑪。

朱元璋在解決西北元代餘部勢力的同時，便集中主要力量來解決東北的元代餘部勢力，於是果斷而迅速地開始了對東北的用兵。

二　洪武朝對東北統一

朱元璋對東北統一是採取招撫和用兵相結合，而以用兵做為強大後盾。他的目標是首先出兵圍攻納哈出。但當時馬上攻取納哈出的時機尚未成熟。所以，朱元璋的策略，把首先攻取遼東南部做為他用兵東北的第一個行動。

洪武三年（1370 年）秋，朱元璋命斷事黃儔「齎詔宣諭遼陽等處官民」⑫。次年初，元遼陽行省平章劉益，在侍郎房暠、右丞張良佐、董遵等人的支持下，接受招服，率衆投明於得利嬴城。劉益遣董遵、楊賢持表「航海朝天」，獻「遼東州郡地圖，并籍其兵馬錢糧之册」⑬。朱元璋甚喜，置遼東衞指揮使司，並授劉益為衞指揮同知。元將洪保保對劉益降明極為不滿，與「馬顏羣共殺益」，劉益死後，軍隊驚亂，房暠、張良佐「率部下擒顏羣殺之」，又率兵誅討洪保保。洪保保「走納哈出營」，軍心遂定。房、張二人立即上書陳奏遼東軍情，並「乞留朝廷所遣斷事吳立」總遼東衞事。明廷遂任命吳、房、張為遼東衞指揮僉事，明朝勢

---

⑪　李洵：《明清史》，1957 年人民出版社。

⑫　《遼東誌》卷 8，第 7 頁（《遼海叢書》本）。

⑬　《明史紀事本末》卷 10；《明太祖實錄》卷 61。

力開始統治了遼南地區 ⓮ 。

　　洪武四年（1371 年）六月，朱元璋得知納哈出要南犯，仍派遣黃儔持書宣諭，至金山納哈出駐地招降。納哈出不從，並將黃儔「拘不遣」。朱元璋深感事態發展嚴重，決心派軍前往，以武力攻伐。即派馬雲、葉旺率領兵由山東「登萊海道」北上，直抵旅順登岸，屯兵金州(今遼寧省金縣)。明廷又命靖海侯吳禎「率舟師運糧遼東，以給軍餉」⓯，供應進征東北的明軍。馬雲、葉旺抵達後，首先進行宣招，高家奴不從，只好揮師北上「進軍平頂山，攻破高家奴於老鴉山寨（今遼陽市東）」⓰。繼之，又攻佔了遼陽等地。至此，除納哈出外，遼東元朝的勢力，基本掃清。

　　洪武五年（1372 年）十一月，納哈出竄犯遼東，「掠刼牛家莊（今遼寧省海城牛莊），燒倉糧十萬餘石」⓱。七年（1374年）又寇遼陽。朱元璋令明軍採取積極防守策略，八年（1375年），又下令給遼東都指揮使司，「今天寒冰結，虜必乘時入寇，宜堅壁清野，以待之，慎勿與戰，使其進無所得，退有後慮，伏兵阻險，扼其歸路，虜可坐致也」⓲。是年冬，納哈出再次內犯。都指揮使馬雲、葉旺依照朱元璋的指令，「命蓋州衞指揮吳立、張良佐、房暠等嚴兵城守，虜至堅壁勿與戰」⓳。及納哈出犯蓋州城下，

⓮　《明太祖實錄》卷 66。

⓯　《明太祖實錄》卷 71。

⓰　《遼東誌》卷 8，第 7 頁（《遼海叢書》本）。

⓱　《明太祖實錄》卷 76。

⓲　《明太祖實錄》卷 102。

⓳　《明太祖實錄》卷 102。

「見城中備禦嚴，不敢攻」，便越蓋州城，又進犯金州城。當時，金州城牆正修建中，軍士寡少。在指揮韋富、王勝等指揮下，一面督勵士卒，分守諸城門；一面挑選精銳兵士，登城準備作戰。納哈出部將乃剌吾，自恃驍勇，率數百騎，逕至金州城下挑戰。城上發弩射之，將乃剌吾射傷活捉。乃剌吾被俘後，速送京師南京，明廷以授「乃剌吾爲鎮撫，賜以妻妾田宅」招降❷。納哈出失去大將乃剌吾，軍隊士氣大沮。指揮韋富等乘勝縱兵出擊，納哈出見勢不利，遂引兵北遁。行至孛蘭堡（今遼寧省新金縣普蘭店）、抱龍山（今遼寧省復縣瓦房店附近），又遭到明軍阻擊。於是納哈出不得不沿着蓋州城南十里外的柞河（又名梓河，今遼寧省蓋縣境）逃遁。

當時，明都指揮葉旺對納哈出的撤軍路線早有所料，先引兵趨柞河，自連雲島（今遼寧省蓋縣西）至窟駝寨十餘里「緣河疊冰爲牆，以水淋之」，一夜之間，築成一道冰牆，「隱然如城」。他還命兵士「藏釘板於沙中，設陷馬井於平地」，伏兵以待，與此同時「命老弱捲旗，登兩山間戒以聞砲即豎旗」，迷惑敵騎。馬雲也在城中「立一大旗」，指揮戰鬥。又命定遼前衞指揮周鶚、吳立等，各嚴兵以待。時寒冬之值，納哈出率殘軍在寒風凜烈，冰天雪地之中急奔柞河而來，行至蓋州城南，突然城上一聲砲響，「伏兵四起，兩山旌旗蔽空，鼓聲雷動，矢石雨下」❷，納哈出見勢，倉惶失措，直趨連雲島，又遇冰城，「馬不能前，皆陷入

---

❷ 《國榷》卷6；參見《明太祖實錄》卷102。

❷ 《明太祖實錄》卷102。

井中」，軍騎大潰。馬雲於城中出兵追殺至將軍山、畢粟河（今
遼寧省新金縣碧流河），斬殺、凍死敵者甚多，而葉旺也率軍乘
勝追至豬兒峪，獲其「士馬無算」，元軍大敗。納哈出十分狼狽，
「僅以身免」，逃回金山。明軍在遼南地區的勝利，給北征金山
創造了有力條件。而到洪武十四年（1381 年），明軍又完成了雲
南梁王割據勢力的平定，這樣明朝便可集中力量來解決東北元的
餘部勢力。同時，朱元璋下詔戶部出納庫錢一百八十五萬七千五
百錠，發給北平、山東、山西、河南等地民夫二十餘萬，運米一
百二十三萬石至松亭關（今河北省遷安縣西北）、會州（今河北
省平泉縣南）、大寧（今河北省平泉縣北）、富峪（今河北省平
泉縣北），每夫運米一石❷，積極做好出征準備。

　　朱元璋在分析納哈出當時處境時說：「朕計納哈出去金山未
遠，以兵促之，勢必來降，且胡主謂我得志，無意窮追，必順逐
水草往來黑山，魚兒海之間，乘其趦趄，攻其不備，虜衆可盡圖
矣！」❸於是洪武二十年（1387 年）初，他命宋國公馮勝為征虜
大將軍，潁國公傅友德為左副將軍，永昌侯藍玉為右副將軍，南
雄侯趙庸、定遠侯王弼為左參將，東川侯胡海、武定侯郭英為右
參將等，率領步騎兵二十萬，向納哈出老巢金山進發。行師之前，
朱元璋做了周密的佈署，他諭旨馮勝等人：納哈出「詭詐，未易
得其虛實，汝等慎無輕進，且駐師通州（今河北省通縣），遣人
覘其出沒。虜若在慶州（今哈喇木連河流域），宜以輕騎掩其不

---

❷　《明太祖實錄》卷 179 。
❸　《明太祖實錄》卷 182 。

備。若克慶州，則以全師經擣金山，納哈出不意吾師之至，必可擒矣」❷。

　　馮勝等部將按照朱元璋的指令，於當年三月，率軍出松亭關，築大寧、會州、富峪和寬河（今河北省寬城縣）四城，駐兵大寧❷，儲備糧餉，以供軍需。五月，馮勝「留兵五萬，駐守大寧」，以保糧草供應線，其餘大隊人馬直趨金山。師行「至遼河東，獲納哈出屯卒三百餘人，馬四十餘匹，遂進師駐金山之西」❷。在大軍壓境之下，朱元璋指揮張充擁送原納哈出部將乃剌吾到馮勝營，令馮勝遣人送之納哈出所勸降。當乃剌吾到達松花河時，見到了納哈出。納哈出為其未死而大驚曰：「我謂汝死矣！今日乃復得相見，執手勞問殷勤」❷。乃剌吾當敍明廷招撫之意。納哈出佯裝接受勸告，但仍沒有投降之誠意，暗地派遣其左丞劉探馬赤等以獻馬為名，到馮勝軍營中闚視虛實。馮勝立即識破了納哈出的詭計，毅然遣人將劉探馬赤送至京師，並乘機率師踰金山至女直苦屯，納哈出步將觀童投降。馮勝速派遣右副將軍藍玉往一禿河（今吉林省伊通河）受降。又派前降觀童去松花河納哈出所部勸降，其部亦降四萬餘❷。最後納哈出計窮力孤，大軍威逼下，被迫投降。馮勝派藍玉率軍前往受降，「得所部二十餘萬，羊馬

❷　《明通鑒》卷 9；參見《明太祖實錄》卷 180。

❷　《明太祖實錄》卷 181。

❷　《明太祖實錄》卷 182。

❷　《明太祖實錄》卷 182。

❷　《明太祖實錄》卷 182。

駝驢輕重亘百餘里」❷，這對明朝統一東北地區是有決定性的意義。

此後，明朝又進軍松花江、捕魚兒海（今貝爾池）大敗元順帝孫脫古思帖木兒等餘部勢力❸。

在清除元餘部勢力的同時，明朝爲了更好的統治這一幅員廣袤千里冰封的北國版圖，便先後設置地方政權機構。明朝統治者考慮到東北地區「土曠人稀」等原因，而採取設置地方軍政合一的統治辦法，即都司及衞和二州制。

第二節　遼東都司及衞和二州的建置

一　遼東都司的建置

有明一代遼東都司的設置，是隨着明朝對東北的招服、用兵而進行的。洪武四年（1371年），元遼陽行省平章劉益派遣董遵、楊賢向明獻遼東州郡地圖和兵馬錢糧册籍，歸降明朝。接着，明「置遼東衞於得利嬴城」（今遼寧復縣東北得利寺鎮），以劉益爲衞指揮同知❸，這是明王朝接替元朝統治，在遼東地區設置政權機構的開始。七月，又設「定遼都衞指揮使司」，以馬雲、葉旺爲都指揮使，吳泉、馮祥爲同知，王德爲僉事，「總轄遼東

---

❷　《明史》卷129，〈馮勝傳〉；《明太祖實錄》卷182。

❸　《明太祖實錄》卷190、220、239。

❸　《明太祖實錄》卷61。

諸衞」❷。定遼都衞指揮使司治所在遼陽城（即今遼陽市老城）。
洪武八年（1375年），明軍大敗納哈出部於遼南地區，給遼東的
故元勢力以決定性的一擊。同時，隨着全國「都衞」改稱爲「都
司」，於是明朝政府於同年十月，便改定遼都衞指揮司爲「遼東
都指揮使司」（簡稱「遼東都司」）❸。

　　遼東都司建立後，遼東地區已爲明代疆土。明朝對這一地區
加強統治，委派官員。有的官員就是當地提拔使用；但爲了配備
一些治績得力文武雙全的官員，有的還需從遙遠的關內等地調遣
到東北就任。有關這方面記載除了《明實錄》等有關文獻外，最
能說明問題的是明代遼東檔案，這是當時當地的第一手資料，十
分珍貴。明檔丙類三五六號卷是明嘉靖年間各地調派遼東都司及
衞任職文武官員的清册分別載明調派官員的姓名、年齡、原籍、
到任時間和任務。比如：「黃世恩，三十八歲，係江西饒州府安
仁縣人，嘉靖二十五年十月十五日到任，見掌印兼中哨馬隊」、
「戴芳，四十一歲，係湖廣承天府荆州人，嘉靖十七年□月七日
到任，見掌中衞印信」、「趙繼祖，三十九歲，係山西汾州平遙
縣人，嘉靖四十一年二月十四日到任，掌本司印信」、「張世臣，
四十一歲，係山東萊州府平度州昌邑縣人，嘉靖十七年十月三日
到任，掌印信」、「曾三肖，三十九歲，係山東青州府日照縣人，

---

❷　《明太祖實錄》卷67。

❸　《明史》卷41，〈地理誌〉；《大明清類天文分野之書》卷24；蔡運
　　辰：《明代東北疆域建置考》，載王大任主編《東北研究論集》㈠
　　1957年6月臺北中華文化事業委員會出版。

嘉靖三□十二月三十日到任，掌印信」，「陳堯卿，二十五歲，
係直隸淮安府沭陽人，嘉靖三十五年□月一日到任，掌本所印信」、
「張紀，四十三歲，係江西饒州府鄱陽縣人，嘉靖十二年三月十
一日到任，掌本所印信」、「杜鐙，三十八歲，係直隸永平府昌
黎縣人，嘉靖二十年六月二十一日到任，升鎮靜堡守備」、「賈
進忠，四十一歲，係直隸鳳陽府定遠縣人，嘉靖二十年六月十一
日到任，今空閒」、「焦潮，五十九歲，係山西平陽府洪洞縣人，
嘉靖四年十二月十二日到任，今空閒」、「苟麒，三十六歲，係
山東兗州府濟寧人，嘉靖四十年四月二十九日到任，守鎮邊堡」、
「李應時，三十八歲，係山東青州府臨朐縣人，嘉靖二十四年六
月二十一日到任，今空閒」、「陳驥，四十七歲，係江西饒州府
鄱陽縣人，嘉靖二十年五月一日到任，掌印兼中哨馬隊」、「陳
駿，三十三歲，係江西饒州府鄱陽縣人，嘉靖二十三年八月二十
日到任，管征調馬隊」、「余良臣，三十八歲，係直隸鳳陽府定
遠縣人，嘉靖十五年五月八日到任，掌印信」、「劉贊，三十三
歲，係直隸淮安府沭陽縣人，嘉靖三十年七月五日到任，掌印信
征調馬隊」、「王世臣二十八歲，係山東登州府寧海州人，嘉靖
三十二□□□五日到任，掌印□⋯⋯」、「郭良佐，五十八歲，
係直隸廬州府合肥縣人，嘉靖十二年十二月二十五日到任，掌印
兼右哨馬隊」、「施仁，四十八歲，係直隸蘇州府長州人，嘉靖
十三年六月十三日到任，掌鹽場印信」、「焦士卿，四十九歲，
係陝西西安府涇陽縣人，嘉靖四十年十二月二十二日到任，掌本
倉印信」❸❹。

❸❹　遼寧省檔案館藏；《明信牌檔》丙類，第356號卷。

　　由上述明代檔案得知，遼東都司官員，來自天南海北，地區
十分廣泛。明代遼東檔案丙類三五六號卷，記錄的是遼東都司及
其衛所嘉靖年間官員調派官員一事。但可以看出有明一代由內地
調派東北官員的大體情況。應該指出，這份檔案是很殘缺的，但
保留下來所記載的內容，是完全符合歷史事實的，與其它文獻記
載完全吻合。調派遼東的大小文武官員，是來自內地許多不同的
地方。這些地方完全可以查出。上述史料中的「江西饒州府安仁
縣」，即今江西鷹潭北；「湖廣承天荊州」，即今湖北省江陵市；
「山西汾州平遙縣」，即今山西省平遙縣；「山東萊州府平度州
昌邑縣」，即今山東省昌邑縣；「山東青州府日照縣」，即今山
東省日照縣；「直隸淮安府沭陽縣」，即今江蘇省沭陽縣；「江西
饒州府鄱陽縣」，即今江西省波陽縣；「直隸永平府昌黎縣」，
即今河北省昌黎縣；「直隸鳳陽府定遠縣」；即今安徽省定遠縣；
「山西平陽府洪洞縣」，即今山西省洪桐縣；「山東兗州濟寧
縣」，即今山東省濟寧市；「山東青州府臨朐縣」，即今山東省
臨朐縣；「山東登州府寧海縣」，即今山東省牟平縣；「直隸廬
州府合肥縣」，即今安徽省合肥市；「直隸蘇州府長州」，即今
江蘇省蘇州市；「陝西西安府涇陽縣」，即今陝西省涇陽縣。僅
舉十六個地方為例。上已提及，這是根據明代遼東檔案丙類三五
九號卷殘檔所作出的不完全的統計，可見明朝由內地調派遼東官
員甚多。

　　歷史證明，明政府的上述對遼東一系列措施，雖然無一不是
服務其維護封建統治的政治目的，建置衛和二州，調派官員，進
行強有效的管轄。在加強內地和遼東地區各族民眾的政治、經濟、

文化交流方面，都發揮了一定的積極作用。

　　當然也有從遼東都司調派到山西、南京、湖廣、東勝左衞（今內蒙薩拉齊西）等地任職的。治績優異者還給予提陞。

　　明朝不但向遼東地區調派官員，進行統治，還賜都司及衞和二州印。都司及衞和二州印的賜發，表明明朝政府對遼東運用國家的權力，行使強有效的管轄。

　　明朝對遼東都司賜印，都是由明禮部所屬的鑄印局鑄造的 ⑮。

　　遼東都司的印文爲陽鑄九疊篆文：「遼東都指揮使司之印」⑯。

　　遼東都司內設「經歷司」，做出納文書等事宜，經歷司印也是由禮部鑄發的 ⑰。遼東都司經歷司的印文爲陽鑄十二疊篆文：「遼東都指揮使司經歷司之印」⑱。

　　遼東都司的兩種官印，均作不同性質的公文使用。官印的使用，說明遼東都司用法律形式，行使地方機構的權力。

　　遼東都司官員得印後，便成爲明朝的地方官員，這些人手裏拿着明王朝賜給的官印，穿着明王朝賜給的官服，即「襲衣」，行使職權 ⑲。管轄二十五衞和二州。其地域東至鴨綠江、西至山海關、南至旅順口，北至開原 ⑳，即相當於今遼寧省的大部，其

---

⑮　《明宣宗實錄》卷72。

⑯　遼寧省檔案館藏：《明信牌檔》甲種，第240號卷。

⑰　《明宣宗實錄》卷72。

⑱　遼寧省檔案館藏：《明信牌檔》甲種，第10號卷。

⑲　拙著：《明代奴兒干都司及其衞所研究》，1982年河南中州古籍出版社。

⑳　《遼東誌》卷1，第5頁（《遼海叢書》本）。

地理位置十分重要。它「南望青徐，北引松漠，東控海西女直」
❹，是中原地區北連黑龍江口奴兒干都司的中間環節，它如一條
巨大臂膀，橫亙在京師的左側，構成了一道政治、軍事的天然屏
障。在這一地區，有巍峨雄奇的千山，景色壯觀的東南丘陵；有
奔騰澎湃的遼河和沃野千里的遼河平原，正所謂山河壯麗，氣象
萬千。由於它的地理位置重要，自然條件優越，這裏自古以來就
是中華民族生息和活動的地方，爲歷代所重視。建立設置，加強
管轄。

二　遼東都司屬下二十五衞及二州的建置

　　遼東都司屬下二十五衞建置情況，在拙著《明代遼東都司》
已詳細論述，這裏只做簡單述及。

　　三萬衞，明洪武十九年（1386 年）設於「鴨綠江以東的斡朶
里」❹，即在「鴨綠江以東的土門地面」❹，當在今吉林省延邊
琿春地區。但不久，因「糧餉困難」，就徙「三萬衞於開原」，
即今遼寧省開原縣北「老城鎮」。此地阯地理位置很重要，「控
臨絕徼，翼帶鎮城，居全遼之上游，爲東陲之險塞」❹。這裏不
僅是明代糧食儲存地、冶鐵所、流人集中地，也是明代在遼東地
區開設「馬市」之一。三萬衞經歷司的印文爲陽鑄十二疊篆文：

---

❹　《遼東誌》卷 1，第 28 頁（《遼海叢書》本）。

❹　《明太祖實錄》卷 189。

❹　《李朝太宗實錄》卷 13。

❹　顧炎武：《一統案說》。

「三萬衞指揮使司經歷司之印」，現藏於遼寧省檔案館。

遼海衞，是遼東都司屬下一個比較重要的衞。衞初置於何年？史載不一。《明史》、《明實錄》均記載初置於洪武二十三年⑮，《辭海》從此說⑯，《讀史方輿紀要》記載初建於洪武二十一年⑰，《遼東誌》、《全遼誌》均記載初建於洪武十一年⑱。

關於遼海衞初置的衞阯，基本有兩說：一說初置於三萬衞北城，即今遼寧開原縣北老城鎮⑲；一說初置牛家莊，後遷移三萬衞北城⑳。就是對遼海衞初治於牛家莊一說，也有兩種不同看法：一種看法牛家莊即今遼寧昌圖縣「昌圖鎮」㉑；一種看法即今遼寧牛莊。因此，關於遼海衞初置年代及衞阯問題，衆說紛紜，莫衷不一。

若結合明洪武初年經略遼東的形勢來縝密考察，這些問題是不難解決的。元末明初，元順帝雖北走，但仍擁兵北邊，特別東北故元勢力納哈初力量還比較大，在他於洪武二十年（1387年）降服明朝之前，仍盤踞遼東都司北境。可以認爲應以洪武二十年

---

⑮ 《明史》卷41，〈地理誌〉；《明太祖實錄》卷200。

⑯ 《辭海》第1035頁，1979年上海辭書出版社。

⑰ 顧祖禹《讀史方輿紀要》第2冊，卷37。

⑱ 《遼東誌》卷1、《全遼誌》卷1（《遼海叢書》本）。

⑲ 《明太祖實錄》卷200、《嘉慶一統誌》卷60、中央民族學院編：《「中國歷史地圖集」東北地區資料滙編》1979年內部出版。

⑳ 《遼東誌》卷1、《全遼誌》卷1、《明史》卷41，〈地理誌〉。《讀史方輿紀要》第2冊，卷37。

㉑ 中央民族學院編：《「中國歷史地圖集」東北地區資料滙編》 1979年內部出版。

明軍出征納哈出爲分界，此前從洪武四年招撫元平章劉益，以金、復、海、蓋四州降明，並在其地先後建立金州衞、復州衞、海州衞、蓋州衞，到洪武十四年朱元璋籌劃遠征納哈出老巢金山爲止，這一段是明朝主要對遼南用兵，建立衞所看，主要在遼南，北不過瀋陽。因此說這一時期建立的衞所只能在遼東都司北境開原以南。因此《遼東誌》、《全遼誌》均記載「遼海衞洪武十一年置，初置牛家莊」是可信的，故從之。

從「遼海衞」名稱的由來也可得知牛家莊即今遼南的牛莊，不可能是遼東都司北境的昌圖，因爲「遼海」一名當與水系有關，海城牛莊，其地位於太子河、渾河滙合注入大遼河入海處，因此建衞以「遼海」爲名，是很有道理的。

再從洪武初年運糧於牛家莊，也可佐證遼海衞初置於此。洪武初年，遼東屯田還沒有大面積推行，明軍的給養，大部份從山東經海運到遼東。當時牛家莊是遼南地區主要碼頭之一，海運大批糧食由此上岸，就儲存在這裏，以備明軍北上軍需。因此，才有《明太祖實錄》記載，納哈出於洪武五年「掠刼牛家莊，燒倉糧十萬石」的情況。

通過上述論及，遼海衞建在洪武十一年。今海城牛莊則是遼海衞最初治所。

洪武二十年，明軍大破金山，納哈出被招撫後，明政權爲了進一步加強對遼東都司北境控制，遂於洪武二十六年移治遼海衞於三萬衞北城，即「開原城，領千戶所九」。關於遼海衞遷徙年代史載皆同，無異說。

至於明代衞所遷徙，已不足爲怪。如塔山左衞、建州衞、建

州左衛等都幾經遷徙。就是遷移開原一地之衛也不只遼海一衛。
早在遼海衛遷於此地的前五年，就已有三萬衛從「土門地面」的
斡朵里地方遷到開原這裏了。

　　永樂年間，明成祖朱棣在洪武朝的基礎上又進一步對東北黑
龍江一帶進行招撫。永樂元年（1403 年），派邢樞與張斌等人跋
涉萬里，前往黑龍江地區，「至吉列迷諸部落，招撫之」❷。第
二年邢樞率領各首領回京時，永樂帝頒賜印信，建立奴兒干、建
州等衛，接着先後設置 115 個衛❸。在條件成熟的基礎上，於永
樂七年（1409 年）正式下令置奴兒干都司，擬派康旺、王肇舟、
佟答剌哈等前往就任。沿途開原、昌圖、弗思木等地都是前往奴
兒干必經之路，遼海衛阯地理位置十分重要，適在開原至黑龍江
下游奴兒干的中途，土地肥沃，人口眾多，是明王朝經營東北和
北部邊疆的重鎮，尤其屬於遼海衛轄境的昌圖，是遼東都司與奴
兒干都司的接壤地帶，這裡民族成份複雜，特別這裡距早年納哈
出老巢金山不遠，明王朝爲了對這一地區統治，保證前往奴兒干
的明代官員暢通無阻，於是永樂七年❹在遼東都司北境，臨近奴
兒干都司地域的昌圖設遼海衛「金山斥堠」並立碑爲記。「金山
斥堠」是遼海衛屬下，所以石碑鐫刻「遼海衛」三個大字（見圖
1）。

---

❷　嚴從簡：《殊域周咨錄》卷 24 。

❸　拙著：《明代奴兒干都司及其衛所研究》1982 年河南中州古籍出版社。

❹　石碑中的「金山斥堠」和「永樂七年」的「七」字，均據遼寧省博物
　　館閻萬章、王明琦、曲瑞琦等先生研究而補入的。

在石碑邊款還刻有「金山斥堠」、「永樂七年」字樣。可知永樂初年昌圖是遼海衛的金山斥堠所在地。

金毓黻《靜晤室日記》中寫道，此碑是「永樂某年」設立，並說這塊豐碑確實在昌圖出土。他指出：「惟民國四年春，昌圖公園，工人挖井，得石碑於地中，……上鐫刻遼海衛三字，鐫永樂某年」[55]。

有幸的是閻萬章、王明琦、曲瑞琦諸先生對此碑有過研究。早在1963年閻、王二先生就曾對昌圖進行歷史踏查，在昌圖文化館見過此碑，並述及石碑上除鐫刻「遼海衛」三個大字外，邊款還刻有「金山斥堠」、「永樂七年」字樣，由此可知此碑是永樂七年立的。此碑現藏於瀋陽故宮。

圖1　遼海衛石碑
（瀋陽故宮供稿）

前已述及，遼海衛初置於牛莊，這裡地理位置很重要，是碼頭，是明初山東海運遼東軍糧儲存地，隨着遼東形勢發展，明的勢力向北推進，為了加強遼東都司北境統治力量，於洪武二十六

[55]　金毓黻：《靜晤室日記》丙集8，第38頁。

年遷於開原。爲加強對遼海衞管理，明派遣大批官員前去就任。遼海衞大小官員，均由明政府任命，任命時和都司官員一樣，分別持有明王朝的「誥命、冠帶、襲衣」，行使職權。遼海衞還有明朝賜給的官印，說明它是明政府地方權力機構，衞印是由明朝禮部所屬的鑄印局鑄造。遼海衞印文爲鑄九疊篆文：「遼海衞指揮使司之印」❺❻。這一衞印圖版，是極其珍貴的。

「遼海衞」古碑、「遼海衞指揮使司之印」印模，旣是歷史的遺物，又是歷史的見證。遼海衞無論在初置對儲國軍糧，和後來遷到遼東都司北境，對鞏固這一地區統治，穩定社會秩序都起到了重要的歷史作用。從遼海衞石碑邊款「永樂七年」到遼海衞指揮使司之印模邊款上的「萬曆四年」字樣看，遼海衞至少存在有198年的歷史。可以說，遼海衞是與明朝統治東北相始終。

遼海衞在這將近兩個世紀裡，作爲遼東都司與奴兒干都司聯結點，對鞏固明王朝有效管理黑龍江流域，作出了貢獻。

明王朝設置奴兒干都司，除了委派常任官員管理都司外，還經常派出官員，携帶「賞賚」，前往奴兒干地區，進行「宣諭」和「處撫」。巡撫奴兒干地區除了著名的明廷內官亦失哈外，就是遼海衞指揮王謹。關於亦失哈招撫奴兒干地區，近幾年來史學界寫了不少文章。但對經營奴兒干地區的另一位歷史人物王謹尚無文章。

---

❺❻　遼寧省檔案館供稿。

　　永樂九年（1411 年），明朝政府簡派康旺、王肇舟、佟答剌哈爲都指揮同知、都指揮僉事等官，由欽差內官亦失哈率同前往奴兒干就任，遼海衞指揮王謹也授命隨同前往。據《明太宗實錄》卷八五，永樂十年（1412 年）多十月庚申條記載：「遼海衞指揮王謹等六十六人奉命招諭奴兒干還，賜鈔幣表裏有差」❺❼。「永樂十年多十月」是遼海衞指揮王謹等百六十六人前往奴兒干歸還之月，可知王謹等人是其前一年，即永樂九年（1411 年）扈從欽差內官亦失哈「奉命招諭奴兒干」的。《永寧寺記》也記載有：「永樂九年春，特遣內官亦失哈等官軍一千餘人，巨船二十五艘，……開設奴兒干都司」，且《永寧寺記》之末題名的人中，也鐫刻「王謹」的名字。史書和碑文相互印證，完全相符。

　　遼海衞王謹等人這次隨從內官亦失哈前去黑龍江下游奴兒干地區，明王朝是非常重視的。規模龐大，興師動衆。據碑文記載：亦失哈、王謹等率「官軍一千餘人，巨船二十五艘」，沿松花江入黑龍江，激水揚帆，浩浩蕩蕩，順江而下，直抵奴兒干。遼海衞廣大官兵，在這次招撫中，是盡職盡力，鼎力以助。一個衞級地方軍政機構，就去了六十六人扈從前往，對邊陲進行招撫，加強了明朝政府對奴兒干地區統治，維護明王朝的統一，開發祖國東北邊疆，建設邊疆，遼海衞做出了貢獻，譜寫出不朽的歷史篇章❺❽。

---

❺❼　《明太宗實錄》卷 85。

❺❽　楊暘、陶松：《遼海衞與石刻》，載《遼海文物學刊》1989 年第 1期。

　　鐵嶺衞，洪武二十一年置於奉集堡❺❾。即今瀋陽東南奉集堡。二十六年「徙遼東鐵嶺衞於瀋陽、開元兩界古𨳝州之地」❻⓪。古𨳝州即今鐵嶺市。鐵嶺衞是明朝在東北做爲流放犯人地方之一。關內有很多漢人和其他族人被流放到這裡❻❶。

　　鐵嶺衞經歷司的印文爲陽鑄十二疊篆文：「鐵嶺衞指揮使司經歷司之印」❻❷。

　　瀋陽中衞，洪武二十年置於瀋陽城（即今遼寧省瀋陽市），南距都司（即今遼陽市）一二〇里❻❸。瀋陽中衞先是領「左、右、中、前、後五所（千戶所），俱衞治內」❻❹，後又增置撫順、浦河兩千戶所❻❺。撫順千戶所在瀋陽城東北八十里，浦河千戶所在瀋陽城北四十里❻❻，今稱「浦河」。撫順千戶所，永樂七年入瀋陽中衞❻❼

---

❺❾　《明太祖實錄》卷 189 ；《明經世文編》第 5311 頁。

❻⓪　《明太祖實錄》卷 227 。

❻❶　《明英宗實錄》卷 179 、 275 、 280 ；《明世宗實錄》卷 364 ；《明孝宗實錄》卷 10 。

❻❷　遼寧省檔案館藏：《明信牌檔》甲種，第 22 號卷。

❻❸　《嘉慶一統志》卷 60 ，第 14 頁。關於瀋陽中衞設置年代，《明史》載洪武 31 年，而《明一統志》載洪武 20 年，這裏以洪武 20 年爲據。其因《明一統誌》記載撫順千戶所建置在瀋陽中衞之後，似洪武 31 年建衞之說不確。

❻❹　《遼東誌》卷 1 ，第 17 頁（《遼海叢書》本）。

❻❺　《明英宗實錄》卷 33 。

❻❻　《明一統誌》記載「 40 里」，但顧祖禹：《讀史方輿紀要》載「30 里」。

❻❼　《明太宗實錄》卷 66 。

廣寧衞，洪武二十三年「置遼東廣寧衞」❻。衞阯在廣寧城（今遼寧北鎮縣）❻。明太祖封其子爲遼王於廣寧衞。廣寧衞地又是明初設立馬市的地方❼，也是「工部及山東布政司造運紅藍布絹紵絲衣」的收貯庫❼。

廣寧衞經歷司印模現已發現，印文爲陽鑄十二疊篆文：「廣寧衞指揮使司經歷司之印」❼。

廣寧中衞、廣寧左衞、廣寧右衞三衞是洪武二十八年建置的❼，均置於廣寧城內❼。與上述三衞同時建置的，還有廣寧前衞、廣寧後衞。廣寧中衞領左、右、中、前四千戶所，廣寧右衞領中、前、後三千戶所❼。

廣寧左衞後千戶所百戶之印現已發現。正印文爲「廣寧左衞後千戶所百戶之印」，背印文鐫刻：「洪武三十五年十二月禮部發」❼。

廣寧左屯衞，《明實錄》記載洪武二十四年置於錦州城（即今遼寧省錦州市）❼。錦州之名始於遼代。廣寧左屯衞原領左、

---

❻　《明太祖實錄》卷 202；《明史》卷 41，〈地理誌〉。

❻　《嘉慶一統誌》卷 65，第 7 頁。

❼　《明太宗實錄》卷 41。

❼　《明英宗實錄》卷 128。

❼　遼寧省檔案館藏：《明信牌檔》乙種，第 91 號卷。

❼　《明太祖實錄》卷 224。

❼　顧祖禹《讀史方輿紀要》第 2 冊，卷 37。

❼　《全遼誌》卷 1，第 11 頁（《遼海叢書》本）。

❼　金毓黻：《東北古印鈎沉》。

❼　《明太祖實錄》卷 212。

右、中、前、後五千戶所 ❼❽。宣德三年「於城東四十里大凌河增置中左千戶所」❼❾。

廣寧左屯衞左千戶所百戶印現已出土 ❽⓪。正印文鐫刻「廣寧左屯衞左千戶所百戶印」，背印鐫刻：「洪武十五年十二月□日禮部造年字二號」❽①。

廣寧中屯衞，洪武二十四年與廣寧左屯衞同時設於錦州城 ❽②。先領左、右、中、前、後五千戶所，俱在衞治內。宣德三年於松山堡增置中屯千戶所 ❽③。《盛京通志》卷三十記載：「松山堡（在錦縣）城南十八里，時設中屯千戶所於此」。松山堡，即今遼寧錦縣西南「松山」。

義州衞，明初建衞於義州城（即今遼寧義縣）。明賜義州衞印文爲陽鑄九疊篆文：「義州衞指揮使司之印」❽④。

廣寧後屯衞，據《明實錄》記載，是洪武二十六年建置 ❽⑤，初治舊懿州，永樂八年徙治於義州城 ❽⑥。

廣寧右屯衞，據《明史》記載：「洪武二十六年正月置於十

❼❽　《全遼誌》卷1，第13頁（《遼海叢書》本）。

❼❾　《太明一統志》；《明史稿》。

❽⓪　金毓黻：《東北古印鈎沉》。

❽①　金毓黻：《東北古印鈎沉》。

❽②　《明太祖實錄》卷212。

❽③　《遼東誌》卷1，第3頁（《遼海叢書》本）。

❽④　遼寧省檔案館藏：《明信牌檔》甲種，第9號卷。

❽⑤　《明太祖實錄》卷224。

❽⑥　《遼東誌》卷1，附圖「義州山川地理圖」（《遼海叢書》本）。

三山堡，二十七年遷於舊閭陽縣之臨海鄉」❽。十三山堡，《寰宇通誌》卷七十七記載在「衞西北三十里」。閭陽縣之臨海鄉，據《嘉慶一統誌》卷六十五記載：「在錦縣東南七十里」，即今「右衞」，「永樂中築衞城，周五里有奇」❽，南至海岸僅三十里。洪武二十五年在衞城南二十一里處設「鹽場百戶所」❽，管理海鹽生產。廣寧右屯衞於永樂七年「并入瑞州廣寧前屯衞」內❾。

　　廣寧前屯衞，據《明實錄》記載，爲洪武二十六年建置的❾。據《盛京通誌》卷三十記載，衞阯「在（寧遠州）城西南一百三十里」，「西至山海關七十里」❾，即今綏中縣西南「前衞」。廣寧前屯衞印文爲鑄十疊篆文：「廣寧前屯衞指揮使司印」❾。

　　寧遠衞，於宣德三年正月分廣寧前、中屯二衞地置寧遠衞❾。據《嘉慶一統志》卷六十五記載，衞阯「在寧遠州城內」❾。寧遠城，即今遼寧興城縣。寧遠衞城始建於明宣德三年（1428年），《盛京通誌》是這樣記載：「明宣德三年，總兵巫凱、都御史包

----

❽　《明史》卷 41，〈地理誌〉。

❽　顧祖禹：《讀史方輿紀要》第 2 冊，卷 37。

❽　《全遼誌》卷 1，第 14 頁（《遼海叢書》本）。

❾　《明太宗實錄》卷 66。

❾　《明太祖實錄》卷 224；《明史》卷 41，〈地理誌〉。

❾　《全遼誌》卷 1，附圖〈廣寧前屯衞境圖〉。

❾　遼寧省檔案館藏：《明信牌檔》乙種，第 88 號卷。

❾　《寧遠州》卷 1（《遼海叢書》本）。

❾　《嘉慶一統誌》卷 65。

懷德上狀，請分二衛地於曹莊、湯池之北，建衛治。賜名寧遠，築城。」東西南北各有一門。東門謂春和，南門謂延琿，西門謂永寧，北門謂威遠。城門外有半圓形瓮城，四角有角臺。四門中間有一條十字長街，中間是鐘鼓樓。

明朝賜寧遠衛經歷司印，印文爲陽鑄十二疊篆文：「寧遠衛指揮使司經歷司之印」❾❻。

明朝在建衛的同時，又在衛東五十里塔山堡，即今錦西縣東北「塔山」置中左千戶所❾❼。寧遠衛是遼東都司重要冶鐵基地之一。

寧遠衛地有溫泉，明代詩人唐皐有詩云：「出郭東行三四里，問村尋寺路登登。泉如爛手羹初覆，地不燃薪氣自騰。解社卻嫌讚裸體，佩蘭深愧重修能。也知別有洪爐妙，莫謾歸功卓錫僧」❾❽。「泉如爛手羹初覆，地不燃薪氣自騰」的詩句，說明溫泉的溫度很高，它很適宜沐浴。

定遼中衛，洪武十七年設立❾❾。與遼東都司同置於遼陽城，即今遼陽市老城，其位置「在司（都司）治東南」⓿。明朝賜定遼中衛印，印文爲「定遼中衛指揮使司印」❶。

定遼右衛，亦是洪武六年十一月置於遼陽城內❷，後「改置

---

❾❻ 遼寧省檔案館藏：《明信牌檔》甲種，第15號卷。

❾❼ 顧祖禹：《讀史方輿紀要》第2冊，卷37。

❾❽ 《全遼誌》卷6，第22頁（《遼海叢書》本）。

❾❾ 《明史》卷41，〈地理誌〉。

⓿ 顧祖禹：《讀史方輿紀要》第2冊，卷37。

❶ 遼寧省檔案館藏：《明信牌檔》乙種，第237號卷。

❷ 《明史》卷41，〈地理誌〉。

於鳳凰城堡」⓲。鳳凰城堡即今遼寧鳳城縣。地勢險要，古人有詩云：鳳凰城「北轉龍沙控大漠，東連鴨綠鎭重江」的詩句⓴。明朝賜授定遼右衞經歷司印，印文爲「定遼右衞指揮使（司）之印」⓵。

定遼後衞，也置於遼陽城內，「在司（都司）治西」⓶。

定遼前衞，明初建衞於遼陽城內，「在司治東北」。明朝賜授定遼前衞經歷司印現已發現，印文爲「定遼前衞指揮使司經歷司印」⓷。

定遼左衞，洪武六年十一月置於遼陽城內⓸，「在司（都司）治西南」⓹。明朝賜於定遼左衞印，印文爲「定遼左衞指揮使司之印」⓺。

東寧衞，日本學者河內良弘在《關於明代遼陽的東寧衞》一文⓻，已作了比較詳細的研究。東寧衞的建立，《明實錄》是這樣記載的：「初，遼東都司指揮使以遼陽高麗、女直來歸」，明

⓲　《明世宗實錄》卷553。

⓴　《遼東誌》卷6，第8頁（《遼海叢書》本）。

⓵　遼寧省檔案館藏：《明信牌檔》乙種，第263號卷。

⓶　顧祖禹：《讀史方輿紀要》第2冊，卷37。

⓷　遼寧省檔案館藏：《明信牌檔》甲種，第53號卷。

⓸　《明史》卷41，〈地理誌〉。

⓹　顧祖禹：《讀史方輿紀要》第2冊，卷37。

⓺　遼寧省檔案館藏：《明信牌檔》甲種，第28號卷。

⓻　河內良弘：《明代遼陽の東寧衞について》載1986年《東洋史研究》第44卷，第4號。

朝便置「東寧、南京、海洋、草河、女直五千戶所」⑫。洪武十
九年「改置東寧衞，立左、右、中、前、後五千戶所」⑬。衞阯
「在司（都司）北」⑭，即今遼陽城北。《遼東誌》亦記載:「女
直城，在遼陽城北，今東寧衞治」。東寧衞是高麗人居住比較多
的一個衞，洪武年間人口已達三萬餘人。女眞人也是比較多的，
這是由於明初民族政策處理比較好，所以奴兒干都司轄境內女眞
人紛紛遷入遼東都司轄境內的東寧衞。爲簡明起見，僅明永樂、
宣德二朝遷徙情況列表如下:

奴兒干都司轄境女真人遷徙遼東都司東寧衞

遷徙時間	遷出衞所 及人員	衞所今地址	出　　處
永樂七年六月	敷荅千戶所鎮撫 弗里出	今黑龍江下游左岸 弗荅河口附近	《明太宗實錄》卷64
永樂七年六月	忽兒海衞所鎮撫 火羅孫	今黑龍江省依蘭縣 舊城	《明太宗實錄》卷64
永樂十年十一 月	肥河衞指揮僉事 木荅哈	今黑龍江省賓江縣 西蜚克圖河流域	《明太宗實錄》卷86
永樂十三年十 月	古里河衞指揮僉 事牙失荅	今精奇里江上源支 流吉柳伊河流域	《明太宗實錄》卷98
宣德元年三月	亦馬山衞試百戶 委剌	今伊通縣，東遼河 上游東側小孤山附 近	《明宣宗實錄》卷15

---

⑫　《大明清類天分野之書》卷24。

⑬　《明太祖實錄》卷178。

⑭　顧祖禹:《讀史方輿紀要》第2冊，卷37。

宣德八年閏八月	喜申衞吉列迷車卜	今哈巴羅夫斯克附近錫占河畔	《明宣宗實錄》卷105
宣德九年八月	可令河衞指揮僉事伯里哥	今舒林河流域	《明宣宗實錄》卷112

由上表得知，遼東都司東寧衞是奴兒干都司轄境女眞人遷來居住比較多的一個衞。

海州衞，明洪武九年設置。衞阯，據《盛京通誌》卷二十九記載：「海城縣城即明海州衞」，當今遼寧海城縣。地勢險要，「控東西之孔道，當海運之咽喉」。明朝賜海州衞印，印文爲「海州衞指揮使司之印」[115]。

蓋州衞，《蓋州縣誌》卷上記載：「今縣治，則蓋州衞地也。」北距遼東都司治所（今遼陽市）二百四十里，西至海十里。衞地險要，「衞控扼海島」[116]。明人有詩云：《蓋州次韻》云：「東按滄溟自古分，漫隨驄馬探幽深。天空時動千山影，人靜方知萬叔心。海上風雲渾變態，浪中島嶼自浮沉。百年塵世成虛幻，極目烟霞思不禁」[117]。明朝賜授蓋州衞印，印文爲「蓋州衞指揮使司之印」[118]。

復州衞，洪武十四年設置，衞阯據《盛京通誌》卷二十九記載：「復州城本明復州衞地也。」復州即今遼寧復縣西北「復州」。在衞阯北五十里有永寧監城（即今遼寧復縣西北「永寧」），

---

[115] 遼寧省檔案館藏：《明信牌檔》甲種，第67、72號卷。

[116] 顧祖禹：《讀史方輿紀要》第2冊，卷27。

[117] 《全遼誌》卷6，第12頁（《遼海叢書》本）。

[118] 遼寧省檔案館藏：《明信牌檔》丙種，第37號卷。

明初設永寧監於此，所以又叫監城⑲。明朝賜復州衞印，印文爲「復州衞指揮使司之印」⑳。

金州衞，據《明實錄》記載：洪武八年「置金州衞指揮使司，隸定遼都司」㉑。衞治在金州城（即今遼寧金縣）㉒。這裡三面環海，岸線曲折，港闊水深，江河滎洄，青山羅列，島嶼棋佈，風景秀麗。古人有詩云：「青山碧水傍城隈，驛使登臨望眼開。柳拂鵝黃風習習，江流鴨綠氣皚皚。浮槎彷彿隨雲去，飛鶩分明自島來。極目南天紛瑞靄，鄉人指點是蓬萊」㉓。金州衞領中左千戶所，據《明史》卷四十一記載：「旅順口關，……有南北二城，其北城有中左千戶所，洪武二十年置」，中左千戶所當在今大連市西南「旅順」。

遼東都司下設二十五衞外，明朝還於永樂六年四月設自在州、安樂州。二州阯均在「開原縣內」，即開原北「老城鎮」。自在州後遷於「遼陽州內」，即今遼陽市老城。永樂六年五月明朝命「每州知州一員，吏目一員」，又「添設遼東自在、安樂二州同知判定各一員」㉔。明廷還賜自在州印、安樂州印各一枚，以便更好地行使地方權力職能。自在州印，印文爲「自在州印」㉕。

---

⑲　金毓黻：《靜悟室日記》（手稿），丙集 8，第 46 頁。

⑳　遼寧省檔案館藏：《明信牌檔》丙種，第 244 號卷。

㉑　《明太祖實錄》卷 99。《全遼誌》載 4 年劉益歸附設衞，不確。因劉益歸，建遼東衞，非金州衞。

㉒　談遷：《國榷》卷 5。

㉓　《全遼誌》卷 6，第 13 頁（《遼海叢書》本）。

㉔　《明太宗實錄》卷 56。

㉕　遼寧省檔案館藏：《明信牌檔》甲種，第 65 號卷。

安樂州印，印文爲「安樂州印」⑫。二州是遼東都司女眞等少數民族的主要居住地。奴兒干都司轄境內不少女眞人，特別在明初不斷遷入二州內居住。《明實錄》有關這方面記載是不乏其例的。如永樂十年（1412 年），阿剌山衞（今黑龍江中游左側與精奇里江右側中間地區）哈木等人遷居遼東安樂州、自在州居住⑫。同年，忽石門衞（今黑龍江下游左岸格林河口之忽林屯）女眞頭目兀龍哥又奏請遷居遼東安樂州居住⑫。宣德三年（1428 年），雙城衞（今烏蘇里斯克）的頭人兀丁哥遷居遼東自在州居住⑫，等等。奴兒干都司各衞女眞人，願意遷居安樂、自在二州，明朝都給予安置，不但給房屋、糧食，還發給鈔幣、柴薪、器皿，甚至牛馬等。明朝所實行的民族政策是對的，這一措施促進了民族融合，加強了民族團結，促進了遼東地區經濟發展。

第三節　遼東都司建置的歷史意義

一　加強遼東都司南境海域抗倭鬥爭

遼東都司建置後，加強了都司南境海域抗倭鬥爭。

倭寇，是元明時期的日本海盜集團，是當年日本侵略遼東地

---

⑫　遼寧省檔案館藏：《明信牌檔》甲種，第 66 號卷。

⑫　雷禮：《皇明大政記》卷 7。

⑫　《明太宗實錄》卷 82。

⑫　《明宣宗實錄》卷 35。

區的一支別動隊。「日本，古倭奴國」❿，從元朝末年起，日本九州一帶在封建「藩侯」戰爭中因失敗而喪失軍職的南朝武士，即所謂「浪人」⓫，糾集着一些商人、海盜，千百成群，携帶武器，有計劃地經常竄到我國沿海地區，殺人放火，搶刦財物，奸汚婦女，極端殘暴，形成中國的「倭寇之患」，中國沿海居民受害最深，故稱他們爲「倭寇」。

倭寇侵華，遼東沿海首當其衝。洪武二十七年（1394年）十月，倭寇侵犯金州衞（今遼寧金縣），「焚民居，掠財物，殺虜生口」⓬。永樂九年（1411年），倭寇又犯遼東沿海地區，「入寨殺邊軍」。弄得沿海地區鷄犬不寧，民衆無法生活下去。這就必然引起中國各族民衆積極進行抗倭鬥爭。

明代沿海各地抗倭，幾乎動員了各族人力和物力，遠至湖南、廣西的土家族、苗族、壯族士兵都被征調到抗倭鬥爭的前線，浴血奮戰，出現了瓦氏夫人這樣的民族英雄⓭。

明太祖朱元璋很重視防倭鬥爭，他銳意經營遼東，大力加強邊防建設，早在洪武二十七年（1394年）二月，就「遣都督劉德、高壽巡海上，練兵備倭」⓮。明成祖朱棣即位後，又進一步加強抗倭鬥爭準備工作。便在遼東沿海旅順口、望海堝、左目、沙州、

⓭　《明史》卷322，〈日本傳〉。

⓫　陳懋恆：《明代倭寇考略》1957年人民出版社。

⓬　《明史》卷322，〈日本傳〉。

⓭　瓦氏夫人，明嘉靖年間壯族女將。事見清嘉慶《廣西通誌》〈瓦氏傳〉；
毛奇齡：《蠻司令誌》卷14。

⓮　談遷：《國榷》卷10。

山頭等地修建烽火臺七所。

特別修築了三座著名的二十里臺、太平山臺、永安臺，派官軍瞭守。二十里臺烽火臺位於金州北（今遼寧金縣北），遺阯尚存。二十里臺烽火臺，其地理位置很重要，能監視遼東渤海海面敵情，一旦有警，立即點狼煙火，報警遼東都司。

太平山烽火臺位於蓋州衞北（今遼寧大石橋附近）遺蹟猶在，能監視遼東灣海面情況。

永安臺，現名新臺子。位於復州衞東南，即今遼寧新金縣贊子河北。這座古臺是用青灰色大方磚壘成，雖歷經滄桑，經多次地震洗禮，至今仍矗立無恙。蹬臺遠眺，視野豁然開闊，遠近景物，一覽無餘。北望層層山巒，奇峰掩映，薄霧籠煙，隱然如繪。極目南眺，在秋高氣爽的晴朗天氣，從臺頂上可遙望黃海海面，因此故名爲「望海臺」，這座烽火臺是監視遼東黃海海面的敵情。一旦發現敵情，立即點火報警，警報消息很快就傳到遼東都司遼陽。

二十里臺、太平山臺、永安臺，古蹟至今猶存。這些翻騰着的歷史浪花，記錄着那些可歌可泣的消逝歲月。烽火臺的建造，加強抗倭鬥爭準備工作。明成祖朱棣又破例選派流人劉榮統操軍馬赴遼東前沿備倭。劉榮，宿遷（今江蘇省宿遷縣）人。父親劉江，是燕山左護衞士兵，因病不能出征，劉榮冒欺君之罪，頂替父名，轉戰南北，累立戰功。永樂十二年（1414年）「充總兵官，鎮遼東」。他對近邊的蒙古族、錫伯族、女眞族等少數民族一視同仁，史稱劉榮「馭下有紀律，於屬夷示以恩信」❽。

---

❽　談遷：《國榷》卷17。

永樂十三年（1416 年）十二月，明廷勅令「遼東總兵官都督劉江及遼東都司，選女直官軍及舍人餘丁，不限名數以明年春赴北京操練」❶，準備反擊倭寇。劉榮於永樂十六年（1416年）八月，還親自巡視遼東沿海地形，當他巡行至金州衞東北望海堝（今亮甲店附近）地方，見到「其地特別寬廣，可駐兵防禦。詢之土人云，洪武初，都督耿忠曾於此築堡備倭，去金州城七十餘里」❶。故請於「望海堝上築城堡，立煙墩，瞭望倭寇」❶。其地面向黃海，長山列島歷歷在望，地勢十分險要。

刻時倭寇入侵遼東日益加劇，然而抗倭鬥爭也掀起了新高潮。著名將領劉榮指揮的望海堝之戰，就是明代東北各族軍民反侵略鬥爭的重大勝利。關於這次戰鬥情況，《明實錄》永樂十七年六月戊子條有詳細記載：

> 遼東總兵官中軍左都督劉江以捕倭捷聞。江嘗請於金州衞金線島西北望海堝上築城堡，立煙墩，瞭望倭寇。一日瞭者言：東南海洋內王家山島，夜舉火。江以寇聚其間，亟遣馬步軍赴堝上小堡備之。翌日倭舡三十一艘泊馬雄島，寇衆登岸，徑奔望海堝。江親督諸將伏兵堡外山下，伺賊既圍堡，舉砲發伏。都指揮錢真等領馬隊要其歸路，都指揮徐剛等領步隊逆戰，寇衆大敗，奔入櫻桃園空堡中，官軍圍殺之，自辰至酉，擒戰盡絕，生獲百十三人，斬首千餘級。上聞之，賜璽

---

❶　《明太宗實錄》卷 99 ，〈女直官軍〉包括吉里迷、赫哲等族官兵。

❶　夏燮：《明通鑒》卷 17 。

❶　《明太宗實錄》卷 113 。

書堡諭徵。江還師，且令速上將士功。⑬

望海堝之戰的勝利，是明初遼東軍民抗倭鬥爭的第一次勝利，它狠狠地打擊了倭寇侵犯遼東的活動，是中國人民反侵略鬥爭史上光輝的一頁。從此，「倭不敢闚遼東」⑭。

望海堝抗倭大捷，《明實錄》、《明大政纂要》、《籌海圖編》、《明史》、《國榷》、《明紀》、《遼東誌》等書籍均有記載。爲了紀念這次戰役的勝利，後人在金州金頂山上「立廟以祀眞武，以得勝爲名」⑪。曾兩次建廟立碑，現存的有正德元年（1506 年）的得勝廟碑和萬曆十七年（1589 年）的重修得勝廟碑。古蹟佐證，歷歷在目。記錄着遼東民衆警報頻傳，戰地遍火抗倭鬥爭史上的光輝一頁。

二　加速遼東都司北部奴兒干都司境域的管轄

遼東都司建置的歷史意義，不僅表現在加強了遼東都司南境海域抗倭鬥爭，也表現了明朝對奴兒干都司陸疆的招服管轄。

首先是，從遼東都司選派官員前往奴兒干都司就任和巡視奴兒干地區。奴兒干都司選派高級官員均由遼東都司選送就任的。康旺、王肇舟、康福等人皆是。而亦失哈由遼東都司選派，以朝廷官員身份前往奴兒干地區巡視時，幾乎每次都隨同衆多遼東軍丁前去。如永樂九年（1411 年）亦失哈巡撫奴兒干地區，就有遼

---

⑬　《明太宗實錄》卷 113 。

⑭　《明史》卷 322 ，〈日本傳〉。

⑪　《大明一統誌》卷 25 。

東官員、軍丁隨同前往。這一年亦失哈巡視奴兒干地區，聲勢浩大，興師動衆。據《永寧寺記》記載：「永樂九年春，特遣內官亦失哈率一千餘人，巨船二十五艘，復至其國」，隨同亦失哈前往奴兒干地區巡視的有遼東都司的「遼海衞指揮王謹等百六十六人」，次年即永樂十年歸還❿。

緊接是永樂十年（1412年）冬又在遼東都司選派大批官員，隨同亦失哈再次巡撫奴兒干地區。永寧寺碑文是這樣記載：「十年冬，天子復命中官亦失哈等至其國（奴兒干）」，「自海西抵奴兒干及海外苦夷（庫頁島）諸民，賜男婦以衣服、器用，給以穀米，宴以酒食」，當地各族「老幼，遠近濟濟爭趨」，皆曰：「吾子子孫孫，世世臣服，永無異意矣。❽」

這次伴隨亦失哈的人員較多，其中有著名的遼東「百戶」崔源。崔源的一生曾多次「招諭」奴兒干地區，其中至少有三次。

第一次爲永寧寺碑上題名記載的，當時崔源爲遼東「百戶」，年僅二十一歲。

第二次爲其崔源墓誌記載的「宣德元年同太監亦信（即亦失哈）下奴兒干等處招諭」，時年崔源三十四歲，官至遼東都司定遼右衞「都指揮僉事」。

第三次即重建永寧寺碑記載的宣德八年，此行是亦失哈和康旺之子康福招諭奴兒干隨從而去。時年崔源四十一歲，任「定遼右衞都指揮」之職。

---

❿　《明太宗實錄》卷85。

❽　《永寧寺碑記》。

　　崔源墓誌銘、崔源墓誌於一九七五年在遼寧省鞍山市千山倪
家臺出土。這是明遼東官員，伴隨亦失哈巡撫奴兒干地區一個重
要的歷史物證。

　　崔源族墓的墓誌，極爲豐富。崔氏家族，是遼東的望族。從
崔源開始，世代擔任遼東都司要職。據《明史》、《明會要》記
載，崔源，昭勇將軍，都指揮僉事，爲正三品。其子崔勝，龍虎
將軍、右參將，都指揮使，爲正二品。勝子崔鑑，昭毅將軍，右
參將，都指揮僉事，爲正三品。鑑子崔賢，遼東都司掌印，右參
將，遼陽副總兵，據《明史》記載，參將「無品級」，副總兵，
率以公、侯、伯、都督充之。賢子崔世武，鎮國將軍，遼東都司
掌印，從三品。可以看出崔氏家族俱係地方高級官員。

　　崔源生於洪武二十三年，死於景泰元年，歷經明洪武、建文、
永樂、洪熙、宣德等六朝。崔源家族雖《明史》無傳。但據《遼
東誌》、《全遼誌》等文獻記載和出土的墓誌內容，明確記述了
他曾去過奴兒干地方。這些記載與著名永寧寺碑文、重建永寧寺
碑文內容是一致的。據墓誌記載：

　　「崔氏，諱源，字本清，其先瀋陽人。元季有爲按撫諱孝先
　　者，實公之祖考也。我高皇帝奄有天下之十一年，孝先乃率
　　眾來歸，授官昭信校尉。後有能世其官諱文者，實公之先考
　　也。公蚤承父師訓，通故典，明習孫吳。永樂間，隨駕北征，
　　累功進陞武略將軍。宣德六年，同太監亦信下奴兒干等處招
　　諭，進指揮僉事。正統元年，奉勅撫按忽剌溫野人。越明年，
　　達賊寇鐵嶺，公爲前峰，斬首數十級，賊眾遂遁去。七年，
　　懿路城守備者難其人，鎮守大臣僉以公守之。公鋤強梁，植

柔善，持公秉明，耕守備禦，咸得其法。懿路大治，至今人
猶德之。九年，征兀良哈達賊有功，陞指揮同知。十有二年
又征之，有功，進指揮使。今年春，總戎諸大臣以遼陽為邊
城都會，匪得公明勇敢之才，以裏成藩屏之重不可。乃交章
以公陞僉都指揮。時女直野人寇邊，公將精兵三千，兵行，
矢於師，曰：用兵如醫家用藥，不拘常法，在臨機應變。攻
其無備，出其不意，兵法之妙也。」⑭

上述墓誌記載：崔源於「宣德元年，同太監亦信下奴兒干等
處招諭，進指揮僉事」，誌文中的「亦信」，即永寧寺碑中記載「欽差
都知監太監亦失哈」⑮；誌文中的崔源，即永寧寺碑中記載的「百
戶」官「崔源」⑯。重建永寧寺碑中記載的「遼東都司指揮使」
的「崔源」。這樣墓誌與永寧寺碑文記載相互印證，完全相符。

崔源的一生對經拓中國北陲，促進奴兒干都司和遼東都司聯

---

⑭ 《崔源墓誌》搨本，遼陽文物管理所提供。

⑮ 《明英宗實錄》卷189，〈景泰附錄〉7記載：「鎮守遼東太監易信
言：軍中守（手）把銃發輒不繼，……自今手把銃須柄長七尺，上施
鎗頭，銃盡用鎗，……上聞，詔討兵仗局造之」；《弇州史料編》〈中
官考〉記載：正統十四年「虜犯廣寧，亦失哈仍鎮遼東」。「易信」
即墓誌中的「亦信」，亦即「亦失哈」。亦失哈，海西女眞人，會漢
語、蒙古語。永寧碑上的幾十個名字中，領銜題名的第一人，是來自
海西女眞人的明政府的欽差官員。做爲主持建立奴兒干都司的主要政
府官員，致力鞏固祖國的東北邊疆做出了重要貢獻。

⑯ 舊諸錄本《永寧寺記》，「崔源」皆作「崔□」。近經校訂確從以
「崔源」（見鍾民岩等：《明代奴兒干永寧寺碑記校釋》，載《考古
學報》1975年，第2期。

繋，特別對開拓明代東北亞絲綢之路做出了重要貢獻。絲綢之路是一條經濟往來之路，也是一條文化交流之路，更是一條友好交流之路。這裡所說「明代東北亞絲綢之路」，並沒有像「西方絲綢之路」那樣一隊隊行旅揚起的煙塵滾動，也沒有一條條烽燧的道路完整痕跡可覓，更沒有像「西方絲綢之路」那樣中西商賈滿載貨物的駝隊、馬幫，構成了一幅十分壯觀的瀚海的，行旅圖，而是以它獨特的交易方式和風土人情進行着，即賞貢制度，或賞貢貿易。就是每次明朝政府派遣官員崔源等，携帶明朝賞賜品，如絲綢、絹、金織襲衣等經遼東，入黑龍江《海西東水陸城站》，一直到庫頁島，包括日本北海道，把中國絲綢傳到蝦夷人手裡，即日本學者稱「蝦夷錦」；而貂鼠皮、舍利、鴉鶻、阿膠等，都是古代東北亞人民的饋贈，傳到了中原。明人把古老的長江流域文化、黃河流域文化與東北亞文化聯繫起來，使明代北國版圖顯得生機活躍，繁榮了東北亞地區經濟，發展了文化，促進了民族融合。有史可徵，古跡可尋。崔源的功績，永遠載入史冊。

遼東都司官員巡視奴兒干地區，除了上述遼東「百戶」崔源外，還有遼東「所鎮撫」宋卜花。他也隨從亦失哈「招諭奴兒干，征進三叉路有功，歷陞明威將軍」⑭。還有遼東官員金聲、白倫⑭；遼東安樂州指揮僉事阿里哥出⑭、指揮僉事木答兀⑮；三萬

---

⑭　遼陽文物管理所：《遼陽出土宋國忠墓誌》，載《文物》1978年，第11期。宋卜花為宋國忠先輩。

⑭　《明宣宗實錄》卷35。

⑭　《明宣宗實錄》卷30。

⑮　《永寧寺碑記》。

備百戶趙鎖古奴；自在州官音保，等等。總之，遼東官員軍丁受命前往奴兒干地區，他們間歲往返，風雪長行，在鞏固和加強明代東北和北部邊疆奴兒干地區建設方面，在促進各族人民經濟、文化交流方面，都做出了歷史的貢獻。

其次是，遼東都司建置的意義，不僅在人力上，選派官員就任和巡視奴兒干地區做出了貢獻，而且在物力上也協助明政權對奴兒干都司轄境實行覊縻政策，主要表現在奴兒干都司轄境內明朝官員、士兵和工匠的衣食都要靠遼東都司供給。如宣德二年遼東都司一次就支給「差往奴兒干官兵三千人，人給行糧七石，總爲二萬一千石」⑮。此外還有食鹽、布綿、鐵器等物。這麼多的糧食主要靠遼東都司供給，當然也有一部份需要中原，特別山東地區接濟和支援。海運貨物一般從旅順口交卸，有時也運到小凌河、六州河口、牛莊等地。所以遼東都司不僅是奴兒干都司糧食、物資的供應地，也是轉運地。運輸一般是通過水路，輸送到奴兒干地區。明朝在今吉林省吉林市附近松花江畔建立造船廠，派遣官兵造船隻，往奴兒干地區運送必需品，因此這個地方就叫着「船廠」。

遼東都司指揮使劉清等曾先後三次來此地督造船隻。第一次是永樂十八年（1420 年）、第二次是洪熙元年（1425 年）、第三次是宣德七年（1432 年）領軍至松花江邊，歷時二十餘年，其所領之軍乃專爲造船運往奴兒干地區之用。「宣宗崩，乃終罷」。他爲開拓邊陲，伐木造船，長途轉運，做出了歷史性的貢獻。

---

⑮·《明宣宗實錄》卷 31 。

古人迷信，以龍王爺爲水神，以龍王廟宇爲「船廠」的保護神。於是劉清建廟宇今吉林市東南阿什哈達山頭，以示龍王鎮守船廠。龍王廟遺蹟今已不見。但劉清永樂十九年（1421年）春正月，新年佳節，爲祭祀龍王慶功留念，遂刻石題名於臨江的阿什哈達摩崖之上，遺蹟至今猶在，這就是有名的阿什哈達摩崖鐫刻⓬。

由「船廠」製造出的「巨船」，滿載遼東都司糧穀、物品、朝廷賞賜諸物，「浮江而下，直抵」奴兒干地區⓭。沿途經許多驛站，其中大部份是在元代站赤的基礎上發展起來的。明朝在奴兒干都司轄境內就設四條交通線，其中最主要的是通往奴兒干的「海西東水陸城站」，這條線路設站四十五處，經十城，共計五十五城站。「海西東水陸城站」南接遼東都司南境，通向北京，北抵黑龍江口奴兒干城。是東北奴兒干都司與遼東都司和京師相聯繫的一條主要交通線。

總之，明代在致力於奴兒干的招諭管轄中，鑒於遼東地區「南望青徐，北引松漠，東控海西女直」的地理形勢⓮，無論在人力，還是在物力上都給予了奴兒干地區很大的支援，在鞏固和加強明政權對奴兒干都司的建設和實行「羈縻」政策方面，也起了重要作用⓯。

⓬　《吉林通誌》卷120，第35頁；《滿洲金石誌稿》第2冊，第9-10頁。

⓭　《遼東誌》卷9，第5頁（《遼海叢書》本）。

⓮　《遼東誌》卷3，第28頁（《遼海叢書》本）。

⓯　本章基本內容在《歷史研究》（1985年4期）、《明代遼東都司》（1988年中州古籍出版社）已發表。

第二章　明代的東北流人

第一節　謫戍流人的原因和類別

一　謫戍流人的原因

有明一代，謫戍東北的流人，渡湍水，越穹嶺，遠離鄉土，跋涉冰雪，來到了黑水白山中間，他們在重冰積雪，絕塞異鄉的北國大地，與當地的兄弟民族，披荆斬棘，辛勤勞動，攜手前進，對祖國東北的經濟發展，邊疆建設，文化交流，民族融和和抗倭鬥爭等方面，都做出了貢獻。然而，到目前爲止，史學界關於明代流人在東北的研究是很不夠的。這可能是因爲明代發戍東北的流人，史缺無徵，或史書、地誌記載甚微，且多零星片斷，語焉不詳的原故吧。不揣譾陋，僅就管見，草成是章，以期有裨於對明代流人在東北之研究。

流人，《釋文》解爲「有罪見徙者也」，《隋書刑法誌》也說「流刑謂論犯可死，原情可降，鞭笞各一髠之，投於邊裔，以爲兵卒，未有道理之差。」這就是說，因罪而被流徙者，均謂之流人。流人由內地謫放東北，自古有之。到遼金元，特別是到了明清時期，已有大量流人被發遣到東北，關於明代流人謫戍東北，據《明實錄》、《明信牌檔》等記載，是明洪武年間就開始了

❶。明初東北是怎麼一種形勢流人被謫戍到東北呢？

明洪武元年（1368年），朱元璋率領農民起義軍，推翻元朝
的統治，建立了明朝。

但是，當其建國之初，明朝統治基礎並不鞏固。特別東北元
代餘部勢力納哈出頗強。朱元璋必須集中力量來解決這一問題。
但當時，明廷兵源不足，糧餉匱乏。爲解決這個問題，於是明王
朝使大量謫戍流人充軍。統治者把大量流人看成不能對封建國家
盡「民」的「本分」，而且已經是威脅他們統治之「民」了，統
治者用意在於，遣送遠方，路程遙遠，防止逃亡，便於統治；另
一方面還解決了兵源不足。被謫戍東北的流人，一部分參加征戰，
大部分屯田耕地，解決糧餉。一箭雙雕，一舉兩得。因此，明朝
統治者對於民衆哪怕一點點微小反抗行爲，甚至以「莫須有」的
罪名，就加以逮捕問罪，不是殺頭，就是強迫充軍。

發遣充軍，明朝規定，不是地望道里相近兩地互遣，而是流
徙到遙之千里，絕塞異鄉❷。明朝規定，基本上南方人謫戍北方，
北方人謫戍南方，「浙江、河南、山東、陝西、北平、福建、並
直隸、應天、廬州、鳳陽、淮安、楊州、蘇州、松江、和州、徐
州人，發雲南、四川屬衞；江西、四川、廣東、廣西、並直隸太
平、寧國、池州、徽州、廣德、安慶人，發北平、大寧、遼東屬
衞」❸；到了「嘉靖初，更定罪人充軍之制，南人發南，北人發

---

❶　拙著：《明代流人在東北》，載《歷史研究》1985年第4期。

❷　遼寧省檔案館藏：《明信牌檔》丙類第53、58號卷。

❸　《諸司職掌》刑部司門科，載〈玄覽堂叢書〉第48冊。

北，遠不過三千里，其情重，當發極邊者，北直隸、宣大、山西、山東、河北俱發甘肅；山西、陝西、宣大、河南、發遼東」❹。因此說，不管明初，還是明代後期，都有很多內地流人謫戍到東北，以上記載是根據《諸司職掌》、《明史》，如根據《明實錄》記載，謫發到遼東充軍的流人，所包括的地區更廣，據不完全統計，即包括今天廣西、廣東、雲南、貴州、福建、浙江、江蘇、山東、河南、河北、江西、安徽、四川、陝西、甘肅、寧夏、湖南、湖北等十九個省。可以說，發遣東北充軍的犯人，是來自天南海北，地區十分廣泛。

　遣戍遼東充軍的流人，不但地域廣泛，而且人數眾多。《明史》記載，「明初法嚴（充軍之人），縣以千數，數傳之後，以萬計矣」❺。一次戍一人，數十人，多者達百人以上。遼東軍丁的來源有很多是「謫發」的流人。當然不排斥有從征兵士留戍遼東❻，也有女真人為兵的❼。但「謫戍者」充軍也是為數不少的❽。所以《明史》指出「初太祖沿邊設衛，惟土著兵及有罪謫戍者」這是可信的。因明王朝不斷發罪犯充軍東北。所以，洪武十八年，明太祖朱元璋不得不改變「例不賞賜」的舊規，特意下令對「謫發者」也要賞賜❾，因為這時「謫發者」流人已是遼東軍士

---

❹　《明世宗實錄》卷 360。

❺　《明史》卷 93，〈刑法誌〉。

❻　《明太祖實錄》卷 86。

❼　《明太祖實錄》卷 178。

❽　《明太祖實錄》卷 240。

❾　《明太祖實錄》卷 171。

重要的組成部分了。所以，巡按山東監察御史張聰，在論及遼東的軍士構成時，指出「遼東軍士，多以罪謫戍」⑩的結論。

二　謫戍流人的類別

　　流徙東北的流人，有些是宦官太監，也有些是碩儒之士，但更多的是一般平民、士族，偶因語言不愼，重則遭殺身破家之禍，輕則遠戍絕域，妻子流徙。明朝統治階級，爲了鞏固自己的統治，他們運用封建國家機器，殘酷地實行暴力，不要說犯了「叛逆」大罪遇赦充軍，就是違背統治階級一點點小事，甚至沒犯什麼罪，也要找個名堂，加以罪名，被定爲流人充軍罪，發配充軍。請看洪武時，明王朝規定「合編充軍」罪，就有二十二條，即：「販賣私鹽、詭寄田糧、私充牙行、私自下海、閒吏、土豪、應合抄箚家屬、積年民害官吏、誣告人充軍。無籍戶、攬納戶、舊日山寨頭目、更易姓家屬、不務生理、游食、斷指、誹謗、小書生、主文、野牢子、幫虎、伴當、直司」⑪。條目繁多，律令皆嚴，只要觸犯上二十二條都要犯充軍罪。不但如此，從《明實錄》、《明信牌檔》記載看，流人充軍東北，遠遠超過上述規定，皆與「合編充軍」的律令無關，可是照樣被強行遣送到東北充軍⑫，謫戍的類別，歸納起來，大體有如下幾方面情況：

---

⑩　《明宣宗實錄》卷 107。

⑪　《諸司職掌》刑部司門科，載〈玄覽堂叢書〉第 43 冊。

⑫　《明律集解附例》載稱，充軍條例嘉靖時增至 213 款，萬曆時又增至293 款，比洪武時「合編充軍」的 22 條多的多了。

㈠　明朝實行清軍政策，把大量民人發遣到東北。朱元璋奪取全國政權以後，仍沿襲元朝統治者軍戶制度老辦法。軍戶就是供應軍役的戶。爲「軍籍」者，世代爲軍，一般是不能改籍的。成爲軍丁後，就要造籍貫册。洪武二十一年（1388年）秋，明廷「令衞所著軍士姓名、鄉貫爲籍，貝籍丁口，以便取補」 ⑬。而其具體做法是：「一樣造册兩本，將各總小甲軍人姓名、年籍（紀）、鄉貫、住址，並該管百戶姓名，充軍衞分、注軍明白。一本進赴內府收照，一本同總小甲軍人付該管百戶」 ⑭。這樣以來，兵丁一旦逃亡，病故或老疾，則必須按「造册」到該軍丁籍貫原民，勾取壯丁補充，是謂清軍，或謂「清勾」、「勾丁」。根據明律規定，凡遇有四種情況都要清軍，即：逃亡、病故、老疾、被虜（就是被少數民族虜去） ⑮。一旦被清軍，立即遣發東北等地成爲流人。如《明實錄》記載：正統十年（1445年）十二月，「廣西清出軍丁解放遼東等處」 ⑯。當然，也有東北地區遼東人「戍廣西邊衞」，如遼東寧遠衞（今遼寧省寧遠城）范升謫遣廣西就是一例⑰。建州衞（此時建州衞已遷到今遼寧省蘇子河上游）女眞人開原保七人因罪「充廣西邊上軍」，則又是一例 ⑱。由於明廷清軍制度，往往造成一家出數丁當兵，簡直是全家都爲

---

⑬　《明史》卷 92〈兵誌四〉。參見顧炎武：《天下郡國利病書》卷 28。

⑭　《諸司職掌》刑部司門科，載〈玄覽堂叢書〉第 49 册。

⑮　《諸司職掌》刑部門科，載〈玄覽堂叢書〉第 48 册。

⑯　《明英宗實錄》卷 136。

⑰　《明憲宗實錄》卷 29。

⑱　《明憲宗實錄》卷 104。

流人充軍了。

《明信牌檔》乙類一五三號卷、丙類十一號卷，均有記載兒子死了父親補替，孫子死了祖父補替的情況。而一九七二年遼陽市藍家大隊打白村出土撰刻於永樂十八年《吳俊墓誌》、一九七五年遼寧省遼陽市藍家孟家村皖家溝出土的撰刻於成化二年《陳通墓誌》、一九七六年藍家達子營出土的撰刻於正統五年《李貴墓誌》等，更進一步證明因明朝實行清軍政策結果，有的全家都充軍了❶。所以，有時一個地區，因為清軍政策，而「株累族黨，動以千計」❷。到了嘉靖初年更為嚴重，「捕亡令愈苛有株累數十家，勾攝數十年者，丁口已盡，猶移復紛紜不已」❸。「每當勾丁，逮捕族屬、里長，延及他甲，雞犬為之不寧」❹。所以《明史》記載「論者謂（流人充軍）即減死罪一等，而法及加於刀鋸之上，如等除遣謫，至國亡，戍籍猶有存者，刑莫慘於此矣！」❺可見，因清軍制度，大批流人被發配到東北，給民眾帶來了沉重的災難。

　㈡　少數民族反抗民族壓迫而被問罪遣戍東北。明朝統治階級不但實行階級壓迫，還實行民族壓迫。因此，各地少數民族不斷進行反抗鬥爭，不被鎮壓下去，就被發配到東北充軍為流人。如洪武十八年（1385年）五月，「湖廣大庸（今湖南省大庸縣）

---

❶　遼陽市文物管理所供碑文搨片。

❷　《明史》卷92，〈兵誌四〉。

❸　《明史》卷92，〈兵誌四〉。

❹　《明史》卷93，〈刑法誌一〉。

❺　《明史》卷93，〈刑法誌一〉。

竿坪朝納蠻寇作亂，安福千戶所（今湖南省桑植縣）以兵討平之，生擒一百三人至京，悉宥死，發戍遼東」㉔。洪武二十三年（1390 年）閏四月，廣東少數民族「聚衆」反抗明廷統治，而廣東都司「捕蠻獠一百二十九人械送至京」，有司判爲「宮刑」，皇帝實行市恩手段「賜恩」，「宥之，謫戍遼東」㉕。洪武二十九年（1396 年）三月，「清水江（今貴州省清水江）中平等寨，羣蠻聚衆爲亂，貴州守禦官軍捕之，獲衆亂蠻人五百械至京師，俱宥死，給食，謫戍三萬衞（今遼寧省開原縣北「老城鎮」）」㉖。同年，會同縣（今湖南省會同縣）所轄上下十八洞的「蠻民」不遵約束，「各立柵寨，置標槍刀弩，拒命不供賦役，恐日久生變」，明廷「命湖廣都司發兵討捕」，「以所獲頑民械送京師，詔宥之，謫戍三萬衞」㉗。宣德五年（1430 年）十一月，元江（今雲南省元江）地方少數民族頭人刀正、刀龍、刀洽等率衆「焚其廨宇及經歷司印信」，明廷發兵攻剿，「獲刀龍、刀洽解京」，後「發遼東安置，以警邊夷」㉘。成化元年（1465 年）十月，「普安州（今貴州省盤縣西北）寄籍民余穎等十人」，「與土官隆賽爲非，意圖不軌事，下都察院坐以死罪。上宥其死，謫戍遼東衞充軍」㉙，等等。《明實錄》關於這方面記載是不乏其

㉔　《明太祖實錄》卷 173 。
㉕　《明太祖實錄》卷 201 。
㉖　《明太祖實錄》卷 245 。
㉗　《明太祖實錄》卷 245 。
㉘　《明宣宗實錄》卷 72 。
㉙　《明憲宗實錄》卷 22 。

例的。上文記載「蠻獠」、「羣蠻」、「蠻人」、「蠻民」、
「邊夷」、「頑民」、「土官」等，均指我國西南、中南地區少
數民族，也是統治階級對各少數民族的蔑稱。因繳不上封建國家
沉重的苛捐雜稅和徭役，而被汚稱爲「不遵約束」、「不軌事」
的「蠻民」，就要被逮捕問罪爲流人，充軍東北，或是實在忍受
不了明廷殘酷的民族壓迫，拿起標刀弓弩進行反抗鬥爭，就被認
爲「聚衆爲亂」，逮捕問罪爲流人，發配東北充軍。這是明廷統
治階級赤裸裸地對少數民族一種殘酷的鎭壓。

　㈢　因剁指事、不應事犯罪充軍東北爲流人的人數也是比較
多的。所謂「剁指事」，是指勞動人民苦於當遠戍之勞，被迫走
上殘體痛苦的絕境，採取剁去自己的手指，以求免去服兵役的自
身致殘的一種方法。明朝遼東《明信牌檔》丙類二十四號卷，有
記載着勞動民衆因「剁指事」，而謫發遼東都司各衞所爲流人充
軍的部分淸册。淸册上淸楚地記載了遣發充軍的流人的姓名、原
籍、充軍的時間、及逃故的年月等內容。如檔案記載：

> 涇縣病故四名：一名汪玉，係本縣曾溪都人，洪武二十五年，
> 爲剁指事，充本衞後所百戶黃振所□……軍，洪武二十八年
> 五月內故。一名李時布，係本縣曾東都人，洪武二十五年，
> 爲剁指事，充本衞後所百戶黃振所□……下軍，洪武二十五
> 年五月內故。一名王寄孫，係本縣溪頭人，洪武二十五年，
> 爲剁指事，充本衞後所百□……軍，本年二月內故。一名駱
> 叢生，係本縣義打都人，洪武二十五年，爲剁指□……缺下

軍，洪武二□……。**30**

上引文的「涇縣」，即今安徽省涇縣，汪玉、李時布、王寄孫、駱叢生等四人，均因「剁指事」而被充軍東北的。用「剁指」殘身，以求免去兵役，是明代勞動民眾採取的一種普遍辦法。這是民眾抵制、反抗明朝封建政權的一種消極手段。儘管如此，也沒逃脫被迫強征遠戍的命運。這是《明信牌檔》丙類二十四號記載得知安徽省涇縣一次就遠戍流人遼東充軍達四人之多。《明信牌檔》因年久殘破記載是很不完全的。儘管如此，也可得知因「剁指事」罪，遠戍東北充軍流人數字之大。

因「不應事」罪，遠戍東北充軍流人也是為數不少的。所謂「不應事」，就是明朝統治階級認為「不應為而為之之事」，只要沾點邊，都可定為「不應事」罪，這個「不應事」罪伸縮性很大，叫你充軍都可找個「理由」誣稱為犯「不應事」罪，而謫戍東北。這是明廷統治階級利用輕罪重判，濫施刑罰，或者根本就沒有罪，而被誣定為充軍罪謫戍東北為流人的最好佐證。如《明信牌檔》丙類記載：「一名宋輝，係本縣（浙江省武義縣）在城西隅人，洪武二十五年，為不應事」，犯流人罪，充軍遼東。檔案記載約二千六百多人謫戍遼東充軍的情況。除了上述因「剁指事」、「不應事」問罪外，還有因犯「違法事」、「不法事」、「馬草事」、「馬匹事」、「糧草事」、「鹽法事」、「鈔法事」、「不舉事」、「起送老人事」、「黨送事」、「私鹽事」、「錢糧事」、「民害事」、「起宗事」、「黃冊事」、「錢法事」、

30　遼寧省檔案館藏：《明信牌檔》丙類，第24號卷。

「未完勘合事」、「巡捕事」、「力士事」、「竊盜事」、「綁縛事」、「均工夫役事」、「城磚事」、「吏役事」、「謀逆事」、「違限事」、「人命事」、「拖欠糧草事」、「稅糧事」、「拖欠事」，等等。爲一點小事，都可找個藉口，定爲充軍罪，流放東北。爲簡便起見，現僅就明初洪武二十五年，明檔記載各地謫戍遼東充軍情況，引錄列表如下：

各地謫發遼東充當軍丁情況表

姓 名	檔案記載原籍地名	現 地 名	充軍罪名	充軍時間	逃 故 年 月
閔 受	泰和縣	江西省吉安地區泰和縣	不應事	洪武25.年	本年 9. 月故
劉成一	泰和縣	江西省吉安地區泰和縣	不應事	洪武25.年	本年 9. 月故
袁慶生	泰和縣	江西省吉安地區泰和縣	違法事	洪武25.年	本年 9. 月故
朱官保	泰和縣	江西省吉安地區泰和縣	鹽法事	洪武25.年	本年 9. 月故
劉泰保	泰和縣	江西省吉安地區泰和縣	不應事	洪武25.年	本年 2. 月故
陳 延	永豐縣	江西省吉安地區永豐縣	不應事	洪武25.年	本年10.月故
陳忠德	永豐縣	江西省吉安地區永豐縣	剌指事	洪武25.年	□……
翟 晟	新俞縣	江西省新余市	剌指事	洪武25.年	□……
羅顏輝	新俞縣	江西省新余市	吏役事	洪武25.年	□……
鄭安嫉	德慶州	廣東省肇慶地區德慶縣	□……	洪武25.年	本年10.月故
李車保	曲江縣	廣東省韶關市曲江縣	不應事	洪武25.年	本年 5. 月故
陳小護	曲江縣	廣東省韶關市曲江縣	不應事	洪武25.年	本年 5. 月故
黃佛貳	海陽縣	廣東省汕頭市潮安縣	□……	洪武25.年	□……

黎必貴	博羅縣	廣東省惠陽地區博羅縣	不應事	洪武25.年	□……
周文高	高要縣	廣東省肇慶地區高要縣	力士事	洪武25.年	□……
小　黎	清遠縣	廣東省廣州市清遠縣	謀逆事	洪武25.年	□……
尙俊昌	東莞縣	廣東省惠陽地區東莞縣	違限事	洪武25.年	□……
張　鐸	長子縣	山西省晉西南地區長子縣	刺指事	洪武25.年	洪武34.年4.月故
房　棟	楡次縣	山西省晉中地區楡次市	不應事	洪武25.年	洪武23.年3.月故
李士謙	祁　縣	山西省晉中地區祁縣	不應事	洪武25.年	永樂19.年□……
陸　何	霍丘縣	安徽省六安地區霍丘縣	□……	洪武25.年	□……
李　進	楡社縣	山西省晉中地區楡社縣	力士事	洪武25.年	□□15.年10.月故
王　謙	平遙縣	山西省晉中地區平遙縣	違法事	洪武25.年	洪武30.年□……
王准顏	介　休	山西省晉中地區介休縣	不法事	洪武25.年	宣德4.年2.月故
張　親	孝　義	山西省呂梁地區孝義縣	刺指事	洪武25.年	洪武25.年9.月故
陳阿官	上元縣	江蘇省南京市附近	□□□	洪武25.年	□……
朱　忠	陽城縣	山西省晉東南地區陽城縣	力士事	洪武25.年	永樂10.年6.月故
張　太	高平縣	山西省晉東南地區高平縣	不應事	洪武25.年	永樂15.年6.月故
王　現	孝義鄉	山西省呂梁地區孝義縣	力士事	洪武25.年	永樂□……
蒙　貴	朔　州	山西省雁北地區朔縣	違法事	洪武25.年	宣德5.年5.月故
段　忠	大同府	山西省大同市	不應事	洪武25.年	宣德7.年2.月故
馬合兒	廣靈縣	山西省雁北地區廣靈縣	□……	洪武20.□	□……
王　纓	翼城縣	山西省臨汾地區翼城縣	不應事	洪武25.年	洪武35.年正月逃
袁　良	霍　州	山西省臨汾區霍縣	不應事	洪武25.年	洪武36.年6.月故
王　舉	平陸縣	山西省運城地區平陸縣	力士事	洪武25.年	宣德9.年10.月故
寧　進	蒲　縣	山西省臨汾地區蒲縣	□□□	洪武25.年	□……
李軍伍	洪同縣	山西省臨汾地區洪同縣	不應事	洪武25.年	洪武30.年正月故

周才一	解 州	山西省運城地區女鹽池附近	□……	洪武25.年	□……
梁 肆	臨汾縣	山西省臨汾地區臨汾縣	不應事	洪武25.年	洪武20.□ 2.月故
孫 林	石 州	山西省呂梁地區離石縣	未完勘合事	洪武25.年	永樂 2.年 2.月故
李 廣	寧鄉縣	山西省呂梁地區中陽縣	刾指事	洪武25.年	洪武20.□……
庫刑兒	平定縣	山西省陽平市平定縣	不應事	洪武25.年	洪武28.年 3.月故
李 原	樂平縣	山西省晉中地區昔陽縣	不應事	洪武25.年	洪武35.年□……
高 丙	萬安縣	江西省吉安地區萬安縣	刾指事	洪武25.年	洪武28.年10.月故
王宗信	安福縣	江西省吉安地區安福縣	不應事	洪武25.年	洪武25.年 9.月逃
袁情保	龍泉縣	江西省吉安地區遂川縣	不應事	洪武25.年	洪武25.年 9.月故
曾趙保	龍泉縣	江西省吉安地區遂川縣	不應事	洪武25.年	洪武25.年10.月故
劉洪擧	龍泉縣	江西省吉安地區遂川縣	不應事	洪武25.年	洪武25.年 9.月故
劉 升	龍泉縣	江西省吉安地區遂川縣	不應事	洪武25.年	洪武25.年 5.□□
劉毛孫	龍泉縣	江西省吉安地區遂川縣	不應事	洪武25.年	洪武25.年10.月□
馬產名	餘干縣	江西省上饒地區餘干縣	不應事	洪武25.年	洪武25.年 9.月故
張潤里	餘干縣	江西省上饒地區餘干縣	不應事	洪武25.年	洪武25.年 9.月故
魯宗信	餘干縣	江西省上饒地區餘干縣	不應事	洪武25.年	□……
劉義保	餘干縣	江西省上饒地區餘干縣	鹽法事	洪武25.年	洪武26.年 2.月故
解公住	餘干縣	江西省上饒地區餘干縣	不應事	洪武25.年	洪武28.年 6.月故
方 樺	餘干縣	江西省上饒地區餘干縣	違法事	洪武25.年	洪武25.年 5.月故
陳□參	遂溪縣	廣東省湛江市遂溪縣	□□□	洪武25.年	洪武30.年10.月□
詹理聰	廉州府	廣西壯族自治區欽州地區合浦縣	刾指事	洪武25.年	永樂19.年 9.月故
何滿孫	廉州府	廣西壯族自治區欽州地區合浦縣	不應事	洪武25.年	永樂 5.年 9.月故
李得秀	瓊州縣	海南省瓊山縣	不應事	洪武25.年	洪武25.年 5.月□
李元祿	信豐縣	江西省贛州地區信豐縣	不應事	洪武25.年	洪武28.年 7.月故

李　通	信豐縣	江西省贛州地區信豐縣	不應事	洪武25.年	洪武28.年 8.月故
劉冲謙	瑞金縣	江西省贛州地區瑞金縣	不應事	洪武25.年	洪武25.年 9.月□
趙　能	夏津縣	山東省德州地區夏津縣	剟指事	洪武25.年	永樂17.年 8.月故
王　丘	泰原府	山西省太原市	不應事	洪武25.年	□……
都　弼	棲霞縣	山東省烟台市棲霞縣	不應事	洪武25.年	永樂20.年 3.月故
問　德	棲霞縣	山東省烟台市棲霞縣	力士事	洪武25.年	正統10.□……
陳驢兒	冠城縣	山東省聊城地區冠縣	□□□	洪武25.年	正統□……
曹政住	冠城縣	山東省聊城地區冠縣	□□□	洪武25.年	永樂 8.年 9.□□
王　信	福山縣	山東省烟台市福山縣	力士事	洪武25.年	□……
黃遷兒	文登縣	山東省烟台市文登縣	力士事	洪武25.年	□樂21.□……
寶伏同	樂亭縣	河北省唐山市樂亭縣	不應事	洪武25.年	成化19.年 3.月…
張　斌	樂亭縣	河北省唐山市樂亭縣	不應事	洪武25.年	洪武30.年□……
□　能	蘇　州	江蘇省蘇州市	不應事	洪武25.年	永樂□……
范淸兒	井陘縣	河北省石家莊市井陘縣	不應事	洪武25.年	□……
張　才	定興縣	河北省保定地區定興縣	不應事	洪武25.年	□……
李　忠	博野縣	河北省保定地區博野縣	不應事	洪武25.年	□……
趙忠中	雄　縣	河北省保定地區雄縣	□□□	洪武25.年	□……
陳仲延	眞定縣	河北省石家莊地區正定縣	□□□	洪武25.年	□……
趙　納	寧晉縣	河北省刑臺地區寧晉縣	未完□事	洪武25.年	□……
寧雙奴	藍田縣	陝西省西安市藍田縣	強盜事	洪武25.年	□……
何　姓	周至縣	陝西省西安市周至縣	剟指事	洪武25.年	□……
郭　敬	商　縣	陝西省商洛地區商縣	不應事	洪武25.年	永樂□……
梁　雲	朝邑縣	陝西省渭南地區大荔縣東	不應事	洪武25.年	洪武25.年12.月故
李官牛	醴泉縣	陝西省咸陽地區禮泉縣	□□□	洪武25.年	□……

胡 出	蒲城縣	陝西省渭南地區蒲城縣	□□□	□□□□	□……
秦 東	輝 縣	河北省新鄉地區輝縣	□□□	□□□□	□德 3.年 7. 月故
董 清	長安縣	陝西省西安市	不應事	□□□□	□……
黨程之	咸陽市	陝西省咸陽市	剎指事	□□□□	□……
張玖兒	興平縣	陝西省咸陽市興平縣	不應事	□□□□	□……
張 顏	清澗縣	陝西省榆林地區清澗縣	脫事□……	□□□□	宣德 6.年 7. 月故
賀九賢	葭 州	陝西省榆林地區佳縣	□□□	□□□□	□……
白丑兒	中部縣	陝西省延安地區黃陵縣	黃冊事	□□□□	洪武25.年 3. 月逃
李川保	鄜 州	陝西省延安地區富縣	剎指事	□□□□	洪武25.年 6. 月故
朱丑蠻	鄜 州	陝西省延安地區富縣	剎指事	□□□	□……
韓宗讓	金 縣	甘肅省藍州市榆中縣	□□□		永□……
趙 友	寧津縣	河北省寧津縣	力士事	□□□□	永樂16.年 6. 月故
趙 祥	昆陽縣	雲南省昆明市晉寧縣	□□□		□……
陳系保	雲南縣	雲南省祥雲縣 大理白族自治州	□□□		□……
小 聶	雲南縣	雲南省祥雲縣 大理白族自治州	不應事	□□□□	洪武26.年□……
張 肆	雲南縣	雲南省祥雲縣 大理白族自治州	□□□		□……
李 春	雲南縣	雲南省祥雲縣 大理白族自治州	野牢子事	□□□□	洪武35.年 9. 月故
楊 二	雲南縣	雲南省祥雲縣 大理白族自治州	不應事	□□□□	洪武35.年 9. 月故
藏 興	泰興縣	江蘇省楊州市泰興縣	□□□		永□……
包受一	泰興縣	江蘇省楊州市泰興縣	不應事	□□□□	正統 4.年 3. 月故
寇童一	泰興縣	江蘇省楊州市泰興縣	不應事	□□□□	洪武25.年11. 月故
李青一	泰興縣	江蘇省楊州市泰興縣	□□□		□……
王官保	睢寧縣	江蘇省徐州市睢寧縣	民害事	□□□□	洪武30.年 3. 月故
胡 肆	睢寧縣	江蘇省徐州市睢寧縣	不應事	□□□□	洪武25.年11. 月故

朱近兒	睢寧縣	江蘇省徐州市睢寧縣	不應事	□□□□	洪武25.年10.月故
張　眞	海　州	江蘇省連雲港市南雲	鹽法事	□□□□	洪武25.年10.月故
鄭乞兒	桐城縣	安徽省安慶地區桐城縣	剝指事	□□□□	□……
張升拾	桐城縣	安徽省安慶地區桐城縣	強盜事	□□□□	洪武 2.□……
梅苟章	桐城縣	安徽省安慶地區桐城縣	巡補事	□□□□	洪武 2.□……
王龍山	桐城縣	安徽省安慶地區宿松縣	□□□	□□□□	□……
孫和謙	無爲縣	安徽省巢湖地區無爲縣	□□□	□□□□	□……
胡文三	懷寧縣	安徽省安慶地區懷寧縣	不應事	□□□	□……
汪保兒	懷寧縣	安徽省安慶地區懷寧縣	不應事	□□□	□…。。。
馮　智	保定縣	河北省保定市	□□□	□□□	□……
張　太	東安縣	河北省永清縣東北	違法事	□□□	□……
王宗敬	象　州	河北省柳州地區象縣	不應事	□□□	□……
楊　都	象　州	河北省柳州地區象縣	不應事	□□□	□……
史　廛	象　州	河北省柳州地區象縣	力士事	□□□□	□……
王　宜	房山縣	北京市房山縣	未完□	□□□□	□……
曹　太	房山縣	北京市房山縣	綁縛事	□□□□	□……
李太老	蘇　州	江蘇省蘇州市	力士事	□□□□	□……
曹信補	蘇　州	江蘇省蘇州市	力士事	□□□□	□……
馬本兒	滑　縣	河南省濮陽地區滑縣	不應事	□□□□	□……
兒　蠢	滑　縣	河南省濮陽地區滑縣	不應事	□□□□	□……
孫可通	魏　縣	河北省邯鄲地區魏縣	不應事	□□□□	□……
張文顏	浚　縣	河南省安陽市浚縣	不應事	□□□□	□……
劉　中	開　州	河南省濮陽市	□□□	洪武□…	□……
孫伴哥	上元縣	江蘇省南京市江寧縣	不應事	洪武25.年	洪武25.年 2.月故

孫　寧	上元縣	江蘇省南京市江寧縣	工夫役事	洪武25.年	洪武25.年7.月故
孫和一	上元縣	江蘇省南京市江寧縣	工夫□□	洪武25.年	洪武25.年□……
孫義肆	上元縣	江蘇省南京市江寧縣	□……	洪武25.年	□……
強隆一	上元縣	江蘇省南京市江寧縣	違治事	洪武25.年	洪武25.年12.月故
譚保拾	上元縣	江蘇省南京市江寧縣	不應事	洪武25.年	洪武25.年10.月故
黃居敬	上元縣	江蘇省南京市江寧縣	馬草事	洪武25.年	洪武30.年10.月故
袁林孫	上元縣	江蘇省南京市江寧縣	力士事	洪武25.年	洪武25.年3.月故
任　三	南　陵	安徽省蕪湖地區南陵縣	□□□	洪武25.年	洪武25.年5.月故
汪　玉	涇　縣	安徽省宣城地區涇縣	剎指事	洪武25.年	洪武28.年5.月故
劉　成	濮　州	山東省荷澤地區范縣南	不應事	洪武25.年	洪武25.年9.月故
曾子魯	清江縣	江西省宜春地區清江縣	不應事	洪武25.年	□……
陳答生	清江縣	江西省宜春地區清江縣	不應事	洪武25.年	洪武35.年6.月故
熊　佑	清江縣	江西省宜春地區清江縣	不應事	洪武25.年	□……
蕭　記	萍鄉縣	江西省萍鄉市	不應事	洪武25.年	□……
楊　宗	萍鄉縣	江西省萍鄉市	不應事	洪武25.年	□……
周鑫仔	萍鄉縣	江西省萍鄉市	不應事	洪武25.年	□……
態顏升	萬載縣	江西省宜春地區萬載縣	不應事	洪武25.年	□………
羅以從	吉安府	江西省吉安市	不應事	洪武25.年	□……
吳　宗	吉安府	江西省吉安市	不應事	洪武25.年	□……
王官一	吉安府	江西省吉安市	不應事	洪武25.年	□……
王志仁	吉安府	江西省吉安市	不應事	洪武25.年	□……
萬保二	萍鄉縣	江西省萍鄉市	不應事	洪武25.年	□……
李楚塘	萍鄉縣	江西省萍鄉市	不應事	洪武25.年	□……
黎弘實	萍鄉縣	江西省萍鄉市	不應事	洪武25.年	□……

　　上述僅僅選錄了明洪武二十五年明檔記載各地充軍遼東的情況，應該說那是很不完全的，因明檔已殘破嚴重。儘管如此，已可看出充軍到遼東軍丁的原籍，天南海北，地域廣闊。上表得知，洪武一年中充軍遼東據不完全統計就有十二個省，一百個縣市。十二個省有：江西省、廣東省、山西省、安徽省、江蘇省、廣西省、山東省、河北省、河南省、雲南省、甘肅省、陝西省等。上表還可看出充軍是很殘酷的，很多人遠離家鄉到東北，不到一年就死亡了。充軍的原因是五花八門，種類繁多，找點藉口，都可定爲流人罪，強迫遠戍東北。上述是遼東明檔記載。還可以從明初規定「合編充軍」的二十二條例中，也可以看出種類繁多的流人充軍罪。條文中規定「不務生理」、「游食」之民，也要遠戍遼東爲流人。所謂「不務生理」，就是勞動民衆窮到無法「務生理」的地步，到了這個程度也要遠戍充軍爲流人。所謂「游食」，從統治階級的眼光看，就是「不務正業」的「游食」之「民」，也就是朱元璋所說的「若有不務耕種，專事未作者，是爲游民，則逮捕之」❸，在統治階級看來「不務生理」、「游食」之「民」，都是「不法之民」，皆遠戍遼東爲流人，充軍屯戍。這是對廣大勞動民衆的一種殘酷的奴役。

　　㈣　僧人觸犯明廷的忌諱、法令，謫戍東北。永樂五年（1407年）正月，「直隸及浙江諸郡，軍民子弟私披剃爲僧，赴京冒請度牒者千八百人」，「上怒曰，皇考之制，民年四十以上，始所出家，今犯禁若此，是不知朝廷矣，命悉副兵部編軍籍，發

---

❸ 《明太祖實錄》卷 20 。

戍遼東、甘肅」 **㉜**。正統元年（1437年）九月，「有僧人自宮者，法司論以罰役還俗，上特命編戍遼東」 **㉝**。有的僧人，因未戒持靜律，犯「惑衆」罪，而被「執至京」，皇帝「賜恩」，「宥死，發戍遼東邊衛」 **㉞**。正統十三年（1448年）二月，有僧人咒罵官人，而被「法司鞫之」，擬罪「遣充遼東衛邊軍」 **㉟**。正統十四年（1449年）六月，「能仁寺番僧朶兒只星吉、烏答麻室哩二人相誣奏，以不法，刑部論贖徒。上命發戍遼東鐵嶺衛（今遼寧省鐵嶺縣）」 **㊱**。天順元年（1457年）二月，僧人道堅因建大隆福寺「費府庫財」，而「發戍鐵嶺衛」 **㊲**，等等。關於僧人流戍東北爲流人也是屢見不鮮，文不俱錄。

　　㈤　宦官、太監犯事流徙東北。明朝不僅發配僧人到東北，也發配宦官、太監或其家人來東北。宦官王振（今河北蔚縣人）少時侍英宗東宮，甚爲寵信。英宗繼位，權勢日盛，排斥異己，陷害直臣。正統十四年（1449年），挾英宗北上親征，兵敗土木堡（今河北懷來東南），結果英宗被俘，他爲亂兵所殺，後明廷發其「家屬在遼東鐵嶺衛充軍」 **㊳**。正德四年（1509年）太監家人韋慶「私自買鹽」獲利，根據明律「合編充軍」二十條的「販

㉜　《明太祖實錄》卷 48。

㉝　《明英宗實錄》卷 22。

㉞　《明英宗實錄》卷 69。

㉟　《明英宗實錄》卷 162。

㊱　《明英宗實錄》卷 179。

㊲　《明英宗實錄》卷 275。

㊳　《明英宗實錄》卷 280。

賣私鹽」規定要以流人充軍罪讁戍東北，於是明廷發韋慶「遼東廣寧衛（今遼寧省北鎮）充軍」❸。天順元年（1457年），太監郭敬因罪「下獄死」，明廷又將其子郭忠帶替父「發遼東充軍」❹。諸如此類，不一一贅述。

　　㈥　因犯誣告罪被流戍東北。明律規定「誹謗」、「誣告人充軍」❹。宣德六年（1431年）八月「汾州（今山西省汾陽）民憾其伯祖以徭役委已，又捶撻之，誣伯祖妖書，（誹）謗事」，皇帝命「杖一百，發戍遼東」❹。次年五月，河南中護衛軍馬義也因犯「誹謗」他人罪，「法司論義當斬，上宥其死，發戍定遼衛（今遼寧省遼陽老城）」❹。正統六年（1441年）六月，馮信、馮完，因「刁詐之狀」罪，皇上又命法司「俱杖一百，械發遼東邊衛守墩哨瞭」❹。次年十月「清苑縣（今河北省清苑縣）知縣屈義」，「屢爲刁民所誣」，經刑部查實，純屬「誣告」蜚語「上命杖誣告者，編戍遼東，而復義官」❹。正統十二年（1447年）六月記載，御史胡鑒、辛浩、潘英誣告周銓，明廷「讁鑒、浩、英戍鐵嶺衛」❹。次年九月，寧夏軍人韓仲溫起訴陳福有罪，

❸　《明武宗實錄》卷 51。
❹　《明英宗實錄》卷 280。
❹　《諸司職掌》刑部司門科，載〈玄覽堂叢書〉第 48 冊。
❹　《明宣宗實錄》卷 82。
❹　《明宣宗實錄》卷 90。
❹　《明英宗實錄》卷 80。
❹　《明英宗實錄》卷 97。
❹　《明英宗實錄》卷 155。

經「法司審實」，「仲溫奸詐，實誣累福等，且言仲溫弟讓素刁潑助足為惡」，法司「將仲溫、讓俱杖一百，謫戍遼東邊衞」[47]。元順元年（1457年）正月，因于謙被誣謀逆罪處死，而株連陳循、俞士悅、項文曜等「充鐵嶺衞軍」[48]。次年八月，神武百戶羅瑾因誣陷刑部主事鄧順，而「充遼東軍」[49]。成化三年（1467年）十一月，「代王成鎮與其弟定安鏻以私念相訐奏」，刑部「勘之，得其所奏皆誣，上不忍論以法，但降勅切責罪」，「充遼東邊衞軍」[50]。成化二十三年（1487年）六月，工部尚書萬祉義子萬爐，因「誣奏」罪，「杖之百，發遼東三萬衞充軍」[51]。試觀《明實錄》那是屢見不鮮的，難以縷舉。

(七) 官兵備禦失機謫遣東北。官兵因備禦失機而被發戍東北的流人是很多的。明初規定「官軍以失機當死者，宥其死，降充軍於極邊戍守」[52]。直到宣德四年（1429年）以後，才有所減輕，但仍有不少官軍因守備失機而被充軍至東北的。如宣德十年（1435年）十月，山西行都司都指揮僉事鄧英守備「失機」，法司論「當斬」，「上宥其死」，而「戍遼東」[53]。正統元年（1436年）二月，山西行都司都指揮僉事呂整，也是因守備失機，

---

[47] 《明英宗實錄》卷 170 。
[48] 《明英宗實錄》卷 274 。
[49] 《明英宗實錄》卷 294 。
[50] 《明憲宗實錄》卷 48 。
[51] 《明憲宗實錄》卷 291 。
[52] 《明宣宗實錄》卷 81 。
[53] 《明英宗實錄》卷 10 。

而被發遼東充軍❺❹。正統七年（1442年）二月，劉清「坐事謫戍遼東」❺❺。劉清在發遣遼東之前，是「以征交趾（今印度支那半島北部）功陞陝西都指揮使」，因坐何事，而謫戍遼東，不得而知。據《明實錄》所載謫戍常例，不外是「備禦失機」或「守望不嚴」等。斯時遼東已設重鎮三十餘年了，「遼地南有倭寇，東有朝鮮，西北皆胡虜，出沒不常」，北境又連奴兒干都司轄境，遼東都司已成為京師通往奴兒干衝要之區的必經之路❺❻，劉清以載罪謫戍之身，「尋復職，轉遼東都司」❺❼，爲「造舟松花江招諸部」❺❽之急，統一彪師，趕赴吉林，建設明代之東北大船廠，「造船運糧」，以供內官亦失哈等赴奴兒干地區巡撫之需，劉清謫戍東北，開拓東北，伐木造船於吉林「船廠」，轉運糧料到奴兒干，做出了貢獻。劉清雖《明史》無傳，但於吉林「造船運糧」，有史可徵，鐵證如山。今吉林阿什哈達摩崖石刻，永遠矗立在松花江畔，它是流人劉清來吉林「造船運糧」，所做出的貢獻最好的佐證。金吾後衛指揮劉賓、府軍前衛指揮僉事鄭友也都是因失守等「罪謫戍遼東」❺❾。景泰元年（1450年）八月，又因失守罪「謫直隸淮安府（今江蘇省淮安）知府程宗戍遼東」❻❶。天順七

---

❺❹　《明英宗實錄》卷 14。

❺❺　《明英宗實錄》卷 89。

❺❻　參見拙著：《明代奴兒干都司及其衛所研究》，1982 年河南中州書社出版。

❺❼　《明英宗實錄》卷 89。

❺❽　《明史》卷 174，〈巫凱傳〉。

❺❾　《明英宗實錄》卷 195。

❻❶　《明英宗實錄》卷 178。

年（1463年）十二月 ，錦衣衞都指揮僉事門大也因失守罪
「謫充鐵嶺衞軍」❻。天順四年（1460年）十二月，都指揮僉事
唐良，因「坐守備不設，法司當充軍，上命降爲三萬衞指揮同知」
❻。成化二年（1466年）七月，山東都指揮僉事錢能「守備偏頭
關，虜入黃甫川，殺死官十三首，軍一百三十四人，掠去馬五百
三十七匹」，錢能「下法司擬罪」，「戍遼東邊衞」❻。正德二
年（1507年）十月，「初鎮守延綏總兵官都督同知陳英以失機，
謫戍遼東三萬衞」❻。嘉靖二十九年（1550年）八月，尚書丁汝
夔因「守備不設」，皇上「命所司行刑，汝夔仍梟示」，而「妻
流三千里，子充鐵嶺衞」❻。因守備失機，而被謫戍東北的明代
官軍，史不絕書。

　㈧　貪贓汪法、納賄作弊、索奪盜竊等罪，均發遣東北。宣
德四年（1429年）五月，行在監察御史楊居正、司鐸、牟倫、雷
恭、胡曄、潘舉等因「貪淫不律」，「俱發遼東各衞充軍」❻。
同年七月，監察御史張衝巡按湖廣時，「受罪人白金」，納賄作
弊，「上命追所受贓，謫戍遼東」❻。又都御史劉觀受賄「黃白
金動以千數，羅綺不可數計」，陰庇嘉興府「豪民馮本，張謹等
及常州王昶，松江蔡琳、陳莊等以殺人及強奪人妻女，侵盜官糧

❻　《明英宗實錄》卷359。
❻　《明英宗實錄》卷323。
❻　《明憲宗實錄》卷32。
❻　《明武宗實錄》卷31。
❻　《明世宗實錄》卷364。
❻　《明宣宗實錄》卷54。
❻　《明宣宗實錄》卷56。

等事罪」，其子劉輻與御史嚴鎧等受犯死罪「浙江姦民伍辰、顧宗淳等」，「白金數百兩」，使死刑犯「得免死」。劉氏父子，貪贓枉法，敗壞憲紀，法司論「觀斬罪，輻應流」。「上曰，刑不上大夫，觀雖不善，朕終不忍加刑，命以輻及其黨，皆發遼東充軍，俾觀隨其子居」❻。宣德五年（1430年）閏十二月，江西按察副使李綸，先受海鹽縣豪民「白銀一百五十兩，黃金五兩，文綺二十餘疋」，出豪民殺人罪，至是事發，「上命追所受贓及田給勅命，發戍遼東邊衞」❻。宣德六年（1431年）三月，江西新淦縣（今江西新淦縣）丞歷中與土豪「同惡害民」，索奪「金銀錦綺不可數計，民不勝虐，遂集衆焚刦土豪家，而走山谷屯堡，中與巡檢張斌率捕之，民奮前殺斌，而縛中詣京師訴之南康（今江西省南康），官軍掩捕民，械送京師」，「上以激變由中，命斬之，梟首於縣以徇，仍籍其家而（徙）其屬戍遼東」❼。正統十三年（1448年）九月，有藍英、劉瓛二人賄賂永和王美塢。「得爲儀賓」之職，「上命英、瓛等至京復之實」，「謫英、瓛二人充遼東鐵嶺衞軍」❼。天順二年（1458年）五月，又有記載羅綺子嵩輝、弟紋綰「俱戍遼東，家屬隨往」❼，都是因犯賄賂罪而發遼東爲流人的。天順四年（1460年）五月，淮安衞（今江蘇省淮安）指揮張忠，「因族人發其索所部賂」，「械充鐵嶺衞軍」

---

❻　《明宣宗實錄》卷 56。

❻　《明宣宗實錄》卷 74。

❼　《明宣宗實錄》卷 77。

❼　《明英宗實錄》卷 170。

❼　《明英宗實錄》卷 291。

❼。犯了賄賂罪要謫發東北爲流人，犯了盜竊罪也要謫發東北爲流人的。正統二年（1437年）七月，行在福建道監察御史王學敏，以納巡檢陳永澄賂挾勢，囑行在工部郎中崔鑛荐陞知縣「事覺」，「上命杖一百」，「枷示於各衙門三日，謫戍遼東邊衞」❼。弘治元年（1488年）閏正月，指揮使張紀、指揮僉事任義、千戶馮宇、沈達等，「盜支內府財物數多雖遇赦難依常例，紀、義、宇、達俱發遼東鐵嶺衞」❼。正德五年（1510年）七月，湖州（今浙江省吳興縣）何顒因「歛銀三萬八千有奇」，「發遼東自在州（今遼寧省遼陽市）」❼，還有清平衞千戶曹迪受賄「賣軍命」謫戍三萬衞（今開原縣「老城鎮」）❼。廣西提督軍務右僉御史吳禎，「上以禎貪淫欺詐，有玷風憲」，「謫充遼東鐵嶺衞軍」❼。貴州按察司僉事尹仁往貴州巡按，「貪婪怠政」，「侵盜償銀」，「謫充遼東廣寧衞軍」❼。貪贓是封建官吏的通病，因此，這類罪犯謫發遼東，是官吏謫發遼東的最多的一種。

　㈨　利用道門蜚語，進行逆謀活動，詆誣明朝，也問罪遣戍東北。正統四年（1439年）四月，蔚州衞（今山西省蔚縣）軍餘孫友全因是「妖賊」張普祥黨，「罪情深重」，「事覺，命編戍

❼　《明英宗實錄》卷 315 。
❼　《明英宗實錄》卷 32 。
❼　《明孝宗實錄》卷 10 。
❼　《明武宗實錄》卷 65 。
❼　《明太祖實錄》卷 241 。
❼　《明憲宗實錄》卷 26 。
❼　《明憲宗實錄》卷 287 。

遼東」 ❽。正統十二年（1447年）六月，《明實錄》記載：明初
陝西都指揮僉事周彧，「以叔周四逆謀連坐」，發遼東，不久病
故，明廷又命其子周晃繼至遼東服役 ❽。次年七月，江西南城縣
（今江西省南城縣）人龔謙自稱「張神仙法孫」，「多妖術」，
專門「誘婦」做亂，「事覺，法司論當徒，上命充鐵嶺衛軍」❽。
天順元年（1457年）五月，武陟縣（今河南省武陟縣）有徐朗
「自稱普提」，馬璘自稱「西天白馬佛下世」，「以妖言鼓衆」，
「期今年爲亂，其黨有不協者發其事」。二人俱死，明廷又命官
軍逮捕「其餘黨數十人」，「充鐵嶺衛軍」❽。天順四年（1460
年）五月，彭城衛指揮使蔣謙，因「妄言惑衆」罪，「械充鐵嶺
衛軍」❽。成化三年（1467年）六月，「湖廣俘獲叛賊石虎殘黨
餘勝等一百五十八人」，「發遼東邊衛充軍，家屬給與完聚」❽。
成化八年（1472年）七月，「山東滕縣（今山東省滕縣）韓能，
造妖惑人，事覺，發充遼東三萬衛軍」❽，等等。

　　㈩　宦官得勢，排斥異己，而被謫戍東北者爲數不少，這種
情況往往發生在明朝廷腐敗，宦官專權之時，如皇帝朱祁鎮在位，
寵信宦官王振，振狡黠，擅權跋扈，排斥異己，陷害直臣，把范

---

❽　《明英宗實錄》卷 54 。

❽　《明英宗實錄》卷 155 。

❽　《明英宗實錄》卷 168 。

❽　《明英宗實錄》卷 278 。

❽　《明英宗實錄》卷 315 。

❽　《明憲宗實錄》卷 43 。

❽　《明憲宗實錄》卷 106 。

質「謫戍鐵嶺衞」❽就是一例。宦官曹吉祥以「謀逆罪」,斬于謙、
王文、王誠、舒良、張良、王勤於市,並發其「家屬於口北、開
原等衞充軍」❽,則又是一例。天順元年（1457年）六月,楊瑄、
張鵬共劾宦官曹吉祥及其同夥石亨,反被誣害,「充鐵嶺衞軍」❽。
弘治十八年（1505年）八月,南京通政司右通政強珍（今河北省
滄州市人）劾宦官汪直（瑤族,今廣西大藤峽人）「挑釁債事」
之罪,結果被誣「謫戍遼東」❾。正德二年（1507年）二月,御
史王時中巡按直隸隆慶等處時,語言「激揚」劾守官,觸犯了宦
官劉謹的利益,被「謫戍遼東鐵嶺衞」❾。

　　(±)　罵人、杖人至死者遷戍東北地區,正統三年（1438年）
八月,浙江按察司僉事耿定,因「怒人不避道,杖之至死,事覺」,
「謫戍遼東」❾。正統十一年（1446年）三月,「兵部吏乘醉罵
部官郎中項文曜,司務馮吉責之,不伏」,「上命發戍遼東」❾。
天順八年（1464年）九月,青州衞（今山東省益都）指揮康榮因
致人至死罪,「謫戍遼東邊衞」❾。弘治七年（1494年）二月,
「陝西漢中衞（今陝西省漢中）舍人陳添福故殺孤侄,謀殺財產」,

❽　《明英宗實錄》卷 207 。

❽　《明英宗實錄》卷 274 。

❽　《明英宗實錄》卷 279 。

❾　《明武宗實錄》卷 4 。

❾　《明武宗實錄》卷 23 。

❾　《明英宗實錄》卷 45 。

❾　《明英宗實錄》卷 139 。

❾　《明憲宗實錄》卷 9 。

上命連同「家口盡發遼東三萬衞充軍，永不宥」❾❺。正德四年
（1509年）六月，慶成王府儀賓雷景聲、李經，因「毀罵法官」，
發「遼東寧遠衞」❾❻。諸如此類，舉不勝舉。

　　㈡　亂婦奸情等罪被謫戍東北。關於犯這樣一類案件謫戍東
北的流人充軍者頗多。宣德三年（1428年）十月，行在陝西道監
察御史趙倫巡按湖廣因索民「羅綺等物」，又「與樂婦奸,事覺」,
「上命謫戍遼東」❾❼。宣德九年（1434年）十一月，監察御史頡
文林巡撫南京時，「索舖戶等衣物」，「又於公解與囚婦亂」，
「上命杖之」，「戍遼東」，並將其「家屬發充遼東邊衞軍」❾❽。
景泰元年（1450年）閏正月，提督守備關右僉都御史王鈜奏「巡
關御史王辟數至軍妻與奸，命執鞫之獄，其發充鐵嶺衞軍」❾❾。
天順元年（1457年）五月，雲南衞（今雲南省昆明市）經歷徐正、
因淫事「謫戍遼東」❿❿。天順四年（1460年）七月，三千營都指
揮劉寬以「誘奸軍妻」罪，被謫發遼東邊衞」❿❿充軍，等等。

　　上面例舉十二種情況，被流放到東北的流人充軍的情況。當
然還有其它種情況被謫戍東北。如有因「假傳聖旨」被謫戍的，
如天順四年（1460年）八月，京衞官數人「詐稱錦衣衞官校」，

---

❾❺　《明孝宗實錄》卷85。

❾❻　《明武宗實錄》卷51。

❾❼　《明宣宗實錄》卷47。

❾❽　《明宣宗實錄》卷117。

❾❾　《明英宗實錄》卷188。

❿❿　《明英宗實錄》卷278。

❿❿　《明英宗實錄》卷317。

假傳皇上「密旨」，要在「衡水縣（今河北省衡水縣）設皇莊」，「事覺，命械充遼東邊衞軍」**⑩**。有的因作官請假，未按時返回，以「犯限期」罪，而發遼東充軍，陝西右參議柴重，「充鐵嶺衞軍」就是一例**⑬**。也有的因爲他人「淨身」而犯罪，謫發遼東充軍，如山東黃縣李安、河北大興縣田政等四人爲他人「淨身」，觸犯了明律，遣發李安「遼東鐵嶺衞充軍」，田政等四人「發遵化廠鈔鐵三年」**⑭**。還有崔璿、姚祥、張瑋等人，因「枷號日未滿」早開枷，而「發遼東鐵嶺衞，永遠充軍」**⑮**，等等。

　　總之，明代流刑除懲處貪官污吏，不法地主外，對人民是一種殘酷。百姓可因一點點小事，被加以罪名，致遭慘禍，重則殺身破家，輕則遠戍絕域。對廣大民眾來說，還可以「莫須有」罪名，發遣遼東爲流人，充軍衞所，戍屯邊備。明朝統治階級爲了鞏固自己的統治，對流人發配東北充軍是十分注意的。明皇帝朱瞻基在宣德三年（1428年）一次詔諭中指出：凡「反逆」、「人命」、「僞造印信」、「假傳詔旨」、「誣告人」皆「杖一百，發戍遼東」，又強調「監守自盜」、「盜倉糧錢糧」、「盜官畜產」等等，也都要「謫戍遼東邊衞」。在這種政策下，發戍到東北流人充軍是眾多的。《明實錄》載，正德八年（1513年）五月，一次謫發遼東遼海衞(今遼寧省昌圖鎭)「永充軍」的人數就達三

---

⑩　《明英宗實錄》卷 318 。

⑬　《明英宗實錄》卷 173 。

⑭　《明憲宗實錄》卷 252 。

⑮　《明武宗實錄》卷 22 。

十五人多 ⑩。《明實錄》宣德三年（1428 年）七月戊辰一條史料
記載，因罪發配流人充軍東北竟達一千六百三十五人之多 ⑩。可
見有明一代發配流人到東北充軍是很多的。

第二節　流人的悲慘生活和歷史作用

一　流人的悲慘生活

流人生活是十分痛苦和悲慘的。

首先，表現在流徙中的一切衣裝費用，均得自備。這個自備
費，在流徙途中不只是供己用，還得給押送者用，即所謂「僉解
路費」 ⑩。這個費用開支很大，往往造成流人傾家盪產。所以當
時管理清軍流人的給事中徐貞明曾言：「勾軍東南，資裝出於戶
丁，解送出於道里，每軍不下百金」 ⑩，流人遠離故土，離開家
人時，道里衆人驚惶失措，仰屋生悲，而流人家人「號泣道路」，
老母痛苦，妻子牽衣，淒慘景象，遍及鄉里。在押送途中，押送
者，「慮其逃逸」，「多嚴刑重錮迫之死」，又流人多爲貧者，
就道北戍，衣裝單薄，無以禦寒，凍斃道途者甚多。《明實錄》
宣德八年（1433 年）十一月記載：「舍人林憲等送囚百七十人戍

---

⑩　《明武宗實錄》卷 100 。

⑩　《明宣宗實錄》卷 45 。

⑩　汪道昆：《遼東善後事宜疏》，載《明經世文編》卷 337 。

⑩　《明史》卷 92 ，〈兵誌 4 〉。

遼東，到者僅五十人，餘者道死」⑩。死者一百二十人，佔總數的百分之七十一，殊爲驚人和可憫。這足使聞者戒途，行者卻步。

其次，流人充軍還得受大小官員的盤剝。流人每「至所充之衛，衛官必索」錢財，已爲「常例」⑪。明代遼東檔案《明信牌檔》記載的更爲明白，謫戍流人被押送到目的地遼東都司各衛所後，衛所官員便公開要「見面錢」或「拜見錢」。如管隊張春「索要見面錢，張玉銀八錢」，「羅中拜見錢銅壺一把」⑫，進行勒索財物，甚至有的衛所官員行兇打人，逼人至死。如衛所官景時與小甲王英，因充軍流人沒按時「內點」，「每名責打二十棍」，又因軍丁林秀「軍器不堪」，「用言威逼林秀」，林秀恐挨責打，便懸「樑上自縊身死」，其屍體讓狗「拖拽，食殘無存」，「伊父林聚財得知，到堡探望，景時因見林秀自縊死，缺人當軍」，「就將林（聚財）提拿應役」，「比伊不從，景時將伊責打二十棍」，都將林聚財「下牙打落」⑬。兒死父親來看屍體，還要挨打，被強迫充軍。衛所官吏眞是殘暴已極。衛所官吏還可以任意驅使充軍的流人爲自己私耕地、做雜役。如弘治六年（1493年）三月，「遼東都司指揮同知宋溥，役軍士耕私田」⑭。太監劉恭鎮守遼陽時，就「在遼陽私役軍餘千人，佔種官地三百餘畝，贓

⑩　《明宣宗實錄》卷 107 。

⑪　《明史》卷 93 ，〈刑法誌 1 〉。

⑫　遼寧省檔案館藏：《明信牌檔》乙類，第 119 號卷。

⑬　遼寧省檔案館藏：《明信牌檔》乙類，第 153 號卷。

⑭　《明孝宗實錄》卷 73 。

以千計」⑮。這些「軍士」、「軍餘」，據《明信牌檔》乙、丙類記載多為內地流人謫戍到東北而應役的。甚至太監梁汜還奴役充軍流人為己「樵採，為虜所殺」⑯。充分看出衛所官員對充軍的流人，殘酷盤剝，役使佔有，是何等嚴重。更為嚴重的是官吏還可任意霸佔奸汙流人軍卒的隨婦。如成化十年（1474年）十一月，「遼東都司都指揮吳俊」，看上了流人一軍卒「婦色美」，便「逼通之」⑰。官吏對充軍流人殘酷奴役，《明實錄》記載的非常細膩逼真，歷歷在目。

　　再次，流人充軍到東北，還得承擔國家沉重的屯田任務。「遼東軍士多以罪謫戍」⑱。「遼東屯田軍」不足，也由「囚犯」「來補」⑲。因此說，遼東屯軍大部分是由因犯罪充軍流人組成的。他們一項經常的差役，就是被迫進行屯田，謫發遼東的流人，絕大多數被用來屯耕，他們要向明政權繳納高額的屯糧。

　　據《明史》卷七八〈食貨誌〉記載，洪武時官民田賦徵收情況，「官田畝稅五升三合，民田減二升」⑳。軍屯也是官田，其租賦徵收情況，《明史》卷七七〈食貨誌〉亦有記載：軍屯田的租賦，在洪武「初畝稅一斗」㉑，這就是超過官田幾乎一倍。

---

⑮　《明孝宗實錄》卷 192。

⑯　《明孝宗實錄》卷 194。

⑰　《明憲宗實錄》卷 135。

⑱　《明宣宗實錄》卷 107.。

⑲　《明英宗實錄》卷 141。

⑳　《明史》卷 78，〈食貨誌 2〉。

㉑　《明史》卷 77，〈食貨誌〉。

　　從《明實錄》記載看，比《明史》記載還要嚴重。如《明實錄》記載，正德三年（1508年），當時遼東屯田爲「一萬二千七十三頃，額糧二十四萬一千四百六十石」[122]。平均每畝徵收租賦二斗，爲官田的四倍。由此可看出兩個問題，一是軍屯田的徵稅要比民田重，二是明代後期徵稅要比前期重。

　　從明代遼東檔案《明信牌檔》記載看，又比《明實錄》記載屯軍要向國家繳納租稅更爲嚴重。請看《明信牌檔》記載遼東都司定遼後衞（今遼寧省遼陽老城）：

　　原額屯田六百七十四頃，共穀豆一萬四千五百五十石九斗五升。

　　穀九千三百六十三石四斗五升。

　　豆五千一百八十七石五斗。

　　已承種田四百六頃七十七畝五分，共穀豆八千八百九十八石六斗二升。

　　穀五千七百九十九石九斗二升。

　　豆三千九十八石七斗。[123]

　　按明朝規定，一頃爲百畝，一石豆合兩石穀[124]，以此推算，原額屯田六百七十四頃，合畝爲六萬七千四百畝，豆五千一百八十七石五斗，合穀爲一萬零三百七十五斗，加原徵谷九千三百六十三石四斗五升，總計徵穀爲一萬九千七百三十八石四斗五升。

[122]　《明武宗實錄》卷 39 。

[123]　遼寧省檔案館藏：《明信牌檔》丙類，第 13 號卷。

[124]　《明史》卷 77 ，〈食貨誌 1 〉。

由此可看出定遼後歸原額屯田六萬七千四百畝，共徵屯糧合穀為一萬九千七百三十八石斗五升，平均每畝要徵穀為二斗九升多。

已承種田四百六頃七十七畝五分，合畝為四萬六百七十七點五畝，豆三千九十八石七斗，合穀為六萬一千九百七十四斗，加原徵穀五萬七千九十九斗二升，總計徵穀為十一萬九千九百九十三斗二升。由此可知承種的屯田，平均每畝徵收屯糧也要達到二斗九升還多。

根據《明實錄》記載，遼東每屯軍要屯「田五十畝，租十五石」❶，而由上面明遼東檔案記載，經過計算，每畝屯軍要繳納二斗九升，按規定每名屯軍要耕種五十畝，那麼遼東都司每屯軍也就是每名流人充軍遼東一年要向國家繳納屯糧十四石五斗，《明實錄》和《明信牌檔》記載，幾乎是一致的。

由上面記載得知，流人充軍屯田要向國家繳納賦稅比民田多，也比一般官田向國家繳納租賦要多。他們終年被束縛在土地上，從事苦力勞動，沒有自由，身份低賤，強行進行生產，隸屬封建國家的人身依附關係，因此說流人充軍到遼東，他們的生活是極其悲慘的。受到封建國家殘酷剝削，處於奴隸地位，生產方式是農奴制。充軍到東北的流人，遇赦歸里，幸而得賜回歸者甚少，大部分埋骨荒山野嶺，永成不能返。充軍到東北的流人，他們用自己的雙手開發東北，建設東北，使榛莽之地，逐漸變成經濟發達地區，對明朝的歷史發展，特別是對有明一代東北的政治、經濟、文化的發展，都做出了貢獻。

---

❶　《明孝宗實錄》卷 196 。

二　流人的歷史作用

流人充軍到東北所做的貢獻，大體表現在以下七個方面：

其一、流徙來東北的罪犯，多爲安揷軍屯，通過軍屯生產，恢復和發展了遼東的社會經濟開墾了許多荒地，擴大了耕地面積，總理糧儲戶部郎中毛泰奏：遼東屯田，自洪武至永樂年間，爲二萬五千三百餘畝（頃），糧七十一萬六千石有奇 ⑫⑥。永樂十七年（1421 年），「原額屯（地）兩萬一千一百七十一頃五十畝，該糧六十三萬五千一百四十五石」⑫⑦。宣德時，又據毛泰所奏，屯軍有四萬五千四百 ⑫⑧。遼東都司屯田制，規定每個軍丁屯田五十畝，應有屯地二萬二千七百頃。正統初年，屯田額爲三萬一千六百二十頃。額糧竟達三十六萬四千九百石。其中鐵嶺衞、復州衞、海州衞、蓋州衞尤其金州衞軍屯面積最多 ⑫⑨。當時遼東都司轄境內軍屯的土地比比皆是。特別是遼東都司治所的遼陽附近，更是「歲有羨餘，數千里阡陌相連，屯堡相望」⑬⓪。屯種產的農產品也極其豐富，主要農作物有黍、稻、粱、穈、粟、豆等 ⑬①。由於流人充軍，軍屯增加了糧食，史載遼東都司已達「各衞廩充實，

---

⑫⑥　《明憲宗實錄》卷 244，成化 19 年 9 月戊中 ，證以其他記載及本文中屯糧數，「畝」爲「頃」之誤。

⑫⑦　《明武宗實錄》卷 39 。

⑫⑧　《明憲宗實錄》卷 244 。

⑫⑨　《遼東誌》卷 3 （《遼海叢書》本）。

⑬⓪　《遼陽縣誌》卷 4 （《遼海叢書》本）。

⑬①　《遼東誌》卷 4 （《遼海叢書》本）。

紅腐相因」的程度，這雖然有些誇張，但也多少反映出當時社會財富增加的事實❷。

其二、流人充軍，進行軍屯，使得兵農兼務，守戰有備，加強邊禦，「強兵足食」。遼東都司自廣行屯種以來，解決了很大一部份糧餉問題。當時衞所官吏的俸祿是：指揮使一員，正三品，歲給祿米五百石；指揮僉事四員，從五品，歲給祿米一百五十石，所正千戶一員，正五品，歲給祿米二百二十石❸。衞所屯田自給，旣鍛煉了軍丁，又充實了糧餉，減輕了農民對餉饋的負擔，還減少了「海運之船」❹運轉之勞，由流人屯種，遼東軍餉逐漸得到了自給。所以，朱元璋在洪武三十年（1397 年）下令「今後不須轉運」糧餉，「屯田自給」❺就可以了。說明由於流人軍屯，增加了生產，即減輕了沿海軍民海運之苦，又加強了邊備。因此，王圻的《續文獻通考》說：「屯田乃足食足兵之要道」，「所以邊圉富強，不煩轉運」❻。

其三、流徙充軍東北遼東流人進行軍屯拓荒生產，也支援了北邊奴兒干都司的費用。奴兒干都司北境是不產糧的。都司各級官員的俸祿，有一部份是遼東都司支給的。

---

❷　拙著：《明代遼東都司軍屯的情況和作用》，載《中國古代史論叢》
　　1981 年第二輯，福建人民出版社出版。

❸　明朝的官吏分爲 18 等級，即 1、2、3、4、5、6、7、8、9 品和從 1、2
　　3、4、5、6、7、8、9 品。

❹　《明太祖實錄》卷 134。

❺　《明太祖實錄》卷 255。

❻　《續文獻通考》卷 5，〈田賦考〉。

　　不僅如此，明朝還經常選派遼東官員前往奴兒干都司做安撫工作，每安撫一次，都將遼東大批穀物、布帛等物，輸送給「女直野人、吉列迷、苦夷」。還有去奴兒干地區的工匠、藝人，特別是奴兒干地區「護印」的士兵，他們所需要的糧餉，主要是靠遼東都司供給。如宣德二年遼東都司一次就支給「差往奴兒干官兵三千人，人給行糧七石，總爲二萬一千石」❶。這個數字不算小，當然其中有一部份是靠關內接濟。但奴兒干地區所需要的糧餉，這時大部份還是由遼東都司供給，主要是流人充軍的軍屯的糧食。這些糧食由吉林船廠（即今吉林市附近）裝船「浮江而下，直抵其地（奴兒干都司治所）」❶，現在吉林市東南的阿什哈達屯江岸岩上，還保存着兩件鐫刻的摩崖文字，記載着當年流人劉清充軍到東北頒軍來此地，督造或催調船隻運糧，以供奴兒干都司的需要。明王朝對奴兒干都司屬下衞的統治近二百年之久，因流放到東北的流人墾田生產支援是分不開的。

　　其四、謫戍到東北的流人，不僅屯田爲發展遼東經濟做出了貢獻，同時還有一部分流人直接參戰，在保衞邊疆，抗擊倭寇鬥爭中也做出了貢獻。

　　流人劉榮，明初參加遼東望海堝（今遼寧省金縣亮甲店）抗倭鬥爭，就是一個典型的例子。

　　倭寇是明時期的日本海盜集團，有計劃地經常竄到遼東沿海等地區，殺人放火，搶刼財物，奸汙婦女，無惡不作。洪武二十

---

❶　《明宣宗實錄》卷 31。
❶　《遼東誌》卷 9（《遼海叢書》本）。

七年（1390年）十月，倭寇侵犯遼東金州，「焚民居，掠財物，殺虜生口」**⑬**。永樂九年（1411年），倭寇又犯遼東，「入寨殺邊軍」**⑭**，弄得遼東沿海地區鷄犬不寧，民衆無法生活下去。這就激起了中國各族民衆積極抗倭鬥爭。

　　永樂十七年（1419年）六月的一天，瞭望的士兵發現東南海上的王家山有煙火，劉榮觀察判斷是倭寇，急引兵赴堝上，依山設伏，又遣一部份人馬斷其後路。第二天，倭寇一千多人分乘三十一艘船，直犯望海堝。黃海怒潮，血海深仇。流人和各族民衆團結一心，奮起抵抗，自早晨鏖戰至下午，經過激烈戰鬥，大敗倭寇，「擒戮盡絕」。這就是歷史上著名的「望海堝平倭之戰」。關於這次劉榮參戰抗倭鬥爭情況，《明實錄》永樂十七年戊子條有詳細記載**⑭**。

　　望海堝之戰的勝利，是明初遼東流人同各族民衆團結抗倭鬥爭的第一次勝利。他狠狠地打擊了倭寇侵犯遼東的活動，從此，「倭不敢闚遼東」**⑭**。在這次戰鬥中，流人劉榮做出了重要貢獻。他的卓越才能，團結廣大軍民，奮勇抗戰，終於取得了勝利。戰後，明廷賜改劉榮的「流人籍」，而且子孫還得到明朝皇帝「世券」**⑭**。可見劉榮在這次抗倭戰鬥中是做了重要的貢獻。

　　其五、充軍東北的流人，他們辛苦勞動，開荒墾田，爲社會

---

⑬　《明史》卷322，〈日本傳〉。

⑭　談遷：《國権》卷10。

⑭　《明太宗實錄》卷113。

⑭　《明史》卷322，（日本傳）。

⑭　一種長期有效的優待流人的詔書。

創造財富，促進了社會經濟發展。但他們受到殘酷的剝削，野蠻的奴役，逼到走頭無路的情況下，屯田的流人紛紛起來進行反抗鬥爭。這個鬥爭致命地打擊着明政權專制統治。早在永樂十三年（1415年）就開始了「屯種者率怠惰不力」⑭，以怠工形式進行鬥爭，或者逃亡。明廷對逃亡流人懲處是很嚴的，「初犯，杖八十，仍發本衞充軍。再犯，並杖一百，俱發邊遠充軍。三犯者絞」⑮。儘管這樣，逃亡者還是很多。宣德年間「遼東之地」，「亡匿者多」⑯，甚至「逃亡者十率八九」⑰。儘管這裡逃亡者不完全都是流人充軍的屯軍，也可能有正軍，但可以預料到充軍屯田的流人逃亡是不會少的。他們這種逃亡，實際就是一種反抗鬥爭。這種鬥爭，致命的衝擊着明朝封建統治，打擊着明代遼東軍田制度，屯軍大批逃亡，使大批土地無人耕種，《明信牌檔》中記載着大量「未種、水沖、沙壓、達擄絕亡荒蕪無人承種」土地，就是一個很好的佐證。這種鬥爭迫使明廷爲了維護他們封建統治，就不得不做一些暫時的讓步，這就表現在明朝後期，在遼東實行「科田」法。科田就是民人佃種或承種已荒的屯田，它表現了屯田的解體，向民田轉化。當然這個過程是緩慢的，直到明代後期才完成。這在當時來說，不能不說是一個進步。這個進步，充軍的流人是起着很大作用。

---

⑭　《明太宗實錄》卷 95 。

⑮　《明會典》卷 166 ，〈刑部〉。

⑯　《明宣宗實錄》卷 107 。

⑰　《明宣宗實錄》卷 58 。

　　其六、流人謫戍東北，在促進東北地區文化發展方面也是做出了貢獻的。流人中有些是謫臣、謫僧、謫儒等，這些人中大都是有文化的讀書人。他們倖免於死刑，萬里迢迢，破衲風雪，從魚米江南故鄉流放到荒磧塞北的一羣落難者，在逆境中，孤燈伏案，著書立說，撰寫東北地誌。如流人徐文華、劉琦、程啟充，嘉靖八年（1529年）參加東北地方誌《遼東誌》續修就是一例。徐文華，字用光，四川嘉定州（今四川省樂山縣）人，正德戊辰進士，大理左少卿，嘉靖六年，謫戍鐵嶺衛。劉琦，字廷珍，陝西洛川（今陝西洛川）人，正德甲戌進士，兵科給事中，嘉靖六年謫戍瀋陽衛。程啟充，四川嘉定州人，正德戊辰進士，監察御史，嘉靖六年謫戍撫順❿。一時謫客名流，雲集遠荒絕域，懇念、深恨，只好湧溢紙表，纂修《遼東誌》，後又經薛廷寵修定，最後完成，留下不朽的宏篇巨作。全書共九卷，內容翔實，考訂細緻，文風樸實，筆墨簡練，文圖並茂，首卷附有二十五衛十七幅，是現存最早的東北地方誌書之一。這不能不說流人對東北地方誌的發展一貢獻。

　　又有的流人謫戍東北，從事教育工作。如黃正色，直隸無錫縣（今江蘇省無錫市）人。嘉靖時「謫戍遼東鐵嶺，寓居錦州」，他「日以課子為業，遼右鄉土，咸師事之，子學海登壬戌進士第」⓭，培養了人才。又如辛浩，湖廣江夏（今湖北省武漢市）人，正統間，「謫居遼陽」，教授學生多人，其中丘霽、周正、胡深、

---

❿　《遼東誌》卷 6（《遼海叢書》本）。

⓭　《全遼誌》卷 4（《遼海叢書》本）。

顧能、邵奎「皆受學焉，相繼登進士第」❺。巡撫奴兒干地區遼
東都司「百戶」崔源諸子也曾受辛浩教育。《盛京通誌》《流寓
傳》記載辛浩「造教將卒子弟，多所成就」。流人辛浩還給遼東
崔源撰寫墓誌，鐫碑記事，墓誌的撰寫則不僅是文學、書法、藝
術的長廊，更主要它有力地記載了有明一代經營東北的史實。墓
誌鐫刻：遼東崔源於「宣德元年，同太監亦信下奴兒干等地招諭，
進指揮僉事」職。墓誌中的崔源，即永寧寺碑中記載的「百戶」
官「崔源」。辛浩所撰墓誌與永寧寺碑文記載，相互印證，完全
相符。崔源墓誌於一九七五年在遼寧省鞍山市千山倪家臺出土。
這是關於明代在黑龍江口附近設立奴兒干都司，管轄黑龍江流域
的鐵證如山的歷史物證。這對東北考古學發展，對研究明代遼東
都司與奴兒干都司歷史都是重要資料。立碑記事，千載斯古。這
些翻騰的歷史浪花，記錄了明期前人經營開發東北那崢嶸歲月，
晃如隔日，浮現眼前。這不能不說流人辛浩對東北文化發展的又
一貢獻。

　　還有的一些讀書人被謫戍東北，祇身獨存於寒磧塞外，對明
季政治腐敗而不滿，對社會動盪而苦悶，又思念家鄉親人而不能
歸，雲屯雨集在一起，聯想到自己今後艱難歲月，不免要苦悶，
要憤激，因此會同一起，志同道合，潔身高蹈，以文會友，詩酒
唱合，以詩消悶，放歌縱酒，以酒相酬，寄寓情懷。結果產生了
許多詩歌，如前提及流人徐文華詩作《遊祖越寺》：「堂隍迴合
水潺湲，路轉陂陀百折還。上界鐘聲霄漢杳，前山塔影夕陽間。

❺　《遼東誌》卷6（《遼海叢書》本）。

松濤漲壑千巖響，花雨浮空滿地斑。坐久虛堂疑誤入，恍然身世出人寰。」流人程啓充又詩作《遊千山祖越寺》：「佛閣高樓縹緲中，此身應已在虛空。天花亂落輕雲溼，貝葉時翻細雨濛。萬刼混茫眞幻寂，千峯迴合失西東。憑欄俯瞰塵區杳，更借金鎞刮眼矇」⑮。這些作品，是優秀佳作，還是平庸之作，尙待評價。但對邊徼地區東北，斯時同內地相比，文化未啓，史籍闕如，加上封建王朝只重腹地經營，忽視遠物，不祇缺乏編年記事的綜合史乘，即如議世傳人稗官野史，也罕見著述，更談不上文學高雅詩作。所以流人徐、程二人詩作，對塞北荒磧的東北的文化發展，這無疑是一個促進。流人謫戍東北，從事著書立說也好，從事授業或詩作也好，都是對有明一代東北文化發展起着推動作用。

其七、充軍到東北的流人，加速了東北人口的增殖，目前學術界對東北人口研究是很不夠的，有明一代東北的人口，尙未定論。但可以肯定漢民人數已是不少，據史記載，當時遼東都司直轄儞所居民人口：漢人佔十分之七，高麗人和歸服的女眞人佔十分之三，這十分之三中的一部份女眞人大都由奴兒干都司轄境內遷到遼東都司直轄東寧儞和安樂、自在二州居住。說明遼東都司治所「十分之三」中的一部分的女眞人是由外地遷來的。那麼，也完全不能排除遼東都司治所「十分之七」的漢人除了原先就居住在這裡外，當然也包括有明一代謫戍漢人在內。而且，偶有成家，代代相傳，永遠留東北。這可從一九六二年在遼陽城西門外出土的撰刻於明嘉靖二十六年（1547年）的《葉西峯墓誌》得到

---

⑮　《全遼誌》卷6（《遼海叢書》本）。

佐證。誌蓋刻「明故通儒葉公墓誌銘」篆書。據墓誌記載：「西峯先生姓葉氏。葉舊出江西南昌之武寧（今江西省武寧縣）。其諱九皋者，即先生五世祖，以名進士任兩浙鹽運使。未幾，初讒謫遼東定遼後衞，竟終於戍中，故先生爲遼東葉氏，實始諸此。九皋生壽筠，壽筠生鋼，鋼生濟，濟配桂氏，生先生。先生幼而異他氏子，濟翁嘗喜曰：吾葉氏因於客寓者，殆四、五世，復運使公之業者，或在茲乎！」⑱這是極其珍貴的史料。而由墓誌得知，葉九皋，原籍今江西省武寧縣人，「被讒謫遼東定遼後衞」爲流人。到葉西峯時，葉氏已在遼東繁衍五代了。他可說明，有明一代謫戍東北的流人「終於戍中」。在一般情況下，流人是很難返回原籍的。

上已述及，女眞人進入遼東，漢人流寓遼東，則就加速了民族的融合。除此之外，還有其他少數民族被謫戍東北。前面提及的洪武十八年五月，湖南大庸地方少數民族「作亂」，明廷「以兵討之」，生擒「蠻寇」一百三人，「謫戍遼東」；洪武二十三年閏三月，廣東少數民族「聚衆」反抗明朝統治，廣東都司「捕蠻獠一百二十九人」、「謫戍遼東」；洪武二十九年閏三月，貴州清水江中平等寨少數民族「聚衆爲亂」，明廷又以兵「捕之，獲衆亂蠻人五百」，「謫戍三萬衞」；宣德五年十一月，雲南元江地方少數民族頭人刀正、刀龍、刀洽等率衆「焚其廨宇及經歷司印信」，明廷發兵鎭壓「獲刀龍、刀洽解京」，後「發遼東安置，以警邊夷」等等。上述「蠻寇」、「蠻獠」、「蠻人」等，是明

---

⑱ 《葉西峯墓誌》，遼陽市文物管理所提供。

代對西南和兩廣、兩湖等地區少數民族污蔑的泛稱。至於具體民族成分，尚待詳考。他們都是判刑發配的「囚犯」，永遠禁錮於東北，偶爾也有成家立業定居下來。我們今天仍可在滿族和漢族居民中找到父子連名制的痕跡，這就是西南等地區少數民族先世來到東北的證據。這些少數民族流寓東北，同漢人、女眞人等長期雜居共處，對漢文化已經是「煦濡浹深，禮樂文物彬彬然」⑮，可見逐漸漢化了，加速了遼東都司轄境內的民族融合。

流人充軍東北，不僅促進了遼東都司轄境內的民族融合，也促進了遼東都司北境，奴兒干都司轄境內的民族融合。我們在上面已談及奴兒干都司轄境內很多女眞人遷徙遼東都司轄境內居住。那麼是否說遼東都司轄境內居住的漢人，就不遷往奴兒干都司轄境內呢？那也不是。漢人也有不少逃亡奴兒干都司境內，其中當然包括充軍的流人。他們忍受不了農奴制的生產方式盤剝，封建官吏的暴行，而大量「潛奔虜營」⑯，「逃亡海西」⑯等地。逃匿比較多的一次是宣德初劉清等於松花江造船，因「造船不易，所費良重」⑯造船流人紛紛的逃匿女眞地區。明廷雖多次勒令回歸，但直到宣德七年五月，還有「未還者五百餘人」⑮。

漢人與奴兒干都司轄境內女眞人等相互雜居，同樣加速了民族融合。這首先反映在兩個民族民衆互相學習和使用彼此語言上。

⑮　《遼東誌》卷 1（《遼海叢書》本）。
⑭　《明宣宗實錄》卷 49。
⑮　《明宣宗實錄》卷 90。
⑯　《明宣宗實錄》卷 90。
⑰　《明宣宗實錄》卷 60。

如女眞王杲能用「漢語言字義」，而且「尤精通日者術」 **⑲**，顯而然之，奴兒干都司境內的女眞人也在漢化了。說明漢人雜住在女眞人中，影響着女眞人的文化，民族在融合。「東北民族分佈的特點是雜居狀況較多，相對集中較少，單一民族地區幾乎是不存在的」 **⑲**。東北地區各民族對中國的歷史發展都做過貢獻，在從事生產鬥爭、階級鬥爭、民族鬥爭和抗擊外來侵略的漫長歲月裡，形成了中華民族的整體。流人來東北，是促進了這一地區民族融合，推動歷史向前發展，這無疑是進步的。

撫今思昔。今天，明時期謫戍東北的流人和他們那一代，已經變爲遙遠的過去了，得老天「恩賜」，皇上發「善心」，遇赦回歸江南水鄉道里者甚少；而大部份離親別友，遠離塵世，永成東北，勞苦一生，最後埋骨野嶺，結束終生，但他們的後人一代一代相傳，若翻開東北的民族家譜，便有不少的往哲是他們的先人。先哲往矣，留芳千古。他們創造了人類的財富，促進了東北大地的民族融合，這些翻騰着的歷史浪花，記錄着那些消逝的歲月。這些無名英雄，流人充軍到東北，無不留下他們的足跡。受邊屯田多年，披荊斬棘，風雪長行，通過他們的雙手，使千里冰封的北國明代版圖顯得生機活躍，繁榮了東北地區經濟，發展了文化，促進了民族融合，推動了歷史前進。

---

⑮ 《萬曆武功錄》卷11，〈王杲列傳〉。

⑯ 拙著：《東北民族史略》，1983年吉林人民出版社出版。

第三章　明代初期遼東屯田和冶煉業、造船業

第一節　遼東都司的屯田

一　屯田的由來

　　明代遼東都司的設立，有着重要的歷史意義。它不僅促進了奴兒干都司的設立，加速了對奴兒干都司轄境內各族招撫和管轄，同時也加強了對遼東地區的管理，促進和發展了遼東地區的經濟，這首先表現在明朝在遼東地區推行屯田制度。

　　明朝的土地，分爲官田和民田。《明史》〈食貨誌〉一記載：「明土地之制，凡二等：曰官田，曰民田。初，官田皆宋元時入官田地。厥後有還官田、沒官田、斷入官田、學田、皇莊、牧馬草場、城壖苜蓿地、公佔隙地，諸王、公主、勳戚、大臣、內監、寺觀賜乞莊田、百官職田、邊臣養廉田，軍、民、商屯田，通謂之官田。其餘爲民田。」這裡稱謂的各種官田名稱，大都由來已久。屯田是明朝很重要的一種官田。明太祖朱元璋命令軍士屯田，早在明政權建立之前，當元至正十八年（1358 年）就開始了，即命康茂才爲「營田司」，進行屯田，其主要是軍屯，目的是「強兵足食」。朱元璋推行軍屯，是繼承前代而來，遠繼漢、魏，這在他的詔書中，就曾一再提到「昔漢武以屯田定西域，魏武以務

農足軍食」。而近承元朝，直接取法。元朝在全國積極推行屯田，不僅在邊地，而且在內地如江西、江浙、湖廣、四川等行省，都實行軍屯。明朝的軍屯是在元朝的軍屯基礎上繼承下來的。

但是，朱元璋在推行屯田目的或意圖，曾有幾個發展階段。在朱元璋打敗陳友諒政權時，即至正二十三年（1363 年）前後，就曾多次提到屯田的意圖。他說「興國之本，在於強兵足食。昔漢武以屯田定西域，魏武以務農足軍食，定伯興王，莫不由此」❶。另一次在與部將孔克仁談論如何能統一天下時說：「吾欲以兩淮江南諸郡歸附之民，各於近城耕種，練則爲兵，耕則爲農，兵農兼資，進可以取，退可以守，仍於兩淮之間，餽應可通之處，積糧以俟。兵足食足，觀時而動，以圖中原，卿以爲何如？」❷。在這些談論中，清楚地看出朱元璋這時屯田的目的，是在於推翻元朝，如何能使自己早稱「霸王」，一統天下當皇帝，即「定霸興王」提供「強兵足食」的物質基礎。在這種情況下，朱元璋便大力推行屯田制。

元朝滅亡後，國家統一了，這時明太祖朱元璋繼續推行屯田。但朱元璋這時推行屯田的指導思想發生了變化，屯田其目的有了進一步的發展。這可以從桂顏良的《太平治要》記載洪武十五年（1382 年）明太祖朱元璋屯田的意圖可以看出：「近雖令諸軍屯糧，墾闢未廣。莫若於四方地瘠民貧、戶口衆多之處，令有司募民開耕。應募者資以物力，寬其徭役，使之樂於趨事，及犯罪者，

---

❶ 《明太祖實錄》卷 12。

❷ 《明太祖實錄》卷 14。

亦謂之屯田。使荒閒之田，無不農桑，三五年間，中州富庶，則財用豐足矣」。

特別是朱元璋接受了洪武十八年（1385年）國子監祭酒宋訥屯田的建議即《獻守邊策》。其內容：

> 備邊固在乎屯田，實兵又在乎屯田。屯田之制，必當法漢。
> ……漢將趙充國，乃將四萬騎，分屯緣邊九郡，單於聞之引
> 去。……陛下宜選其有智謀勇略者數人，每將以東西五百里
> 為制，隨其高下，立法分田。……五百里屯一將，佈列緣邊
> 之地，遠近相望，首尾相應，耕作以時，訓練有法，遇賊則
> 戰，寇去則耕，此長久安邊之策也。❸

朱元璋採納了宋訥的建議，說明朱元璋這時屯田的目的：一是爲恢復生產，發展社會經濟；一是鞏固邊防，衛所兵士屯田自給，既鍛鍊了士兵，又充實了糧餉，是「長久安邊之策」。在這種思想指導下，朱元璋更積極地推行邊地屯田。他申令五軍都督府說：

> 養馬（兵）而不病於農者，莫如屯田。今海宇寧謐，邊境無
> 虞，若但使兵坐食於農，農必受弊，非長治久安之術。其令
> 天下衛所，督兵屯種，庶幾兵農兼務，國用以舒。❹

這時朱元璋提出「督兵屯種」是「長治久安」的治邊思想，是符合歷史發展需要。由此可見，朱元璋推行屯田其目的分兩個階段。一是渡江以後到元朝滅亡之前，屯田其主要目的是爲了推

---

❸　《明太祖實錄》卷171。

❹　《明太祖實錄》卷193。「養兵」實錄作「養馬」。據《續文獻通考》記載，應改爲「養兵」。

翻元朝，以供物質基礎。一是元朝滅亡以後，這時朱元璋屯田的
目的是爲了恢復社會經濟和鞏固邊防。遼東地區屯田就是在這種
情況下提出的。

太祖朱元璋是很重視遼東屯田，他頻頻告誡臣下必須做好屯
田，明太祖把開國前十年自己在龍江（今南京附近）實行屯田的
經驗，推廣到全國及遼東等地。特別到了他的晚年，還勒令他的
兒子，要及時督率將士屯種生產，並令一年當中要三次向他稟告
屯田情況：遼東都司廣寧衞等「須於五月一報禾苗長養何如？七
月再報結實何如？十月又報所收子粒若干？一歲三報，不惟使朕
知邊儲虛實，而屯軍亦不至懈力矣」❺。可見明初對遼東屯田是
何等重視。

二　屯田的管理

遼東都司的屯田是洪武七年開始的❻。屯田是由屯軍進行屯
種。所謂屯軍，就是從各衞所分撥出一部份軍丁進行屯種。屯軍
又叫旗軍。有的文獻記載爲「屯旗軍」。佐助屯軍的餘丁叫「軍
餘」。軍餘的任務是協助屯田正軍，保證屯田任務的完成。特別
到後來，屯軍失額，軍餘頂補，邊腹內外，各地皆然。頂種屯軍
的軍餘，稱之爲「頂種軍餘」，或泛稱之曰「屯丁」❼。

遼東都司進行屯田，屯軍的來源主要有三種情況。一種是利

---

❺　《明太祖實錄》卷 193 。

❻　《明太祖實錄》卷 252 。

❼　王毓銓：《明代的軍屯》，1965 年中華書局出版。

用郵傳驛站士兵進行屯種。去遼東都司治所的驛站「自山海衞至遼東置馬驛一十四驛，各給官馬三十疋（匹），以贖罪囚徒爲驛夫，驛夫百二十人，仍令田其旁近地以自給」❽，等等。

遼東都司屯田，再一種是盡量用少數民族的降兵來進行。如元將納哈出投降後，「其本管將士，省令各照原地方居住，順水草以便放牧，擇膏腴之地以便屯種」❾，甚至在遼陽地區用少數民族的「士兵」，設立衞所，進行屯種。

最後一種是利用因罪充軍謫戍遼東而進行屯種，即《明史》記載：「初太祖沿邊設衞，惟土著兵及有罪謫戍者」❿。《明實錄》記載因罪充軍到遼東進行屯田是舉不勝舉的，則在後面細談。明代遼東殘檔記載，內地因罪充軍謫戍到遼東進行屯田更是不乏其例的。《明信牌檔》丙類五十三、五十八號卷，是各地謫發遼東都司衞所充軍屯田的清冊。清冊上分別載記充軍的「姓名」、「原籍」、「充軍的時間」、「充軍的罪名」、「逃故年月」。第二章已敍述，這裡不贅及。

充軍到遼東都司屬下一個衞的屯丁地域是十分廣泛的。如遼東檔案丙種二十九號卷記錄是蓋州衞充軍屯田的情況，僅可查出地名的，就有青津鄉三十七都十保人薛阿弟、開花鄉二十都伍保人任大二、二十都四保人周阿玄、馬馱東沙人吳受一、三都東北數墟人兪進二、二十三鄉人周安一、二十九都人王多狗、二十五

---

❽　《明太祖實錄》卷183；《寰宇通誌》卷77載，從山海關至都司治所設馬驛爲17。兩說不一，待考。

❾　《明太祖實錄》卷182。

❿　《明史》卷91，〈兵誌3〉。

都人龍伏三、同色字墟人任阿今、顧未福、二十七都人歸福二……⓫。說明充軍到一個衞的屯田屯丁是來自天南海北。反過來，內地一個縣、一個鄉、一個都，一個小小的地方就有多人因罪充軍到遼東屯田。如檔案丙類五十三號卷，麗水縣（浙江省）條下載有：

> 一名，張仲新，係本縣十一都人。洪武二十五年，為不應事，充本衞左所百戶郇□……小甲缺下軍。
>
> 一名，蕭伍朝，係本縣十一都人。洪武二十五年，為馬草事，充本衞百戶郇榮所□玉小甲缺下軍。
>
> 一名，梅仲機，係本縣十一都人。洪武二十五年，為馬草事，充本衞左所百戶郇榮所將玉小甲缺下軍。
>
> 一名，葉幼，係本縣十一都人。洪武二十五年，為剝指事，充本衞後所百戶薛□……小甲缺下軍。⓬

由上所載可知，浙江省麗水縣的十一都，就有張仲新、蕭伍朝、梅仲機、葉幼等四人，同時充軍到遼東屬下一個衞服役屯田。

同時由遼東明檔丙種五十三、五十八號卷，還可看出因罪充軍的人數是很多的，僅在洪武二十五年的一年之內，充軍到遼東一個衞後所百戶薛方總甲下服役的，就有葉官保、王道、于子祥、姜道伍、沈來孫、王亮、朱小二、何伏四、應佛伍、范肆、葉叔同、楊允中、王信、王輸等十四人之多⓭。這還是根據遼東明代

⓫　遼寧省檔案館藏：《明信牌檔》丙種，第29號卷。

⓬　遼寧省檔案館藏：《明信牌檔》丙種，第53、58號卷。

⓭　遼寧省檔案館藏：《明信牌檔》丙種，第53、58號卷。

殘缺不全的檔案記載作出不完全的統計，可以充分看出因罪充軍到遼東各衞的人數是很多的❶。所以後來，山東巡按張聰，在巡撫遼東各衞的軍丁情形時說：「遼東軍士，多以罪謫戍」❺的結論。這些軍丁中當然有很多是從事屯種勞役的。

以上論及遼東屯田都由哪些人承擔。當然這些人當中，特別是充軍到遼東邊地各衞，還有參加征戰任務。當「邊境無烽燧之警」❻時，便進行屯田生產。戍屯間情進行。關於耕守比例，大體上是因時因地而有差別。特別是因時不同而差異。爲了說明這一情況，且就有關資料，製作《明代遼東都司軍丁守屯比例分數表》，以見一斑：

年　　　代	守	屯	出　　　　　　　　處
洪武初	2	8	《明憲宗實錄》卷 244
洪武27年		10	《明太祖實錄》卷 233
洪武、永樂年	2	8	《明憲宗實錄》卷 172
永樂12年	1	2	《況太守集》卷 8
成化20年	8	2	《明憲宗實錄》卷 255
萬曆36年	7	3	《明史》卷 259

---

❶ 周遠廉、謝肇華：《明代遼東軍戶制初探》，載《社會科學輯刊》1980 年，第 2 期。

❺ 《明宣宗實錄》卷 107。

❻ 《吳昇墓誌》攝片，遼陽市文物管理所供稿。

　　由上表可知，遼東都司軍丁的守屯比例，明初一般規定是二份守城，八份屯種；明代後期，守和屯的比例，與明初完全相反。不過，就是同一時期，規定也不盡相同。有的衞是八份守城，二份屯種；有的衞是二份守城，八份屯種。甚至有的衞，如廣寧等五衞，洪武初因須供給遼府，「全伍屯田」[17]。推想起來，衞所軍丁屯守份數大概不是有十分嚴格的準則。因時因地因事有差別。到了洪武二十一年，才命五軍都督府更定屯田法，主要原則是「凡衞所系衝要都衞及王府護衞軍士，以十之五屯田；餘衞所以五之四」[18]。根據這個規定，當時全國衞所屯守份數只有兩種：十之五和五之四。即在衝要衞所處。屯守中牛；在非衝要地區的衞所，則是二八守屯，二份守城，八份屯種。

　　法令雖然如此，事實可有例外，就遼東都司而言，爲了節省海運民糧轉輸供給的煩勞，洪武二十七年（1394 年），下令遼東定遼等二十一衞軍士，自二十八年起「俱令屯田自食」[19]。就當時遼東都司的情況說，二十一衞的軍丁都從事屯田是可能的。第一，當時邊境安謐無事；第二，遼東都司以北還有奴兒干都司所屬衞所爲外圍；第三，遼東土地基本爲軍屯[20]。不像山西、陝西邊民雜處那麼複雜，軍田犬牙相錯。

　　軍屯的管理也有一定的規定。一般說來，衞中屯田的管理和衞的組織相同。衞指揮使設指揮一人，指揮同知二人，指揮僉事

---

[17]　《明英宗實錄》卷 25 。

[18]　《明太祖實錄》卷 194 。

[19]　《明太祖實錄》卷 233 。

[20]　張萱：《西園聞見錄》卷 91 ，〈屯田〉，燕京大學排印本。

四人，分理衞所諸事。其中主要的項目是屯種。管屯田的也叫僉事。僉事以下管理屯田的，是千戶、百戶等。這是一般正常的編制。遼東都司的編制除了與上述的一樣，還專門設有「管屯田把總」❷，加強對遼東地區屯田的管理。

遼東都司軍屯的生產組織，是以屯爲基本單位的。屯，有時就是所（千戶所）。一屯有若干人或若干戶。屯的基層組織是「屯所」，即「屯田百戶所」。爲了防禦敵人的騷擾，有時幾個「屯」合爲一「堡」，泛稱之爲「屯堡」。

屯田百戶之上有千戶所，再往上是衞。

屯堡所隸屯數也不一樣，因地制宜，萬曆年間所刊馮瑗編的《開原圖說》，所記二十堡的絕大多數，列有屯數和屯名。圖說中雖名屯曰「民屯」，實際上大概爲軍屯❷。這些屯數目很多，如遼東都司三萬衞所在地開原城，有威遠堡、靖安堡、松山堡。三堡隸屯如下：

衞	城	堡	屯
三萬衞	開原城	威遠堡	雷其屯、塔兒山屯、周城屯、孔指揮屯、王原屯、夏道伏屯、曹城屯。
		靖安堡	董貫屯、洪景屯、黃泥崗屯、皮英屯、王貫屯、達達屯、楊木答兀屯、白洪屯、黃官保屯、陳子

❷　《明神宗實錄》卷 350。
❷　王毓銓：《明代的軍屯》，1965 年中華書局出版。

			貴屯、李孜屯、蔣必翁屯、王朵羅祇屯、任禮屯。
		松山堡	魏頭目屯、左所屯、楊仁屯、孟家寨屯、沙河舖屯、白廟兒屯、寇准屯、山崗舖屯、施仲寬屯。

屯隸於堡，屯、堡各有專名。遼東都司衞下多設屯堡，後來軍屯取消，在地方上就遺留着以屯或堡爲名的村莊。今遼寧各地屯名多見於明清兩代方誌中，也就是這個道理。

約略介紹軍屯管理與組織後，再看看這些軍屯所用的耕牛、農具和種糧的來源。大體是由明朝政府給與的。永樂二年調「耕牛萬頭，至遼東」、「屯戍」[23]。宣德七年，遼東都司諸衞屯種耕牛死缺用，又一次勅諭近地選牛一萬頭送遼東屯用[24]。同年五月還勅將廣寧、開原馬市所買牛隻，發給寧遠諸衞所屯種用[25]。成化十二年，撥給遼陽東州等五堡軍士田五十畝，並牛價銀一兩[26]。據萬曆《會典》的記載洪武二十六年全國屯牛的總數十五萬五千六百六十四隻，遼東都司屯牛就佔一萬三千八百七十八隻。明廷撥給遼東屯牛的記載，說明對遼東屯田的重視。

軍屯的屯糧徵收，往往綏以年歲，然後才量地起科。如洪武二十七年九月，「命遼王府校尉軍士屯田自食，與定遼等衞屯卒

---

[23] 《明太宗實錄》卷 29。

[24] 《明宣宗實錄》卷 88。

[25] 《明宣宗實錄》卷 90。

[26] 《明憲宗實錄》卷 160。

俱俟十年後始收其租」❷，由官方解決農具耕牛等問題，並規定晚徵屯賦，這樣就有力地調動了遼東都司屬下各衞屯田的軍丁們積極性，屯田因而迅速發展起來。

　　由於屯軍辛苦勞動，積極開墾，遼東屯田，自洪武至永樂已開墾屯田爲二萬五千三百餘畝（頃），糧七十一萬六千石有奇❷，這是戶部郎中毛泰在一奏疏中說的。永樂十七年時，「原額屯（地）兩萬一千一百七十一頃五十畝，該糧六十三萬五千一百四十五石❷。宣德時，據毛泰在一稟疏中所陳，遼東屯軍有四萬五千四百❸。遼東都司屯田制，按規定每屯軍屯田五十畝，結果應有屯田二萬二千七百頃。其中，海州衞、蓋州衞，尤其金州衞屯額爲最多❸。現把明代初期遼東屯軍、屯田、屯糧的情況列表如下：

明代初期遼東屯軍屯田屯糧情況表

年　　代	屯　軍 （人）	屯　田 （頃）	屯　糧 （石）	出　　　　　處
洪武十九年 （1386年）	18,050			《明太祖實錄》卷179
洪武廿一年 （1388年）		12,386		《明會典》卷220

---

❷　《明太祖實錄》卷234。

❷　《明憲宗實錄》卷244。證以其它記載及本文中屯糧數，「畝」爲「頃」之誤。

❷　《明武宗實錄》卷39。

❸　《明憲宗實錄》卷244。

❸　《遼東誌》卷3（《遼海叢書》本）。

洪武廿四年 (1391 年)			537,250	《按遼疏稿》卷 3
洪武至永樂 年間		25,300	716,000	《明憲宗實錄》卷244； 《全邊略紀》卷10 。 《明憲宗實錄》卷244 記載為 25,300 畝，證以 其它記載，「畝」為「頃」 之誤。
洪武至永樂 年間	45,404	25,378	716,170	《春明夢餘錄》卷 30
永樂十年 (1412 年)			716,100	《明會典》卷28
永樂十七年 (1419 年)		21,171	635,145	《明武宗實錄》卷 39
宣德年間	4,540			《明憲宗實錄》卷244

　　我們知道，明代初期遼東地區「但立衞，以兵戍之」，所有
居民都為軍戶分隸各衞，除了極少數寄籍戶外，軍戶是遼東地區
基本成員，所以軍屯田，幾乎是所有的耕田。又根據上面屯田情
況來看，可知明初，特別是洪武初、永樂兩朝是遼東地區軍屯興
盛時期。永樂時，遼東「常操軍十九萬，以屯軍四萬供之」，每
年「屯田米常溢三分之一」❷。因此我們可以得出結論：明初在
遼東推行屯田，使遼東農業得到了發展，軍屯是遼東土地佔有的
主要形式。

---

❷　《明史》卷 77，〈食貨誌〉。

三　屯田的作用

明初在遼東大規模的屯田，對鞏固、加強邊防，開發邊疆，繁榮遼東經濟，完成國家的統一，都起着重要作用。

首先，通過軍屯，「強兵足食」。遼東都司自廣行屯種以來，解決了很大一部份糧餉問題，達到了「實邊」目的。明代初年，遼東都司軍屯發展很快，洪武後期，遼東屯糧已能自給。永樂年間，不但能自給，而且有積儲。所以當時糧儲戶部郎中毛泰說：「邊有積儲之饒，國無運餉之費」❸。就是後來到宣德朝時期（1426 年～ 1435 年），遼東都司屯田已走向衰敗時，遼東都司各衛所仍然是「且耕且守，其供不出於民」，是「諸邊衛皆請仿」❹的典範。說明遼東屯田確實解決了遼東軍餉的問題。這一點《明史》的〈食貨誌〉也有記載：遼東都司各衛所「屯糧者，明初各鎮皆有屯田，一軍之田，足贍一軍之用衛所官吏俸糧皆取給焉」❺。屯田不僅供給軍丁需要的大量糧食，而且還負責遼東都司大小官員俸祿所需要的糧食，這個數字不算小。衛所官吏俸祿：指揮使一員，正三品，歲給祿米是六百石。指揮同知二員，從三品，歲給祿米是五百石。指揮僉事四員，正四品，歲給祿米四百石。衛鎮撫二員，從五品，歲給祿米一百五十石。所正千戶一員，

---

❸　《明憲宗實錄》卷 244。

❹　《明宣宗實錄》卷 90。

❺　《明史》卷 82，〈食貨誌〉。

正五品，歲給祿米二百二十石❸❻。這些官員和軍丁的俸祿和食用，明代初期均是由屯田供給的。《明史》的〈食貨誌〉載有遼東都司屯糧爲二十七萬九十石。《明史》雖未載明是什麼時間屯種所收穫的糧穀，證以其它文獻記載，很可能萬曆年間的屯糧數，但也可供參考。萬曆時屯政已敗。尙且主要是依靠屯田自給。正統時屯糧已達三十六萬四千九百石，洪武時雖文獻無記載，屯糧不可考。但洪武年間是遼東都司屯田最多，屯糧也最多。遼東都司屯田自給，旣鍛鍊了士兵，又充實了軍餉。因此，王圻的《續文獻通考》說：「屯田乃足食足兵之要道」，「所以邊圉富強，不煩轉運」❸❼。由此可見，屯田軍丁們「有事則操戈以戰，無事則荷耒以耕」，練兵積糧，對於壯大明初武裝力量，鞏固邊防，是卓有成效的❸❽。

其次，恢復和發展了遼東地區的社會經濟。遼東地處邊陲，明初東北「土曠人稀」❸❾，「民以獵爲業，農作次之」❹⓿，生產是不發達的。加之元末明初戰亂頻仍，生產破壞，連比較發達的遼陽古郡，也「城爲一空」❹❶。自馬雲、葉旺率軍遼東，先後建

---

❸❻　明朝的官吏爲十八個等級，即正一、二、三、四、五、六、七、八、九品和從一、二、三、四、五、六、七、八、九品。

❸❼　《續文獻通考》卷 5，〈田賦考〉。

❸❽　韓國磐：《明初洪武時屯田等官田的情況和作用》，載《歷史學》1979 年，第 3 期。

❸❾　《明太祖實錄》卷 145。

❹⓿　《明太祖實錄》卷 144。

❹❶　《遼東誌》卷 8（《遼海叢書》本）。

立二十一衛（後增爲二十五衛），駐軍十餘萬進行屯田，墾闢了
許多荒地，使得昔日遼東的「榛莽」之地，逐漸變成了「數千里
內，阡陌相連，屯堡相望」❷的原野，可以看出當時北國大地軍
屯的興旺景象。屯種的農產品是極其豐富的，主要農作物有黍、
稷、稻、粱、麋、粟、豆等。由於軍屯增加了糧食，史載遼東都
司已達到「各衛廩充實，紅腐相因，而軍士無乏糧之虞」❸的程
度，這雖然有些誇張，但也多少反映出當時社會財富增加的事
實。我國自古以來，一直以農爲本。農業日益發展起來，必然促
進手工業、商業、畜牧業等也相應地發展起來。所以屯田發展了
農業生產，無疑也促進了其它各業的發展，甚至也促進了開採業
的發展，使「遼東東南多金銀穴」❹的地方，也進行了開採。各
行各業，興旺發達。所以嘉靖十六年修的《遼東誌》總論，闡述
遼東情形時薛子說：當時遼東地區「田人富穀，澤人富鮮，山人
富材，海人富貨，其得易，其值廉，民便利之」❺。當然這也有
些誇張，但可以得知遼東地區由於積極推行屯田，廣大軍丁辛勤
勞動，遼東地區經濟確實有了發展。

　　再次，減輕了兵民運輸之苦，暫時緩和了矛盾，鞏固和加強
了明政權的統治。明朝在遼東設二十五衛二州，共有官兵十萬餘
人❻，再加上家眷，人口更多。這些人所需的給養，在元末明初

---

❷　《遼東誌》卷 8（《遼海叢書》本）。

❸　《清屯田以復舊制疏》，載《皇明經世文編》卷 63。

❹　《明世宗實錄》卷 133。

❺　《遼東誌》卷 3（《遼海叢書》本）。

❻　《遼東誌》卷 8（《遼海叢書》本）。

遼東地區的經濟「居民散亡」、「鞠爲榛莽」的情況下，完全靠遼東地區供給，確實是困難的。這就不得不依靠海從內地運送糧穀進行接濟。所以，自明軍入遼東以來，《明實錄》裡幾乎每年都有運糧的記載，每年約運糧在六七十萬石以上，這個數字是很不小的，此外，還要運輸巨量布疋、棉花、戰衣、軍械等物。這樣大量地運輸糧物，是廣大軍民沉重的負擔，再加上當時航海技術尚不發達，往往「海運之船，經涉海道，遇秋多之時，烈風雨雪，多致覆溺。」❹因此，「一天有航海之行 ，家人懷訣別之意」❹。給勞動大衆帶來了沉重的災難。

但自明廷在遼東推行屯田以後，遼東軍餉逐漸做到自給。洪武三十年（1397 年），朱元璋勅令戶部：「今後不須轉運，止令本處軍人屯田自給。」❹從此，基本上停止了海運，減輕了沿海軍民的負擔，「不煩轉運，而蠲租之詔，無歲無之」，從而暫時緩和了矛盾，這有助於鞏固和加強明朝對遼東地區的統治。

最後，遼東屯田增加生產，也支援了北邊奴兒干都司的費用。奴兒干都司北境是不產糧的。奴兒干都司各級官員的俸祿，有一部份是遼東都司支給。這裡的居民遷到遼東都司境內居住，他們的吃住，又均由遼東都司供給，其中很大一部份糧食，要靠軍屯生產。

不僅如此，明朝還經常選派遼東官員去奴兒干都司做安撫工

---

❹　《明太祖實錄》卷 134 。

❹　《明太祖實錄》卷 145 。

❹　《明太祖實錄》卷 255 。

作。每安撫一次，就將遼東大批穀物、布帛等物，輸送給「女眞野人、吉列迷、苦夷」。還有去奴兒干地區的工匠、藝人，特別去奴兒干都司治所「護印」的士兵，他們所需的糧餉，主要靠遼東都司供給。如宣德二年遼東都司一次就支給「差往奴兒干官兵三千人，人給行糧七石，總爲二萬一千石」❺⓿，這個數字不算小，當然其中有一部份是靠關內接濟。但奴兒干都司所需要的糧餉，大部份還是遼東都司供給，主要是屯田生產的糧食。這些糧食由吉林船廠（今吉林市附近）裝船「浮江而下，直抵其地（奴兒干都司治所）」❺❶，現在吉林市東南的阿什哈達屯江岸岩上，還保存着兩件鐫刻的摩崖文字，記載着當年遼東都司官員劉清領軍來此地，督造或催調船隻運糧，以供奴兒干都司的需要。明王朝對奴兒干都司屬下衞所的統治近二百年之久，同遼東都司屯田生產的糧食支援是分不開的❺❷。

綜上所述，屯田大有助於恢復遼東經濟，發展生產，加強邊防，緩和矛盾，支援明政權對奴兒干地區的招撫，都起着重要作用。以明太祖朱元璋爲首的統治集團，繼承了歷史上的軍屯制，並順應了當時的客觀情況，積極推行屯田，「於是東自遼左，北抵宣、大，西至甘肅……在在興屯矣」❺❸，一派耕屯的繁忙景象。

當然，我們應該看到，屯田雖然起着上述作用，然而畢竟是

---

❺⓿　《明宣宗實錄》卷 31。

❺❶　《遼東誌》卷 9（《遼海叢書》本）。

❺❷　拙著《明代遼東都司軍屯的情況和作用》，載《中國古代史論叢》，福建人民出版社出版，1981 年第 2 輯。

❺❸　《明史》卷 77，〈食貨誌〉。

他們承受着封建國家各種賦稅、徭役和遼東都司衞所大小官員雜役，被嚴密地束縛在軍事編制中，沒有人身自由，受着封建國家沉重的地租剝削和嚴重的超經濟強制壓榨。由此可見，明代以軍屯形式組織的生產關係，其實質是一種表現爲極其粗暴的農奴制度。因此，我們肯定屯田制的同時，也必須看到屯田制剝削本質的一面。如果說屯田在明初的歷史上是起了不小作用，歸根到底也是廣大屯軍，在北國大地長期用血汗澆灌着遼東的原野，辛勤勞動的結果。甚至有些人，也可以說大部份人被戍邊遼東，勞苦一生，最後埋骨荒山野甸，結束一生。這些無名軍丁，使千里冰封的遼東大地得到了開發，顯得生機活躍，他們的光輝業績，所做出的貢獻，應給予充分肯定。

第二節 冶煉業和造船業

一 冶鐵業

明初的手工業，由於大量工匠從元朝類似奴隸的匠戶地位和痛苦的生活中解脫出來，因此手工業，如冶煉業、製鹽業、造船業和造紙業等都有顯著的發展。冶煉業表現尤其突出，洪武七年（1374年），全國冶煉所就有十三個：江西南昌的進賢、新喻、分宜，湖廣的興國、黃梅，山東的萊蕪，廣東的陽山，陝西的鞏昌，山西的富國、豐國、太通、潞州、澤州等，每年的額鐵量達八百多萬斤㉜。全國冶鐵業的發達，也促進東北冶鐵業的發展，

㉜ 《明太祖實錄》卷88。

有明一代東北冶鐵業的發展，除了上述原因外，明王朝爲了加強
東北邊防建設、農業發展，需要製造軍器和犁具等，也積極發展
冶煉業。據《明實錄》永樂九年（1411 年）五月載：「工部右侍
郎劉仲謙言：遼東都司三萬衛地臨邊境，成造兵器用鐵數多，卒
難應辦，宜依定遼左衛例設置鐵場，定撥畸零軍一百十二名，以
其半炒鐵備用，半田以給。從之」❺。一個衛守軍一百一十二名，
用其半即五十六名，進行冶鐵。三萬衛炒鐵軍到了嘉靖年間增加
到一百一十八名❻。說明明政府是何等重視三萬衛冶鐵業的生產。
三萬衛鐵場百戶所設在威寧營東❼（今遼寧省本溪市東北約十里
的威寧營）。據實地踏查，威寧營附近確有鐵礦和煤礦❽。今天
本溪地區仍是東北重要的產鐵區之一，歷史記載是可信的。明正
統八年《遼東誌》載三萬衛額鐵量達一萬三十五斤之多❾。三萬
衛是「成造兵器」重要場所❻。遼左衛鐵場百戶所在甜水站（今
遼陽縣東南「甜水」）。寧遠衛也是遼東冶煉重要場所之一，僅
該衛右千戶所，就有「一百戶官軍炒鐵，供軍器」、「鑄印」❻
之用。據歷史記載遼東二十五衛，每衛都有鐵場。《遼東誌》雖

❺　《明太宗實錄》卷 76。

❻　《遼東誌》卷 3，〈兵食〉。

❼　《遼東誌》卷 2，〈建置〉。

❽　劉萬東：《明清時代本溪地區的冶鐵採煤業》，載《東北經濟史論文
　　集》。

❾　《遼東誌》卷 3，〈兵食〉。

❻　《明太宗實錄》卷 76。

❻　《明宣宗實錄》卷 87。

成書不是明代初期，但是該書序言寫道：《遼東誌》「本書之資料，蓋先採訪於永樂中，既將正本進呈，恭復欲取其稿本，而刊行之」❷，況且一種生產技術，如冶鐵業的發展，不是一朝一夕而成的。河北遵化臨近遼東，遵化的煉鐵爐高爲一丈二尺，廣前爲二尺五寸，礦石入爐後「用炭火置鞴扇之，得鐵日可四次」。遵化除冶煉生鐵外，還能冶煉熟鐵和鋼鐵，「生鐵之煉凡三時而成，熟鐵由生鐵五、六而成，鋼鐵由熟鐵九煉而戎」❸。可想遼東冶鐵技術，生產水平，也是很發達的。同時，當時遼東還有冶煉金銀手工業❹。明代社會生產力的發展，生產水平的提高，特別是邊疆地區冶金工業有了起色。

明代冶鐵業的發展是有多種原因的。而首先是因鐵器是遼東都司鑄造各種武器，鎮壓各族民衆所必須的，如矛戈和箭頭等，促進了邊疆的冶鐵工業發展。另一個原因，明朝在遼東推行軍屯制，開拓星土，進行耕作，如果沒有犂頭和鐮刀等農業工具，屯軍就不能夠生產必要的糧食。再一個原因中原先進技術傳到東北，促進遼東冶鐵業的發展。

這裡需要提及一點，隨着冶鐵業發展，遼東地區採煤業也必然同步發展起來。因爲冶煉鐵必須用煤。關於採煤業的情況，歷史雖鮮見罕載，但還是有些記載的。如民國二十年（1931 年）七月，在本溪煤鐵公司第二十次股東會議上，中國總辦李友藍曾說：

---

❷　《遼東誌》解題第 1 頁（《遼海叢書》本）。

❸　孫承澤：《春明夢餘錄》卷 46 ，〈工部鐵場〉。

❹　吳晗輯：《朝鮮李朝實錄中的中國史料》，第 1 冊，397 頁，1980年中華書局出版。

「本溪煤礦明清兩季代有採掘」，當然當時採掘「純係土法，採掘不深，即行經止，是故廢坑累累」❻，足以佐證本溪地區至少在明時期已開始大量採煤了。

明初燒製業，如燒瓷、燒磚也很發達，主要表現在廟宇的修建，烽火臺的建築。手工業水平的提高還表現在妝塑業、油漆業等方面，「造寺塑佛」，「華麗典雅」，「粲然可觀」。當時著名的油漆匠有黃三兒、史信郎等，燒磚瓦窰匠有熊閏、張豬弟等，妝塑匠有方善慶、宋福等❻。

二　造船業

明代造船業的規模與技術，在當時世界來說屬於首位。永樂時為最盛。東北造船業雖沒像福建那樣一次造船一百三十七艘，且「柁樓三重」、「中為四層」❻，船型大，吃水線深。但由於自明軍入遼東以來，江南諸地運往東北糧穀，幾乎每年都在六十萬石，洪武二十九年（1396 年），又增運十萬石，即一年七十萬❻，此外還要運送大量鈔、棉花、戰衣、軍鞋等物，這樣大量海運必然促使東北造船業的發展，據明代遼東檔案記載，當時遼東地區造船業是很興盛，造船、修船廠主要在旅順口、牛莊、小浚河口、六州河口、復州灣、三岔河口、蓋州灣、金州灣、海州灣、

---

❻　劉萬東：《明清時代本溪地區的冶鐵業》，載《東北經濟史論文集》（上）。

❻　《永寧寺記》。

❻　《明史》卷 92，〈兵誌〉。

❻　《明太祖實錄》卷 245。

遼陽太子河畔等地。因爲這些地方，大都靠近海岸或江河流域，又都是貨物裝卸的地方。

東北奴兒干都司境內舟船業亦很發達，主要集中在吉林船廠（今吉林市附近松花江畔阿什哈達地方）。造船的規模很大，這可由明朝派遣內官亦失哈等人先後多次巡視奴兒干都司治所及其附近地區，所乘的船隻看出，據《永寧寺記》載：「永樂九年春，特遣內官亦失哈等率官軍一千餘人，巨船二十五艘……開設奴兒干都司」，一次就啓乘吉林船廠所造的「巨船」就有二十五艘，實爲可觀。又據《重建永寧寺記》載，亦失哈等「率官軍兩千，巨舡五十再至」奴兒干地區，這次去往的船隻更多。這些船隻是由流人劉清應「造船之役」三次率役軍赴往吉林船廠造船。這些役軍大概是謫戍之人，他們在路遠地荒，山林深密，氣候寒冷的情況下，「造船不易，所費良重，煩擾軍民，逃軍入海西諸部者，已五百餘人」[69]。逃匿役軍就達五百人，可見船廠人多，規模大。那麼所造的「巨船」、「巨舡」大舶，到底有多大，歷史無載。但從上述碑文可知一千人乘「巨船二十五艘」，二千人乘「巨舡五十艘」，平均四十人乘坐一隻船，這就要求一隻船僅僅載人就要達到四噸重的負荷量。當然一隻船不能僅僅乘載人，還要運載物品，如朝廷賞賜少數民族的酒、布帛、器皿，特別是糧穀，據《明實錄》記載，宣德二年，一次就運往「奴兒干官兵三千人，人給行糧七石，總爲二萬一千石」[70]，這個數字不算小，重量不

---

[69] 《明宣宗實錄》卷 90。

[70] 《明宣宗實錄》卷 31。

算輕，都得由吉林船廠裝船「浮江而下，其抵其地（奴兒干都司
治所）」❼。現在吉林市東南的阿什哈達江岸上，還保存着兩塊
鐫刻的摩岸文字，記載當年流人劉清充軍到東北領軍來到此地，
督造船隻的碑刻❼。據奴兒干永寧寺碑和阿什哈達摩岸碑及《明
實錄》等文獻記載考之，明代於吉林船廠造船，概始於永樂年間，
直至宣德年間，歷時二十餘年。吉林船廠造船的時間長，人員多，
船體大，可見當時東北造船業無論是規模上和技術上都是比較發
達的。

　　總之，明代東北手工業是比較發達，其中尤其冶鐵業、造船
業更爲突出。

---

❼　《遼東誌》卷9，〈外誌〉（《遼海叢書》本）。
❼　拙著：《明代流人在東北》，載《歷史研究》1985年第4期。

第四章　明永樂、宣德朝對東北統治的加強與續置

第一節　奴兒干都司是繼遼東都司後，在東北又一地方權力機構設立

一　奴兒干都司設立

奴兒干都司是繼遼東都司後，在東北邊陲又設一地方權力機構，並建造永寧寺一處，立碑兩座。

永寧寺雖早已埋廢，但巍峨雄峙，高聳立於黑龍江下游懸崖上的兩塊明碑，以及建置在此兩塊豐碑的所在地「奴兒干都司」的名字，却久爲中外人士所共知。

奴兒干一作「弩而哥」 ❶、或「耦兒干」 ❷。清人稱爲「尼嚕罕」，滿語「圖畫」之意 ❸，表示這裡山川如畫，「山高而秀麗」、「形勢優雅，粲然可觀」 ❹，其處境，「令人如置身山水

---

❶　《元文類》卷 41，第 32 頁。

❷　姚廣孝等修：《大明太祖高皇帝實錄》（北京圖書館明抄本）。

❸　《元史語解》卷 5，第 7 頁。

❹　長田夏樹：《奴兒干永寧寺碑蒙古、女眞文釋稿》（石濱先生古稀紀念》《東洋學論叢》；羅福頤：《滿洲金石誌》誌 6；孟森：《明元清系通紀》〈前紀〉。

畫中」❺。元世祖至元十年（1273年），征東招討使塔剌曾經到過這裡和海東庫頁島，不久就建立了東征元帥府❻。元亡明興，明太祖朱元璋便派人對東北和北部邊疆地區「累加招諭」❼。

明成祖朱棣即位，於永樂元年（1403年），便「派邢樞偕同知縣張斌往諭奴兒干，至吉烈迷諸部招撫之」，「於是海西、建州女直、野人女直諸酋長悉境來附」❽。永樂二年，邢樞返回時，各頭目多相率入京，命「置奴兒干衞」，並「以把剌答哈、阿剌孫等四人為指揮同知，古臚寺等為千戶所鎮撫，賜誥印、冠帶、襲衣」❾。這是明政府在黑龍江下游建置的開始，也為建置奴兒干都指揮使司打下了基礎。

從奴兒干衞設立後，到擬建奴兒干都指揮使司，即永樂七年建置前，在這短短六年中，明朝就在鄂嫩河、嫩江、松花江、黑龍江、精奇里江、格林河、亨滾河、烏第河和烏蘇里江流域等廣大地區，設置了130多個衞所。形勢發展提出了設置高一級的「都指揮使司」的要求。永樂七年（1409年）四月，奴兒干地方頭目忽剌冬奴等「來朝」，命忽剌冬奴為指揮千百戶❿，後忽剌冬奴等「復奏」稱，奴兒干「其地衝要，宜立元帥府」，於是就在這年閏四月時，明政府令「設奴兒干都指揮使司」（下簡稱為

---

❺　鳥居龍藏：《奴兒干都司考》，載《燕京學報》第33期。

❻　《遼東志》卷9，第10頁（《遼海叢書》本）。

❼　茅瑞徵：《東夷考略》〈建州〉。

❽　嚴從簡：《殊域周咨錄》卷24，〈女直〉。

❾　《明太宗實錄》卷26。

❿　《明太宗實錄》卷62。

「奴兒干都司」），又任命內地官員康旺爲都指揮使同知，王肇舟爲都指揮僉事❶。欽差內官亦失哈同前往就任。

奴兒干都司治所設在黑龍江下游東岸，亨滾河口附近的特林（今蘇聯稱蒂爾）地方。費雅喀族讀其爲「Tir-bana」。「Tir」爲「崖」，「bana」爲「岩」，即「岩崖」的意思。是由危崖絕壁的地形而得名的。俄國人祇取其中的「Tir」，而讀成今天的「Tblp」，即「蒂爾」。蒂爾是特林的轉音❷。特林下距廟街（今尼古拉耶夫斯克）250餘里❸，距黑龍江口300餘里，上距三姓（今伊蘭）3500餘里❹。

明朝在奴兒干都司所在地特林地方江邊上，修建了一座供奉觀音的永寧寺，當特林村北近五里地的江岸石崖上，該處是懸岸峻嶒，「高十餘丈」❺，但頂端平曠，就在這背負羣山層巒，俯視斷崖絕壁的頂上，永寧寺旁矗立兩座記事的石碑。一座是距懸岸邊緣祇兩步遠，由內官亦失哈於永樂十一年（1413年）立，名曰永寧寺碑，又叫永樂碑（見圖2）。

另一座石碑立於宣德八年（1433年），是亦失哈至奴兒干，見永寧寺碑已傾圯，又委官重建永寧寺碑，又名宣德碑。

---

❶　《明太宗實錄》卷62。

❷　鳥居龍藏：《奴兒干都司考》，載《燕京學報》第33期。

❸　曹廷傑：《西伯利東偏紀要》第22頁（《遼海叢書》本）。

❹　《吉林通誌》卷26。

❺　曹廷傑《西伯利東偏紀要》與〔英〕拉文斯坦《俄國人在黑龍江》、〔美〕查爾斯·佛維爾《西伯利亞之行》卷46，〈古碑〉記載完全一致。

圖2　永寧寺碑

（遼寧省博物館供稿）

光緒十一年（1885年），曹廷傑考察黑龍江下游奴兒干地方，對兩塊巨碑做了深入詳盡的研究，考察了兩塊明碑的位置。稟文中寫道：

一查廟爾上二百五十餘里混同江東岸特林地方，有石碣壁立江邊，形若城闕，高十餘丈。上有明碑二：一刻勅建永寧寺記，一刻宣德六（應爲「八」）年重建永寧寺記，皆述太監亦失哈征服奴兒干海及中苦夷事（應爲「奴兒干及海中苦夷事」）。論者咸謂明之東北邊塞盡於鐵嶺、開原，今以二碑證之，其說殊不足據。謹將二碑各拓呈一份。

一查勅建永寧寺碑陰有二體字碑文，其碑兩旁有四體字碑文，惟「唵嘛呢叭嘧吽」六字漢字可識，餘五體俱不能辨。……

今此碑共六體文非廷傑淺見所能測，謹折呈一份。

一查永寧寺基，今被俄人改為喇嘛廟（指俄人東正教堂），二碑尚巍然立於廟西南百步許。廟後正東二十餘步山凹處，有連三砲臺基一座，南向據混同江之險壤塹俱在。廟西北約百步有土圍一道，土壤二條，周數百步中有土臺，亦似砲臺，西北向可堵海口及恒滾河口水道來路。恒滾河口在特林下十餘里西岸，其江長二千餘里，西入黑龍江之精奇里江、牛滿江，東入混同江之格林江、庫魯河，共發源於外興安嶺南支。俄人由索倫江海口南行八九百里可入此江上游。揭碑時有喇嘛（指神甫）鋪拉果皮與土著濟勒彌（即吉列迷）種六七人在旁觀望。均謂此碑係數百年前大國平羅刹所立。土人以為素著靈異，喇嘛斥之。

一查由特林喇嘛廟西北下山，沿江行里許，有石岩高數十丈，上甚平曠，有古城基，周約二、三里，街道形跡宛然，瓦礫亦多，今為林木所翳，非披荊履棘不能周知。特林上六十里東岸莫胡掄地方有溫泉，距江沿十二里。⑯

　　曹廷傑這樣簡明而深入的探查記錄，清楚地指明兩塊明碑的確切位置，並且還批駁了明代東北邊塞盡於鐵嶺、開原之說，指出「其說殊不可據」。為我國明代東北邊疆歷史地理的研究提供了第一手史料。

　　特別是曹氏不僅用文字記載了兩塊明碑的情況，他還不畏艱

---

⑯　中國第一歷史檔案館藏希元等：《關於偵察中俄邊界地區俄國駐軍民情等問題的奏折》·〈軍機處錄副奏折·外交類〉。

險，身履其境，親手搨碑，又形象地畫出了兩塊巨碑的豎立的位置。並附文字說明道，今俄國「所佔吉、江二省地界，兵數多寡，地理險要，道路出入，屯站人民總數，土產賦稅大概，各國在彼貿易，各種土人數目、風俗，及古人用兵成蹟，有關於今日邊防與夫今日吉、江二省邊防可以酌量變通，或證據往事，堪補史書之闕者，皆匯入其中，終以有事，規復一策，不揣冒昧，謹繕具清冊一本，並繪圖八份恭呈」 ⑰。

這八份圖，現僅存七幅，收藏在中國第一歷史檔案館明清檔案部中。吉林省檔案局亦藏副本 ⑱。存七幅圖有「廟爾圖」、「海蘭泡圖」、「海參崴圖」、「雙城子圖」、「伯利圖」、「徐爾固圖」、「吉、江二省與俄交界圖」，其它一份尚待今後繼續查找。廟爾圖，凡奴兒干地方黑龍江兩岸的山巒、石礄、江心島嶼、大小河流，均採用形象畫法，畫得逼真生動。特別廟爾圖中畫有明朝奴兒干永寧寺兩塊巨碑，聳立在危岩的江邊懸崖頂端上。尤其重要的是圖中寫有「恒滾河」（即亨滾河，今稱阿姆貢河）口對岸，兩塊巨碑旁標有「特林古碑」（即奴兒干永寧寺碑）四個大字（見圖 3 ）。

⑰ 中國第一歷史檔案館藏希元等：《關於偵察中俄邊界地區俄國駐軍民情等問題的奏折》．〈軍機處錄副奏折・外交類〉。

⑱ 吉林省檔案局藏：吉林省歷史檔案吉林將軍衙門《東三省地輿全圖》全宗號 1，目錄號 2 － 1，案卷號 1。

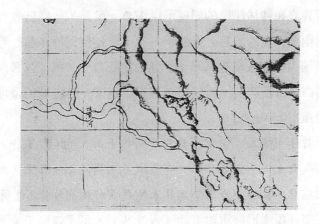

圖3　曹廷傑光緒十一年考察奴兒干都司治所古遺址時所繪製的「特林古碑」圖

（中國第一歷史檔案館供稿）

　　永寧寺位於奴兒干都司衙署的西邊，因爲這裡「造寺塑佛」，有佛殿⑲。所以後人又稱爲「殿山」。乾隆、嘉慶兩朝的《大清一統誌》均記載：「殿山，在寧古塔城東北二千七百二十一里，上有兩碑」⑳。

　　在兩塊明碑東北一百多步遠的地方，便是永寧寺基阯。19世統 50 年代沙俄侵略者，侵入我國黑龍江流域時，也目睹這兩

---

⑲　《滿洲金石誌》誌 6 。

⑳　乾隆《大清一統誌》卷 45 ，〈吉林山川〉；嘉慶《大清一統誌》卷 97 ，〈吉林〉。

座石碑聳立在特林江岸的絕壁懸崖上㉑。但是，他們仍然沒有弄清楚這兩塊碑文的內容。光緒十一年，曹廷傑到特林進行考察，那時俄國人已在永寧寺基阯上改建爲東正教堂，但「二碑尚巍然立於廟西南百步許」，曹廷傑在這裡發現了一座古城的遺址，他明確地指出：

> 由特林喇嘛廟（指東正教堂）西北下山，沿江行里許，有石岩高數十丈，上甚平曠，有古城基，周約二、三里，街道形跡宛然，瓦礫亦多，今爲林木所翳，非披荆履棘不能周知。㉒

這座「街道形跡宛然」的「古城基」，即是奴兒干都司的設置地點。曹廷傑的記載與碑文所記「卜奴兒干西……先是已建觀音堂於基上」的方位正相符合。中國東北著名歷史地理學家曹廷傑對奴兒干都司治所、永寧寺碑的位置考察和研究，是十分嚴肅、認眞、細心的。他研究的結果，雄辯地說明曹廷傑才是永寧寺碑內容和永寧寺遺址眞正的研究者。曹廷傑考察永寧寺碑結果公佈後，引起了學術界極大關注。紛紛發表研究奴兒干都司地址、永寧寺碑文的論著。1896 年俄國人瓦・巴・瓦西里耶夫寫道，根

㉑ 瓦・巴・瓦西里耶夫：《關於黑龍江口附近懸崖上的碑文記載》，載《帝俄科學院通報》，1895 年第 4 期，第 395—397 頁；參閱魏特遜：《北方和東方的韃靼人》1962 年，阿姆斯特丹出版，第 195—196 頁；唐盛鎬：《俄國和蘇俄在滿洲和外蒙的政策》1959 年，都開大學，第 6—8 頁。

㉒ 中國第一歷史檔案館藏希元等《關於偵察中俄邊界地區俄國駐軍民情等問題的奏折》、〈軍機處錄副奏折・外交類〉；曹廷傑：《西伯利東偏紀要》第 22—23 頁（《遼海叢書》本）。

據永寧寺碑文可以肯定，　1411 年中國明朝在奴兒干地區「建立了地方管轄機構，把奴兒干改爲省一級的都司」[23]。日本學者鳥居龍藏在《東北亞洲搜訪記》一書中說，　1918 年他到特林考察時，石碑已被搬到海參崴博物館。他在永寧寺遺址發掘出蓋廟宇用的圓瓦，「瓦上有刻龍者，亦有刻鬼面者」。奴兒干都司衙署的遺址，已變爲荒地，野草叢生，但「尙可自土中掘出當年中國人所用之陶器」[24]，地下還掘出「明錢」，「四角的磚墓、底部鋪磚」[25]，「據俄人所傳，大抵係明人葬」[26]。種種事實說明，這裡是明代的疆域。

　　著名的東北歷史地理學家曹廷傑不僅對奴兒干都司治所，永寧寺兩塊明碑歷史地理位置的考察做出了傑出的貢獻，而且又開拓了對永寧寺二碑記的研究工作，關於奴兒干永寧寺碑記、重建永寧寺碑記，已在拙著《明代奴兒干都司及其衞所研究》一書中已述及，不再贅述。

二　奴兒干都司的建制

　　奴兒干地勢險要，北控黑龍江口，南連海西，接遼東都司，是黑龍江下游的鎖鑰樞紐之地。所以明政權在這裏設立都司後，馬上着手都司的建制工作，加強統治。

---

[23]　瓦・巴・瓦西里耶夫：《關於黑龍江口附近懸岸上的碑文記載》，載〈帝俄科學院通報〉 1896 年第 4 期，第 395 — 397 頁。

[24]　曹廷傑：《西伯利東偏紀要》第 46 頁（《遼海叢書》本）。

[25]　鳥居龍藏：《奴兒干都司考》，載《燕京學報》第 33 期。

[26]　鳥居龍藏：《奴兒干都司考》，載《燕安學報》第 33 期。

　　明洪武二十五年（1392年），全國總計已有 17 個都指揮使司（都司），奴兒干都司是繼其後設立的。明代都指揮使司、布政使司、按察使司，合稱爲「三司」。奴兒干都司與全國其它都司一樣，都是帶有軍事性質的，但也有不同的地方。奴兒干都司轄境內，明代未設立州府縣制，而祇是設都司代之，這樣奴兒干就兼理民政。因此，奴兒干都司實際上是軍政合一的相當於「省」一級的地方政權機關。所以奴兒干都司不隸屬於明代五軍都督府，而是屬於明王朝的職方清史司管理❷，是直屬於明朝中央政府的，酷似自治區，可想它的地位之重要。因此，明政權很重視奴兒干都司的建制。

　　明代都指揮使司的建制：設有都指揮使、都指揮同知、都指揮僉事等官。都指揮使是正二品官（歲給祿米八百石，俸鈔三百貫）。都指揮同知是從二品官（歲給祿米七百石，俸鈔三百貫）。都指揮僉事是正三品官（歲給祿米六百石，俸鈔三百貫）。

　　奴兒干都司的官員，不僅領有較高的官俸，而且每年往來京師，還得到繒絲、紗布、布帛等優厚的獎賞，住有「會同館」，接待宴請有「充祿寺」備辦，行有驛站車馬接送。

　　明代還規定，各都司均頒發給印璽，明廷賜奴兒干都司「銀印一」、「經歷司銅印一」❷，印是禮部鑄發的，以法律形式固定下來，行使國家權力。印璽，明廷看來非常重要，用軍隊加以

---

❷　萬曆《明會典》卷124。

❷　《明宣宗實錄》卷35。

戍守，當時名稱爲「護印」，每二年輪番一次 ❷，走時發給每人
「行糧七石」 ❸，期滿歸還，還頒賜優厚獎勵，這些事實不僅見
於《明實錄》等記載，而且永寧寺碑文也有銘刻。軍隊的數量，
已見「二千」和「千餘人」，最多時達「三千人」，最少時也不
減於「五百人」。奴兒干都司的常備戍軍，正是說明明政府對黑
龍江、烏蘇里江流域行使國家權力的有力證據。

　　奴兒干都司永樂七年明廷下令建置時，以都指揮同知爲最高
官員，康旺做了奴兒干都司指揮司第一任最高長官都指揮同知
（給從二品官俸），王肇舟做了奴兒干都司第一任都指揮僉事
（給正三品官俸）。同年六月又設奴兒干都司「經歷司」，派劉
興任「經歷官」 ❸，職掌「出納文移」。在他屬下還有吏目，由
劉鈔勝、劉觀等人充任 ❷。明廷不但在奴兒干都司設「經歷司」，
在一些較大的衞所，也設有「經歷司」，如建州衞就設置了「經
歷司」，「經歷一員」 ❸。同樣在一些重要千戶所裡，也還設有
「吏目」，如兀者托溫千戶所，就設有「流官吏目一員」 ❸。

　　奴兒干都司建制是在不斷完善和加強的。到宣德二年（1427
年），伊始設有都指揮使。康旺由都指揮同知陞都指揮使。陞王
肇舟爲都指揮同知，又增任佟答剌哈爲指揮同知，金聲爲都指揮

❷　《明太宗實錄》卷 93 。

❸　《明宣宗實錄》卷 31 。

❸　《明太宗實錄》卷 64 ，劉興名見《永寧寺記》。

❷　劉鈔勝、劉觀名見《永寧寺記》、《重修永寧寺記》。

❸　《明太宗實錄》卷 24 。

❸　《明太宗實錄》卷 31 。

僉事❸。

奴兒干都指揮等官均爲流官，明朝規定「凡流官不襲」❸，
而奴兒干都司的都指揮使康旺、都指揮同知王肇舟、佟管刺哈等
都是「父死子代，世世不絕」，從明初開始直到萬曆，歷時二百
多年，仍沿襲不改。明王朝不斷充實任命奴兒干都司的各級官員，
加強統治力量。宣德六年（1431年）六月，都指揮同知佟答刺哈
病故，按「常例」，「流官不應襲」，但明廷考慮到佟答刺哈等，
於永樂年間「在邊多效勞勤」，明宣宗帝破「常例」，特命佟答
刺哈姪佟勝任指揮僉事職，「食百戶俸」❸。同年六月，明朝政
府又命康旺的兒子康福爲奴兒干都司都指揮同知❸。接着，因王
肇舟「老疾」，命其子王貴爲都指揮僉事，「食副千戶俸」❸。
天順年間，又命奴兒干都司都指揮同知康寧的兒子康顯襲都指揮
同知，「食指揮僉事俸」❹。成化年間，命奴兒干都指揮僉事佟
昱的兒子佟鎭爲都指揮使❹，等等。這些官員「統屬其眾」還不

---

❸ 《明宣宗實錄》卷 31 。據《八旗滿洲氏族通譜》卷 20 記載：「佟
養正，鑲黃旗人，世住佟佳地方，其祖達爾漢圖墨圖，於明時同東旺
（即康旺之誤）、王肇舟、索勝格等，往來近邊貿易，遂寓居開原」
王肇舟也當是女眞人。

❸ 萬曆《明會典》卷 120 。

❸ 《明宣宗實錄》卷 80 。

❸ 《明宣宗實錄》卷 84 。

❸ 《明宣宗實錄》卷 105 。

❹ 《明英宗實錄》卷 342 。

❹ 《明憲宗實錄》卷 162 。

斷的進京匯請事宜和進繳「貢賦」。永樂十二年（1414年）七月，奴兒干都司都指揮同知康旺等「來朝」，「貢貂鼠皮等物」❷。永樂十九年（1421年）十月，奴兒干都司都指揮王肇舟等「來朝」，貢方物❸。第二年九月，王肇舟等又由奴兒干都司千里迢迢「來朝貢馬」❹。洪熙年間，又有奴兒干都司都指揮僉事佟答剌哈等人「來朝」貢方物❺。宣德元年（1426年）七月，奴兒干都司都指揮僉事王貴「來朝貢馬」❻。宣德八年（1433年）八月，奴兒干都司都指揮同知康福等來朝「貢馬」❼。甚至已故的奴兒干都司都指揮同知佟答剌哈的妻子王氏於宣德八年（1433年）七月，還不辭辛苦，爬山涉水「來朝」、「貢方物」❽，得到明王朝的厚賜「彩幣、絹布衣、紵絲」等物❾。此類事例，舉不勝舉。這充分說明明王朝對奴兒干都司進行有效的統治，直到萬曆三十六年（1608年），《明實錄》還有關於奴兒干都司建制情況的記載❿，這時奴兒干都司建立已有近二百年的歷史了。

三 亦失哈等明代官員受命巡視奴兒干地區

---

❷ 《明太宗實錄》卷93。

❸ 《明太宗實錄》卷121。

❹ 《明太宗實錄》卷124。

❺ 《明宣宗實錄》卷12。

❻ 《明宣宗實錄》卷19。

❼ 《明宣宗實錄》卷104。

❽ 《明宣宗實錄》卷103。

❾ 《明宣宗實錄》卷104。

❿ 《明神宗實錄》卷444。

有明一代，於北中國欽設奴兒干都司和南中國海域經拓南海諸島，鞏固和捍衛了中國領土。明朝政府除了委派官員對奴兒干地區進行管理外，還經常派遣官員到奴兒干地區進行巡視。亦失哈等人先後多次巡視奴兒干都司及其附近地區。

亦失哈，本海西人 ❺。歸附後，為明廷官員。

永樂七年 (1409年)，明朝決定「設奴兒干都指揮使」。永樂九年 (1411年) 簡派康旺、王肇舟、佟答剌哈為都指揮同知、都指揮僉事等官，由欽差內官亦失哈率同前往第一次出使奴兒干地區。據《永寧寺記》載：「永樂九年春，特遣內官亦失哈等率官軍一千餘人，巨舟二十五艘，⋯⋯開設奴兒干都司」，此時遼東都司遼海衛指揮王謹等一百六十六人，也「奉命招諭奴兒干」 ❺，隨從亦失哈前往。

亦失哈等第二次巡視奴兒干地區，據永寧寺碑文記載：永樂「十年冬，天子復命內官亦失哈等載至其國 (奴兒干)」，他們帶去了生活和生產物資做為「賞賚」，「自海西抵奴兒干及海外苦夷 (庫頁島) 諸夷，賜男婦以衣服、器用，給以米穀，宴以酒食。皆踴躍歡忻，無一人梗化不率者」。可以看出明朝對東北和

---

❺　《明英宗實錄 》卷 186。亦失哈，《遼東誌》卷 5，作「亦什哈」。《崔源墓誌》作「亦信」。事蹟見《明史》〈曹吉祥傳〉。明人王世貞：《弇州史料前集》卷 12 ，稱：「亦失哈，本廣西人」。《明英宗實錄》載：「亦失哈本海西人」。兩相對勘，顯然「廣西」為「海西」之誤。

❺　拙著：《遼海衛指揮使王謹巡視奴兒干地區》，載《歷史教學》1981年第二期。

北部邊疆各族所採取的羈縻「斯民歸化」的政策，是收到積極效果。爲了進行思想統治，內官亦失哈受明朝之命，就在這次巡視中於永樂「十一年秋，擇地滿涇之左，創寺塑佛，曰永寧寺」。這次伴隨亦失哈前往的有遼東「百戶」崔源。前述及，不贅述。

隨從亦失哈第二次巡視奴兒干地區的，還有遼東「所鎮撫」宋卜花。宋卜花後世宋國忠墓誌內容記載：宋卜花曾去過奴兒干的史實。明嘉靖三十七年下土的宋國忠墓誌，已於 1964 年，在遼寧省遼陽市東郊太子河鄉鵝房村南出土❺❸。誌石方形，誌蓋篆書：「明故明威將軍宋公墓誌銘」。誌文楷書，32 行，行字30。誌文中追記了宋國忠「高祖卜花襲招諭奴兒干，征進三叉路有功，歷陞明威將軍」的一段史實。誌文中的「三叉」與撒察、撒叉均爲同音異寫。《明史》作「撒察」，《遼東誌》、《明實錄》均作「撒叉」。永樂朝置撒察衞，即撒叉衞。其地約在松花江與嫩江交會，松花江折而東流處。明初經營東北，當曾用兵於此，故誌文中曰：「征進三叉路」。又誌文中「宋卜花」，文獻裡雖未見記載，但在奴兒干修建的永寧寺寺前所立的《勅修奴兒干永寧寺碑記》裏末題名的亦失哈的隨行官員中，刻有「所鎮撫宋不花」❺❹宋不花，即宋卜花的音轉。墓誌爲吳國賓所撰。此墓誌是繼崔源誌之後，有關明朝在黑龍江口附近設立奴兒干都司，委派官員前去巡視，管轄廣大黑龍江流域的另一歷史物證。

亦失哈等第三、四次巡視奴兒干地區是永樂十三年（1415年）

---

❺❸　遼陽市文物管理所提供。

❺❹　遼陽市文物管理所提供碑文搨片。

以後，其中有一次當是永樂十八年（1420年），這可從吉林市東南的阿什哈達摩崖石刻看出。摩崖文字記載永樂十八年、洪熙元年、宣德七年，劉清領兵至此「造船運糧」，以供亦失哈等去奴兒干地區巡視之需。洪熙元年、宣德七年都是亦失哈前往奴兒干的年份之一，永樂十八年也當是亦失哈第三或第四次前往奴兒干之年。第五次去奴兒干返回時爲洪熙元年，得到明王朝賞賜，「勑遼東都司賜隨內官亦失哈等往奴兒干官軍一千五百人鈔有差」❺，還賞賜弗提衞指揮同知察罕帖木兒等九人「鈔弊」，察罕帖木兒也曾受明王朝之命，去奴兒干地區招撫❺。

第六次巡撫奴兒干地區爲宣德元年（1426年），這是崔源第二次「同太監亦信（亦失哈）下奴兒干等處招諭」，時年崔源三十四歲，官至遼東都司定遼右衞「都指揮僉事」❺。第五、六這兩次是破例的每年一往返，很顯然這是代表新即位的皇帝前往奴兒干「宣諭鎮撫」，反映出明朝對東北和北部邊疆地區的極大重視。宣德二年（1427年）二月，明王朝「賜往奴兒干及招諭回還官軍鈔千戶一百錠，百戶八十錠，旗軍四十錠，命遼東都司給之」❺。同年十月，又「賜差往奴兒干都指揮僉事金聲等官軍鈔有差」❺。

---

❺ 《明宣宗實錄》卷 11 。

❺ 察罕帖木兒，《永寧寺記》鐫刻爲「張察汗帖木」。張察汗帖木即察汗帖木兒（《滿洲金石誌稿》）。

❺ 《滿洲金石誌稿》第 2 冊。

❺ 《明宣宗實錄》卷 31 。

❺ 《明宣宗實錄》卷 32 。

第七次是宣德三年（1428年）正月，《明實錄》是這樣記載：
「命都指揮康旺、王肇舟、佟答刺哈往奴兒干之地，建立奴兒干都指揮使司，並賜都司銀印一，經歷司銅印一」❻。這次隨從亦失哈前往奴兒干地區還有金聲、白倫等人❻。《重建永寧寺記》中祇記載「宣德初，復遣太監亦失哈部衆再至」。宣德四年（1429年）十二月，明朝政府「召內官亦失哈還」京❻。從這些史料記載中，也可看出奴兒干都司的官員和士兵一般都是以兩年輪流一次的。

第八次是宣德五年（1430年）八月，明朝命康旺、王肇舟、佟答刺哈「仍往奴兒干都司撫邮軍民」，同時又下一道「勅諭」給奴兒干、海東囊阿里（庫頁島的囊哈兒衞址）、吉列迷、恨古河（亨滾河）、松華河（松花江）、阿速江（烏蘇里江）等處的各衞指揮：「令皆受節制」❻。他們於次年返。康旺告老「辭疾」，命以康福襲奴兒干都司指揮同知職❻。

亦失哈第九次巡視奴兒干地區是宣德七年（1432年）夏。這次是康福首次上任，明王朝很重視，聲勢浩大。永寧寺碑文中鐫刻：亦失哈等「率官軍兩千，巨舡五十再至」，抵達奴兒干後，見「民皆如故」，「獨永寧寺破毀」，但寺「基址存焉」，亦失哈對「吉列迷毀寺者」沒有採取懲罰手段，而是貫徹明王朝對少

---

❻　《明宣宗實錄》卷 35 。

❻　《明宣宗實錄》卷 35 。

❻　《明宣宗實錄》卷 60 。

❻　《明宣宗實錄》卷 69 。

❻　《明宣宗實錄》卷 84 。

數民族採取「好生柔遠」的政策，「特別寬恕，斯民謌者，仍宴
以酒，給以布物，愈撫邮，於是人民老少，踴躍觀忻，咸嘖之曰：
天朝有仁德之君，乃有賢良之佐，我屬無患矣」，於是亦失哈又
「遂委官重造，命工塑佛，不勞而畢。華麗典雅，優勝於先。國
人無遠近，皆來頓首，謝曰：我等臣服，永無疑矣。」這次「從
中官亦失哈往奴兒干」巡視的有弗提衞指揮同知佛家奴等十七人，
宣德八年八月還❻。還有崔源，時年四十一歲，任遼東「定遼右
衞都指揮」之職，這是崔源第三次隨從亦失哈巡視奴兒干地區。
也還有嘔罕河衞（設在今倭肯河流域）女眞野人頭目阿不哈❻；
遼東安樂州（今遼寧開原縣北「老城鎮」）指揮僉事王阿里哥出
❻、指揮僉事木答兀❻、千戶咬納❻。碑文刻記的安樂州「□納」，
據《明宣宗實錄》卷六十六記載和碑文相互印證，應爲「咬納」；
三萬衞百戶趙鎖古奴 ❼，碑文中亦刻「趙鎖古奴」；玄城衞指揮
僉事木答兀哈❼，和禿路苦，碑文中記爲「失禿魯苦」；遼東自

---

❻　《明宣宗實錄》卷 104 。碑文中鐫爲「弗家奴」。

❻　《明太宗實錄》卷 66 。碑文中記爲「阿卜哈」。

❻　《明宣宗實錄》卷 30 。

❻　《明實錄》中記載「木答兀」，一個是遼東安樂州的「木答兀」（《明
　　宣宗實錄》卷 76 、卷 77 ）；另一個是亦馬忽山衞（其位置於亦馬呼
　　山附近，見《明宣宗實錄》卷 95）。但從《明實錄》和碑文，兩相對
　　勘，這個「木答兀」應是今開原安樂州的「木答兀」。

❻　《明宣宗實錄》卷 66 。

❼　《明宣宗實錄》卷 35 。

❼　《明宣宗實錄》卷 31 。

在州女真頭目官音保⑫，等等。都曾先後去奴兒干地區進行「招撫」。

亦失哈等人，招諭奴兒干地區，有其重要歷史意義。簡言之，有如下幾方面：

其一、亦失哈等人貫徹明代羈縻政策，加強了各族民衆間的團結。這方面首先由永寧寺碑文記載得到了充分的證明。先是由於「朝廷尤慮未善，更命造寺，使柔化之」，但由於亦失哈等人招撫，宣傳明朝盛德，並「給以布物，愈加撫郵」，於是「國人無遠近者皆來頓首，謝曰：我等臣服，永無疑矣」。從這裡不難看出，亦失哈等人貫徹明朝對東北和北部邊疆奴兒干地區少數民族所採取的羈縻「柔化斯民」的民族政策是成功的，促進了民族融合。

其二、促進和加強了奴兒干地區各少數民族和漢族民衆的經濟往來。應該指出，明初以來，黑龍江地區各族民衆的生產狀況，同漢族地區民衆生產力的發展水平相比，尚處於後進的發展狀況。這一地區的生產資料和生活資料，如糧食、鹽、布帛等，有相當數量都來源於漢族地區。亦失哈等人出使奴兒干地區將內地漢族人民大批的布帛、穀米、器用等生活、生產物資輸送給「女直（諸）野人、吉列迷、苦夷」，而這些邊疆少數民族，又將方物土產，如貂皮、珍珠、馬匹等物，供應內地。這樣以來促進了各族間的經濟交流，促進了奴兒干地區各少數民族經濟生活發展和生產技術的提高。

---

⑫ 《明宣宗實錄》卷 103 。

其三、促進了奴兒干地區各少數民族與漢族人民的文化相互交流，共同提高。由於亦失哈、康政等人招撫奴兒干地區，隨從許多精工巧匠，修建永寧寺的平民泥水匠六十、畫匠孫義、妝塑匠方善慶、鐵匠雷遇春、燒磚匠熊閏等，他們把精湛的技藝傳到了奴兒干地區，有利於各族間的文化技術交流和祖國邊疆的開發。

其四、加強了明政權對奴兒干地區的統治，維護了明王朝的統一。亦失哈等人率領軍士，攜帶「賞賚」，深入奴兒干地區各衞所，實行「宣諭」和「處撫」，這些活動推動了國家統一的歷史進程，加強了明政權對奴兒干地區有效的管轄，使奴兒干地區各少數民族，應盡臣民之責，忠於朝廷，充分表現了地方和中央的隸屬關係。

亦失哈等人，在奴兒干地區的這些活動，決不是孤立的個人行動，而是明朝中央政權國家權力對這一地區實行管轄的重要歷史標誌，也生動有力地證明了明政權是個多民族國家的政權，黑龍江流域是明代經營管轄的客觀實際❼❸。黑龍江流域是明代疆域的一部份。

第二節　明初奴兒干都司屬下衞所設立

一　黑龍江流域地區的衞所設立

奴兒干都司下設置大量衞所。衞是次於都司的地方軍政機構，

---

❼❸　吉田金一：《近代露淸關係史》1974 年近藤出版社刊。

設有指揮使、指揮同知、衞鎮撫等官。所（千戶所）是比衞低一級的單位，設有正千戶、副千戶、所鎮撫等官。明朝萬曆年間編修的《明會典》記載：奴兒干都司屬下「爲衞者三百八十四，爲千戶（所）者二十四，爲站爲地面者各七」❼❹。根據拙著《明代奴兒干都司及其衞所》考證，這些衞所分佈在西起鄂嫩河，東至庫頁島，南瀕日本海，北抵外興安嶺的廣闊地域。臺灣學者蔡運辰先生在《明代東北疆域建置考》一文把明代東北疆域定於遼東都司北境「即今開原縣」❼❺，實爲失考。

　　關於奴兒干都司屬下衞所，在上述拙著中，對每個衞所建置年代、任命官員、演變過程、建置地址等，均做了詳盡的論述。本書做爲明代東北史綱，也必須要有這一部份內容。祇不過做一極簡單提及罷了。黑龍江上游地區衞所設立有：

　　斡難河衞，永樂四年（1406年）二月甲申設立❼❻，設在斡難河，即今鄂嫩河流域。斡難河衞是奴兒干都司轄境位置最西的衞之一。

　　乞塔河衞，始設於永樂六年（1408年）十一月戊申❼❼，位於貝加爾湖東赤塔河流域。

❼❹　萬曆《明會典》卷 108 。

❼❺　蔡運辰：《明代東北疆域建置考》，載王大任主編《東北研究論集》
　　　㈠ 1975 年臺北中華文化事業委員會。

❼❻　《明太宗實錄》卷 40 。關於奴兒干都司屬下各衞詳細考證，見拙著
　　　《明代奴兒干都司及其衞所研究》，1982 年中州古籍出版社。

❼❼　《明太宗實錄》卷 60 。《明太宗實錄》卷 73 又記載乞塔河衞爲永樂
　　　7 年置。《明實錄》中兩見乞塔河衞之設，其因待考。

哈剌哈千戶所，永樂四年（1406年）二月丁丑設立❼❽，位於流入喀爾喀河，即今哈拉哈河流域。

海剌兒千戶所，永樂三年（1405年）設立❼❾，設在今黑龍江省海拉爾河流域。

隻兒蠻衞，永樂十年（1412年）八月丙寅設立❽⓿，衞設在海拉爾之東70餘里的威托海河流域，即在今海拉爾市喜桂圖的西南。

堅河衞，永樂三年（1405年）十月乙丑設立❽❶，位於今根河流域。

古賁河千戶所，於永樂四年（1406年）二月丁丑和古賁河衞同時設立❽❷，設在根河北特勒布爾河支流的喀本河流域。

古賁河衞，也設在喀本河流域。明王朝在喀本河流域設立一衞一所，先後任命衆多官員進行管轄，充分體現了地方對中央的隸屬關係。這種關係直到萬曆九年（1581年），《滿文老檔》還有關於該衞來朝請求「襲職」的記載❽❸。

阿倫衞，永樂七年（1409年）十月庚子設立❽❹，設在齊齊哈

---

❼❽　《明太宗實錄》卷40。

❼❾　《明太宗實錄》卷38。

❽⓿　《明太宗實錄》卷84。

❽❶　《明太宗實錄》卷38。

❽❷　《明太宗實錄》卷40。

❽❸　《滿文老檔》太祖79，東洋文庫叢刊第12，滿文老檔研究會譯注，東洋文庫昭和33年出版（以下凡引用此書均省略「東洋文庫叢刊第12，滿文老檔研究會譯注，東洋文庫照和33年出版」部份。

❽❹　《明太宗實錄》卷66。

爾城西北的阿倫河流域。據《滿文老檔》記載：阿倫衛直到萬曆二十一年（1593年），還向明廷請求「襲職」 **⑧**。

阿眞同眞衛，《明太宗實錄》卷一〇八記載：永樂十五年（1417年）十二月丙午，「女直野人撒里亦答等來朝，置阿眞同眞衛」，設在五大蓮池東同名山，即和掄圖吉山附近，今黑龍江省訥河縣境內。阿眞同眞衛直到正德十六年（1521年）還向明王朝貢馬和貂皮 **⑧**。

木里吉衛，永樂七年（1409年）三月丁卯與葛林衛等十一個衛同時設立 **⑧**。木里吉衛又作「木里吉河衛」。木里吉即是默爾根或墨爾根。墨爾根，滿語「射生好手也」 **⑧**。蒙古語「善射之尤者也」 **⑧**。意思相同，善於打獵的人。衛設在今黑龍江省嫩江縣東北一里許的墨爾根河流域 **⑨**。明王朝先後派衆多官員治理衛事，治績優異者可獲提陞。有的還直接上書請求提職。如木里吉衛教里奏稱：

奴婢正德八年有朝士上奴婢與境納 **⑨** 等件，陞奴婢職事。今

---

⑧　《滿文老檔》太祖80。

⑧　《明武宗實錄》卷196。

⑧　《明太宗實錄》卷62。但卷73載，永樂8年11月設衛，確切時間待考。

⑧　《黑龍江誌稿》卷3，第46頁。

⑧　《黑龍江輿圖說》第33頁（《遼海叢書》本）；《蒙古語大辭典》釋爲「善射人」（第1342頁）；《清文鑒》也釋爲「善射人」（卷9）。

⑨　《東三省沿革表》記載木里吉衛設在嫩江府下（表6，第33頁）。甚確。

⑨　境納即東珠。見王國維：《觀堂集林》，〈境納考〉。

職事不陞，境納珍珠甲又不與，怎生可憐見，奏得聖皇帝知道。❾❷

說明明廷對木里吉衛治理，這時至少已有一百多年歷史了。

納木河衛，《明太宗實錄》卷四八記載：永樂五年(1407年)正月乙卯設立，設在今黑龍江省嫩江支流訥謨爾河流域。該衛與明朝隸屬關係，直到萬曆二十一年(1593年)《滿文老檔》還有記載❾❸。這時明朝對納木河衛管轄已有180多年的歷史。

阮里河衛，《明太宗實錄》卷五五記載：永樂六年(1408年)

圖4　木答里山衛印文「木答里山衛
　　　指揮使司印」印模（上）

---

❾❷　《女直館來文》，載〈女直譯語〉2篇，第34頁。

❾❸　《滿文老檔》太祖81。

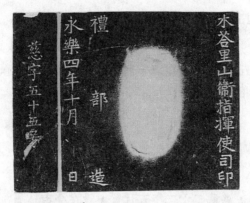

圖4　木答里山衞印柄左方刻文「禮部造永
　　　樂四年十月□日慈字五十五號」；柄
　　　右方刻文「木答里山衞指揮使司印」
　　　（下）。
（中央歷史博物館供稿）

正月甲戌設立，位於今黑龍江省嫩江支流雅魯河流域。

　　木答里山衞，《明會典》卷一二五記載爲永樂四年（ 1406
年）設立，《明實錄》同年失載。衞址可能在今吉林省西部科右
前旗北公主陵附近明代古城。現木答里山衞印已出土（ 見圖4)。

　　內蒙古文物工作隊編《內蒙古文物資料選集》記載，在科右
前旗烏蘭浩特城北 20 公里的公主陵附近田野，於 1957 年 3 月
發現銅印一顆，印文爲「木答里山衞指揮使司印」十字。印爲正
方形。印背有橢圓形柱狀柄。柄的左方刻文「禮部造永樂四年十
月□日」十字，和《明史》記載的年代完全相同。柄的右方刻文
「木答里山衞指揮使司印」十字。左側刻款「慈字五十五號」六
字。木答里山衞《明實錄》作木塔里山衞。木答里山衞直到嘉靖

四十二年（1563年）還向明王朝請求「襲職」⑨。

朵顏衞，《明太祖實錄》卷一九六記載：洪武二十二年
（1389年）五月設立，設在潙兒河即綽兒河流域地區的朵顏山附近。
朵顏衞左千戶所百戶印已出土，印文爲「朵顏衞左千戶所百戶印」
（見圖5），印背面刻有「洪武二十二年五月禮部造，顏字二號」。
其印是明朝禮部鑄造頒發給朵顏衞。朵顏衞是綽兒河地區重要衞
之一。

泰寧衞，洪武二十二年五月置，設在今吉林省洮南附近。

福餘衞，洪武二十二年五月置，設在今黑龍江省齊齊哈爾附

圖5　朵顏衞左千戶所百戶印（上）

---

⑨　《滿文老檔》太祖80。

圖 5　印文為「朵顏衞左千戶所百戶印」
印模（下）

（黑龍江省博物館供稿）

近。朵顏衞、泰寧衞、福餘衞，是爲歷史上通常所稱「兀良哈三衞」，先屬北平行都指揮使司，後改屬大寧都司，到正統（1436—1449年）以後始編在奴兒干都司下❾❺。

密陳衞，《明太宗實錄》卷四十六記載：永樂四年十月庚寅設立，其衞設在今黑龍江省訥河縣東訥謨爾河流域。

---

❾❺　《明太宗實錄》卷 17 載：「改北平行都指揮使司爲大寧指揮使司，隸後軍都督府」。兀良哈三衞編制在奴兒干都司，是根據萬曆《明會典》的記載。

卜剌罕衞，《明太宗實錄》卷四十六載：永樂四年十月庚寅設立，置於今黑龍江省綽爾河流域。

蘇溫河衞，《明太宗實錄》卷四十記載：永樂四年二月庚寅設立。據日人和田清考證，蘇溫爲今呼裕爾河支流雙陽河的「雙陽」同名異譯❾❻，可知蘇溫河衞設在今黑龍江呼裕爾河支流雙陽河流域。《滿文老檔》記載萬曆二十七年（1599年），還有該衞向明廷請求「襲職」的記載❾❼。

卜魯丹河衞，《明太宗實錄》卷四十八記載，永樂五年三月乙亥設立。衞因河得名。清代索倫總管卜吉爾代於康熙十九年（1680年）奏報中稱這條河爲「博爾麻塔河」，也稱「布爾馬代河」❾❽。衞址即今黑龍江上游左岸的波羅穆丹河流域。該衞直到正德十年（1515年）還向明王朝貢馬❾❾。

古里河衞，《寰宇通誌》卷一一六記載，永樂七年（1409年）設立。《明實錄》未載設置年月。清代文獻記載古里河爲「葛婁河」❿。《黑龍江輿圖說》、《黑龍江誌稿》均作「古魯河」，亦作「呼急流河」。吉魯河爲精奇里江支流。古里河衞設在古里河，即吉魯河，今蘇聯地圖作「吉柳伊河」。該衞是明王朝設在

❾❻ 和田清：《東亞史研究》卷 98，第 140 － 141 頁。

❾❼ 《滿文老檔》太祖 79。

❾❽ 中國第一歷史檔案館藏：《理藩院奏報羅刹入侵情形》（康熙 19 年 9 月 22 日）。

❾❾ 《明武宗實錄》卷 132。

❿ 中國第一歷史檔案館藏：《理藩院奏報羅刹勒派喀薩奇貂皮並設莊情形》（康熙 15 年 7 月 22 日）。

臨近外興安嶺、精奇里江最北的一個衛。

阿剌山衛，《明太宗實錄》卷四十八記載：永樂五年（1407年）二月癸丑設立。《滿洲源流考》卷十三記載：阿剌山是阿爾剌山的省譯。《盛京吉林黑龍江等處標注戰蹟輿圖》作「阿爾拉山」。今黑龍江中游左側與精奇之間地區，即阿剌山衛所在地。

脫木河衛，《明太宗實錄》卷四十五記載：永樂四年八月設立，設在精奇里江支流托摩河流域，即今結雅河支流托姆河流域。直至嘉靖四十三年（1564年），史書還有關於脫木河衛地方官向明王朝請求「襲職」的記載 ⓾。

土魯亭山衛，《明一統誌》卷八十九記載：置於永樂四年（1406年）。在托姆河之東，巴里木河之南，即今謂圖臘納山，當為土魯亭山衛所在地。

可令河衛，《明太宗實錄》卷四十八記載：永樂五年（1407年）正月戊辰設立，設在茂峰東可令河，即今舒林河流域。直到萬曆二十一年（1593年）《滿文老檔》太祖八十還有關於可令河衛「襲職」的記載。

扎眞衛，永樂十三年（1415年）十月設立，扎眞衛疑設在佛山附近的扎伊河流域。

木魯罕山衛，《明太宗實錄》卷四十七記載：永樂四年（1406年）十二月己亥設立「於掃鄰狗站之地」。其掃鄰狗站的位置，大致在黑龍江與松花江合流處附近的「蒐裏狗站」即「掃

⓾　《滿文老檔》太祖 80。

鄰狗站」⑩。

在黑龍江中游地區還設有巴忽魯衞，眞河、兀的罕千戶所，不贅述。

弗提衞，《明實錄》也寫作「弗提斤城」。《明太宗實錄》卷六十三記載：永樂七年（1409年）五月設立，置於牡丹江流域的富克錦附近，即今富錦縣西古城 ⑩。一直到萬曆四年（1576年）還有關於明朝頒賜給弗提衞「勑書」，並「令襲職修貢如常」⑩。

吉灘河衞，又名希灘河衞。《明太宗實錄》卷一〇二記載：永樂十四年（1416年）八月庚申設立。設於今黑龍江省蘿北縣境東流入黑龍江的集達河流域。

玄城衞，《明太宗實錄》卷九十三記載：永樂十二年九月乙酉設立 ⑩，設在弗提衞附近，「即當今之富錦」 ⑩。

脫倫衞，《明太宗實錄》卷四十四記載：永樂四年（1406年）閏七月甲戌設立，脫倫河即圖勒河，《康熙皇輿全覽圖》作「杜兒河」。衞設在今樺川縣都魯河流域。《明神宗實錄》卷一四〇記載，脫倫衞直到萬曆十一年（1583年）還到京「朝貢」。

五屯河衞，《明太宗實錄》卷九十三記載：永樂十二年九月

---

⑩　王鍾翰：《明代女眞人的分佈》，載《中國民族問題研究集刊》第 5 輯，第 143 頁。

⑩　曹廷傑：《西伯利東偏紀要》（《遼海叢書》本）。

⑩　《明神宗實錄》卷 49。

⑩　有的文獻記載是永樂 11 年設立。今從《明實錄》說。

⑩　和田清：《明初之滿洲經略》，載《滿鮮地理歷史研究報告》第 15 冊，第 103、110 頁。

乙酉設立。設在今黑龍江省樺川縣對岸之梧桐河流域。據《滿文老檔》太祖七十九記載，這個衞直到萬曆十一年還向明王朝請求襲職。

弗思木衞，《明太宗實錄》卷八十四記載：永樂十年八月丙寅設立，設於今黑龍江省樺川縣東北之宛里城。明朝屢向該衞委派官員和頒發勅書，僅萬曆三十六年（1608年）一次就頒發給弗思木等衞頭目莊臺看隻木等 221 人以貢勅書 ⑩。此時弗思木衞建立已有 200 多年歷史了。

兀者托溫千戶所，《明太宗實錄》卷三十記載：永樂二年（1404年）十月癸未設立。托溫、討溫、屯河等，均爲同一地名之異譯。當年兀都托溫千戶所，即設在今松花江下游左岸支流湯旺流域。

屯河衞，《明太宗實錄》卷三十七記載：永樂三年八月設立，陞格後該所轄於屯河衞。該衞與明朝隸屬關係，直到嘉靖四十三年（1564年）《滿文老檔》太祖八十還有記載。

嘔罕河衞，《明太宗實錄》卷五十五記載：永樂六年正月甲戌設立，設在依蘭縣東，今牡丹江支流倭肯河流域。該衞與明朝隸屬關係，據《滿文老檔》太祖八十一記載，直到嘉靖四十五年（1566年）。

撒力衞，《明太宗實錄》卷三十三記載：永樂三年（1405年）二月甲午設立，設於三姓對岸之巴蘭河流域。該衞對明朝的隸屬關係直到嘉靖五年（1526年）《明世宗實錄》卷六十三還有記

---

⑩　《明神宗實錄》卷 453。

載。

卜顏衞，《明太宗實錄》卷四十四記載：永樂四年（ 1406
年）閏七月甲戌設立。卜顏是孛牙迷的異譯。元人編：《經世大
典》作「孛牙迷站」。熊自得編：《析津誌》作「不牙迷站」。
衞置於今黑龍江木蘭縣的白楊河口附近。

斡朶倫衞，《明太宗實錄》卷九十記載：永樂十一年（1413
年）十月丙寅設立。朝鮮《龍飛御天歌》注云：「斡朶里，地名，
在海西江之東，火兒阿江之西」⑩。斡朶里即斡朶倫之異譯。海
西江係指三姓以上的一段松花江。火兒阿江即胡里改江，今之牡
丹江。可知斡朶倫在今牡丹江之西岸。日人和田清在《明初之滿
洲經略》一文中指出斡朶倫衞在今依蘭縣城西牡丹江與松花江匯
合處西岸的馬大屯。此說甚確。

木忽剌河衞，《明太宗實錄》卷五十五記載：永樂六年
（1408年）二月丙申設立，設於今五合林河。

兀剌忽衞，《明太宗實錄》卷九十三記載：永樂十二年
（1414年）九月乙酉設立，即在今黑龍江省通河縣東大富拉琿河
口附近。詳址待考。

哈三千戶所，《明太宗實錄》卷四十記載：永樂四年（1406
年）二月丁丑設立，置於今黑龍江省通河縣一帶。詳址待考。

木興河衞，《明太宗實錄》卷五十五記載：永樂六年（1408
年）三月丁卯設立，木興河《康熙皇輿全覽圖》作「嫣言河」，
即設在今黑龍江省松花江支流的螞蟻河。

---

⑩ 《龍飛御天歌》卷 7，52 章。

　　安河衞，《明太宗實錄》卷三十七記載：永樂三年八月壬辰設立，設於今牡丹江支流五道河子。據《滿文老檔》太祖七十九記載該衞與明朝隸屬關係直到嘉靖四十二年。

　　忽兒海衞，《明太宗實錄》卷六十二記載：永樂七年（1409年）三月設立，設在牡丹江流域。其與明朝的隸屬關係直到萬曆二十一年（1592年）《明神宗實錄》卷二六〇還有記載。

　　忽魯愛衞，《明太宗實錄》卷九十八記載：永樂十三年十月辛卯設立的，設在今牡丹江流域。據《滿文老檔》太祖八十一記載，嘉靖四十三年（1564年）該衞還向明王朝請求「襲職」。

　　甫兒河衞，《明太宗實錄》卷六十八記載：永樂八年（1410年）二月戊戌設立，設在五虎林河流域。

　　阿速江衞，《明太宗實錄》卷四十記載：永樂四年（1406年）二月庚寅設立，設於今寧安縣一帶，詳址待考。該衞與明朝的隸屬關係，直到萬曆二十五年（1597年）《滿文老檔》太祖八十還有記載。

　　法因河衞，《明太宗實錄》卷六十八記載：永樂八年（1410年）二月乙巳設立，設於費雅河即今黑龍江省牡丹江支流嘎牙河流域。明王朝對法因河衞管轄《明世宗實錄》卷三五八到嘉靖二十九年還有記載。

　　嘉河衞，《明太宗實錄》卷四十記載：永樂四年（1406年）

二月甲申建置，即設在今黑龍江省賓縣東枷板河流域 ⑩。

肥河衛，《明太宗實錄》卷四十五記載：永樂四年九月辛巳設立，日人和田清在《明初之滿洲經略》一文謂肥河衛設在賓縣西之蜚克圖河。茲採此說。

剌魯衛，《明太宗實錄》卷五十五記載：永樂六年（1408年）三月丁卯設立，日人和田清在《明初之滿洲經略》一文認爲剌魯衛即魯路吉站所在地，位於蜚克圖河之東。

納鄰河衛，永樂四年（1406年）設置，設在納鄰河流域，即今拉林河流域。

兀失衛，設在納鄰河附近。明朝對兀失衛管轄，萬曆五年（1577年）《滿文老檔》太祖八十一還有記載。

兀者衛，《明太宗實錄》卷二十五記載：永樂元年設立，設在今呼蘭河流域。

兀者左衛、兀者右衛、兀者後衛、兀者前衛等地址也均設在呼蘭河流域。據《明太宗實錄》卷二十六記載：兀者左衛是永樂二年二月丙戌設立。《明太宗實錄》卷三十一記載：兀者右衛、兀者後衛、兀者前衛，均在永樂二年十月辛未設立的。在兀者衛地附近還設哈流溫千戶所。

兀也吾衛，《明太宗實錄》卷四十記載：永樂四年（1406年）二月癸酉設立。《盛京通誌》、《滿洲源流考》等書皆認爲兀也

---

⑩　和田清：《東亞史研究》第343頁。清朝統治者爲了證明他們的祖先不是「明的屬臣」，特意把嘉河衛說成在興京的嘉河（《滿洲源流考》卷13，第5頁）。這是我們研究明清疆域史要特別注意的問題。

吾備設在吉林至寧古塔驛站中的額音楚站即拉發站。今採此說。

兀者揆野木千戶所，《明太宗實錄》卷三十七記載：永樂三年（1405年）八月壬申設立，據前人考證揆野木與虎也木同地之異音。《滿洲源流考》、《吉林通誌》等書均記載「虎也木」在三姓之東北，距奇穆尼河（今比臘河）不遠的瑚爾穆屯，爲今撫遠縣通江口。

兀者穩勉赤千戶所，《明太宗實錄》卷三十四記載：永樂三年（1405年）三月丁酉設立，各家皆考設在松花江流域。

亦馬剌備，亦名亦馬剌山備。《明太宗實錄》卷四十八記載：永樂四年（1406年）七月甲戌設立，設在黑龍江省「忽剌溫」一帶的尼瑪拉山附近。尼瑪拉山，今謂之野馬山。

木蘭河備，《明太宗實錄》卷四十八記載：永樂五年（1407年）正月戊辰設立。設在木林河，即今白楊木河，南經木蘭縣入松花江。明朝對木蘭河備的管轄，萬曆七年（1597年）《滿文老檔》太祖八十一還有記載。

阿者迷河備，《明太宗實錄》卷五十五記載：永樂六年（1408年）二月丙申設立，設在今黑龍江呼蘭河支流額依集密河流域。

納剌吉河備，《明太宗實錄》卷四十八記載：永樂五年（1407年）二月丙戌設立。《盛京通誌》、《滿洲源流考》諸書均記載納剌吉河備位於今呼蘭河支流納剌吉河流域。明朝對納剌吉河備管轄直到嘉靖三十年（1551年）《滿文老檔》太祖八十一還有記載。

益實備，《明太宗實錄》卷五十五記載：永樂六年（1408年）

三月丁卯設立。和田清《明初之滿洲經略》一文考證謂益實衞在
呼蘭河流域。茲採取此說。

益實左衞，設在益實衞地附近。《滿文老檔》太祖七十九，
直到嘉靖四十五年（1566年）還有記載，表示地方和中央的隸屬
關係。

撒叉河衞，《明太宗實錄》卷五十五記載：永樂六年（1408
年）二月丙申設立。《滿洲源流考》認爲白都納城西北 60 里，
嫩江與松花江交匯處附近，即是撒叉河衞所在地。

亦東河衞，《明太宗實錄》卷十四記載：永樂十五年二月丙
戌設立。亦東河即一禿河同名異譯。一禿河即今伊通河。亦東河
衞設置於今吉林省伊通河流域。

亦迷河衞，《明太宗實錄》卷十四記載：永樂十五年二月丙
戌設立，亦迷河即飲馬河。亦迷河衞當設於此河流域。

禿都河衞，《明太宗實錄》卷五十五記載：永樂六年（1408
年）正月甲戌設立，即設在今吉林省蛟河縣推屯河流域。

亦里察河衞，《明太宗實錄》卷四十八記載：永樂五年
（1407年）設立，設於伊拉齊河，即今吉林省一拉溪河流域。該
衞直到萬曆九年（1581年）還向明朝「進貢」 ⑩，此時建衞已有
170多年的歷史了。

甫門河衞，《明太宗實錄》卷四十八記載：永樂五年正月己
卯設立，設在今吉林市南。表明地方和中央的隸屬關係，到萬曆
五年（1577年）《滿文老檔》還有記載。

---

⑩　《明神宗實錄》卷110。

實山衛，《明太宗實錄》卷五十五記載：永樂六年（1408年）
正月甲戌設立。實山衛印已出土，印文是陽鑄九疊篆文：「實山
衛指揮使司之印」（見圖6）。

圖6　「實山衛指揮使司之印」印模
（採自《古學叢刊》）

實山衛設在今吉林市附近 ⑪。明代對實山衛的治理，直到萬
曆九年（1581年）《滿文老檔》太祖八十還有記載。

馬英山衛，《明會典》卷一二五記載：永樂四年（1406年）
建置，設在今吉林市南馬煙嶺附近。

亦罕河衛，《明會典》卷一二五記載：永樂四年（1406年）
設置，設在今吉林市東北匯入松花江的亦罕河流域。

---

⑪　周肇祥：《明實山衛指揮使司之印考》，載《古學叢刊》第2期。

可河衞，《明太宗實錄》卷九十一記載：永樂十二年三月庚辰設立，《吉林通誌》、《盛京通誌》等書皆以吉林城北巴顏鄂佛羅站南的葛哈山爲可河衞所在地。茲取其說。

禾屯吉衞，《明太宗實錄》卷六十六記載：永樂七年（1409年）九月己卯設立，設在今吉林安圖縣境內的古洞河流域古城。女眞頭人粉甫做了第一任禾屯吉的官吏，並賜予「誥印」。粉甫被任職的同時，授與「禾屯吉衞指揮使司印」一方。此印現已出土。禾屯吉衞印爲銅鑄方形，邊長九釐米，厚一點九至二點二釐米，直紐。紐高九釐米，通高十一點二釐米。印背左邊豎刻兩行：「永樂七年九月□日」，「禮部造」。印背右邊豎刻「禾屯吉衞指揮使司印」；左側刻「禮字四十三號」。印文爲陽鑄九疊篆文：「禾屯吉衞指揮使司印」（見圖7）。

圖7　「禾屯吉衞指揮使司印」印模

（吉林省博物館供稿）

合蘭城衞，《明太宗實錄》卷四十八記載：永樂五年正月戊辰設立，置於今圖們江支流海蘭江流域。

虎兒文衞，《明太宗實錄》卷三十三記載：永樂三年（1405年）正月丁巳設立。《滿洲源流考》卷十三記載：虎兒文是哈勒琿之訛，哈勒琿河即謂溫水。今仍稱溫水，虎兒文衞當即在此。

愛和衞，《明太宗實錄》卷六十五記載：永樂七年（1409年）八月甲寅設立。日人和田清《明初之滿洲經略》一文考證愛和衞設在阿也窟河，即今圖們江上游阿也苦河流域。明朝對愛和衞管理，直到萬曆四年（1576年）《滿文老檔》太祖八十一還有記載。

亦馬忽山衞，《明太宗實錄》卷一〇二記載：永樂十四年（1416年）八月癸亥設立，其位置在吉林城西南，東遼河上游的雅哈河南岸，即今伊通縣西，東遼河上游東側的小孤山附近。

吉河衞，《明太宗實錄》卷四十一記載：永樂四年（1406年）三月癸卯設立，可能設在今吉林省輝發河支流的角河流域。

塔山衞，《明太宗實錄》卷四十記載：永樂四年（1406年）二月己巳設立，置於海西之地，即今呼蘭河流域。其後南遷。

塔魯木衞，《華夷譯語》稱謂塔木魯衞。《明太宗實錄》卷四十一記載：永樂四年（1406年）二月庚寅設立，建於今開原東小清河，即葉赫河一帶。

渚東河衞，又稱諸冬河衞。《明太宗實錄》卷九十八記載：永樂十三年十月辛卯設立。衞設於灰扒江支流的朱敦河流域。即

今吉林省輝發河支流珠敦河流域。《明實錄》直到萬曆三十七年（1609年）還有記載該衞「襲職」一事⑫。這時潴東河衞建置已有190年的歷史了。

　　察剌禿山衞，又名察剌兀山衞。《明太宗實錄》卷五十五記載：永樂六年（1408年）正月甲戌設立，衞在今吉林省海龍縣西察爾圖山一帶。詳址待考。該衞與明政權的隸屬關係，直到萬曆二十五年（1599年），《滿文老檔》還有記載。這時察剌禿山衞已建置近190年的歷史了⑬。

　　扎肥河衞，《明太宗實錄》卷六十二記載：永樂七年（1409年）三月丁卯設立，設於今黑龍江與松花江交匯處附近的同江縣境。詳址待考。

　　兀剌衞，《明太宗實錄》卷八十四記載：永樂十年（1412年）八月丙寅設立。兀剌，**女真**語意即為「江」。近人考證兀剌衞設於黑龍江、松花江交匯處的北岸。

　　可木河衞，《明太宗實錄》卷八十四記載：永樂十年（1412年）八月丙寅設立，置於今黑龍江省同江縣科木之地。該衞與明朝隸屬關係直到嘉靖四十二年（1562年）《滿文老檔》還有記載。

　　乞勒尼衞：《明太宗實錄》卷六十二記載：永樂七年（1409年）四月癸巳設立。乞勒尼河即奇穆尼河。今天這條河稱比臘河。當年明代乞勒尼衞即設在此河流域。

---

⑫　《明神宗實錄》卷455。

⑬　《滿文老檔》太祖80。

　　考郎兀衞，《明太宗實錄》卷四十八記載：永樂五年（1407年）三月己巳設立。據徐中舒考證：「考郎兀與樂浪聲近」，當是「考郎兀古城即樂浪古隘口」❶❹。考郎兀衞當設在黑龍江與松花江交流的額圖。清末著名東北歷史地理學家曹廷傑曾對這一衞址進行了考察，並繪圖標有「額圖險要」字樣。此圖現藏於中國第一歷史檔案館❶❺。

　　古魯衞，《明太宗實錄》卷三十四記載：永樂十年（1412年）八月丙寅設立。古魯，滿語意爲「高阜」❶❻。衞設在今黑龍江左岸支流庫爾河流域。明朝在古魯衞地還設有古魯千戶所。

　　喜申衞，《明太宗實錄》卷七十三記載：永樂八年（1410年）十一月壬午設立。喜申爲希禪的別譯❶❼。希禪屯位於伯力附近烏蘇里江東岸的錫占河畔❶❽。希禪屯，《乾隆內府輿圖》（又稱《乾隆銅版十三排圖》）作「喜占噶珊」。喜申衞置於今黑龍江與烏蘇江合流處哈巴羅夫斯克（伯力）附近的希禪屯。

---

❶❹　徐中舒：《明初建州女眞居地遷徙考》，載民國6年中央研究院《歷史語言研究所集刊》第6本，第2冊第168頁。

❶❺　中國第一歷史檔案館藏：希元等《關於偵察中俄邊界地區俄國駐軍民情等問題的奏折》、〈軍機處錄副奏折·外交類〉。

❶❻　乾隆49年版《盛京通誌》卷27。

❶❼　《滿洲源流考》載，「希禪屯，舊訛喜申，今改正」（卷13，第9頁）。

❶❽　阿爾先耶夫：《烏蘇里地區的中國人》附圖，1914年哈巴羅夫斯克（伯力）出版。

亦兒古里衞，《明太宗實錄》卷四十五記載：永樂四年（1406年）八月戊子設立，設在黑龍江下游哈巴羅夫斯克北耶拉布加地方。明朝對亦兒古里衞行使有效管轄，直到嘉靖四十四年（1565年）《滿文老檔》太祖八十一還有記載。

哈兒分衞，《明太宗實錄》卷九十三記載：永樂十二年（1414年）九月乙酉設立，在今黑龍江右岸阿紐依河口附近原哈兒分。明朝對哈兒分管轄，直到隆慶三年（1569年），《滿文老檔》還有記載。此時哈兒分衞已設有160多年歷史了。

者帖列山衞，《明太宗實錄》卷五十五記載：永樂六年（1408年）三月丁卯設立，設在今阿紐依河口附近的原綽拉題屯。

撒兒忽衞，《明太宗實錄》卷四十七記載：永樂四年（1406年）十一月乙卯設立，置於黑龍江下游南岸巴勒爾河西薩爾布湖畔的薩爾布屯。

卜魯兀衞，《明太宗實錄》卷七十三記載：永樂八年（1410年）十二月丙午設立，設在今黑龍江下游右岸的必勒爾河，即今宏格力河流域⑲。

扎童衞、罕答河衞，也均設在撒兒忽衞、卜魯兀衞附近。此已不贅述。

葛林衞，《明太宗實錄》卷六十二記載：永樂七年（1409

---

⑲ 北京師範大學清史研究小組編：《1689年的中俄尼布楚條約》一書，把黑龍江上游雅克薩附近的卜魯丹河衞，誤作爲黑龍江下游的卜魯兀衞。

年）三月丁卯設立，設在格林河流域。明朝對葛林衞統治達 190
年 ⑳。

忽石門衞，《明太宗實錄》卷六十二記載：永樂七年（1409
年）三月丁卯設立，衞設在今黑龍江下游左岸格林河口的忽林屯。
明朝對該衞管轄，直到萬曆二十年（1592年）《滿文老檔》太祖
八十還有記載。

友帖衞，《明太宗實錄》卷五十五記載：永樂六年（1408年）
三月丁卯設立，設在黑龍江下游右岸由忒河，即今馬奇托瓦亞河
口附近。友帖衞特點每次貢品豐富，入朝人數多。如萬曆十六年
（1588年）十一月，一次進京的人數 183 人之多 ㉑。又如萬曆十
九年（1591年）三月，一次所貢的馬多至 592 匹 ㉒，直到萬曆三
十二年（1604年）十月，友帖衞還向明朝補貢萬曆二十七年、二
十八年所欠貢馬，共貢馬有 352 匹之多 ㉓。從建衞到萬曆三十二
年已有 194 年的歷史。

阿資衞，清人也稱阿者衞。《明太宗實錄》卷四十八記載：
永樂五年（1407年）設立，在今黑龍江下游南岸原阿濟屯。這個
衞直到萬曆四年（1576年）三月，還到北京「入貢」 ㉔。

㉚ 拙著《明朝對葛林衞的管轄》一文，載《吉林大學學報》1979 年，第
3 期。

㉑ 《明神宗實錄》卷 206。

㉒ 《明神宗實錄》卷 233。

㉓ 《明神宗實錄》卷 402。

㉔ 《明神宗實錄》卷 48。

福山衛，《明太宗實錄》卷四十五記載：永樂四年（1406年）八月戊子設立。據《滿洲源流考》卷十三記載：福山衛即斐森屯之訛。又考《皇輿全圖》（乾隆方格十排）標繪「斐森屯」，在黑龍江下游北岸，綽洛河西的斐森屯。「斐森」滿語「人口稠密」之意。

扎嶺衛，《明太宗實錄》卷六十二記載：永樂七年（1409年）三月丁卯設立，《皇輿全覽圖》在黑龍江下游右岸標有「扎里屯」。清嘉慶十三年（1735年）日人間宮林藏逆黑龍江上行，往返皆過扎里屯。他在《東韃紀行》一書中記載：七月十日「行經扎里時，與船伙考尼一起登陸，到喀喇達夷家。……同月十七日，將船浮於水中，林藏至盧船向官吏告別，官吏贈送若干酒粟，作爲餞別。互相告別後，乘船順流而下，此日風浪甚大，下行六里許，於扎里之山且夷人部落宿泊。……同月十八日晨（又由扎里）乘船出發，當日下行十三、四里（按每日本里合三·九二四公里），回到曾經住過之奇吉」⓹，可知扎里屯是在奇吉（奇集）屯之上約 50 餘公里的地方，今天扎里屯爲索菲斯克之地。

甫里河衛，《明太宗實錄》卷四十八記載：永樂五年（1407年）正月戊辰設立。考《康熙皇輿全覽圖》在黑龍江下游奇集湖畔有河，名謂「會里河」。元人稱「拂里河」，《元文類》卷四十一「遼陽鬼骨」條記載：大德元年「六月五日，官軍敗賊於吸剌豁疃。七月八日，鬼骨賊王不廉古，自果夥過海，入拂里河，

⓹ 間宮林藏：《東韃紀行》1974年中譯本，第10－17頁， 商務印書館出版。

官軍敗之」。引文中「吸剌豁疃」即黃城。「果夥」是庫頁島西岸地名，由此過海而入拂里河，即甫里河衞所在地。

欽眞衞，《明太宗實錄》卷五十五記載：永樂六年（1408年）二月丙申設立。《籌辦夷務始末》記載：「博力（伯利）地方距奇吉、闊呑等處尙有二千餘里」[126]。此湖東有屯，《皇興全圖》作「奇集屯」，欽眞衞當設在此地。1583年3月，沙俄殖民者強佔了中國這片領土，肆意改名爲「馬林斯克哨所」[127]。

克默而河衞，《明太宗實錄》卷五十五記載：永樂六年（1408年）二月丙申設立，在今黑龍江下游奇集湖東南，明代克默而河衞當設在黑龍江下游克默而河流域。該衞直到萬曆三十七年（1609年）《滿文老檔》太祖八十一還有克默而河衞向明廷請求「襲職」的記載。這時該衞已建置有200多年的歷史了。

弗朶河衞，《明宣宗實錄》卷一〇四記載：宣德八年（1410年）八月壬辰設立，在今黑龍江下游左岸弗答哈河口附近。詳址待考。

敷答河千戶所，《明太宗實錄》卷六十二記載：永樂七年（1409年）四月癸巳設立。據《滿洲源流考》、箭內亘《滿洲歷史地理》等書均認爲，敷答河千戶所和「海西東水陸城站」的「弗朶河站」，與弗朶河衞同在一起，即黑龍江下游左岸弗答哈

[126] 《咸豐朝籌辦夷務始末》卷69，第35頁。

[127] 涅維爾斯科依：《俄國海軍軍官在俄國遠東的功勳》，1947年莫斯科出版。

河口附近 **⑫** 。

哈爾蠻衞，《明太宗實錄》卷八十四記載：永樂十年(1412年)八月丙寅設立，在今黑龍江下游波波瓦河流域。

滿涇衞，《明太宗實錄》卷八十四記載：永樂十年(1412年)八月丙寅設立，在今黑龍江與興滾河交流處之北側原莽阿臣屯。十七世紀四十年代沙俄侵略者波雅科夫侵入這裏，遭到當地費雅喀人奮勇抵抗 **⑲** 。

奴兒干衞，《明太宗實錄》記載：永樂二年(1404年)三月癸酉設立，在黑龍江下游特林（今蘇聯蒂爾）地方。

依木河衞，《明太宗實錄》卷四十八記載：永樂五年(1407年)正月戊辰所設，在今黑龍江下游左側，阿姆貢河支流伊姆河流域。

亦文山衞，《明太宗實錄》卷四十八記載：永樂五年(1407年)正月戊辰設立，在興滾河北的九文山之地。

朵兒必河衞，《明太宗實錄》卷四十八記載：永樂五年(1407年)正月丁丑設立 **⑩** 。洪鈞《中俄交界全圖》作「克爾必河」。設在黑龍江下游克爾必河流域。

---

⑫ 箭內亙：《元明時代的滿洲交通道路》，載《滿洲歷史地理》卷2，第450頁。

⑲ 施提倫貝爾格：《基里亞克人、奧羅奇人、果爾特人、涅吉達爾人、愛奴人》1933年伯力出版，第295—297頁。

⑩ 關於朵兒必河衞設立年代，《明實錄》記載不一：一記載爲永樂5年；一記爲永樂8年。這裏從永樂5年建衞說。準確年月待考。

兀的河衛，《明太宗實錄》卷四十八記載：永樂五年（1407年）正月戊辰設立，在今流入鄂霍次克海的烏第河，也稱烏達河。

督罕河衛，《明太宗實錄》卷七十四記載：永樂九年（1411年）二月甲辰設立，日人和田清在《明初之滿洲經略》一文認為督罕河衛置於流入今鄂霍次克海的土古爾河流域。茲從之。

野木河衛，《明太宗實錄》卷四十八記載：永樂五年（1407年）二月丙戌設立，設在黑龍江口北岸岳米河流域。

塔亭衛，《明太宗實錄》卷八十四記載：永樂十年（1412年）八月丙寅設立，在黑龍江口右岸塔克題音屯。

哥吉河衛，《明太宗實錄》卷四十八記載：永樂五年（1407年）設立，在今黑龍江下游右岸科奇河流域。

兀列河衛，《明太宗實錄》卷七十三記載：永樂八年（1410年）十二月丙午設立。考吉林省檔案館藏《東三省地輿全圖》此河在庫頁島東北部，名謂「奴烈河」。《康熙皇輿全覽圖》作「奴列河」。該衛就設在此河流域。欽差內官亦失哈曾親涖島上撫諭「海外苦夷諸民」。

囊哈兒衛，《明太宗實錄》卷八十四記載：永樂十年（1412年）八月丙寅設立。《明宣宗實錄》卷六十九記載：明廷「勅諭奴兒干、海東囊阿里、吉列迷、恨古河、黑龍江、松花江、阿速江等處野人頭目哥奉阿、囊哈奴等，令受節制」。囊阿里即囊哈兒 ⓭。洪鈞《中俄交界圖》作「郎格里屯」。囊哈兒衛即設在今

⓭　中國科學院近代史研究所編：《沙俄侵華史》（第1卷），1976年人民出版社。

黑龍江口對岸，庫頁島北部郎格里地方。《大清一統輿圖》在這裏標注「費雅哈人等所居」。此地盛產碩鼠，滿語郎格里一詞即是「碩鼠」之意。囊哈兒衛之來歷，可能因爲那裏盛產碩鼠而得名的⑬。

　　囊哈兒衛印現已出土。印文爲「囊哈兒衛指揮使司印」九字銅印（見圖 8 ）。

圖 8　　「囊哈兒衛指揮使司印」印模

（採自金毓黻：《東北古印鈎沉》）

---

⑬　石榮璋：《庫頁島誌略》，載「1912 年獵獲物中，碩鼠最多達 5082 隻」。

從上述衞所建置年代看，黑龍江流域這一廣大地區，明永樂年間就已完全納入了明王朝的版輿內。

二　烏蘇里江流域地區的衞所設立

烏蘇里江流域地區自古以來就是中國的領土。明王朝繼承前代疆域，在這一地區建置的衞所年代也是比較早的。

亦速里河衞，《明太宗實錄》卷四十八記載：永樂五年（1407 年）三月己巳設立，衞設在今烏蘇里江流域。《滿文老檔》太祖八十記載，明王朝對該衞管轄至少到萬曆七年（1579 年）。這時該衞已建置有 172 年的歷史了。

伏里其衞，《明太宗實錄》卷六十二記載：永樂七年（1409 年）四月癸巳設立，衞設在流入烏蘇里江支流霍爾河口附近。

阿古河衞，《明太宗實錄》卷四十八記載：置於注入烏蘇里江支流的阿古河流域。

斡蘭河衞，《明太宗實錄》卷五十五記載：永樂六年（1408 年）二月丙申設立，設在錫赫特山東、克默爾河南面，向東流入日本海的額勒河流域。額勒河又稱霧迷大溝，其因「大霧瀰漫的河谷而得名」[133]。明朝對其管轄，《滿文老檔》太祖八十記載，直到萬曆二十年（1593 年）。

失兒兀赤衞，《明太宗實錄》卷九十四記載：永樂十二年

---

[133]　阿爾先耶夫：《烏蘇里地區的中國人》，1914 年哈巴羅夫斯克（伯力）出版。

（1414年）設立，設在今烏蘇里江右岸，伊曼河以北的原實爾辰屯。

失里綿衞，《明太宗實錄》卷三十三記載：永樂三年（1405年）正月丁巳設立，在烏蘇里江與牡丹江之間，與凱湖北一帶，詳址待考。據《滿文老檔》太祖七十九記載，該衞在嘉靖四十五年（1566年），還向明王朝請求「襲職」。

麥蘭河衞，永樂四年（1406年）設立，設於今穆稜河流域。

魚失千戶所，《明實錄》漏書，但《明史》、《明會典》均有記載，明朝設有魚失千戶所。《滿洲源流考》卷十三載，魚失千戶所即岳色千戶所之訛。吉林省檔案館藏吉林省歷史檔案吉林將軍衙門《東三省地輿全圖》作「約色河」。在今錫霍特山以東，東流入海，即今稱納塔河，魚失千戶所當設在其地。

亦麻河衞，《明太宗實錄》卷六十八記載：永樂八年（1410年）二月戊戌設立。《皇明大政記》記載時間亦同。《滿洲源流考》卷十三記載：亦麻河即尼滿河之訛。考《盛京通誌》卷二十七記載，尼滿河在烏蘇里江東，西北流入烏蘇里江。尼滿河口有個尼滿屯，明代亦麻河衞當置於此地。蘇聯出版的《地理地圖册》將尼滿屯記爲「伊曼斯克」❿。亦麻，《五體清文鑒》記載，滿語意爲「山羊」。《嘉慶重修一統誌》卷六十七記載，蒙古語意爲「山羊」。尼滿地區河名，都是中國各族語言的反映。俄國早年著作也是這樣記載，如阿爾先耶夫《在烏蘇里邊疆區的密林中》一書記載：「1854年繪製的老地圖將這條河的名稱標爲尼滿。

---

❿　蘇聯《地理地圖册》大地測量和製圖總局，1956年莫斯科版。

尼滿是滿語，意爲山羊。由此很容易得出另一個詞伊瞞。烏德海人（中國少數民族）把它叫成亦麻，而漢人在這個名稱後面又加上一個「河」字，結果便成了亦麻河」 **⑬**。另一書《在烏蘇里邊疆區的中國人》還稱「呢滿河」 **⑯**，均爲一條河，即明代亦麻河。

亦麻河衞是一個大衞，在烏蘇里地區明代衞所中佔有重要地位。現在蘇聯境內，蘇聯政府於 1973 年將「伊曼」區和市改爲「達利涅列欽斯克」區和市。蘇聯政府爲什麼要更改歷代沿用的「伊曼」地名呢？美國的《紐約時報》指出：「蘇聯政府決定重新命名遠東城鎮（伊曼），看來是要消除這個地區曾經是中國領土的證據」。一語道破了其中的奧妙。

莫溫河衞，《明太宗實錄》卷五十五記載：永樂六年（1408年）正月甲戌設立，在流入興凱湖西南的門河（今仍稱們河）流域。

速平江衞，《明太宗實錄》卷四十記載：永樂四年（1406年）二月庚寅設立。據《南燼紀聞》、《南渡錄》、《吉林通誌》等書記載，速平江本渤海率賓府地，金之蘇濱水，明郵品河，皆此一地，今綏芬河。衞設在今黑龍江省綏芬河流域。

雙城衞，《明太宗實錄》卷四十四記載：永樂四年（1406年）閏七月甲戌設立。清人錢大昕《潛研堂經史問答》一書記載，

---

⑬　阿爾先耶夫：《在烏蘇里邊疆區的密林中》，1951 年莫斯科版。

⑯　阿爾先耶夫：《在烏蘇里邊疆區的中國人》， 1914 年哈巴羅夫斯克（伯力）出版。

雙城衞即綏芬河流域的雙城子。《吉林通誌》等書記載亦同。茲從其說。清末曹廷傑光緒十一年曾對此地進行考察，並繪製雙城地圖，現藏於吉林省檔案館內❶。

使坊河衞，《明太宗實錄》卷六十八記載：永樂八年（1410年）二月戊戌設立於今舒范河（樹房河）流域。《滿文老檔》太祖八十一記載，這個衞直到嘉靖四十四年（1565年）還向明王朝請求「襲職」。

木陽河衞，《明太宗實錄》卷四十八記載：永樂五年（1407年）正月丁卯設立，在綏芬河支流穆霞河（格爾茲納亞河）流域。

牙魯衞，《明太宗實錄》卷五十五記載：永樂六年三月丁卯設立。前人考證牙魯衞即押攬衞。押攬即雅蘭。雅蘭河，在烏蘇里江東，向南流入日本海。牙魯衞設在臨近海邊的雅蘭河，即今塔烏黑河流域。

失里衞，又叫薛列河衞。《明太宗實錄》卷五十五記載：永樂六年（1408年）二月丙申設立，在錫林河，即今蘇祖赫河流域。

喜樂溫河衞，又稱希剌溫衞、喜剌烏衞。《明太宗實錄》卷四十八記載：永樂五年（1407年）正月丁卯設立。《李朝太宗實錄》卷十九記載：就是「朝鮮境海邊」的摩闊崴一帶，即今圖們

---

❶ 吉林省檔案館藏：吉林省歷史檔案吉林將軍衙門《東三省地輿全圖》全宗號1，目錄號2－1，案卷號1。

江口北，顏楚河流域的波謝特灣附近，即喜樂溫河衞所在地。波謝特灣，「在顏杆河海口內，東南距海口約二十里」，來經船隻「出入莫不由斯」❽。

以上是烏蘇里江地區明代衞所設置。從所建的衞所方位看，北起斡蘭河，南達摩闊崴灣，臨近圖們江口，西至綏芬河流域，東抵日本海，這一廣大地域都在明代版圖之內。

三　圖們江流域地區的衞所設立

童寬山衞，《明太宗實錄》卷五十五記載：永樂六年（1408年）二月丙申設立。《滿洲源流考》卷十三謂童寬山衞是通肯山衞之音訛。《琿春縣誌》卷二十記載：「通肯山衞城，東北距縣城二百五十里，在蘭家蹚子東溝與三人溝附近通肯山上」，「城形南圓北方，北高七、八尺，北門一。內有石建孔子廟，高五尺，係云近代所建」。童寬山衞即設在今吉林省琿春縣東北約 250 里的通肯山。

古魯渾山衞，《明太宗實錄》卷四十八記載：永樂五年（1407 年）二月癸丑設置。《吉林通誌》、《滿洲源流考》等書均謂古魯渾山即烏爾琿山。山在琿春東南，圖們江北。

卜忽禿河衞，《明太宗實錄》卷九十一記載：永樂十二年（1414年）十二月甲戌設立，置於今吉林省延邊朝鮮族自治州境

---

❽　中國第一歷史檔案館藏希元等：《關於偵察中俄邊界地區俄國駐軍民情等問題的奏折》，載〈軍機處錄副奏折・外交類〉（光緒 11 年 12 月 18 日）。

內布爾哈圖通河流域。

毛憐衞，《明太宗實錄》卷三十九記載：永樂三年（1405年）十二月甲戌，「毛憐等處野人頭目把兒遜等六十四人來朝，命設毛憐衞」。衞初置時，是在朝鮮東北面境外，今圖們江北一帶。詳址待考。毛憐衞印現已出土（見圖9）。

圖9　「毛憐衞指揮使司之印」印模
（中國人民大學清史研究所供稿）

毛憐衞印爲銅鑄方形，邊長三寸，厚八分，印文爲篆文：「毛憐衞指揮使司之印」。印背刻「禮部造永樂三年十二月□日」。

永樂後期，毛憐衞遷至「鴨綠江西，佟家江地面」⑬，以後

---

⑬　孟森：《明元清系通紀》正編卷一，第三十九頁；前編第四十九頁。

漸成建州衞的一部。

建州衞,《明太宗實錄》卷二十四記載:永樂元年十一年辛丑設立。是明初經營東北地區建立較早,影響較大的一個衞。

建州衞始置地點是近代研究清史很注意的問題。幾十年來中外學者寫了不少專論,衆說紛紜:有的人認爲在綏芬河下游的雙城子;有的認爲建州衞初治於今吉林;農安;依蘭;海龍山城鎭(北山城子);還有的認爲設在延吉城子山山城(南京)等等。皆說不一,莫衷一是。

欲考建州衞的最初設治地點必先考「舊開原」。根據中國和朝鮮歷史文獻記載,「舊開原」應在朝鮮(韓國)境外東北部。不會在吉林市附近,更不會在農安一帶。《明太宗實錄》卷八十三記載:「李顯忠塔溫新附人民缺食,乞賑貸之」。塔溫即圖們江南朝鮮穩城的古名。因此建州衞地距離塔溫地方一定不會太遠。永樂八年(1410年)春建州衞與毛憐衞擅自出兵進擊慶源。後來朝鮮派軍復攻毛憐衞地。據孟森考訂,「其時毛憐衞地在圖們江北」⑩。皆可證明建州衞地在圖們江北。《明太宗實錄》卷七十八記載,還可說明建州衞在圖們江北一帶。《明太宗實錄》卷五十五記載:「忽的河、法胡河、卓兒河、海剌河等處女直野人頭目哈剌(楊哈剌)等來朝,遂並其地入建州衞」,上四河皆爲噶哈河支流的活兒河、卜兒哈兔河、達兒花川、海蘭河的同名異譯,

---

⑩　孟森:《明元清系通紀》正編,卷1,第39頁。

均爲今天延邊地區 ⑭。這一地區河流能「遂並其地入建州衞」，當距離建州衞地也不會太遠。《明太宗實錄》卷四十七記載：「木楞古野人頭目鎖魯阿」爲「建州衞指揮」。木楞古即穆稜河的音轉。穆稜河流域的女眞人去建州衞任職，可知二地相望不遠。又如《明太宗實錄》卷一〇八記載：「建州衞指揮李顯忠奏，顏春地區月兒速哥願率家屬歸附居建州，從之」。顏春即今琿春以東濱海的顏楚河之地，其地距建州衞舊開原地方不很遠。若在農安等地，地隔數千里，往歸談何易？《明實錄》中大量史料，足以佐證建州衞初設在朝鮮東北部。

關於建州衞置於「朝鮮東北部」，《李朝實錄》記載更是不乏其例。明永樂初年置於建州衞前後，曾多次派使者奉勅諭，經朝鮮東北面到東開原（舊開原）、毛憐等地招諭女眞各部 ⑭。這些記載都說明，建州衞和朝鮮鄰近，在朝鮮東北部，也就是在琿春以東，圖們江以北之地。確切地址，以待詳考。

永樂二十一年（1423年），建州衞西遷婆豬江一帶。婆豬江即鴨綠江的支流佟家江。建州衞部人在這裏居住十四年。其間屢與朝鮮發生戰爭，朝鮮曾兩次大舉侵犯婆豬江。於正統三年（1438年）建州衞部人又在頭人李滿住率領下，遷至今遼寧省蘇子河上游竈突山下舊老城居住。這是建州衞最後的衞址。

建州左衞，《明史》卷九十、《明一統誌》卷四八九均記載：

⑭ 池內宏：《鮮初之東北境和女眞的關係》，載《滿鮮地理歷史研究報告》第 2 冊，第 238 — 239 頁。

⑭ 《李朝太宗實錄》卷 5、8、9。

「永樂十年置」。建州左衞是從建州衞析置的，但《明實錄》未載時間。

關於建州左衞地址問題，還是先從建州女眞斡朶里部遷徙說起 ⑭。建州左衞居民的先世同建州衞居民的先世一樣，在元末明初的戰亂中，居住在牡丹江下游依蘭地區的女眞部開始向牡丹江上游遷徙，繼南遷「置建州左衞於朝鮮鏡城阿木河」 ⑭。阿木河即斡木河。又據《東國興地勝覽》卷五〇記載：「本高勾麗舊地，胡言斡木河（原注：亦云吾音會）本朝太宗朝，斡朶里童猛哥帖木兒乘虛入居」。《李朝實錄》也有記載：「（朝鮮）東北面吾音會猛哥帖木兒」的史實。吾音會即阿木河，今會寧。可見，建州左衞始設之地爲圖們江畔的會寧。

但據《李朝實錄》太宗十一年四月丙申記載：建州左衞頭人猛哥帖木兒，畏其朝鮮「見伐」，「徙於開元路」，即建州衞地居住。到永樂二十一年（1423年）猛哥帖木兒復率部人又回還居住阿木河。猛哥帖木兒受於明廷，做了建州左衞第一任指揮官吏，始終忠於職守。但其後，楊木答兀糾集兀狄哈部叛亂，襲擊建州左衞居地斡木河。猛哥帖木兒爲保護明廷遼東都指揮使裴俊而戰死 ⑭。猛哥帖木兒戰死後，其弟凡察執掌建州左衞事。凡察爲擺脫困境，於正統五年（1440年）六月，分別由董山（猛哥帖木兒

---

⑭　斡朶里，或寫作斡朶憐，《李朝實錄》多作「吾都里」。

⑭　《清皇室四譜列帝譜》；《明宣宗實錄》卷 108。

⑭　《李朝世宗實錄》卷 62 ；《明代滿蒙史料・李朝實錄抄》第 2 冊，第 567 — 568 頁。

次子，亦名童倉）和凡察帶領部下 300 餘戶逃離會寧❶，來到蘇子河畔同建州衞指揮李滿住共處一地。

後來，董山和他的叔父凡察爭建州左衞印。爲解決矛盾，明廷於正統七年（1442 年）二月，又從建州左衞分出建州右衞，置衞於三土河，（即今吉林省輝南和柳河縣境內的三統河）一帶。另賜建州右衞印於凡察，因董山是猛哥帖木兒的嫡長子，故仍掌建州左衞印。從此建州衞、建州左衞、建州右衞最後形成，這就是歷史上所稱的「建州三衞」。

從上述明朝在黑龍江、烏蘇里江、圖們江流域地區設置大量衞所這一歷史事實，足以佐證這一廣大地區，已屬於明代版圖。對此，不僅可徵諸史籍，而且更有文物可資見證。

---

❶ 《明英宗實錄》卷 36。

第五章　明代東北交通驛站設立

第一節　遼東都司境內的驛站設立、管理和職能

一　驛站的設立

　　我國的驛站，有着極其悠久的歷史。考驛站之始設，當早在春秋戰國之世。《孟子》謂：「速於置郵而傳命」。此處「郵」即指「驛」；《左傳》載：「楚子乘驛會師」，可見先秦之世即有驛傳之制。其後兩漢迄於隋唐，各代皆設置驛站，自長安而達邊郡。元統一中國，深以爲驛傳制度對國家統治之重大作用，遂頒行「站赤」制度，遍於全國十一行省。明代的驛站是在前代的基礎上發展起來的，其中大部份又與元代站赤位置有關聯。

　　有明一代，在東北幅員之廣袤的大地上，設立了多條驛道和星羅棋布的驛站。這些驛道和驛站，宛若游龍，麗如明珠。有它串綴在東北江山之間，便使千里冰封的版圖顯得生機活躍。首先就遼東都司境內交通驛站加以介紹。

　　明太祖時，以南京爲中心。明太宗永樂十九年遷都北京以後，又以北京爲中心，組成全國交通網。明朝初年，隨着遼東用兵運糧，江南、山東等地滿載物品的船隊，戰勝驚濤駭浪，沿遼河而上，直抵開原附近的老米灣（今開原西文溝子村）。有的駛抵旅

順口站登岸，陸路北行到都司治所。旅順口，元朝爲獅子口，明朝才改爲旅順口，據說其含意有二：一取旅途平安順利；二取此地旅程爲最方便之順路。旅順口從此日益繁榮。

以遼東都司治所遼陽老城爲中心的遼東地區主要有四條交通線。由旅順口陸行北上，經金、復、海、蓋等十二站到達遼東都司❶。這十二衛驛站的第一站就是上面談及的旅順口。

由旅順口北行下一站便是木場驛。木場驛，《寰宇通誌》卷七十七記載：「在金州衛南六十里」，今旅順市西北「前牧城驛」。木場驛東設有遞運所。

石河驛，《寰宇通誌》卷七十七記載：「在金州衛北六十里」，即今金縣北「石河子」。當年明朝在這裡還設有石河堡。驛西設有遞運所。

欒古關，據《讀史方輿紀要》卷三十七記載：在復州「城南六十五里，以通欒古山而名」❷，欒古關即今復縣西南「崗古城子」。在驛南設有遞運所。

復州驛，設在復州衛地的復州城，即今復縣西北「復州」。驛西設有遞運所。

五十寨驛，《寰宇通誌》卷七十七記載：「在蓋州衛南百十里」，即今復縣西北「五十寨」。

熊岳驛，《寰宇通誌》卷七十七記載：「在蓋州衛南六十里」，即今蓋縣西南「熊岳城」。驛西設有遞運所。

---

❶ 《寰宇通誌》卷 77。

❷ 顧祖禹：《讀史方輿紀要》第 2 冊，卷 37，第 1584 頁。

蓋州驛，《讀史方輿紀要》卷三十七記載：在遼東都司「南二百四十里，南至復州衞百八十里」❸，今蓋縣。驛西設有遞運所。

耀州驛，《奉天通誌》卷四十六記載：「在海州城南六十里」，今營口縣北「岳州」。驛南設有遞運所。

海州驛，《盛京通誌》卷二十九記載：在「海州縣城」，即今「海城縣」。北門外設有遞運所。

鞍山驛，《盛京通誌》卷三十三記載：在遼陽州「三十里沙河舖……三十里鞍山驛堡」，「按鞍山驛，明時設驛於此。」即今鞍山市西南「舊堡」。在鞍山驛站內還設遞運所❹。

下一站便到了遼東都司衙署治所遼陽老城。

遼東地區另一條交通線是由北京過山海關東北行，經十七驛站到達遼東都司衞署❺。山海關，《讀史方輿紀要》卷三十七記載：在「廣寧前屯衞西七十里」❻，今秦皇島市東北的「山海關」。

下一站為高嶺驛，《寰宇通誌》卷七十七記載：「在廣寧前屯衞西二十里」，即今綏中縣西南「高嶺」。在高嶺驛北明朝還設有遞運所。

東關驛，《盛京通誌》卷三十記載：「在寧遠州城西南六十里。」即今興城縣西南「東關站」，在驛站南設有遞運所。

---

❸ 顧祖禹：《讀史方輿紀要》第 2 冊，卷 37，第 1579 頁；《大明淸類天文分野之書》卷 24·。

❹ 《遼東誌》卷 3，第 27 頁（《遼海叢書》本）。

❺ 《寰宇通誌》卷 77。

❻ 顧祖禹：《讀史方輿紀要》第 2 冊，卷 37，第 1599 頁。

曹莊驛，《盛京通誌》卷三十記載：「在寧遠州西南二十里」，即今興城縣南「曹莊」。曹莊驛南設有遞運所。

連山驛，《遼東誌》卷二記載：在「寧遠衞東北三十二里」。《讀史方輿紀要》亦有同樣記載❼。在驛站東設有遞運所。

杏山驛，《寰宇通誌》卷七十七記載：「在廣寧中屯衞西南四十里」，即今錦縣西南「小凌河驛」。小凌河驛西設有遞運所。

十三山驛，《寰宇通誌》卷七十七記載：「在廣寧右屯衞西北三十里」，即今錦縣東北「石山」。明朝同時在十三山驛西北還設有遞運所。

閭陽驛，《遼東誌》卷二記載：「閭陽驛，廣寧城南五十里」。《寰宇通誌》亦有同樣的記載❽。閭陽驛東設有遞運所。閭陽驛，是重要驛站，守驛軍丁不足，有的是從關內調征。明代遼東檔案記載，「郭維潘，年二十九歲，係河南開封府祥符縣（今河南省開封）人，嘉靖二十年□□十五日到任，見守閭陽驛」❾。

義州驛，又稱義州在城驛，《嘉慶一統誌》卷六十五記載：「在義縣城內」，即今義縣，在城內設在「南關街」北❿。城南門外還設有遞運所。

牽馬嶺驛，《遼東誌》卷二記載：「牽馬嶺驛，義州城東五十里」。《盛京通誌》卷三十亦有同樣記載。牽馬嶺驛，即今

---

❼　顧祖禹：《讀史方輿紀要》第 2 冊，卷 37，第 1602 頁。

❽　《寰宇通誌》卷 77。

❾　遼寧省檔案館，遼寧省社會科學院歷史所編：《明代遼東檔案滙編》第 58 頁，1985 年遼瀋書社出版。

❿　《遼東誌》卷 2，第 27 頁（《遼海叢書》本）。

義縣東「牽馬嶺」。驛西設有遞運所。

廣寧驛，又稱廣寧在城驛，設在廣寧城內「泰安門西北街」❶。廣寧城即今北鎮縣。

盤山驛，《寰宇通誌》卷七十七記載：「在廣寧衛東四十五里」，即今北鎮東南「盤蛇驛」。驛東設有遞運所。

高平驛，《遼東誌》卷二記載：「高平驛，廣寧城東九十五里」。驛西設有遞運所。

沙嶺驛，《遼東誌》卷二記載：「沙嶺驛，海州衛西八十九里」。《明通鑒》卷七十八亦有同樣記載。沙嶺驛即今盤山縣東之「沙嶺」。在驛南設有遞運所，還設有安挿所。

牛莊驛，《遼東誌》卷二記載：在「海州衛西（北）四十五里」。《盛京通誌》卷二十九亦有同樣記載。牛莊驛，即今海城縣西北之「牛莊」，最後到遼東都司衙署。

由都司東南行到九連城又是一條線路。中經甜水站堡，《盛京通誌》卷二十九記載：「鳳凰城西北百八十里」，即今遼陽縣東南「甜水」。

連山關，《盛京通誌》卷三十三記載：「鳳凰城西北百七十里」，以近連山故名，明時設關，今仍叫「連山關」，在本溪市南。

通遠堡，《讀史方輿紀要》卷三十八記載：「距鳳凰城西北六十里，曰新通遠堡」❷今鳳凰城縣西北「通遠堡」。

---

❶　《遼東誌》卷2，第27頁（《遼海叢書》本）。

❷　顧祖禹：《讀史方輿紀要》第2冊，卷37，第1572頁。

青苔峪堡，《讀史方輿紀要》卷三十七記載：「青苔峪堡在都司南百五十里。」⓭《鳳城縣誌》卷十三記載：「明置，今所改名青城子」，即今鳳城縣西北「青城子」。

斜烈站，《讀史方輿紀要》卷三十七記載：「距鳳城城西六十里曰斂列站」⓮。斜烈站即斜列站。亦即今鳳城縣西北「薛禮」。下一站便是定遼右衞址⓯，即今遼寧省鳳城縣。

湯站堡，《讀史方輿紀要》卷三十七記載：「湯站堡在險山堡西」⓰。險山堡，《盛京通誌》卷二十九記載：「在鳳凰城東南八十里。」《奉天通誌》卷八十一記載：「土城子村爲明險山堡故址」，險山堡，即今鳳城縣東南「土城子」。湯站堡，也就是今鳳城縣東南「湯山城」。

再往南行，便是這條路線的終點站九連城。九連城又作「九聯城」⓱，據《全邊略記》記載：「鴨綠江西、湯站堡東地名九連城」，當是「九聯城」。《全遼總圖》亦稱「九連城」，又名「鎮江城」。《盛京通誌》卷二十九記載：「九連城，鳳凰城東，近朝鮮界，……考今鳳凰城邊外，九連城遺址即是」，其位置於丹東市北二十五里，河西岸，橫道河口東部，震東山（古稱船塢山）南麓，隔鴨綠江與朝鮮義州相對，兩城相距僅十餘里。該城「背山臨水，依帽山之支脈，俯瞰鴨綠江之下流……成爲國防重

⓭　顧祖禹：《讀史方輿紀要》第 2 冊，卷 37，第 1576 頁。

⓮　顧祖禹：《讀史方輿紀要》第 2 冊，卷 37，第 1572 頁。

⓯　《明世宗實錄》卷 553。

⓰　顧祖禹：《讀史方輿紀要》第二冊，卷 37，第 1576 頁。

⓱　遼寧博物館編：《遼寧史跡資料》。

鎮，亦江防之要隘」❽。戰略地位十分重要，爲歷代兵家必爭之
地。自西漢始，這裡一直是刀光劍影的古戰場。明初征討納哈初，
在這裡打過仗，駐過兵。明代後期，毛文龍「襲安奠堡，入鎮江
城」駐兵。

由遼東都司治所北行，經虎皮驛、瀋陽驛、懿路驛、鼍州驛
等，最後到達開原驛❾。

其中虎皮驛，據《盛京通誌》卷三十三記載：「十里河站即
明時虎皮驛」，在今遼陽市北十里河。

瀋陽驛，即今瀋陽市，驛設在「衞治西南隅」。

由瀋陽驛東北行，可到撫順驛，即今撫順市北「撫順」。繼
續東北行，出遼東都司境，入奴兒干都司境內，與奴兒干都司境
「開原東陸至朝鮮後門」交通線相銜接。

由瀋陽驛繼續北行，爲懿路驛。懿路驛，據《盛京通誌》卷
二十九記載：「在鐵嶺城西南六十里」，即今鐵嶺縣南「懿路」。

鼍州驛，在鐵嶺衞西關。沿這條線路北行，最後到達開原驛。

開原驛，即在今開原縣內，這裡既是開原驛，又是三萬衞、
遼海衞治所。地理位置十分重要，「控臨絕徼，翼帶鎮城，居全
遼之游，爲東陲之險塞」❿。開原爲遼東都司北境，北與奴兒干
都司境域相接。據《遼東誌》卷九記載：以開原爲中心，通往奴
兒干地區的有：「開原東陸路至朝鮮後門、納丹府東北陸路、開原

---

❽　《東三省古跡遺聞續編》。

❾　《寰宇通誌》卷 77。

❿　顧炎武：《一統誌案說》卷 2。

西陸路、開原北陸路」四條交通線，把整個東北兩大都司——遼東都司、奴兒干都司連接起來，構成明代東北交通網，縱橫相互交錯，廣闊逾數千里。驛站所設之地，驛道所通之處，即明代政府權力所達的版圖。這裡明白地表達了驛站是明朝政府交通組織的組成部分。它擔負着「通達邊情，布宣號令」的重要職責。所以明朝政府對遼東驛站的設置和管理是十分重視的。

二　驛站的管理

明代對驛站管理是比較嚴格的。明代的驛站，有各種不同的類型。在京曰會同館，在外曰驛站、曰遞運所等。據《明會要》記載：「自京師達於四方，設有驛傳，在京曰會同館，在外曰驛站，曰遞運所」。

會同館，最初設在南京，永樂初，改設於北京。正統時（1436——1449年），定於南北二部，北館爲六所，南館爲三所。設大使一員，副使二員，內以副使一員分管南館。弘治時（1488—1505年），添設禮部主客司主事一人，專事提督。認眞地說來，會同館乃沿元稱。明爲四夷館。「永樂五年二月甲子設四夷館：蒙古、女眞、西番、西天、回回、百夷、高昌、……凡八館」㉑。《天府廣記》也說：「四驛館在東華門外，南向。設太常寺少卿提督之，聽於翰林院。所隸凡八館：曰西天、曰韃靼、曰回回、曰女眞、曰高昌、曰西番、曰百爵……」㉒。前書

㉑　《明會要》卷38，〈提督四夷館〉。
㉒　孫永澤：《天府廣記》卷27，〈四驛館〉。

所引稱的「百夷」就是後書所說的「百爵」，所引稱的「蒙古」就是「韃靼」。

驛分爲馬驛、水驛。合稱水馬驛。馬驛就是陸站，水驛就是水站。

遞運所，也分爲陸路遞運所和水路遞運所。

從上面記載看，明代驛傳，在京城的有會同館，在外地的有驛站有遞運所。對其管理，中央系統是屬於兵部車駕清吏司。《明史》的「職官誌」中，很清楚地說明了這一點：「……武選、車駕、武庫、四清吏司務郎中一人（正五品），員外郎一人（從五品），主事二人（正六品）所轄會同館大使一人（正九品），副使二人（從九品）……車駕（司）掌鹵薄、儀仗、禁衞、驛傳、廄牧之事」，又說：「凡郵傳在京師曰會同館，在外曰驛、曰遞運所，皆以符驗關劵行之」❷❸。《永樂大典》也曾談到「會同館」爲「四方進貢使客所居」❷❹。但會同館大使爲九品官，而車駕清吏司郎中爲五品官，顯然會同館爲車駕清吏司所領導。此外，《續通誌》也有同樣記載，可見明驛務歸中央的車駕清吏司所管轄。茲作表如下：（見下頁）

在地方上，驛站、遞運所等則歸布政使與按察使雙重領導。這裡需要說明一點，遼東建衞所制，未設州縣制。因此遼東地區雖屬山東管轄，但遼東地區的驛站、遞運所實際上是由遼東都司及其衞所直接進行管理。如《遼東檔案》記載：盤山遞運所，就

---

❷❸　《明史》卷 72，〈職官誌〉。

❷❹　《永樂大典》卷 7701，〈南京〉。

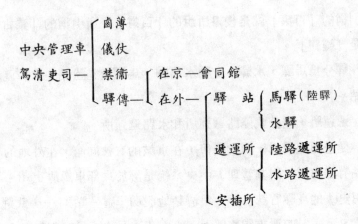

是由「廣寧右衞中所帶管」，其百戶官是郭欽⑳。遼東地區驛傳
與全國不同，不但表現在此，還表現在會同館上，明政府根據遼
東地區具體情況，在都司下設「夷人館」，特別還專設「朝鮮館」，
是專門對少數民族驛傳時給予照顧。

　　驛站、遞運所，設有驛兵，也稱驛卒或驛夫。每處所應用的
馬驢牛、船夫和轎夫，看情況而設置，依據條件而規定。一般衝
要處馬八十四、六十四、三十四；非衝要處則二十四、十四、五
四。並且各驛站還儲存足夠的糧食，以供過路差人食用。這由明
遼東檔案乙類五十號卷《查盤廣寧在城驛、高平驛、盤山驛、閭
陽驛稟糧舊管新收清冊》和丙類三五四號的《都察院御史出巡各
驛檢查食剩稟米事》⑳的記載中可以充分看出的。

　　⑳　《廣寧右衞中所盤山遞運所百戶郭欽爲出巡事》，載《明信牌檔》乙
　　　　種，第 50 號卷。

　　⑳　遼寧省檔案館藏：《明信牌檔》乙種，第 50 號卷；丙種，第 354 號
　　　　卷。

　　從上述驛站的組織、管理和建設來看，明朝對遼東各驛站是
很重視的。這是因爲驛站建設、管理的好壞，是直接影響明政府
對遼東地區和北部邊疆地區的建設和統治。

三　驛站的職能

　　驛站的職能是：飛報軍務，傳遞文報，運送貢賦、賞賜和運
輸大批物資。我們知道洪武四年（1371年）馬雲、葉旺率兵入遼
後，遼境並沒有立刻平寧。明廷不得不派遣十萬大軍❷，長期鎭
戌遼東。而當時遼東的經濟形勢是「元季兵寇殘破，居民散亡，
遼陽州郡，鞠爲榛莽」❷，實在無力養活這十萬官兵。實行屯田，
還不能馬上完全解決問題，這就不得不依靠從內地運送糧穀。洪
武年間，遼東二十一衞（初期設二十一衞），官兵十萬人，每人
月糧一石，年需軍糧就得百萬餘石。自明軍入遼以來，《明實錄》
中幾乎年年都有運糧的記載，單是江南諸地運來之糧，幾乎每年
都在六十萬石。洪武二十九年（1396年），因海船增多，又增運
十萬石，即一年就達七十萬石❷，此外還要運送巨量的鈔、布、
棉花、戰衣、軍鞋等物。特別是奴兒干都司建立後，奴兒干地區
明朝官吏、士兵和工匠的衣食也主要靠內地供給，如宣德二年由
遼東一次就｜差往奴兒干官兵三千人，人給行糧七石，總爲二萬

---

❷　《明太祖實錄》卷 248 。

❷　《遼東誌》卷 8，第 7 頁（《遼海叢書》本）。

❷　《明太祖實錄》卷 245 。

一千石」⑳。這樣大規模的由內地運往遼東地區，或由遼東地區轉運到奴兒干地區，一是經山海關那條交通線入遼東；一是經海運入遼東。海運入遼東的貨船，一般是從旅順口交卸，有時也運到小凌河（今錦州西南小凌河）、六州河（今綏中縣東六股河）、牛莊（今海城縣西北牛莊）等地，糧食和物資一部份供遼東都司軍民食用，一部份轉運到奴兒干都司。貨物無論由旅順口靠岸，還是由小凌河、六州河、牛莊等地靠岸，再由陸路驛站轉運到遼東都司治所遼陽老城。所以說驛站不僅在飛報軍情，傳遞文報方面起着重要作用，而且在運送物資方面也起着很大作用。

同時，驛站在乘送來往公差人、朝貢官員方面也擔負着重要任務。有時甚至還得伴赴京城，如明遼東檔案記載：

> 遼東都司批差人舍人宗貝伴送海西夷人指揮帖右山等赴京騎馬五匹。㉛

驛站不僅要負責朝貢夷人到京城護送的職能，而且還要「倒接」。明代遼東檔案萬曆六年八月亦有記載：

> 十九日倒接，廣寧遞運、安插二所車戶閻文舉等裝運海西夷人車一十二輛，……二十四日倒接，廣寧遞運、安插二所車戶周奎等裝運海西夷人車七輛。㉜

關於遼東驛站護送少數民族頭人朝貢之事，《明實錄》記載

㉚　《明宣宗實錄》卷90。

㉛　遼寧省檔案館藏：《明信牌檔》丁種，第1號卷。

㉜　遼寧省檔案館藏：《明信牌檔》乙種，第94號卷。

的更是不乏其例的。明初對各衛朝貢，都有明確規定。遼東都司
下設二十五衛朝貢需要驛站運送，奴兒干都司屬下各衛朝貢也要
經遼東都司各驛站轉送。永樂九年（1411年），奴兒干都司「領衛、
所三百八十二，皆令三歲一朝貢」❸。而建州衛雖「人不過數千
耳，然亦歲遣各數百人入貢，以爲常」❹。到努爾哈赤接管建州
衛事以後一段時間，仍然是「比歲效順，貢獻不絕」❺。進京朝
貢的女眞人「先後輻輳，計九百人」，返回時「行李多至千櫃，
少亦數百，恣買違禁貨物，遷延月旬不回。晏賞、程廩、車馬之
數，費以數萬」❻。海西女眞也是如此，據成化五年（1469年），
禮部尚書鄒干奏稱：「今年自正月起，至十二月止，海西等處女
眞進貢者已有一千八百三十二員名」，而「未到者尚多」❼，貢
賞如此，市易的景況更盛。據明代遼東檔案記載的《廣順、鎮北、
新安等關易換貨物抽分銀兩清冊》中記載，開原北關貿易女眞人
一天曾多達四百八十名。易貨物，一天祇鏵子一項就多至一千一
百三十四件，人參一百三十二斤。爲了滿足建州等衛女眞人大量
貿易需要，遼東二十五衛都集聚有很多數量的金、帛和貨物，據
正統十二年（1447年）九月乙卯條記載，「倉庫帖金、帛貨物不
下九百餘萬」❽。至天順八年（1464年）前後，水陸各站人員往

---

❸　《建州私誌》卷上。

❹　《殊域周咨錄》卷24。

❺　《李朝宣宗實錄》卷108。

❻　《明神宗實錄》卷494。

❼　《明憲宗實錄》卷74。

❽　《明英宗實錄》卷158。

來「絡繹不絕，動以千計」，至使遼東二十五衛不勝接待，顯得
「館驛狹小」，不得不使眾多的客商「寄宿軍余之家」❸，可見
遼東各驛站運送的任務之繁忙。時至萬曆初年，貿易景象仍然十
分繁華，建州等衛女眞人，販運貂皮、人參、米鹽、鏵、鍋等
「結轂連騎，炫煌於道」❹。這種大規模的貿易，表明漢區人民
與建州等衛女眞人民之間，有着密切的、不可分割的經濟聯繫。
這一聯繫是通過當時的水陸驛站、貢道，像人們周身的血管一樣，
把漢區人民與建州等衛女眞人民緊緊地聯繫在一起❹。

遼東各驛站不僅承擔朝貢和貿易的大批貨運任務，而且還承
擔朝貢、貿易人員安全的任務，甚至有時爲完成此任務付出巨大
的代價。如正統七年考郎兀衛（設於今黑龍江省同江縣東額圖古
城）都指揮僉事哥哈「赴京回還」，路過遼東境內時，都司派遣
遼東威運堡（今開原縣東北「威運堡」）官軍護後，最後死傷在
路上❹。

驛站還有一個任務是押送「囚犯」。明遼東檔案在這方面也
有反映。如萬曆六年八月記載：

□……廣寧遞運所車戶瞿見等裝運囚犯車三輛，用車戶李添
福等陸名。十八日倒接廣寧遞運所車戶鄭雄等裝運囚犯三輛，

---

❸ 《明憲宗實錄》卷 37。

❹ 《萬曆 武功錄》卷 11。

❹ 拙著：《明代遼東驛站的設立，管理及其任務》，載《瀋陽師範學院
學報》1981 年第 1 期。

❹ 《明英宗實錄》卷 90；卷 99。

用車戶陳國資等□……。❹

　　驛站的驛夫是很辛苦的，他們不但用車子完成上述任務，而且還要擡轎子，成爲轎夫。明廷官員下行巡視，要乘轎子，而且他們的隨伴家眷也要乘坐轎子，這樣所用的轎夫是很多的。且舉明檔一例：

　　　□□一准牛莊傳鄭苑馬寺轎二頂，扛九擡，用夫七十四名，……二十七日准牛莊應傳王房班轎一頂，扛一擡，用夫十八名，……。❹

　　這樣一個小小的牛莊驛，兩日用轎夫就達九十二名之多，可見轎夫之苦有多深。

　　總之，驛站的勞役和畜力、車船、糧草，都由當地民衆負擔。他們受命遼東，護送往返，長年累月，風雪長行，在開發、建設祖國東北，在促進各族民衆經濟、文化交往方面，都做出了歷史的貢獻。

第二節　奴兒干都司境內的驛站設立

一　「海西東水陸城站」和「海西西陸路」

　　奴兒干都司境內驛站的設立同遼東都司境內驛站設立其目的和職能大致相同。不過奴兒干都司驛站設立其意義更爲重要。轄

---

❹　遼寧省檔案館藏：《明信牌檔》乙種，第94號卷。

❹　遼寧省檔案館藏：《明信牌檔》乙種，第94號卷。

境遼闊，各衛所繳納貢賦、朝廷賞賜諸物和文報傳遞，運輸任務是很繁重的。爲了確保運輸任務的完成，明朝在元代站赤的基礎上建立了驛站。整個明代東北開原以北有六條交通線，現主要談談其中主要四條。而海西東水陸城站更爲重要。

海西東水陸城站，是由內地通向東北邊陲奴兒干地方的一條交通幹線，有重要意義，關係到奴兒干都司建設和發展。從永樂七年（1409年）始建，到永樂十年（1412年）爲止，在這條幹線上共建置了四十五個驛站。關於此事，《明實錄》記載：「置遼東境外滿涇等四十五站，勅其那可、孟常等曰：朝廷設奴兒干都司並各衛，凡使命往來，所經之地，舊有站赤者復設，各站頭目悉恭命毋怠。」❹由此可見，明王朝建立的驛站，有些是沿襲元代站赤而改建的。它的主要任務是爲了便於「使命往來」和「由狗站遞送」公文。奴兒干都司各衛所「歲貢海東青等物，仍設狗站遞送」。這條「海西東水陸城站」交通幹線，南接遼東都司交通驛站，直通北京，北直到奴兒干城，沿線的驛站，可以說是星羅棋布，縱橫交織，構成相當完整交通系統。「海西東水陸城站」是奴兒干都司與內地聯繫的大動脈。松花江和黑龍江下游各部落去北京朝貢等就是走這一條驛站線路。近代中外學者對這條驛站曾做過研究，如金毓黻的《靜唔室日記》（手抄），曹廷傑所著《東三省輿地圖說》、《西伯利東偏紀要》，日本人和田清的《海西東水陸城站之研究》，箭內亘之《元明時期的滿州交通》。特別是近年來的鍾民岩《歷史的見證》、郭毅生《元代遼陽省驛

---

❹ 《明太宗實錄》卷85。

道考略》、李健才《明代東北驛道考略》等研究，都取得了可喜的成果。我們在前人研究的基礎上，再做一簡單的闡述。

「海西東水陸城站」，南從底失卜站，即今黑龍江雙城縣西花園屯大半拉子古城❹起，沿松花江而下，北到黑龍江下游的滿涇站止。此站《經世大典》作「末末吉」站，爲元代莫魯孫站以下十五狗站的終點。滿涇站，距奴兒干城約五華里，據《康熙皇輿全覽圖》在黑龍江與興滾河滙流處北岸，有「莽阿臣噶山」。「滿涇」、「末末吉」，即「莽阿臣」之同名異譯。《永寧寺記》碑文中稱「永樂十一年（1413年）秋，卜奴兒干西，有站滿涇，站之左，山高而秀麗，先是建觀音堂於其上，今造寺塑佛，形勢優雅，粲然可觀」。奴兒干都司城址，爲黑龍江與興滾河合流處南岸特林附近的古城。按《永寧寺記》所載，滿涇站在都司城址的西邊，興滾河口北岸，站的左方即永寧寺所在。「莽阿臣」屯正符合這種情況，故滿涇站即「莽阿臣」屯，可謂確切無疑，即今阿穆貢河口北側原莽阿臣屯❹。目前對「海西東水陸城站」所有的四十五個驛站地點大部份可以確定其方位。阿木河站，今黑龍江省雙城縣雙城子古城❹。尚京城海胡站，今阿城縣的海溝鎮。扎剌奴城魯路吉站，今賓縣西蜚克圖附近（這裡又是剌魯衞地）。

---

❹ 底失卜站，日人和田淸考訂在珠爾山附近，失考（和田淸：《海西東水陸城站之研究》，載《滿鮮地理歷史研究報告》第15冊，第308頁）。

❹ 《遼東誌》却將滿涇站列於奴兒干之後，殊誤。

❹ 關於「海西東水陸城站」各站，郭毅生在《元代遼陽行省驛道考略》一文作了詳盡的研究。以下引用此文均不一一再註。

伏答迷城站，松花江南岸、烏爾河西岸河口古城。海留站，今賓
縣北海狸紅河口。扎不剌站，今賓縣東北柳板河畔的柳板站。伯
顏迷站，今松花江北岸布雅密河，即白楊河口木藍縣附近（這裡
又是木藍河衛地或卜顏衛地）。能站，今木藍縣東濃濃河口濃河
鎮。哈三城哈思罕站，即是元代哈思罕萬戶，位於今黑龍江省通
河縣附近（這裡也是哈三千戶所址）。兀剌忽站，今通河縣東大
富拉琿河口附近（也是兀剌忽衛址）。克脫亨站，通河縣東大古
河河口東岸的大古洞村。斡朵里站，今伊藍縣馬大屯（這裡又是
斡朵倫地址）。一半山站，可能在今湯原縣西南，舒樂河鎮一帶。
托溫城滿赤奚站，今伊藍附近的固木納城。阿陵站，可能在今佳
木斯市西附近。桂幫站，可能在今佳木斯市東之堆峰山附近的拉
拉街。弗思木城古佛陵站，今樺川縣東北萬立霍吞古城，即曹廷
傑在《東三省輿地圖說》一畫中記載稱為「宛里城」。奧里米城
清代稱鄂里米城。弗踢奚城弗能都魯兀站，今富錦縣西古城（明
代弗提衛也設在這裡）。考郎兀古城可木站，今同江縣額圖附近
的科木（考郎兀衛設在此地）。乞列迷城乞勒伊站，今撫遠縣西
喜魯林即秦得力古城（明代乞勒尼衛設在此地）。莽吉塔城藥乞
站，今哈巴羅夫斯克西，撫遠縣東黑瞎子島上木克得赫屯。今哈
巴羅夫斯克即伯力附近 ⑲（這裡又是明代喜申衛地）。《遼東誌》
記載，自藥乞站以下為「狗站」，「夏月乘船，小可乘載。冬月
乘扒犂，乘二、三人行冰上，以狗駕拽，疾如馬」，明王朝設

---

⑲　鍾民岩：《歷史的見證》，載《歷史研究》1974 年第 1 期。 以下引
　　用此文均不一一再註。

「狗站」，以狗駕扒，傳遞文報。乞里吉站，今庫爾河口南岸原這乞林屯。哈剌丁站，可能在今黑龍江左側庫爾河下活隆屯。伐興站，位置不詳。古伐替站，設在伯力下約二百里黑龍江南岸的古發潭屯，《康熙皇輿全覽圖》作「古發潭噶山」。野馬兒站，今哈巴羅夫斯克東北伊兒庫魯屯即伊斯克里附近的野馬兒屯。哈兒分站，元代稱哈里賓，即今黑龍江右岸阿紐伊河口附近，明永樂十二年九月設哈兒分衞於此。莫魯孫站，今黑龍江下游右岸庫尼恩河口，元代稱「末魯孫站」，自末魯孫至末去站共十五站的第一站 ❺⓪。每站有站民二十戶，狗二百隻，狗車若干輛，「狗車木爲之，其製輕簡，形如船，長一丈，闊二尺許，以數狗拽之」❺①，即狗扒犁，明代莫魯孫狗站是在元朝末魯孫狗站的基礎上發展起來的。撒魯溫站，今黑龍江下游右岸宏格力河口的薩爾布湖畔之原薩爾布屯。永樂四年十一月乙卯設撒兒忽衞於此。伏答林站，今黑龍江下游左岸帕達利湖畔之富打禮屯，即帕達勒屯。馬勒亨古站即漠兒乞屯，位於孔東村（今蘇聯的阿穆爾共青城）右側的梅勒奇屯。忽林站，今黑龍江下游格林河口。明永樂七年三月丁卯設忽石門衞於此。虎把希站，位置待考。五速站，今黑龍江下游左岸原庫穆蘇屯，也就是日本人間宮林藏在《東韃紀行》中所說的五如吉屯。哈剌馬古站，今黑龍江下游奇吉湖對岸的哈

---

❺⓪ 《遼東誌》「海西東水陸城站」所載的「狗站」開始於「莽吉塔藥乞站」，即今哈巴羅夫以下皆屬狗站。《經世大典》記載「狗站」始於莫魯孫站，兩書記載不同，待考。

❺① 《元一統誌》（輯本）卷 2 。

藍屯。卜勒克站，可能在今黑龍江下游原別勒爾屯。播兒賓站，位置不詳，待考。沼陰站，今黑龍江下游沙文斯克。「沙文」當即「沼陰」之音轉。弗朵河站，今黑龍江下游左岸富答哈河口，永樂七年四月癸巳置敷答河千戶所，後又置弗朵河衞，皆在富打哈河流域。別兒眞站，其位置不詳，待考。黑勒里站，今黑龍江下游右岸特林的赫勒里河。下一站便是「海西東水陸城站」的終點站——滿涇站。明代這條驛站長達兩千五百公里，從雙城縣西花園屯大半拉子古城直抵黑龍江口附近，是明代東北開原以北六條交通驛站中最長的一條交通線，是明朝中央和地方聯繫的紐帶。它反映了明朝政府對邊疆開發、建設和經營管轄的客觀實際情況。

奴兒干都司轄區內的往西一條交通幹線，《遼東誌》稱爲「海西西陸路」，南接遼東都司轄境的驛站、城鎮，直接通到明代京師。「海西西陸路」是以肇州爲起點，越過松花江、洮兒河、雅魯河、經呼倫貝爾大草原，直到兀良河。這條線路上的一些驛站，有的因缺乏文獻記載，已不可考。但對起點和終點以及中間幾個驛站的位置還是可搞清楚的。這條交通線是兀良哈等衞朝貢線路。關於這條交通線上驛站，前人已有詳細考證，在此不再贅述。

二 「開原東陸路至朝鮮後門」和「納丹府東北陸路」

奴兒干都司轄境內，第三條交通線爲「開原東陸路至朝鮮後門」。這條交通線從開原出發，順清河出英額門，第一站便是坊州站，今吉林省海龍縣山城鎮。《遼東誌》卷首記載，「開原山川地理圖」稱開原「東到坊州三百里」，從今開原老城鎮東行到

今海龍縣鎮正爲三百里，故坊州即今山城鎮。奚官站，據《龍飛御天歌》卷一，四章注，「奚關城東距訓春江（即琿春江）七里，西距豆滿江（今圖們江）五里」。則奚關在今琿春縣西南圖們江畔，爲元代奚關總管府所在地。但據奚官站在坊州城和納丹府城之間之記載來看，奚官可能在今海龍鎮古城。疑歷史上有兩個奚官，同名異地。納丹府城，即今樺甸蘇密城。納丹府城是一個較大而又重要的驛站，《盛京吉林黑龍江等處標注戰跡輿圖》作「納丹佛城」。弗兒忽站，今敦化縣富爾河流域的大蒲柴河鄉境域。弗出站，今敦化與延吉之間。南京，今延吉市二十里的城子山山城。隨州站，《東國輿地勝覽》卷五十，鍾城府建置沿革條記載，在今朝鮮咸鏡北道鍾城。海洋站，據《東國輿地勝覽》卷五十，吉城縣建置沿革條記載，在今朝鮮咸鏡北道吉州。禿魯站（亦稱禿魯兀站），據《東國輿地勝覽》卷四十九，端川郡建置沿革條記載，在今朝鮮咸鏡南道端川西十三里的古城。散三站，《東國輿地勝覽》卷四十九，北青府建置沿革條記載，在今朝鮮咸鏡南道北青。從這一條路線所經過的驛站和建州左衞的位置來看，這是明朝通往朝鮮東北面建州左衞等衞的路線，是建州左衞等衞向明朝朝貢道。

　　奴兒干都司第四條交通線，即「納丹府東北陸路」。這條交通線起點是納丹府城，即今樺甸蘇密城，也就是在這裡與「開原東陸路至朝鮮後門」第三站納丹府城相接，由此處東北行，納那木剌站，可能是今樺甸縣曖木。越善出站，疑今色出窩集。翻過茂密森林，去潭州站（今郭化縣城）。入穀州站（今寧安縣城）。到舊開原站（今綏芬河流域）。永樂元年十一月辛丑明朝置建州

衞於此,最後到達毛鄰站(今圖們江北琿春縣境),永樂三年十二月甲戌置毛鄰衞於此地。這是明初通往建州衞、毛鄰衞等衞的路線,是明初建州衞、毛鄰衞等衞的朝貢道。

　　以上爲奴兒干都司境內四條驛站交通線,驛站的勞役和畜力,由當地各族人民負擔。各站的站丁、車船和狗站的站狗等供需極爲頻繁。他們還要克服關山遠隔、道路險阻等重重困難,定期去明代皇都進貢朝覲。分佈在東北大地的這些星羅棋布的驛站有着重要意義。它加強了黑龍江流域各族人民同中原的聯繫,密切了奴兒干都司同遼東都司之間的往來,相互促進了經濟、文化發展,爲開發祖國邊疆做出了巨大的貢獻。

第六章 明初奴兒干都司轄境
女眞社會經濟形態

第一節 「野人女眞」速平江等衞尼麻車、都骨兀狄哈和喜樂温河衞骨看兀狄哈部族經濟狀況

一 「野人女眞」速平江等衞尼麻車、都骨兀狄哈部族經濟狀況

　　明代初期，奴兒干都司轄境經濟發展是不平衡的，尤其是農耕發展更爲不平衡。奴兒干都司北境和東部地區農業是比較落後的，而都司中部地區，特別是接近遼東都司轄境農業是比較發展的。

　　過去史學界對這一課題是很少研究的。既然涉及到了也是一般的提及，而且總認爲奴兒干都司轄境內「野人女眞」（又稱東海女眞，清人稱窩部），有明一代是「不毛之地」，是「不事耕稼，唯以捕獵爲生」的狀況。其實並不完全是這樣的。

　　《李朝實錄》記載有多種兀狄哈，即尼麻車兀狄哈、都骨兀狄哈、嫌眞兀狄哈（即謙眞兀狄哈或兼進兀狄哈）、骨看兀狄哈（即骨乙看兀狄哈或闊兒看兀狄哈，謙眞、兼眞、嫌眞，音近。清人記載譯赫哲或黑斤，謂 Goldi 人言也。）等。他們居住區域，均有範圍。據《李朝實錄》記載尼麻車兀狄哈、都骨兀狄哈居住在速平江上游，嫌眞兀狄哈居住在古州一帶，骨看兀狄哈居住在

摩闊崴一帶。

速平江今綏芬河。古州今寧安一帶。摩闊崴今波謝特灣。居住在綏芬河流域的尼麻車兀狄哈、都骨兀狄哈部族，不是「不毛之地」，其部族更不是自始至終「不知耕作」的「野人」。

明朝於永樂四年（1406年），在今綏芬河流域設立速平江衛❶，從此居住在綏芬河流域的尼麻車、都骨兀狄哈部族成爲明朝的臣民，他們的酋長曾多次去明京城「朝貢」，受到了封建文化的薰陶，開闊了眼界，「朝貢」帶回了漢人先進生產工具和學習了先進生產經驗，開始了零星的「農事」，這在《李朝實錄》記載中有片斷的反映。另一個原因，這一地區又與朝鮮圖們江的「穩城相對」，距都骨屯也不遠，受到朝鮮先進生產技術影響也較大。還因該部族居住區域「地處亞洲季風的最北端，尚可進行農耕，所以居住在這裡的兀狄哈族也兼農耕」❷。因此，明初這一地區已有農業生產，也就是說明初速平江等衛的尼麻車、都骨兀狄哈部族，已不是一個單一的漁獵部族，而是兼有農耕的。

漁獵業、採集業，在尼麻車、都骨兀狄哈人生活中仍佔有主要地位。

明初尼麻車、都骨兀狄哈部族生產方式主要是以「山幕」形式進行的。這種山幕可居三、四人，白天做伙房燒飯，晚上可以

---

❶ 拙著：《明代奴兒干都司及其衛所研究》1982年河南中州古籍出版社。

❷ 三田村泰助：《清朝前史の研究》，1972 年京都大學文學部內東洋史研究會株式會社圖書印刷同朋舍出版。

睡覺，是開荒耕地的居所，也是做爲「狩獵小屋」。山幕《女眞譯語》一書記載爲「塔塔孩」，意爲「下營」。《清文鑑》記爲「陶包」（tobo），其意爲「窩鋪」，也記載「氈屋帳房」。窩鋪，滿語爲「塔坦」（tatan），窩鋪，北方稱爲馬架子。塔坦與陶包連用，而爲「陶包塔坦（tobotatan）。《清文鑑》記述「陶包塔坦」的形狀，說它是「用柳木在地面圍成圓形，上面束結在一起，可以居住」。由此可知，「塔坦」是野外居住場所的泛稱，其形狀因地理條件而異，因此說塔坦形狀是多樣性的。山幕是以分散個體爲主的形式進行生產。山幕，後來發展成定居的家屋即滿語叫着「包」（boo）❸。「包」的形成必須出現「農幕」。這是明代中期尼麻車、都骨兀狄哈部族生產方式，在第九章詳述，這裡不贅述。

　　總之，明代初期速平江等衞尼麻車、都骨兀狄哈部族，是漁獵兼有農耕生活，但漁獵在其生活中仍起主要作用，生產方式主要以「山幕」形式進行的，這個時期尼麻車、都骨兀狄哈部族仍屬氏族社會。

　　嫌眞兀狄哈與尼麻車、都骨兀狄哈地望相近，是居住在阿速江衞地。經濟狀況、社會發展情況與尼麻車、都骨兀狄哈差不多，已不贅述。下面談談居住在「東海邊」的骨看兀狄哈經濟狀況。

二　「野人女眞」喜樂温河衞骨看兀狄哈部族經濟狀況

---

❸　三田村泰助：《清朝前史の研究》第3章，載《民族譯叢》第3期（楊暘譯）。

　　骨看兀狄哈，《李朝實錄》又作闊兒看兀狄哈、骨乙看兀狄哈，也稱水兀狄哈 ❹，相當於清人所記的庫爾喀，又曰恰喀拉，Borocbi 人之一種。他們是喜樂溫河衛地土著居民。喜樂溫河衛，又稱希剌溫衛或喜剌烏衛，永樂五年（1407 年）建置的，其衛地即今吉林省琿春東部圖們江顏楚河流域的摩闊崴（今波謝特灣）附近 ❺。這一地區是骨看兀狄哈人集聚和活動的中心區域。骨看兀狄哈人酋長土成哈（豆成哈、土成改、豆稱介、的稱哥、散成哈）做了喜樂溫河衛的第一任指揮使，《李朝實錄》、《明實錄》記載他的子孫金吾乙昌可、吾昌哈、骨隻乃、古邑同介、甫介等，大都做了明朝官吏。骨看兀狄哈經濟發展和尼麻車兀狄哈、都骨兀狄哈相比是較慢的，也比嫌眞兀狄哈慢的。骨看兀狄哈，明初即洪武、永樂、宣德年間仍處於「水居以捕魚爲生」的階段。《李朝實錄）太宗十年（明太宗永樂 8 年，1410 年）記載「骨看兀狄哈豆稱介等居慶源塞北海濱，不事耕稼，以漁獵爲生」❻，即在喜樂溫河衛地今波謝特灣一帶。

　　手工業亦處於不發達狀態，煉鐵是不存在的，手工業產品基本由內地輸入。但骨看兀狄哈獵具、漁具生產還是比較發達的，他們能夠製造大小漁船。

---

❹　朝鮮李朝權踶：《龍飛御天歌》卷 7，第 52 章；吳晗輯：《朝鮮李朝實錄中的中國史料》1980 年中華書局出版。

❺　拙著：《明代奴兒干都司及其衛所研究》，1982 年河南中州古籍出版社。

❻　和田淸：《明初滿洲的經略》，載《滿鮮地理歷史研究報告》第 15 冊，昭和 12 年，東京帝國大學文學部出版。

　　採集業、狩獵業，在骨看兀狄哈部族生活中是佔重要地位。

　　骨看兀狄哈社會發展和尼麻車、都骨兀狄哈、嫌眞兀狄哈比較，是要慢一些的。它不同於尼麻車兀狄哈，也不同於都骨兀狄哈，更不同於嫌眞兀狄哈，已發展到以擄掠人口、牲畜爲目的「征戰殘殺」的奴隸社會。最能說明問題的是永樂四年（1406年），朝鮮因怨恨女眞人受明招撫，而關閉慶源鎮貿易，這樣以嫌眞兀狄哈爲主，聯合兀良哈（此處的兀良哈不是兀良哈三衛，蒙古人所係兀良哈，但兀良哈取義爲「森林人」即狩獵人，則與兀狄哈同一意義，而兀狄哈，又作虪狄哈，虪知介，乃是女眞語的「森林人」）和猛哥帖木兒的斡朵里部，攻打慶源鎮。永樂八年，再次攻打，朝鮮被擊敗，退出慶源鎮。宣德八年（1433年）嫌眞兀狄哈又伙同三萬衛千戶楊木答兀殺死猛哥帖木兒，這個事件的出現，說明嫌眞兀狄哈部族氏族制發生了很大變化，混戰最大特點是擄掠奴隸、牲畜和財富等。

　　但骨看兀狄哈卻沒有參加這次讎殺征戰，說明還沒發展「征戰殘殺」階段，骨看兀狄哈是氏族制社會。從《李朝實錄》記載看，直到十六世紀五十年代，骨看兀狄哈的氏族制才得到了進一步瓦解，已進入了氏族社會末期了。這要在後面細述。

第二節　建州女眞建州衛胡里改部、建州左衛斡朵里部經濟狀況

一　建州女眞建州衛胡里改部經濟狀況

　　建州女眞在元朝時，據朝鮮記錄李氏王朝太祖李成桂興起事蹟之《龍飛御天歌》和《元史》等朝鮮、中國史籍記載，已在松花江下游地區設立斡朵憐、胡里改、桃溫、脫斡憐、孛苦江等五個萬戶府，均歸遼陽等處行中省所屬的合蘭府水達達路 ❼。《李朝實錄》太祖四年（明洪武二十八年，1395年）十二月癸卯記載：「如女眞，即斡朵里豆漫猛哥帖木兒，火兒哈豆漫古論阿哈出。」據《龍飛御天歌》記載：「斡朵里」，即吾都里或斡朵憐，地名，在今黑龍江依蘭縣牡丹江對岸的馬大屯。「豆漫」，是官名，滿語萬，戶的意思。「火兒哈」即胡里改，江名，火兒哈江即胡里改江，今牡丹江。「猛哥帖木兒」，《朝鮮實錄》太祖四年（明洪武二十八年，1395年）閏九月己巳以下記事，數見之吾都里上萬戶童猛哥帖木兒，即此斡朵里豆漫夾溫帖木兒。夾溫姓，即金，元女眞人之夾谷氏，漢姓爲仝、爲佟、又爲童。同《實錄》言，其人「事朝鮮二十餘年」。又言，彼爲忽剌溫兀狄哈侵擾，始南移朝鮮東北面慶源鏡城地面，因防倭有功，就委爲鏡城等處萬戶，時間約在元末明初，即王氏高麗之末而李成桂尚未成事之前，與《歌注》吻合。太祖六年（洪武三十年，1397年）正月丁丑紀事，亦曰吾都里童猛哥帖木兒。更謂其人爲「東北面之藩籬也」。猛哥帖木兒見於明朝記載遲後數年，《明實錄》太宗永樂十一年（1413年），始見建州等衞都指揮使猛哥帖木兒等來朝貢馬及方物之紀事。或言其女爲成祖（太宗）之妃嬪，故又有「皇親帖木兒」之稱。

---

　　❼　《元史》卷 59，〈地理誌〉。

「古論阿哈出」，《朝鮮實錄》稱童於虛出，或金於虛出，古論（ Gurun ），其姓即金。阿哈出必與女眞完顏氏貴族有某種族屬關係，故古論爲姓，而女眞完顏氏建立金朝，因之又以金爲姓❽。據記載，明成祖爲燕王時納阿哈出之女爲妃，是以更稱彼人爲「三后之父」。《明太宗實錄》永樂元年（1403年）十一月辛丑設建州衞，以阿哈出爲指揮使。故「火兒哈豆漫古論阿哈出」，這句話意思是說：呼兒哈（胡里改）江的官金阿哈出。

明代建州衞，是元代胡里改萬戶府管轄的女眞人胡里改部。明代建州左衞是元代斡朶憐萬戶府管轄的女眞人斡朶里部。

元末明初，因各種原因，松花江流域地區胡里改部人和斡朶里部人向南遷徙。斡朶里部由萬戶猛哥帖木兒遷徙到圖們江下游會寧地方設立建州左衞。胡里改部由萬戶阿哈出統領自胡里改地方南遷，於永樂元年（1403年）在琿春東設建州衞。

胡里改部明初農業發展雖不如斡朶里部農業發展那麼快，但也有農耕。這在古籍中有記載，《明太祖實錄》卷八三，永樂十年（1412年）六月辛丙條記載：「李顯忠塔溫新附人民缺食，乞賑貸之」。塔溫即圖們江朝鮮穩城的古名。此地人歸服建州衞胡里改部頭人李顯忠，故向李顯忠「乞賑貸之」糧食，此事證明胡里改部族已有農耕，不然哪還有糧食去支助「塔溫新附人民缺食」呢？《李朝實錄》記載：太宗六年（明成祖永樂四年， 1406年）二月乙卯條載：「初野人至慶源塞下，市鹽、鐵、牛、馬，及大明建立建州衞，以於虛出爲指揮，招諭野人，慶源絕不爲市，野

---

❽　《賈敬顏先生遺著三篇》，載《北方文物》1991年第1期。

人憤怒，建州人又激之，乃入慶源界抄掠。」因為朝鮮關閉慶源貿易，建州衛胡里改部人等換不到「鹽、鐵、牛、馬」，這對建州衛胡里改部族是個很大威脅，因為斷絕「鹽、鐵、牛、馬」的來路，農耕就發生了困難，生活就無法保障。這也說明農耕對建州衛胡里改部來說，是何等重要。這裡所說的「市鹽、鐵、牛、馬」，顯然是用來從事農耕的。牛馬可以力田，鐵可以製造農具。不過根據《李朝實錄》記載看，當時朝鮮向女真人提供的鐵，是「水鐵」，即「唯鐵則祇通水鐵」。「水鐵」大概是生鐵即鑄鐵之類，可鑄造鐵鏵等農具。從輸入「水鐵」得知建州衛胡里改部族已經掌握了冶鐵技術，牛、馬耕田和鐵製農具的使用，反映了胡里改部已從事農耕生產。不過這個時期胡里改部農耕，還是一般的發展。

建州胡里改部族，永樂二十一年（1423年），由「李滿住率管下指揮潘時里哈、潘者羅老、盛舍歹、童所老、盛者羅大等一千餘戶，到婆豬江居住」，「然無口糧、種子、鹽、醬，切欲乞焉過活」❾。無種子，這說明李滿住遷徙到這裡也是從事農耕生產的。李滿住遷到婆豬江的具體地點是「到鴨綠江相距一日程甕村等處」。甕村，「距滿浦二百七十里」❿的兀剌山城，「皆居山幕」。兀剌山即五女山⓫。據《李朝實錄》文宗元年八月甲戌條記載：建州衛胡里改部李滿住遷到這裡第二年，因「大水，禾穀

---

❾ 吳晗輯：《朝鮮李朝實錄中的中國史料》，第2冊314頁，1980年中華書局出版。

❿ 《新增東國輿地勝覽》卷55，〈江界郡護府山川條〉。

⓫ 《懷仁縣誌》卷36，〈古蹟條〉。

不實」，「請口糧」，這也說明胡里改部族遷到婆豬江流域是繼續從事農耕生產的。這裏適宜農耕，「婆豬江土地沃饒，滿住累歲居住，營建家舍，耕牧自在」⑫。《李朝實錄》世宗十九年六月癸丑條記載：一個朝鮮人「潛渡婆豬江直抵兀剌山北隅吾彌府，見水兩岸大野，皆耕墾，農人與牛，佈散於野」，「兀剌山南麓，婆豬（江）之東古音閑之平，見人家兩戶，有男女十六，或耕或耘，放養牛馬」。兩戶人家，下地耕耘生產就有十六人，且男女皆參加農耕，說明這裡農耕已是普遍的現象，明初農耕發展已達到相當高的水平，他們已是農業爲主的農耕部族了。

當然，採集狩獵業在胡里改部族生活中還是佔一定比重的。手工業也比較發達，已基本從農業中分離出來。

這個時期建州衛胡里改部族生產方式，是不同於上述尼麻車、都骨兀狄哈部族，而是逐步由山幕向農幕轉化，到了永樂二十年以後，農幕在建州衛胡里改部已是普遍存在了。農幕，又叫「農所」。農幕即是後來的**拖克索**（tokso）的雛型。 農幕的出現，一是說明胡里改部農業發展已達到相當水平；二是說明胡里改部已產生了奴隸或者說已有相當數量奴隸參加農業生產。建州胡里改部已是奴隸制。

二　建州**女眞**建州左衛斡朶里部經濟狀況

明代初期，建州女眞建州衛胡里改部農耕狀況前面已述及。

---

⑫ 吳昭輯：《朝鮮李朝實錄中的中國史料》，第 1 冊 406 頁， 1980 年中華書局出版。

下面再簡述建州左衞斡朶里部經濟發展狀況。

斡朶里部族原居住在牡丹江口時就從事農業生產。而元末明初，由猛哥帖木兒率領溯牡丹江向南發展，遷徙到圖們江畔居住，得到朝鮮的資助，農業便迅速地發展起來。《李朝實錄》世宗五年（明成祖二十一年，1423年）六月癸酉條記載：

> 猛哥帖木兒移慶源府關白曰：少時蒙太祖招安，支給農牛、農器、糧料、衣服，許於阿木河居住。

阿木河又作斡木河，朝鮮文獻還寫爲吾音會，在圖們江畔右側。上述史料不難看出，猛哥帖木兒率領斡朶里部族來到阿木河，得到朝鮮的資助「農牛、農器，糧料」，說明此時斡朶里部族已使用鐵器工具、牛耕地了。

明成祖朱棣十分重視對猛哥帖木兒統屬下的斡朶里部招撫，永樂元年（1403年），就着手招撫斡朶里部。次年，他派遣王教化來招撫猛哥帖木兒，取得成功。其後，猛哥帖木兒隨同王教化到南京入朝，明廷受命猛哥帖木兒爲建州左衞頭人。朝鮮怨恨女眞人受明朝招撫，便對其用兵，又關閉慶源易市，使女眞人換不到「鹽鐵牛馬」，影響了農耕生產，生活也發生了困難。這說明農耕對斡朶里部來說是何等重要。於是，斡朶里部便聯合兀良哈、兀狄哈人，一起進行反抗朝鮮的鬥爭。雖然取得勝利，但猛哥帖木兒懼怕朝鮮進行報復。於是，永樂九年（1411年），便率全部族遷到回波江，即今輝發河。在此間因進一步受到遼東漢人先進生產技術和文化的影響，斡朶里部農業又得到進一步的發展。

但永樂二十一年，猛哥帖木兒參加朱棣親征韃靼，進軍闊兒海（今黑龍江省呼倫貝爾盟的呼倫池）、屈裂兒河(今克魯倫河)，

擊敗兀良哈，九月朱棣返回北京，猛哥帖木兒擔心韃靼和兀良哈進行報復，必遭其害，請求遷回阿木河居住，得到明成祖朱棣「聖旨」，「可於朝鮮地移居」。由回波江遷回阿木河共分三批搬遷，第一批猛哥帖木兒派童家吾下等 27 名率男女 200 餘名，四月抵達阿木河。第二批由猛哥帖木兒率正軍 1000 名，婦人、小孩共 6250 名，六月回到阿木河。第三批，由其弟凡察率 500 餘戶，也在六月抵達阿木河。

　　斡朵里部在回波江居住期間，農業發展情況，史書雖未有直接記載，但《李朝實錄》有間接記載，說斡朵里部族由回波江遷回阿木河時攜帶很多耕牛，到了阿木河馬上進行農耕生產。《李朝實錄》世宗五年（明成祖永樂二十一年，1423 年）四月乙亥條記載：

> 猛哥帖木兒管下童家吾下等二十七名來告慶源府云：我指揮蒙聖旨，許令復還阿木河地面以居。指揮先令我曹率男女二百餘名，牛一百餘頭，送還舊居耕農，仍使朝京，請穀種、口糧。

　　此材料說明三個問題，一是說明斡朵里部在回波江時，就用耕牛力田，從事農業生產。二是說明斡朵里部遷回阿木河「舊居」，仍是從事「耕農」。三是說明斡朵里部無論是回波江時，還是在阿木河時，農耕是比較發達的，因「男女二百餘名」，就有「牛一百餘頭」，平均二人一頭耕牛，牛耕普遍的使用，說明農耕是發達的。

　　斡朵里部於永樂二十一年由回波江遷回阿木河是四月至六月，正是耕種季節，但誤了耕種，因此發生了饑荒，直到第二年耕種

秋收了才渡過饑荒。斡朵里部族人在阿木河居住期間是一直從事農耕生產的，尤其到了宣德年間農耕生產更爲興盛。《李朝實錄》世宗十五年（明宣宗宣德八年，1433年）七月乙丑條記載：

> 斡木河（阿木河）猛哥帖木兒部落聞西征，疑我致討，挈家登山，及聞千古之言，然後來治農事。

上述記載是宣德八年，朝鮮出兵「西征」李滿住，猛哥帖木兒疑「致討」斡朵里部，於是他「挈家登山」躲避，及聞警報解除，才下山「治農事」。

斡朵里部族人在阿木河積極從事農耕生產，還可以從《李朝實錄》世宗十五年七月己未條記載看出，這一年，亦是宣德八年，斡朵里部族人盜朝鮮馬匹被殺，其部族人又殺朝鮮通事，猛哥帖木兒得悉此消息大驚，派人對朝鮮咸吉道郡曰：

> 我等不勝惶恐，不得安心農業，乞轉啓達，俾安生業。

斡朵里人疑朝鮮興兵問罪，「不勝惶恐，不得安心農業」。後經咸吉道郡官員說明，才「安心勿疑，然後下山治農業」❸。說明斡朵里部族人始終是關心農業，而且積極從事農業生產。

斡朵里部從事農業的勞動者，首先是猛哥帖木兒「管下的百姓」高早化等。高早化在猛哥帖木兒父祖時，就爲其「僕隸」，其實就是奴隸，是「屬民」農民身份的奴隸。關於明初，女眞斡朵里部，已經出現了大批的奴隸，《明太祖實錄》洪武十八年（1385年）九月甲申條記載：

---

❸ 吳晗輯：《朝鮮李朝實錄中的中國史料》，第 2 冊 370 頁，1980 年中華書局出版。

女直高日那、捌兒、禿魯不花三人，詣遼東都指揮使司來歸，
自言：高日那乃故元美關總管水銀千戶所百戶；捌兒、禿魯
不花，乃失憐千戶之部人也，皆為野人獲而奴之，不勝困苦。
遼東樂土也，願居之。乞聖朝垂恩，得以琉璃珠，弓、錫鐵
遺野人，則可贖八百餘家，俱入遼東。事聞高日那等人衣一
襲，琉璃弓五百索，銀五斤，弓弦十條。

「以琉璃珠、弓、錫鑯遺野人，則可贖八百餘家」，有「八
百餘家」，論為奴隸的人數，這個數字可不算小。斡朵里部族人
是斡朵里農耕的主要勞動者，這在前面《李朝實錄》記載足以說
明這一點。

斡朵里部農耕的另一部份勞動力來源是擄掠漢人爲奴隸。斡
朵里部役使漢人爲奴隸，據《李朝實錄》記載，可能是永樂九年
（1411 年）遷到回波江後開始的。他們在那裡擄掠和購買一批漢
人爲奴隸，男人大部份從事農業生產，女人做妻、做妾，從事家
務勞動。宣德元年（1426 年）朝鮮一位官員報告「猛哥帖木兒以
管下所買得漢人逃入朝鮮境內，皆被送回中國，聲言如不歸還，
將入境擄掠」。

斡朵里部農業勞動力第三個來源是擄掠朝鮮人，斡朵里部擄
掠朝鮮人爲奴隸，從《李朝實錄》記載看是從永樂八年（1410年）
開始的。其後，《李朝實錄》記載擄掠朝鮮人爲奴隸，屢見不鮮，
女眞人掠奪大量朝鮮人爲奴隸，甚至把朝鮮打海東青的指揮，
「拿來做奴婢使喚」[14]。說明女眞斡朵里部社會生產力和生產關

---

[14]　《李朝實錄》世宗 13 年 12 月丙午條。

係發生了急驟變化。被擄掠的朝鮮人同被擄掠漢人一樣，承擔着繁重的體力勞動，生活是極其痛苦的。建州衞斡朵里部已是奴隸佔有制。當然這個奴隸制還是不成熟階段。

中　篇
明朝中期對東北統治的
腐敗和社會大動蕩

（正統元年至武宗十二年，西元 1436-1521 年）

第七章　海西女眞南遷及衛所續置和邊牆修築

第一節　扈倫四部

一　葉赫部

有明一代，對東北的統治，經過洪武、永樂、洪熙、宣德四朝近 70 年的統治，社會相對穩定，經濟得到了發展。特別在洪武、永樂時期，東北社會經濟獲得了重大發展，並擊敗了蒙古餘部勢力。永樂二十二年（1424 年）朱棣死後，先後繼續的洪熙，宣德兩朝，仍保持穩定局面，但各方面都趨向保守，「敬守祖宗成憲」❶，東北社會經濟雖仍保持穩定，同時也是走向衰落的起點，社會已經孕育着各種矛盾。宣德十年（1435 年）朱瞻基卒，朱祁鎮即位，改元正統，爲英宗皇帝。

英宗皇帝，無勤國事，社會矛盾在宣德末年的基礎上更爲加深，加以天災頻仍，邊患日趨嚴重，「野人女眞」南下掠擾，特別也先軍圍明軍於土木堡，朱祁鎮被俘，成爲歷史笑柄，歷史上

---

❶　《明史》卷 17，〈楊士奇傳〉。

稱「土木之變」。「土木之變」之後，明在東北統治力量嚴重
削弱，東北出現了大動蕩大混亂局面，除了兀良哈三衞和女眞
人南遷外，就是海西四部即扈倫四部紛紛南遷。到嘉靖初期，
形成了比較強大的四個集團，即葉赫、哈達、輝發、烏拉四
部。

　　據《明武宗實錄》卷一七四記載：祝孔革（竹孔革）是海西
塔魯木衞❷都督僉事，而祝孔革是葉赫的始祖。孟森先生《清朝
前紀》一書記載，葉赫「其始祖星根達爾漢，生席爾克明噶圖。
席爾克明噶圖生濟爾噶尼。濟爾噶尼生褚孔格」。褚孔格即祝孔
革。佐證塔魯木衞是葉赫的前身。《明太宗實錄》卷四一記載：
塔魯木衞建於永樂四年，打葉爲指揮。打葉即《清太祖實錄》卷
六記載的星根達爾汗，爲葉赫始祖，「係蒙古國人，姓土默特，
初滅扈倫國居張地之納喇姓部，遂據其地，因姓納喇，後遷於葉
赫河岸建國，故名葉赫國」❸。

　　據《明武宗實錄》卷一〇三記載：打葉三傳至的兒哈你（即
祝孔革之父），因率塔魯木衞衆人「以入寇被殺」。十六世紀初
（正德時），四傳祝孔革，明廷授其爲左都督，祝孔革率衆南遷
到開原北關外東北葉赫利河，即明所謂北關（鎮北關）。明人著
《遼夷略》稱「北關酋曰祝孔革，塔魯木衞都督僉事也」。足以
佐證塔魯木衞由松花江北岸這時已遷到開原北關。五傳臺出。十
六世紀中葉（嘉靖時），六傳臺出之子，即祝孔革兩個孫子逞加

---

❷　《華夷譯語》記載爲「塔木魯衞」。
❸　《明太祖實錄》卷6；《滿洲實錄》卷1。

奴、仰加奴兄弟二人爲指揮僉事，在北關始建東城和西城。仰加
奴（那林孛羅、金臺失之父）居東城，逞加奴（卜寨之父，白羊
骨之祖父）居西城。據《盛京通誌》卷三一記載：「葉赫城周圍
四里，東二門，又有葉赫山城，在葉赫城西三里，周圍四里，南
北二門。」說明一個叫葉赫城，一個叫葉赫山城，中間相距僅三
里。關於兩城清康熙時人楊賓在《柳邊紀行》卷五，〈葉赫行〉
有詩云：

柳條邊外九十里，葉赫河頭道如砥。

荒荒草沒兩空城，一在山腰一近水。

說明兩城，一城在「山腰」，一城在「近水」，實地踏查，與歷
史記載完全相符。

葉赫城，具體建築據記載：「其外大城以石，石城外爲木柵，
而內又爲木城，城內外大濠三道，其中堅則一山特起，鑿山板，
周圍使峻絕，而疊城其上，城之內又爲木柵，木城有八角明樓，
則其置妻子資財所也，上下內外凡爲城四層，木柵一層，其中控
弦之士以萬，甲冑者以千計，刀劍、矢石滾木甚俱」❹。今天外
城已不復見，內城還留下一些古跡。但葉赫東西兩城與文獻記載
完全相符，則是無疑。不過已經成爲歷史的陳跡了。

逞加奴、仰加奴二兄弟建東、西兩城，此時葉赫勢力日盛，
海西許多衞所「望風歸附，拓地益廣，軍聲所至，四境益加畏服」

---

❹　瞿九思：《萬曆武功錄》卷 11，〈卜寨·那林羅列傳〉，載《玄覽堂叢
　　書》第 11 冊。

❺，成爲海西女眞中一支強大力量。於是二人因早年南關殺祖父祝孔革，開始進行報讎，向南關進軍。明朝爲了牽制葉赫南下，而援助哈達（南關），被明朝李成梁伏兵所敗，逞、仰二奴皆戰死。逞加奴的兒子卜寨和仰加奴的兒子那林孛羅，尋機爲父報讎聯結蒙古，暗結哈達頭目歹商的叔叔康古陸和猛骨孛羅爲內應，發兵攻打歹商。明朝派兵鎭壓，穩住了歹商的統治。明朝對扈倫四部，採取「使其各自雄長，不相歸一」分化瓦解，互相牽制的老辦法，使女眞進一步分化，社會不安，混戰不休狀態。葉赫那林孛羅於萬曆二十一年，又糾合扈倫四部、蒙古三部、長白山二部等九部族聯軍二萬人，分三路進攻努爾哈赤。於渾河上游古埒山附近爲努爾哈赤大敗，殺葉赫首領卜寨，其子白羊骨襲職。那林孛羅於萬曆三十六年死後，「金臺失（金臺石）繼兄領兵」三千❻，勢力又趨強大❼。努爾哈赤看葉赫勢力再強大，對己不利，便督軍進攻葉赫東城。城破，金臺失及妻和幼子皆被殺。葉赫西城白羊骨（布揚古）見勢請降亦被殺，葉赫部遂亡。

二　哈達部

　　扈倫四部之一的哈達部，原居今黑龍江省松花江北岸呼蘭河流域之塔山衞。其先人弗剌出爲塔山衞都指揮僉事。正統十一年又從塔山衞分出析塔山左衞，明廷調塔山衞弗剌出去塔山左衞任

---

❺　徐乾學：《葉赫那拉氏家乘》。

❻　馮瑗：《開原圖設》卷下。

❼　李健才：《明代東北》1986 年遼寧人民出版社。

職❽。因此說哈達部原是塔山衛和塔山左衛南遷的結果。其後，
速黑忒繼塔山左衛都督僉事。「速黑忒居松花江，距開原四百餘
里」❾。後速黑忒之子王忠襲爲該衛都督，開始從松花江流域遷
到開原靖安堡廣順關外小清河上游居住，即明所謂南關(廣順關)。
王忠「部衆強盛，凡建州、海西、毛憐等一百八十二衛二十所五
十六站皆畏其兵威」❿《開原圖說》卷下記載：海西夷派「(王)
忠，蓋金完顏氏正派，夷呼完顏爲王，故其後世子孫以王爲姓，
（王）忠自嘉靖初，始從混同江上建寨於靖安堡邊外七十里，地
名亦赤⓫哈達，以便貢市。亦赤哈達在開原東南，故開原呼爲南
關也」。王忠「初建寨於廣順關外，東夷諸種無不受其約束」⓬。
明朝爲了東牽制建州諸衛，西牽制福餘等衛，又慣用手段，利用
王忠抵削建州、福餘等衛力量。但哈達人叛，殺王忠。其子博爾
坤舍進，爲報父讎，「至綏哈城⓭，迎兄萬（王忠姪王臺）爲哈
達部主」⓮。《大淸太祖高皇帝實錄》卷三記載：「初，哈達國
萬汗（即王臺），姓納剌，其國原名扈倫，後建國於哈達地，因
名哈達。及烏喇貝勒始祖納齊卜祿七代孫也。其祖克習訥（即速

---

❽　拙著：《明代奴兒干都司及其衛所研究》，河南中州古籍社 1982 年
　　出版。

❾　《明世宗實錄》卷 123。

❿　王在晉：《三朝遼事實錄》〈總略·南北關〉。

⓫　亦赤，即滿語新的意思。

⓬　馮瑗：《開原圖說》卷上。

⓭　綏哈城，今吉林省大綏河畔。

⓮　《大淸太祖高皇帝實錄》卷 3。

黑忒）都督爲族人巴代達爾漢所害，萬汗（王臺），奔席北部相近的綏哈城居焉。其叔旺住外蘭（即王忠）奔哈達，主其部落」。王臺襲塔山左衞爲左都督，海西各部，「盡服從（王）臺」⑮，他對明朝「最忠順」、「東陲晏然，耕牧三十年，臺有力焉」⑯。王臺於萬曆三年（1575 年），因向明朝獻建州右衞頭目王杲有功，授龍虎將軍，其二子（虎兒罕、猛骨孛羅）俱陞都督僉事⑰。塔山左衞遷徙後，其社會經濟向前邁進了一大步。

萬曆十年（1582 年）王臺死後，五子孟格布祿 19 歲襲龍虎將軍，爲塔山左衞左都督。年幼，衆心不服，哈達勢力日益衰落。這時建州女眞王杲之子阿臺連結葉赫逞、仰二奴，乘機攻打哈達，以報殺父之讎。明李成梁率軍，擒殺阿臺及逞、仰二奴。其後，葉赫又乘哈達內亂，適機進攻。哈達乃遣質子於建州女眞求援。萬曆二十七年（1599 年），努爾哈赤親率大軍攻陷哈達城，哈達部遂亡。

三　輝發部

輝發部，在扈倫四部中勢力較小一個部，其先世「本姓益克得克，黑龍江岸尼馬察部人也。始祖昂古里、星古力，自黑龍江載木主遷於渣魯居焉。有扈倫國人，噶楊噶圖墨土，姓納喇氏，居於張，因附其姓，牢七牛祭天，改姓納喇」⑱。迄至塔失時於

---

⑮　瞿九思：《萬曆武功錄》卷 11，〈王臺傳〉。

⑯　沈國元：《皇明從信錄》卷 35。

⑰　程令名：《東夷努爾哈赤考》。

⑱　《清太祖高皇帝實錄》卷 3。

牡丹江流域設弗提衞。嘉靖時，遷到輝發河流域，部主王機砮，
「於輝發河邊扈爾奇山築城居之，因名輝發國」❶。王機砮卒，
其孫拜音達里繼之，自爲輝發國貝勒，並續建輝發城，「將城垣
修築三層以自固」❷。輝發城，即今吉林省輝南縣（朝陽鎮）東
北 35 里的輝發山上，在輝發河北岸，有內、中、外三層城牆，
內城周長 596 米，中城 892 米，外城 1881 米。內城中有一高臺，
城內曾出土過大量鐵鏃和明代青花瓷器，並有帶「大明萬曆年製」
字樣的白地豆彩瓷碗❸。

　　輝發部於萬曆二十一年十二月，參加葉赫等九部聯軍，分三
路大軍進攻建州女眞努爾哈赤。努爾哈赤大敗九部聯軍於渾河上
游的古埒山附近。萬曆三十五年（1607 年）九月，努爾哈赤率兵
攻打輝發部，殺部主拜音達里，輝發部滅亡。

四　烏拉部

　　烏拉部始祖是塔山衞的弗剌出，後又在塔山左衞任職。弗剌
出即納齊卜祿。到速黑忒之子王忠襲塔山左衞都督，率該衞部衆
離開故土南遷時，他的叔伯姪補烟（又叫布延）率部衆遷到烏拉
河沿岸築城，即今吉林市西北七十里永吉縣烏拉鎮北半里的烏拉
古城即其遺址。

　　烏拉部傳至十世孫滿泰及其弟布占泰時，征服松花江南北，

---

❶　《滿洲實錄》卷 1。

❷　《滿洲實錄》卷 3。

❸　吉林省文管會：《輝發城調查簡報》，載《文物》1965 年第 7 期。

以及牡丹江以西諸部，東邊到東海瓦爾喀部，成爲扈倫四部中的一支強大勢力。萬曆二十一年，努爾哈赤大敗九部聯軍於渾河上游的古埒山附近，生擒烏拉首領滿泰的弟弟布占泰，後又放回烏拉部，繼兄滿泰爲烏拉國王。布占泰暴虐，部衆不滿，東海瓦爾喀部叛離，向建州女眞努爾哈赤請求歸附。努爾哈赤許之，並派其弟舒爾哈齊、長子洪巴圖魯（即褚英）貝勒、次子代善貝勒與大臣費英東、扈爾漢等，率兵進佔瓦爾喀部基地蜚悠城（今琿春縣城西三家子鄉），布占泰得到這一軍事情報，速率軍進行堵截，兩軍相遇於烏碣岩（今朝鮮鍾城附近），經過激烈戰鬥，布占泰大敗，應諾放棄東海瓦爾喀部一帶領地，退回吉林烏拉地區。烏碣岩的勝利，打開了努爾哈赤招服烏蘇里江流域的大門。「江外諸胡」，遂「附於老酋（努爾哈赤）」❷。

　　布占泰於烏碣岩戰敗，並不罷休，但又深感力量之不足，於是便與葉赫、科爾沁蒙古聯合，以對抗建州，阻礙建州統一事業的發展，終於爆發了烏拉部滅亡的戰爭。戰爭具體導火線，是葉赫將先約婚給努爾哈赤的絕色老女，又轉嫁給布占泰，導致了兩部決戰。

　　萬曆四十一年（1613年）正月，努爾哈赤率大軍進攻烏拉城。布占泰統兵三萬，出富爾哈城（今吉林市北 50 里）迎戰。努爾哈赤披甲率卒出戰。初戰時，兩軍弓箭手對射，矢如風發雨注。努爾哈赤軍紛紛要求出擊，人人披甲求戰。此時努爾哈赤環顧將卒以後，拍馬舞刀猛然殺入敵陣，衆將各自統領軍卒奮力衝殺，

❷ 《李朝宣祖實錄》卷 209。

殺氣凌雲，衝向敵陣。烏拉部兵哪能抵擋住建州大軍潮水般地進
攻，頃刻陣腳大亂，兵潰棄甲，四處奔逃。努爾哈赤大將安費揚
古率卒首先登城，頃刻城陷。安費揚古迎接努爾哈赤從容入城，
建州大旗迎風飄揚，全軍上下頓時歡騰。布占泰看到城已陷落，
大驚失色，正想撥馬脫逃，被努爾哈赤次子代善軍團團圍住。布
占泰兵少勢單，無力戀戰，祇好逃生，殺開重圍，自身向葉赫逃
去。烏拉部至此滅亡 ❷ 。

　　扈倫四部長期陷於分裂，大動盪混戰局面，完全由明朝腐朽
統治，挑撥離間各部，分而治之政策所致。明朝爲了維持腐朽統
治，控制各少數民族，另一個措施就是繼續建置衞所。

第二節　明中期奴兒干都司衞所續置

一　黑龍江流域地區的衞所續置

　　明代東北衞所大部置於明代初期，但爲了更好控制少數民族
地區，中期也繼續建置。正統後奴兒干都司轄境黑龍江流域地區
衞所設置有：

　　哈剌孩衞，《明實錄》最早記載是正統元年（1436 年）十二
月戊寅條 ❷ 。據《張公神道碑》記載，洪武二十一年（1388 年），

---

　❷　《李朝實錄》〈光海君日記〉卷 63；《滿洲名臣傳》卷 1 ，〈安費揚
　　　古傳〉。

　❷　《明英宗實錄》卷 25 。

明太祖朱元璋曾派遣名將藍玉率張玉等人到「卜漁海子、哈剌哈之地」進行招撫 ㉕。《滿洲源流考》卷十三記載，哈剌哈是喀爾喀的別譯。喀爾喀河，「亦作哈爾哈，《元秘史》謂之泑合河」㉖。《盛京吉林黑龍江等處標注戰蹟輿圖》作「喀爾喀河」，即今哈剌哈河。衞是以河得名。哈剌孩衞即設在流入貝爾湖之哈剌哈河流域 ㉗。

塔兒河衞，《明會典》記載爲正統後設置，在今吉林省洮兒河流域。該衞與明朝隸屬關係《滿文老檔》卷八十一，隆慶四年（1570年）還有記載。

木河衞，《明會典》卷一二五記載，正統年間設立，在今黑龍江右側漠河流域。表明地方與中央的隸屬關係，據《滿文老檔》卷七十五記載，該衞直到嘉靖四十二年（1563年），還向明王朝請求「襲職」。漠河是現在我國北方疆域最北的地方，位於漠河口的一個小村鎮，現被稱爲我國的「北極村」。

出萬山衞，萬曆《明會典》卷一二五記載，正統後繼置。出

㉕ 程敏政：《皇明文衡》卷75；《明太祖實錄》載：「（張）玉，字世美，河南開封祥符人，任元爲樞密院知院。洪武乙丑歸附，戊辰從征捕魚兒海、剌哈之地」（卷12上，洪武35月9月甲申條）。戊辰年卽洪武21年，捕魚兒海卽貝爾湖。剌哈是哈剌哈的脫誤。參見焦竑《國朝獻征錄》卷8；陳仁錫：《皇朝世法錄》卷42。

㉖ 屠寄：《黑龍江輿圖說》第50頁（《遼海叢書》本）。

㉗ 和田清：《兀良哈三衞につひて》，載《滿鮮地理歷史研究報告》第12冊，第145頁。

萬山「當地居民稱之爲察戞顏」❷❽。蒙古語「白色」之意❷❾。衛設在雅克薩城東，黑龍江左岸江邊。

弗河衛，《明會典》卷一二五記載，正統後增設，設在今黑龍江省嘉蔭縣南結列河流域。

哈剌察衛，正統後增設。《滿洲源流考》卷十三記載，哈剌察是滿語，也譯爲薩哈勒察。《盛京吉林黑龍江等處標注戰蹟輿圖》作「薩哈勒察部」，並標注在蘇魯河以西之方位，可知該衛設在此地。薩哈勒察是滿語，「黑色貂皮」之意，說明這一帶以盛產黑貂而著稱❸❶。

和屯衛，正統後設。諸家皆考衛址在依蘭西。《盛京吉林黑龍江等處標注戰蹟輿圖》作「和屯莊」。

成討溫衛，又名城討溫衛。《明英宗實錄》卷一○三記載，正統八年（1443年）四月丙午設立。在今松花江左岸支流托溫江即湯旺河流域。成討溫衛印已出土「成討溫衛指揮使司印」一方，印柄刻有「正統八年四月造」字樣（見圖10）❸❶。

---

❷❽　馬克：《黑龍江旅行記》第 94 頁，1859 年彼得堡出版。

❷❾　《元史語解》卷 4，第 14 頁；卷 5，第 10 頁。

❸❶　傅樂煥：《關於達斡爾的民族成份識別問題》，轉引自《中國民族問題研究集刊》第一輯：「薩哈爾察」是滿語「黑色貂皮」的意思（第 31 頁）。

❸❶　周肇祥：《明成討溫衛指揮使司印》，載《藝林月刊》（新）第 96 期，第 13 頁。

圖 10　　「成討溫衛指揮使司印」印模

（採自《藝林月刊》）

　　成討溫衛和明王朝隸屬關係直到萬曆二十七年（1599年），《滿文老檔》還有記載。

　　弗郎罕衛，《吉林通誌》卷十二記載，正統後增設。《吉林通誌》、《滿洲源流考》等書均認為設置在吉林城北 30 餘里原富爾哈古城。茲取其說。

　　塔山左衛，《明英宗實錄》卷一四六記載，正統十一年（1446年）十一月丁巳設立。是一個重要衛，它和海西四部，（扈倫四部）的形成、發展有關，而海西四部又和清朝前期的歷史有密切聯繫。塔山左衛初治於依蘭西之地，因此《明實錄》才以「塔山左衛」稱之。

　　其後，據《明世宗實錄》卷一二三記載，塔山左衛遷徙「居

松花江」流域，其地在今吉林扶餘、前郭縣等地。因是游牧民族，祇能槪而言之。

明後期，因部族的遷徙，塔山左衛又進行第二次遷徙，南移近開原一帶，成爲女眞哈達部。塔山衛南遷其原因，是受「野人女眞」侵襲。所以從依蘭西呼蘭河流域，南遷扶餘、前郭縣一帶。最後據《明實錄》、張鼎《遼夷略》記載，塔山左衛又南遷至開原，即明謂「南關」。

塔山左衛印現已出土，銅鑄方形，正面鐫刻篆文：「塔山左衛之印」，背面刻款兩行：「禮部造正統十二年」（見圖 11 ）

圖 11 「塔山左衛之印」

（採自金毓黻：《東北古印鈎沉》）

所力衞，又寫蒐里衞。正統後設立，近人考訂置於松花江口稍下不遠的一個島嶼上。清初邊塞詩人吳兆騫《秋笳集》一書稱之為「羌突里街」或「羌突里噶尚」（噶尚亦寫噶珊、噶山）。1855 年沙俄派遣馬克竄到蒐里衞村進行非法的「考察」稱之為「希里比屯」❸❷。

鎮眞河衞，《明會典》卷一二五記載，正統後增設。鎮眞、敦敦皆為滿語詞的譯音。衞設在今阿紐依河口原敦敦莊。

弗山衞，正統後設在黑龍江下游北岸綽洛河以西的斐森屯一帶。詳址待考。

者屯衞，《明會典》卷一二五記載是正統後增設的，設在黑龍江下游阿克齊河之東、巴爾喀河之西。清初在這裡設噶珊，名謂「瞻噶珊」。

波羅河衞，《明會典》卷一二五記載是正統後增置。近人考證置於庫頁島中部的波羅河流域。茲從其說。該衞雖地處遙遠的東北海疆，但以時「朝貢」❸❸。直到萬曆十一年（1583 年）還向明王朝請求「襲職」❸❹。說明明王朝對東陲海疆波羅河衞進行強有效的管轄。

二　烏蘇里江流域地區的衞所續置

---

❸❷　馬克：《黑龍江旅行紀》一書附圖標為「Сильви」，即蒐里衞。1859年彼得堡出版。

❸❸　《明宣宗實錄》卷46；《明英宗實錄》卷24。

❸❹　《滿文老檔》太祖80。

　　忽魯木衞，《明會典》卷一二五記載，正統後增置。《盛京通誌》卷一○三、《吉林通誌》卷十二，均記載忽魯木衞是和爾邁衞的音訛。和爾邁山，乾隆四十九版《盛京通誌》卷二十七記載在「吉林城東北一千九百里」。衞是以山得名。忽魯木衞，即設在鄰近烏蘇里江西岸比拉雅河流域的和爾邁山上。《滿文老檔》太祖七十九記載，嘉靖三十二年（1553年）該衞還向明王朝請求「襲職」。

　　亦魯河衞，正統後設置，《滿洲源流考》一書記載亦魯河即伊魯河之音訛，並指出河在寧古塔東，與凱湖南，即今伊魯河流域。茲取其說。

　　兀也衞，《滿洲源流考》卷十三記載，正統後設立。《吉林通誌》卷十二記載兀也河即瑚葉河之音訛，即是瑚葉河之別譯。《北烏蘇里邊區現狀概要及其他》一書稱「刀畢河」[35]。《蘇聯的遠東區》一書稱「道畢河」[36]。兀也、瑚葉、刀畢、道畢，皆爲同地異譯。河流入東北入烏蘇里江，西北接在瑚葉河，即今蘇聯刀畢河流域。

　　勿兒禿河衞，《吉林通誌》卷十二記載，正統後設立。《遼東誌》卷九、《全遼誌》卷六，均稱「佛兒禿河衞」。《滿洲源流考》卷十三記載，勿兒禿河即法勒圖河之訛。衞以河命名。勿兒禿河衞設在法勒圖河，即今烏拉河流域。

[35]　納達羅夫：《北烏蘇里邊區現狀概要及其他》1892年出版。

[36]　斯圖爾特·柯爾比：《蘇聯的遠東地區》1971年，英國麥克米倫出版。

剌山衞，《明會典》卷一二三記載，正統後設立。考《大清一統輿圖》把剌山繪製爲「拉拉山」。據《滿洲源流考》記載，剌山與們河相近。衞以山得名。剌山衞設在興凱湖南面的原拉拉山附近。詳址待考。

勒伏衞，《明會典》卷一二五記載，正統後設立❸。清人稱爲勒富衞。《滿洲源流考》、《吉林通誌》等書均記載勒伏河是勒富河之音訛，即勒伏是勒富同名異譯。茲從其說。勒伏河衞即設在今興凱湖南的勒富河流域。

第三節　明代遼東邊牆及其墩堡

一　遼東邊牆的緣起

有明一代，在東北建置大量衞所，其目的是對東北各族民衆，尤其是對各少數民族加強統治。除此之外，明朝還通過修築邊牆對遼東及其北部少數民族進行控制。

萬里邊牆，陳蹟千古。明代邊牆的修建，是朱元璋接受儒士朱升「高築牆，廣積糧，緩稱王」的建議，而在秦漢古長城的基礎上進行的。但有很多地段是新開闢築成的。遼東邊牆，也稱遼東長城。歷盡滄桑，千古崢嶸，蜿蜒起伏，行如奔龍。這段長城現在綏中縣加碑鄉神廟村東向經永安堡鄉西溝，錐子山至河口村

---

❸　勒伏衞，《柳邊紀要》載爲嘉靖、萬曆間設；而《吉林通誌》卷 12，又載嘉靖時設。準確時間待考。

這段。這段長城從錐子山中爲中心，向西即出遼東界進入河北界，直通北京八大嶺居庸關；向東則經過石匣口，至河口村，長城至於其東的山谷中。

　　遼東邊牆修築最早，約起永樂年間，但主要還是在明中葉以後，其目的是爲了解決國內兄弟民族間的矛盾，也就是爲了防備蒙古兀良哈部和女眞部的騷擾，以保證東北邊地的安定而修築的。

　　明代中葉以後，中國已完全進入了封建社會後期，社會各種矛盾激烈。明廷皇帝昏庸無能，朝臣結黨營私，宦官專權，邊官貪汚。對少數民族實行額外懲稅，強買強賣，壓低市價，竊取貨物的不平等民族貿易政策，甚至採取屠殺手段，採取軍事行動對少數民族進行圍剿，使遼東邊事逐日陷於混亂，這就不能不引起各少數民族怨恨和反抗。

　　另一方面，明代對遼東實行軍屯生產，對發展遼東經濟，是起到了一定的作用。但是，軍屯生產，是強制性勞動，廣大軍丁忍受不了封建國家各種賦稅、徭役和遼東都司大小官員壓榨，其中有很大一部分「潛奔虜營」或「逃亡海西」，對明朝進行騷擾。特別少數民族統治者爲爭奪全國統治權，這種騷擾遼東地區的戰爭更甚。中國是一個多民族的國家，在封建社會裏，各族統治者之間互相爭奪全國統治權的鬥爭，在歷史的長河中是經常發生的。正統年間，蒙古瓦剌部勢力的強大，不斷南下威脅着明王朝的統治。在東北蒙古的兀良哈三衞等部也對明朝經常進行騷擾。

　　明朝爲了應付瓦剌及韃靼的騷擾，在東北採取了防禦政策。

這樣，明王朝便採納了遼東都司指揮使畢恭的建議修築了遼東邊牆。於是，從正統七年開始，陸續修建了遼西、遼河套一帶的邊牆，歷史上稱爲「西牆」，以防止兀良哈三衞等部的南襲。成化三年（1467年），女眞族勢力也在遼東北境發展起來，經常騷擾遼東地區，爲了防止女眞勢力的進攻，又修築了遼東一段邊牆，歷史上稱爲「東牆」。因此，遼東邊牆的起因「遼西及遼河流域兩面爲防禦兀良哈及蒙古人之侵擾，遼東一面爲防禦女眞人內犯」❸。反之，也是爲防禦遼東境內軍卒逃奔「虜營」或「逃亡海西」女眞地區而修建。

歷史事實說明，明代遼東邊牆是明統一黑龍江、烏蘇里江流域並在這一地區行使有效管轄之後才出現的。它的出現是中國內部統治者和民族矛盾的產物。十分清楚，明代的遼東邊牆和中國東北的國界根本沒有任何關係。那種胡說什麼明代遼東邊牆是明代「北部疆界」是何等謬論！

二 遼東邊牆及其墩堡

邊牆西北自長城界鐵場堡起，至東北開原之鎭北關，計長1248里，又自鎭北關起，到九連城江沿臺堡止，計長520里。其間以遼河之阻隔，逐形成遼東邊牆總的形勢，狀如「凹」字形，故又有「凹字邊牆」之稱。在邊牆上或邊牆外多設墩臺即墩堠，又稱烽火臺、煙臺、邊臺、墩堡或敵臺。古代戰事頻繁，但通訊工具極不發達，我們的先人便創造了利用烽燧傳達警報的方法，

---

❸　潘承彬：《明代之遼東邊牆》，載《禹貢》卷6，第3—4期。

加快了戰事信息傳遞速度。《後漢書》〈光武帝紀〉(下)記載，驃騎將軍杜茂「屯北邊，築亭堠，修烽燧。」同書李賢註曰「邊防備警急，做高土臺，臺上做桔槔，桔槔頭有兜零，以薪草置其中，常低之，有寇即燃火舉之，以相告，曰烽。又多積薪，寇至即燔之，望其煙，曰燧。晝則燔燧，夜乃舉烽」❸❾。明代遼東檔案亦有同樣記載，墩臺「遇虜入犯，夜則舉火放砲，日則燒煙搖旗，傳相遞警。如此則烽堠既明，人知趨避，亦是堅壁清野之一助也」❹❶。墩臺大小不一，有圓形、正方形、長方形，也有梯形。建築原料有的是方石、有的是青磚，均用石灰灌縫，也有的用土坯砌垛。明代墩臺有實心、空心兩種。墩臺上備有點燃烽燧用的狼糞或草木，和報警的木梆、布旗、燈籠以及弓箭、火砲等武器❹❶。墩臺上還貯數日或數月之糧，墩旁一般都有鑿井❹❷。

墩臺一般都修築在山崗上，居高臨下，便於瞭望。建在平地上，墩臺附近也都挖有壕溝。一旦發生敵情，臺軍便點燃烽燧，告警四方。墩臺燒煙則多用狼糞，「以其煙直上，風吹不斜也。」❹❸狼糞燒煙，又濃又直，俗稱「狼煙」。

我國墩臺創建已有悠久的歷史。遠的不說，僅西周時期，史料關於墩臺就有記載。西周暴君周幽王為了博得褒姒一嬉笑，便

❸❾　《後漢書》〈光武帝紀〉（下）。

❹❶　遼寧省檔案館、遼寧社會科學院歷史所編：《明代遼東檔案匯編》第187頁，1985 年遼瀋書社出版。

❹❶　《武備誌》〈墩堠圖說〉。

❹❷　《明史》卷 92，〈兵誌〉。

❹❸　《酉陽雜俎》卷 16。

爲「烽燧大鼓，有寇至則舉烽火。諸侯悉至，至而無寇，褒姒乃
大笑，幽王說之，爲數舉烽火」❹。已傳爲民間佳話。墩臺烽火，
發展到明代，無論從建築規模等方面看，都有了新的發展。

　　明代遼東墩臺修建可以說是星羅棋布。一般是由堡進行管理，
也有由驛、城，甚至由衞直接管理墩臺，駐兵守備。《遼東誌》、
《全遼誌》等文獻多有記載。爲敍述方便，由西向東逐一簡單說
明之：

　　鐵場堡，在廣寧前屯衞西 60 里❹。今遼寧綏中縣西南「鐵
廠堡」。據《全遼誌》卷二記載墩臺即吾名口臺等 8 座❹。

　　鐵廠堡附近明長城至今保護仍完好。這一帶有九門口明長城
段，素有「京東首關」之稱。九門口，又名一片關，是薊鎮長城
的最東段，連接山海關與錐子山長城的關隘。軍事重地，墩臺林
立。九門口距「天下第一關」的山海關僅 30 里。九門口關城借
以城牆而築。內城周長二里，牆高二丈五尺。因關門有九，故稱
「九門口」。這段關城修築於洪武十四年，代宗景帝和神宗萬曆
年間曾修復過。李自成與後金大戰一片石，即爲此地。

　　永安堡，在廣寧前屯衞西北 45 里❹，今遼寧綏中縣西南
「永安」。墩臺有古路溝臺等 9 座。

　　背陰障堡，在廣寧前屯衞西北 30 里，今綏中縣西南「背陰

---

❹　《史記》卷 4，〈周本紀四〉。

❹　顧祖禹：《讀史方輿紀要》第 2 冊，卷 37，第 1599 頁。

❹　《全遼誌》卷 2（《遼海叢書》本）。

❹　《滿洲歷史地理》第 2 卷，第 490 頁。

障」。墩臺有尖山臺等8座。

三山營堡，在廣寧前屯衛西北 30 里，今綏中縣西北「三山營子」。墩臺有長嶺臺等 14 座。

平山營堡，在廣寧前屯衛北 30 里，今綏中縣「平川營」❽。墩臺有石河口臺等12座。

瑞昌堡，在廣寧前屯衛東北，今址無考。墩臺有青草坡臺等12座。

高臺堡，在廣寧前屯衛東北，今綏中縣西北「高臺」。墩臺有甘泉臺等8座。

三道溝堡，廣寧前屯衛東北 70 里，今址待考。墩臺有架子山臺等9座。

新興營堡，在廣寧前屯衛東，今址待考。墩臺有平坡臺等11座。

錦川營堡，在廣寧前屯衛東北 90 里，東接寧遠衛界，今興城縣西。墩臺有大牛心山臺等110座。

黑莊窠堡，在寧遠衛城西50里，今興城縣西「大黑莊科」。墩臺有西古路口臺等13座。

仙靈寺堡，在寧遠衛西 40 里，今興城縣西「仙靈寺」。墩臺有鎮北臺等11座。

小團山堡，在寧遠衛西北 30 里，今興城縣西「團山子」。墩臺有琉璃寺臺等 4 座。

興水縣堡，在寧遠衛西北 50 里，今興城縣西北「青水縣」。

---

❽　中央民族學院編：《中國歷史地圖集》。

有安邊臺等 19 座。

白塔峪堡，今興城縣北「白塔峪」。墩臺有南平山臺等 17 座。

寨兒山堡，在寧遠衛北 20 里，今錦西縣南「茨兒山」。墩臺有接架臺等 13 座。

灰山堡，在寧遠衛東北 20 里。墩臺有長嶺臺等 9 座。

松山寺堡，在寧遠衛東北 40 里。墩臺有鎮遠臺等 14 座。

沙河兒堡，在寧遠衛東北 40 餘里，今錦西縣西「沙河營」。墩臺有泉水山臺等 8 座。

長嶺山堡，在寧遠衛西北 30 里，今興城縣西北「西長嶺子」。墩臺有平山臺等 9 臺。

椴木衝堡，在寧遠衛東北 60 里，今錦西縣東北「椴木屯」❹。墩臺有安定臺等 15 座。

大興堡，即今錦西縣東「大興堡」。墩臺有安靜臺等 16 座。

大福堡，即今錦西縣東北「臥佛寺」❺。墩臺有永安南臺等 9 座。

大鎮堡，在錦西縣北。墩臺有鎮南臺等 8 座。

大勝堡，在錦縣城北 30 里，今錦縣西北「大勝堡」。墩臺有新石臺等 14 座。

大茂堡，在錦縣城北 35 里，今錦縣西「大茂堡」❻。墩臺有石山兒臺等 9 座。

---

❹ 《全遼誌》卷 2（《遼海叢書》本）。

❺ 顧祖禹：《讀史方輿紀要》第 2 冊，卷 37，第 1596 頁。

❻ 《盛京通誌》卷 30。

大定堡，在義縣城西南 40 里，今義縣西「大定堡」。墩臺有松山臺等 8 座。

大康堡，在義縣城西 20 里，今義縣西「大康堡」。有清陽臺等 6 座。

太平堡，在義州衞北 60 里，今北票縣東「太平溝」。墩臺有墓山新臺等 8 座。

大寧堡，在義縣東北。墩臺有清水臺等 8 座。

大安堡，地址待考。墩臺有分新臺等 6 座。

大靖堡，又叫大靜堡，在今義縣城東北 30 里的「北磚城子」❺❷。墩臺有大鎭臺等 9 座。

大清堡，原名清河堡，在義縣東北 50 里，今義縣東北「清河城」❺❸。其墩臺有鎭安臺等 9 座。

鎭夷堡，在義縣城東北 60 里，今謂「細河堡」。其墩臺有新關門臺等 13 座。

鎭邊堡，今北鎭縣北「鎭邊堡」。其墩臺有東新臺等 14 座。

鎭靜堡，地址待考。其墩臺有石洞口臺等 17 座。

鎭安堡，在北鎭縣東北，今名爲「葦城子」❺❹。其墩臺有 12 座。

鎭遠堡，原名小黑山，今黑山縣。其墩臺有小黑山大臺等 7 座。

---

❺❷　《義縣誌補遺》第 5 頁。

❺❸　《義縣誌》中卷。

❺❹　《黑山縣誌》卷 1。

鎮寧堡，今黑山縣西南「蛇山子」東。其墩臺有野豬湖中小臺等 13 座。

鎮武堡，今盤山縣東北一帶。其墩臺有刑百戶北空臺等 15 座。

西興堡，今盤山縣東北鎮武堡東八里。其墩臺有死河口臺等 16 座。

西平堡，今盤山縣古城子。其墩臺有殺虎溝臺等 13 座。

西寧堡，今盤山縣東南「西牛古城子村」❺。其墩臺有王家莊臺等 8 座。

東昌堡，今「牛莊西北二臺子至四臺子一帶」❺。其墩臺有沙河口臺等 12 座。

東勝堡，今海城縣西北「開河城爲明東勝堡故址」❺。其墩臺有一堵牆臺等 19 座。

長靜堡，今址待考。其墩臺有月河小墩等 9 座。

長寧堡，今遼陽西南「唐馬寨村」❺。其墩臺有鴨子泊臺等 13 座。

遼陽地方臺，又稱路臺。有中橋臺等 18 座。

長定堡，據《奉天通誌》卷七十五記載：「高麗營子村爲明邊堡長定堡故址」。其墩臺有南水口小臺等 14 座。

---

❺ 《奉天通誌》卷 76 。

❺ 《奉天通誌》卷 46 。

❺ 《奉天通誌》卷 76 。

❺ 《奉天通誌》卷 75 。

長安堡，據《奉天通誌》卷七十五記載：「二臺子疑即長安堡故地。」二臺子在遼陽西北。其墩臺有虎北大臺等 15 座。

長勝堡，今瀋陽西南。其墩臺有黑林小墩等 9 座。

長勇堡，疑今瀋陽西南「高華堡」。其墩臺有高架子大墩等 3 座。

長營堡，今址待考。其墩臺有馬鞍山小墩等 16 座。

武靖營堡，今瀋陽北「武靖營」。無墩臺。

奉集堡，今瀋陽市東南「奉集堡」。無墩臺。

撫順所城堡，其墩臺有新河口臺等 13 座。

會安堡，《讀史方輿紀要》卷三十七記載：「在撫順所東十餘里」，即今撫順市北「會元堡」。其墩臺有新河口臺等 12座。

靜遠堡，在瀋陽中衞西 70 里，今瀋陽于洪區三家子的「靜安堡」❺❾。其墩臺有遠寧小墩等 14 座。

平虜堡，今瀋陽西「平羅堡」。其墩臺有 5 座。

上榆林堡，在瀋陽中衞西北 40 里，今瀋陽西解放鄉「尚義林」。其墩臺有上羅臺等 12 座。

十方寺堡，今瀋陽北新城子區「石佛寺」。其墩臺有死魚湖臺等 14 座。

丁字泊堡，今瀋陽市北「丁字泡」。其墩臺有清河口墩等 3 座。

宋家泊堡，今鐵嶺縣西南汛河「宋家泡」。其墩臺有南界臺

---

❺❾　遼寧大學歷史系：《盛京吉林黑龍江等處標注戰蹟輿圖》（《清初史料叢刊》第 14 種）。

9 座。

曾暹堡,今鐵嶺縣西「曾盛堡」,「東至鐵嶺城二十五里」⑩。其墩臺有 3 座。

鎮西堡,在鐵嶺衞西北遼河外。其墩臺有鎮遠墩等 3 座。

定遠堡,今址不詳。其墩臺有平安墩 12 座。

慶雲堡,今開原縣西「慶雲堡」。其墩臺有新安關臺等 10 座。

古城堡,今開原縣西北「古城堡」。其墩臺有陳同臺等6座。

永寧堡,東至開原 40 里,西至大邊 20 里。其墩臺有潘牛兒臺等 4 座。

鎮夷堡,南至開原城 40 里。其墩臺有陳寬臺等 12 座。

清陽堡,今昌圖縣東「青楊堡」。其墩臺有白塔空臺等 12 座。

鎮北堡,《開原圖說》卷上:「南至開原城五十里」,今開原縣東北「鎮北堡」。其墩臺有光山臺等 18 座。

威遠堡,今開原縣東北「威遠堡」。其墩臺有平頂臺等 18 座。

靖安堡,又叫尙陽堡,在開原城東 40 里。其墩臺有何奇臺等 21 座。

松山堡,今開原東「松山堡」。其墩臺有長嶺臺等 10 座。

柴河堡,今開原縣東南「柴河堡」。其墩臺有河口臺等 17 座。

---

⑩ 《開原圖說》卷上。

撫安堡，在鐵嶺衞東 50 里。其墩臺有老虎川臺等 7 座。

三岔兒堡，在鐵嶺衞東 70 里。其墩臺有小河口臺等 6 座。

東州堡，今撫順市東南「東州村」。其墩臺有老虎山墩等 16 座。

馬根單堡，今撫順市東南救兵鄉西「馬羣鄆」。其墩臺有靖安墩等 6 座。

清河堡，今本溪市東北「清河城」。其墩臺有東安墩等 15 座。

散羊峪堡，今撫順市東南「三龍峪」。其墩臺有靜鎮墩等 4 座。

孤子堡，今本溪縣東南蘭河峪鄉「新城子」。其墩臺有大張臺等 7 座。

灑馬吉堡，今鳳城縣北 240 餘里「賽馬集」。其墩臺有石洞墩等 9 座。

一堵牆堡，今本溪東北「馬家城子村」。其墩臺有代子河臺等 5 座。

鹼場堡，在遼陽東南 370 里，今名「鹼廠」。其墩臺有石牆墩等 9 座。

靉陽堡，在鳳凰城北 120 里，今名「靉陽」。其墩臺有河口墩等 11 座。

新安堡，今鳳城縣東北「石城」。其墩臺有土門臺等 17 座。

險山堡，在鳳城縣東南 80 里，今名「土城子」。其墩臺有松嶺臺等 17 座。

江沿臺堡，今丹東市東北「九連城」。其墩臺有腰嶺臺等

12座。

江沿臺堡，是明代邊牆西起鐵場堡，沿邊牆東止九連城的最後一個牆堡。

上述是遼東邊牆及其堡、墩臺修建的情況。遼東邊牆及其堡、墩臺的修建是做爲遼東都司轄境與奴兒干都司轄境的大體分界線。這裡要特別強調的是這個「分界線」，不是「屬性不同的界線」，更不是「國界」。它是明代地方權力機關兩個都司的界線。邊牆外明代東北另一大都司，即奴兒干都司轄境，皆爲明王朝的疆土。

第八章　明代中期的遼東經濟

第一節　屯田的破壞和土地佔有關係的轉變

一　屯田的破壞和衰落原因

明初遼東土地佔有關係主要是軍屯田，也就是說軍屯是明初遼東農田開發的主要形式，這在本書第三章已經敍述。但是軍屯它是一個歷史範疇。它同一切表達社會關係的概念一樣，具有一個發生、發展和消亡的過程。

屯田的破壞原因是多方面的。首先，由屯田性質所決定的。我們不能否認明初在遼東推行屯田是起着積極作用，「強兵足食」，恢復和發展了遼東地區農業經濟，減輕了兵民運輸之苦，加強邊防等等。但我們應該看到，屯田雖然起着積極作用，但廣大軍丁被嚴密地束縛在軍事編制中，固定在土地上，沒有人身自由，其身份，顯然是農奴性質的。這就說明了封建土地佔有制採取了對勞動力的軍丁屯田的政治形式。由此可見，明代以軍屯形式組織的生產關係，其實質是一種表現爲極其粗暴的農奴制度。廣大軍丁受着封建國家的沉重地租剝削和嚴重的超經濟強制壓榨。明代遼東土地以軍丁屯田佔有形式，對廣大軍丁封建剝削，屯軍得向國家繳納高額的地租。明王朝把遼東地區土地分與屯軍，屯軍把

收穫的一部份以「屯田子粒」這種實物地租的形式，上交給封建
國家，這說明遼東屯軍所耕種的是封建統治者政權所掌握的國有
土地，封建國家就憑藉這一土地所有權來實現它對屯軍的地租剝
削。屯軍與佃農在這一點上是相同的。但是，由於軍屯是用軍事
律令強制進行勞動，用軍事律令強徵「屯田子粒」，則就使得屯
軍受奴役和受剝削的程度要比一般佃農更爲殘酷。一般佃農通常
有地才有租，有丁才有役。但屯軍却要納無地之租，服無丁之役。

　　無地之租，就是所謂「包賠屯田子粒」。當屯軍的屯田因種
種原因拋荒或失去了土地時，還要照常納無地之租，這種情況當
時是普遍存在的。有的是原來軍屯田地就不足額。有的是沙磧瘠
薄不堪耕種。有的是星散遠隔或道路遙遠，無法耕種而拋荒，有
的缺乏牛具，也有的失掉水利，還有的天災旱澇所致，等等。這
些情況在明遼東檔案有大量記載。總之，一份屯地，一份屯糧，
不論歉收或無收，屯軍們都得「包賠屯田子粒」❶。

　　屯軍除了向國家繳納高額屯糧外，還得繳納屯草、屯鹽、屯
鐵等。遼東都司二十五衞，據《遼東誌》記載，每年要收屯草五
百九十四萬零六百三十束❷。據文獻記載，當時屯田是三萬一千
六百頃，爲三百一十六萬畝，平均每畝要繳納近兩束草。據《明
憲宗實錄》記載，每二百束草合米四石❸，《明史》卷七十七記

---

❶　《明孝宗實錄》卷 196 ；龐尙鵬：《清理遼東屯田疏》，載《皇明經
　　世文編》卷 358 。

❷　《遼東誌》卷 3 （《遼海叢書》本）。

❸　《明憲宗實錄》卷 172 。

載，米一石合穀二石❹，可知一束草合穀四升，每畝二束草，則
合穀八升。這個數字不算小，一名屯軍按規定屯田五十畝，繳納
一百束草，合穀四石。一名軍丁的屯糧和屯草加起來，一年要繳
納十八石的租賦。這些沉重的租賦全加在屯軍身上。殘酷的剝削，
野蠻的奴役，逼得屯軍難以生存，在走頭無路的情況下，紛紛起
來鬥爭，抵制這種粗暴的農奴軍屯生產方式。最初，這種鬥爭是
以「怠耕」方式出現的，「屯種者率怠惰不力」❺，這樣就破壞
了屯田制度。到後來他們常採用逃亡來破壞屯田制度，早在宣德
年間就已大量開始，遼東地區「軍士在戍者少，亡匿者多」❻，
有時竟出現「逃亡者十率八九」❼。有的逃到遼東半島一些島嶼，
其中，「多聚萬灘等島」❽；有的「潛奔虜營」❾、「逃往海西」
❿，因此宣德年間遼東軍丁僅有四萬五千五百人⓫。正統年間情
況更加嚴重，屯軍繼續逃亡，「潛從登州府運船及旅順口渡船，
越海道還原籍」⓬，所以李純奏言指出，遼東「邊衛所軍士逃亡
者多，甚至一百戶所原設旗軍一百十二人者，今止存一人」⓭，

---

❹　《明史》卷 77，〈食貨誌〉。

❺　《明太宗實錄》卷 95。

❻　《明宣宗實錄》卷 107。

❼　《明宣宗實錄》卷 58。

❽　《明宣宗實錄》卷 108。

❾　《明宣宗實錄》卷 49。

❿　《明宣宗實錄》卷 90。

⓫　《明憲宗實錄》卷 244。

⓬　《明英宗實錄》卷 47。

⓭　《明英宗實錄》卷 47。

這可能是個別百戶所情況，但明正統年間屯兵逃亡確實十分嚴重，正統八年，屯軍曾銳減至一萬八千六百餘人 ⓮。這裡需要提及一點，正統年間屯軍祇剩一萬八千六百多，但《遼東誌》却記載，屯田是三萬一千六百二十頃 ⓯，這個數字比洪武至永樂年間遼東屯田最高數字還多六千二百四十二頃，這個數字不可理解，可能史料記載有誤。不然話正統八年屯兵才一萬八千六百餘丁，比洪武至永樂屯軍四萬五千四百零四人少的多了，但屯田却比洪武至永樂多六千餘頃。按明廷規定每屯軍耕地五十畝算，正統八年遼東屯田也祇有九千多頃，才是可靠的數字。

到了明代中後期，景泰、成化、弘治至正德年間遼東屯田破壞情況更爲嚴重。這一時期《明史》記載當時屯田「頗議釐復，而視舊所入，不能什一矣」 ⓰，屯糧才二十多萬石 ⓱。成化十九年（1483 年）毛泰奏：當時遼東都司歲徵「不足七八萬石之數，較仿舊屯田之法十不及一。故遼東三十二倉，通無兩月之儲」 ⓲。到了弘治年間更爲嚴重，「遼東舊額軍士十八有餘，今物故逋亡過半」 ⓳，「見在止有七萬之數」 ⓴，竟達到這樣程度，屯田必然遭到嚴重破壞。因此弘治年間遼東屯田僅有一萬二千三百八十

⓮　《遼東誌》卷 3（《遼海叢書》本）。

⓯　《遼東誌》卷 3（《遼海叢書》本）。

⓰　《明史》卷 77，〈食貨誌〉。

⓱　《明憲宗實錄》卷 172。

⓲　《明憲宗實錄》卷 244。

⓳　《明孝宗實錄》卷 182。

⓴　《明孝宗實錄》卷 195。

六頃❷。正德三年以前屯田比弘治年間更少，爲一萬二千零七十三頃❷。所有這些情況都是因爲殘酷的農奴性質屯田生產方式的結果，使大批屯軍逃亡，田地拋荒所致。

其二，軍屯破壞和衰落原因是遼東都司各級武官世豪隱奪屯田。他們隱佔、侵奪軍屯土地，是不及餘力的。這些人包括鎮守遼東太監、鎮守都督、都督同知、都督僉事、總兵官、副總兵官、都指揮使、指揮使、千戶、百戶，甚至他們的舍人，以及地方上的豪強巨族，他們都侵佔屯田，「各近城膏腴田地，多被衞所官員佔種」❷。到了弘治年間更爲嚴重，「遼東都司都指揮同知宋溥，役軍士耕私田，私乘官馬致死，又索賄於軍士」❷。分守遼陽太監劉恭「佔種官地三百餘畝」❷。鎮守太監梁玘「倚勢爲害」，「奪民田至二百八十餘畝，以軍余佃之，又佔軍余二百七十餘人」❷。他們這樣侵佔軍屯田地，當然要破壞屯田。

遼東這些各級官吏除了侵佔屯田外，還侵佔直接從事屯田生產的勞動力，使許多屯田無人耕種，拋荒，這又破壞了軍屯生產，破壞了軍屯制。除上述鎮守太監梁玘「佔軍余二百七十餘人」、「遼東都司指揮同知宋溥，役軍士耕私田」外，還有太監劉恭

---

❷　《明會典》卷 182 。

❷　《明武宗實錄》卷 37 。

❷　《明憲宗實錄》卷 161 。

❷　《明孝宗實錄》卷 73 。

❷　《明孝宗實錄》卷 192 。

❷　《明孝宗實錄》卷 194 。

「在遼陽私役軍余千餘」❷。也還有「私役軍士……樵採，爲虜所殺」❷。當然有的屯軍被「調以侵築邊牆，致誤農事」❷。

《明實錄》有關遼東都司各級官吏私役軍丁是不乏其例的。茲就實錄中所載的遼東都司各級官吏私役軍丁事例表如下：

遼東都司各級官吏私役軍丁事表

年　　代	私役者	私　役　情　況	出　　　處
正統 8 年 （1443 年）	都司衞所官	「往往佔種膏腴，私役軍士」。	《明英宗實錄》 卷 108
正統 10 年 （1445 年）	都司衞所官	「近年，……多私役軍余，將膏腴者耕種收利入已」。	《明英宗實錄》 卷 127
天順 8 年 （1464 年）	都指揮焦貴	「私役軍士」。	《明憲宗實錄》 卷 12
成化 13 年 （1477 年）	衞所官吏	「其富實餘丁，官豪仍舊私役」。	《明憲宗實錄》 卷 161
成化 20 年 （1484 年）	遼東武官	「禁遼東武官役佔屯田軍士。……上曰：遼東軍餉，誠資屯田。……若有差佔屯田者，……降謫不宥。」	《明憲宗實錄》 卷 255

---

❷　《明孝宗實錄》卷 192。
❷　《明孝宗實錄》卷 196。
❷　《明憲宗實錄》卷 255。

弘治 6 年 （1493 年）	都指揮 同　知 朱　溥	「役軍士耕私田」。	《明孝宗實錄》 卷 73
弘治 13 年 （1500 年）	都指揮同 知·李鑑	「坐私用軍人刈田」。	《明孝宗實錄》 卷 163
弘治 15 年 （1502 年）	右少監 劉　恭	「在遼陽私役軍余千餘人」	《明孝宗實錄》 卷 192

　　上面所載遼東都司各級官員私役軍丁事例，表中絕不是把遼
東私役軍丁全部記載均載其中。但就此表就可看出官吏世豪私役
屯軍動輒百人、千人，一衞之官幾乎無不私役軍丁。被私役軍丁，
當然有的是操守正軍，但大部分是屯軍，他們承受遼東都司衞所
大小官員的盤剝，離開軍屯土地，爲官吏世豪服役，這必然影響，
破壞軍屯生產。而且在當時來說是很普遍的現象。所以當時遼東
巡撫張鼎指出：「遼東總兵、副總兵、參將、都指揮、指揮、千
戶等官……隱佔軍丁從嫁使令者，見今一家多者有二三百丁，俱
稱舍余」❸。遼東都司武官世豪私役軍丁有的是操守正軍，但大
部份是屯軍，但也有軍余，軍余也是從屬衞所軍制的。軍余被徵
入所也要承種土地繳納糧稅，而且還得負擔各種繁重徭役。軍余
中有一部份沒入軍籍的爲余丁。余丁幫貼軍役而名爲幫丁。幫丁
在明代中期已出現了，而明代後期已普遍存在。遼東軍官和軍丁
都有幫丁，它是在佔有一份屯田的基礎上形成的一種差徭制度，

----

❸　《明孝宗實錄》卷 196。

也是超經濟的強制力的表現。

所以，遼東都司各級大小官員私役屯軍、軍余和幫丁，這就直接剝奪了軍屯生產的勞動力，破壞了軍屯制。

其三，屯田破壞也有因蒙古、女眞等族，不斷騷擾遼東地區的原因。到了明代中期，明朝腐朽封建統治愈來愈明顯，遼東地區官員，實行政治壓迫和經濟掠奪，因此遼東地區階級矛盾和民族矛盾日趨激化，兀良哈三衞和女眞諸衞結合起來，常常進入遼東都司境內進行掠搶，「兀良哈寇遼東」 ❸ 。特別正統十四年七月這次規模比較大，「達賊三萬餘人入境，攻破驛堡屯莊八十餘處，虜去官員軍旗男婦一萬三千二百八十餘口，馬六千餘匹，牛羊二萬餘隻，盔甲二千餘副」 ❸ ，這樣大規模騷擾遼東地區，肯定會破壞遼東軍屯生產。到了景泰年間也是如此，兀良哈三衞及女眞諸衞仍不斷侵擾遼東，據遼東總兵官曹義等奏報：「開原、瀋陽等處，達賊入境，搶掠人畜，及攻圍撫順千戶所城池。審知各賊，及建州、海西野人女直頭目李滿住、凡察、董山、刺塔，爲北虜迫脅，領一萬五千餘人來寇。守備官軍追逐出境，又稱，欲增人馬，再來攻刼」 ❸ 。可以說明代中期，「邊方多事，屯法盡壞」，邊牆附近土地「屯軍不敢耕種」 ❸ 。有關少數民族騷擾遼東地區，破壞了屯田生產，史書記載是不乏其例的。當然遼東屯田破壞還有其他原因，這裡已不贅述。

---

❸ 《明史》卷 328 ，〈瓦剌傳〉。

❸ 《明英宗實錄》卷 183 。

❸ 《明英宗實錄》卷 192 。

❸ 《明孝宗實錄》卷 196 。

二　土地佔有關係的轉變

　　遼東都司下設衛所和安樂、自在二州，並無州縣。所以明代初期遼東人口大都是軍戶，寄籍民戶甚少。在衛所中抽出一部份正軍進行屯種，就是正軍失額，由軍余頂補進行屯種。因此明代遼東土地佔有關係、生產關係、封建剝削制度等方面，都是與中原地方不同，就是有明一代，前期、後期也是有區別的。這就是說，軍屯是明初遼東農田開發的主要形式。那麼到了明代中期遼東地區農田開發的主要形式還是不是軍屯呢？也就是說屯田遭到了破壞到明代中期軍屯還是不是遼東地區農田開發的主要形式呢？

　　回答這個問題，還是從史料記載中找答案。前已述及，屯田破壞主要有三種原因，形成屯田大量拋荒，封建統治者爲了取得稅糧，便首先誘導民人領種，在那些屯田荒蕪嚴重的地區，允許他們對所領屯田「永遠管業」或「給爲己業」，成爲私田。這樣，這些田土即使保留「屯田」名稱，但他們無論是在實際上或是在法律上，都已轉化爲民田。民田的產生，則是歷史發展的結果，是歷史的進步。軍屯的破壞，不是意味着遼東農業發展的倒退，民田的產生和發展在一定程度上彌補了軍屯破壞和衰落帶來的影響，耕地面積並沒有減少，總的產量和物產種類也沒有減少。據正統八年《遼東誌》記載，大田作物有黍、稷、稻、粱、糜、粟、稗、黃豆、茶豆、豌豆、蠶豆、黑豆、紅豆、小豆、大麥、小麥、蕎麥等，蔬菜有葱、蒜、茄、芹、白菜、小蒜、韭、芥、蔓菁、黃花菜、胡蘿蔔、胡荽、海薑、茴香、明葉菜、野鷄尾等，瓜類有王瓜、冬瓜、瓠子、葫蘆、西瓜、甜瓜、香瓜、菜瓜、苦瓜，

等等。品種俱全，種類繁多。和農業發展有關的畜牧業騾、馬、驢、牛、豬、羊等發展也很快㉟。

其二，遼東都司衛所屯軍官豪、旗校，自己領取屯田不耕種，而轉佃、典押，早就有很大一部份從官田轉變爲私產。特別到了明代中後期這種情況更爲嚴重。這在明代遼東檔案記載頗多。

其三，遼東屯田受到遼東都司大小官員豪勢的侵隱、佔奪，把官田成爲私產，如遼東都司官吏「將膏腴者耕種收到入己」，「屯田有名無實」㊱。成化十三年《明實錄》記載，遼東「各衛，膏腴田地多被衛所官員富豪佔種」㊲，特別弘治十五年《明實錄》記載，僅太監劉恭一人就在遼陽附近「佔種官田三百餘頃」㊳，使許多官田變成私產。

其四，明代中期，特別到了成化年間（ 1465 年— 1487 年），遼東軍屯很大一部份是余丁耕種。但這還不能彌補屯軍逃亡所造成屯田的損失，土地拋荒，無人耕種。於是明廷又在遼東地區進行「科田」法，「科田」是余丁、民人佃種或開墾已荒屯田和未曾開墾的荒地而成，這也表明屯田向民田的轉化。現以正德三年（1508年）爲例，當時正規的屯田才一萬二千零七十三頃，而科田性質之的「地畝田園」等田，則有二萬七千四百六十七頃㊴。超過正規屯田一萬五千四百一十四頃。「地畝田園」的土地個人

㉟　《遼東誌》卷 1 ，（《遼海叢書》本）。

㊱　《明英宗實錄》卷 127 。

㊲　《明憲宗實錄》卷 161 。

㊳　《明孝宗實錄》卷 192 。

㊴　《明武宗實錄》卷 39 。

有支配權，它是屬於科田性質，科田具有民田性質的❹。正德年間，科田性質的「地畝田園」超過屯田一倍多，說明了明代中期軍屯是遼東土地佔有關係方面已不完全佔有統治地位，屯田銳減，特別正德三年以前更是這樣。茲列表如下：

明代中期遼東屯軍屯田屯糧情況表

年　　代	屯　軍 （名）	屯　田 （頃）	屯　糧 （石）	出　　　　處	注
正統年間			比永樂 年間少 1/3	《明史》卷 77； 《全邊紀略》 卷 10	
正統 8 年 （1443年）	18,603	31,620	364,900	《遼東誌》 卷 3	正統 8 年，「屯 田 31,620 頃」， 這個數字可能 有誤。按每屯 軍耕田 50 畝， 應爲 9 千多頃
景泰年間			180,000	《明憲宗實錄》 卷 172	
成化年間	16,700		200,000	《明憲宗實錄》 卷 172	

❹　參見周遠廉、謝肇華：《明代遼東軍屯制初探》，載《遼寧大學學報》
　　1980 年第 6 期；叢佩遠：《明代遼東軍屯》，載《中國史研究》
　　1985 年第 3 期。

成化 19年 （1483民）	11,100			《明憲宗實錄》 卷 244	
弘治年間		12,386		《明會典》 卷 18	
正德 3 年 以前		12,073	241,460	《明武宗實錄》 卷 39	
正德 3 年 （1508年）		25,793	354,826	《明武宗實錄》 卷 39	

　　上表，即明代中期遼東屯軍屯田屯糧情況表，和本書第三章
明代初期遼東屯軍屯田屯糧情況表對照看，如果說明代初期宣德
年間屯田已遭破壞，已露端倪。那麼明代中期遼東屯田破壞情況
已經十分嚴重了❹。特別明代中期成化至正德年間更爲嚴重，而
正德年間科田性質的「地畝田園」的民田大量產生，已超過官田
即屯田的一半以上，可見這時遼東軍屯制在農業中已退居次要地
位。土地佔有關係已在發生變化，屯田已不是遼東土地佔有主要
形式了。

第二節　冶煉業、製鹽業、燒製業和造紙業

一　冶煉業

---

❹　王毓銓：《明代的軍屯》，中華書局 1965 年版；伍丹戈：《明代土地
　　制度和賦役制度的發展》，福建人民出版社 1982 年版。

　　冶煉業在明初就比元代有較大發展，這在第三章已經述及。
到了明代中期遼東地區冶煉業又是怎樣呢？經過明代初期近七十
年的發展，東北各族民衆辛勤勞動，發展了生產，提高了生產力，
手工業生產水平得到了提高，突出表現在冶煉、燒製、製鹽、造
紙業等方面。明代，全國產鐵（包括冶煉和鑄鐵）的地區共達百
多處。這個時期東北產鐵場除了三萬衛外，寧遠衛在明初基礎上，
到景泰年間更發展起來了❷。當然遼東各衛都有產鐵場，有的衛
甚至兩處產地。如定遼右衛一處在都達里，另一處在三角山。定
遼前衛一處在奉集堡，一處在安平。東寧衛一處在陰湖屯，一處
在窰子峪❸，等等。爲了簡明茲列舉正統八年《遼東誌》記載產
鐵情況如下：

遼東都司二十五衛炒鐵軍數額鐵數和鐵場址

衛　名　稱	炒鐵軍（名）	額　鐵（斤）	鐵　場　地　址
定 遼 左 衛	118	25,299	甜水站
定 遼 右 衛	132	24,915	一在都達里；一在三角山。
定 遼 中 衛	39	31,412	同定遼右衛鐵場地址。
定 遼 前 衛	97	11,012	一在奉集堡；一在安平。
定 遼 後 衛	117	22,091	一在連州峪；一在平頂山。

❷　《明史》卷81，〈食貨誌五〉。

❸　《遼東誌》卷2（《遼海叢書》本）。

東　寧　衞	70	17,619	一在陰湖屯；一在窰子峪。
廣　寧　衞	39	14,495	城西大牽馬嶺60里。
廣　寧　左　衞	36	13,380	城南小河口70里。
廣　寧　右　衞	69	13,381	城西小牽馬嶺40里。
廣　寧　中　衞	60	13,752	城南連山島240里。
廣寧右屯衞	16	9,547	先設在中屯衞連山驛，天順年間改設蓋州衞石柱子，離城60里。
義　州　衞	31	15,000	廣寧右衞板橋。
廣寧後屯衞	27	15,283	漏澤園。
廣寧中屯衞	54	14,005	城西60里虹螺山，正德七年後移於白花寨。
廣寧左屯衞	36	10,302	城東80里燕子湖。
寧　遠　衞	49	9,980	城南25里。
廣寧前屯衞	炒鐵軍數無考	12,600	城西南70里塔山口。
三　萬　衞	54	10,035	威寧營東。
遼　海　衞	51	11,520	甜水站北。
鐵　嶺　衞	32	12,560	奉集堡城南210里。
瀋陽中衞	55	11,696	安平山城東90里。
海　州　衞	138	24,910	甜水站北。
蓋　州　衞	78	14,496	在城北90里。
復　州　衞	69	13,512	在城北130里。
金　州　衞	160	12,272	在城東。

上述記載遼東二十五衞共有炒鐵軍一千五百多人，年額鐵三十九萬五千多斤，鐵場二十多個，每衞均有鐵場。這個情況是很可觀的。二十五衞中，定遼中衞產鐵量最多。遼東冶鐵情況，明代遼東檔案礦業《炒辦鐵課李整控告百戶孫文派其子另充別差事的呈狀》卷中記載：「祖李旺，原係蓋州衞前所百戶武堂所軍」，成化三年，「李旺前出本衞買補官馬」，其後人李整，在「王洪名下頂補軍伍，炒鐵課三十餘年。因（李）整年老」，正德九年（1515年），「百戶孫文，不思（李）整男（其子）痴癡，一概伴當」服役❹，因此才有「李整控告孫文」一案。其材料是原始檔案，極其珍貴。它一方面反映明代中期正德年間遼東冶鐵情況，另一方面反映明廷苛政暴歛，鐵軍痛苦的生活。

遼東地區冶鐵地域發展很廣，到了明代中後期遼東半島沿海島嶼也有冶鐵生產。如《李朝實錄》戊子二十三年（明世宗嘉靖七年，1528年）九月乙亥條記載，薪島（又作獐子島）「王籌者冶鐵匠臺爐一處，排設斧鎌農器等物打造」❺，可見連荒僻孤島也發展起來簡單的冶鐵手工業了。

二　製鹽業

明代從建國初期就很重視製鹽業。採取了「各坊壯丁，歲領

---

❹　遼寧省檔案館、遼寧省社會科學院歷史研究所：《明代遼東檔案匯編》
　　1985年遼瀋書社出版。

❺　吳晗輯：《朝鮮李朝實錄中的中國史料》，第1151頁，1980年中華
　　書局出版。

工本，煎辦鹽課」的辦法❹，促使煮鹽業的發展。有明一代遼東
製鹽不同於四川作鹽井「深必十丈以外」，鹽水從鹽井中汲出後，
再用「火井」煎製❹，而是採取沿海曬煎鹽法❹。遼東都司製鹽
業在明初發展的基礎上，這一時期更發展起來了。正統八年《遼
東誌》記載，定遼左衞煎鹽軍六十三名，定遼右衞煎鹽軍五十三
名，定遼中衞煎鹽軍五十一名，定遼前衞煎鹽軍七十名，定遼後
衞煎鹽軍七十一名，東寧衞煎鹽軍四十八名。上述六個衞鹽場均
設在梁家口。廣寧衞煎鹽軍三十一名，廣寧左衞煎鹽軍四十四名，
廣寧右衞煎鹽軍三十三名，廣寧中衞煎鹽軍亦三十三名。上述四
個衞鹽場均設在城南小河口七十里。廣寧右屯衞煎鹽軍三十一名，
鹽場在城南二十里。義州衞煎鹽軍五十四名，鹽場在廣寧右屯衞
板橋。廣寧後屯衞煎鹽軍三十一名，鹽場在廣寧右屯衞五叉河。
廣寧中屯衞煎鹽軍二十四名，鹽場在城南六十里天橋。廣寧左屯
衞煎鹽軍四十一名，鹽場在城東八十里燕子湖。寧遠衞煎鹽軍六
十八名，鹽場在城西南二十五里。廣寧前屯衞煎鹽軍三十一名，鹽
場在城東南七十里塔山口。三萬衞煎鹽軍五十一名，鹽場在蓋州
平山。遼海衞煎鹽軍四十一名，鹽場在海州西南。鐵嶺衞煎鹽軍
五十二名，鹽場在蓋州衞八角湖。瀋陽中衞煎鹽軍五十二名，鹽
場在海州衞梁房口。海州衞煎鹽軍四十四名，鹽場無法考證。蓋
州衞煎鹽軍六十八名，鹽場在城西四十里。復州衞煎鹽軍六十二

---

❹　《明太宗實錄》卷 78。

❹　《天工開物》卷上，〈作鹹〉。

❹　《明宣宗實錄》卷 87。

名，鹽場在城西四十二里。金州衞煎鹽軍六十二名，鹽場在城東北一百三十里。整個遼東都司當時煎鹽軍一千一百多人，額鹽爲三百七十七萬四百七十三斤 ❹。《明實錄》記載爲三百八十五萬六千四百三十斤 ❺。相差不大。無論從製作方法和生產工具方面，都有一定的發展和提高。

三　燒製業和造紙業

　　明代手工業的發展，不僅表現在冶煉業和鹽製業方面，也表現在燒製業和造紙業方面。燒製業主要表現在燒磚和燒瓦、燒瓷等方面，因爲要建一些墩臺、廟宇，需要大量磚和富麗輝煌瓦和各種飛金流碧瓷器。這在明代初期就有這一行業，到了明代中期更爲發展。成化六年（1470年），修築邊牆，「長牆自東州至䤥陽，或以石或以土築之。自䤥陽至叆陽，今年燔甓以築」 ❺。燔甓，即「燒磚」，這些修邊牆所用的磚，均由「遼東輸以供之」。朝鮮的「立釜燔造法」，還是由中國傳授去的。所謂「立釜燔造法」，就是以「土作沙器」，燒造時要「立釜」，「立釜則火氣直上，燔器皆平正」，保證了燒製質量，如「臥釜則火焰橫亂於其中，故沙器易至苦窳」 ❺，保證不了燒製品的質量。遼東燒製

---

❹　《遼東誌》卷3（《遼海叢書》本）。

❺　《明武宗實錄》卷234。

❺　吳晗輯：《朝鮮李朝實錄中的中國史料》，第603頁，1980年中華書局出版。

❺　吳晗輯：《朝鮮李朝實錄中的中國史料》，第741頁，1980年中華書局出版。

業的發展，僅就正統八年《遼東誌》記載，遼東二十五衞從事窰造生產就有一千四百四十二名，其中瀋陽中衞爲最多，有一百零五人 ❸ 。

明代這一時期，手工業提高還表現在造紙業方面。明代造紙業的造紙廠在北京主要設在哈達門外、正陽門外兩處。明代東北造紙廠，從明代遼東檔案記載看，明代中期造紙業發展很快，當時最大的造紙場設在遼陽東門外太子河畔，其用料和做法，是「用生麻及桑皮、眞木灰水、石灰交雜熟蒸，曬乾，以木椎打去蠱皮及石灰，細截，盛竹筐子洗淨，細磨，又洗淨，和滑條水造之，此則常用册紙也」 ❹ 。

明代東北地區冶鐵業、製鹽業、燒製業和造紙業，歷史文獻記載不多，前人亦無研究，不祇缺乏編年記事的綜合史乘，即如譌世傳人的稗官野史，也罕見著述。研究起來是頗費力氣的，但從這些鈎沉索隱零星的明代遼東殘檔記載中，也可看出上述各業均有發展，明代東北手工業生產水平在提高。我們在這裡看出一個問題，雖然生產技術和生產能力同關內比，還是落後的，生產是爲了滿足自己需要的用品，這種生產是具有副業性質，並與自然經濟相適應。但從事這種冶煉業、製鹽業、燒製業和造紙業等手工業生產，他們已脫離了農業生產而走向獨立的手工業生產，從事冶鐵業就專門從事冶鐵生產；從事製鹽業就專門從事製鹽生

---

❸ 《遼東誌》卷3（《遼海叢書》本）。

❹ 吳晗輯：《朝鮮李朝實錄中的中國史料》，第二冊，第618頁，1980年中華書局出版。

產；從事燒製業就專門從事燒製生產；從事造紙業就專門從事造紙生產，這是一個進步，它會促使產品、產量的提高。手工業生產方式是資本主義以前社會形態的特點。他們從農業中分離出來，在同一種手工業中，也是經過數道工作程序，分得十分精密。手工業中各部門分工的日益細密，就會促進商品貿易經濟的發展。

第九章 明代中期奴兒干都司轄境女眞社會經濟形態

第一節 明代中期「野人女眞」速平江等衞尼麻車、都骨兀狄哈和喜樂温河衞骨看兀狄哈經濟狀況

一 明代中期「野人女眞」速平江等衞尼麻車、都骨兀狄哈經濟狀況

　　社會經濟形態，是指一定歷史發展階段上的生產關係總和。作爲社會經濟形態發展的歷史過程，當然需要一個漫長時間，但還是向前發展了。尼麻車、都骨兀狄哈部族明代初期農耕情況在第六章已述及，就當時來說還是比較落後的。但明朝於永樂四年設衞以後，經過經營管理，其部族又多次進京「朝貢」，受到封建文化的影響，特別受到遼東先進生產技術的影響。從建衞，經過八十多年，到了明弘治年間，尼麻車、都骨兀狄哈農耕已達到相當高的水平。《李朝實錄》成宗二十二年（明孝宗弘治四年，1492年）十一月壬午條記載尼麻車兀狄哈部族經濟生活情況：

　　兀狄哈（尼麻車兀狄哈）則室大淨潔，又作大櫃盛米，家家有雙磓，田地沃饒，犬豕鷄鴨，亦多畜類。

　　上述史料記載尼麻車兀狄哈用「大櫃盛米」，「雙磓」舂米，土地「沃饒」，家家又飼養「犬豕鷄鴨」，而且「亦多畜矣」，

說明尼麻車兀狄哈農業已相當發達，而且他們的家境過得很好，「室大淨潔」。

同居住在綏芬河上游都骨兀狄哈農業發展情況，與尼麻車兀狄哈大致一樣，「雞初鳴始起，終日舂米」❶。過着勤儉而寧謐的田園生活。

再從他們住房情況也可證明尼麻車、都骨兀狄哈農業已發展到相當水平。

《李朝實錄》成宗二十二年十一月壬午條記載尼麻車兀狄哈住房情況：

「一楹三室，其制與唐人（漢人）居室相似。此則兀狄哈（尼麻車兀狄哈）昔時搶擄開原衛之人，男婚女嫁，累代而居，故其居室之制如此」，「斡朶里、兀良哈居室不豐，室廬阨陋。兀狄哈則室大淨潔。」

都骨兀狄哈住房情況，和尼麻車兀狄哈大體相同。《李朝實錄》成宗二十二年七月丁亥條亦有記載：

其作室之形，楹通四、五間，如僧舍，以大銅釜排置左右：一釜炊飯而食，一釜用糚糠作粥以養馬。

由上面史資記載得知，他們居住的屋室結構，屋通分間，室大淨潔，與「唐人屋室相似」，受漢人居宅影響很大，而且非常講究，「室大」又「淨潔」。這樣的房屋結構，建築材料，是和從事農耕生產，發展農業經濟緊密相連的。房屋的出現，就說明

---

❶ 吳晗輯：《李朝實錄中的中國史料》，第2冊，730頁，1980年中華書局出版。

了生活在這裡的居民，已不是居住馬架式的窩棚即滿語謂之「塔坦」（ taeah ），而是定居的家屋即滿語叫着「包」（ boo ）❷。家屋的出現，說明這裡的居民已走上了農業社會。所以日人三田村泰助在《清朝前史的研究》一書中寫道：「顯而易見，這種被形容如長方形僧舍的房屋，儘管形狀還很原始，但已經不是塔坦，而是滿語的 boo （「包」）即家屋。不言而喻，這種包的形式，是由於他們進入了農業文化圈才出現的」，「包的出現是走上了農業社會」。

尼麻車、都骨兀狄哈部族手工業，主要是運入的內地手工業產品，但爲滿足本地區需要也進行着手工業生產。如都骨兀狄哈的手工業，從已知情況看，製鐵和造船業較爲突出。《李朝實錄》成宗二十二年（明孝宗弘治四年， 1491 年）七月丙戌條記載：「弓矢皆強勁，設風爐造箭鏃」，說明弘治年間都骨兀狄哈冶鐵業已達到相當水平。都骨兀狄哈能製造大小魚船和作戰用的船隻。《李朝實錄》同上條記載都骨兀狄哈人攻打朝鮮時用「者皮船六十三隻」。「者皮船」可能是樺皮船之類的。一次作戰就能動用這麼多的「者皮船」，可看出都骨兀狄哈人造船規模和技術的發展已達到相當水平。尼麻車兀狄哈和都骨兀狄哈造船業大致相同。已不贅述。

建築業方面，尼麻車、都骨兀狄哈，不低於同時期建州女眞斡朶里部。上面談及的都骨兀狄哈居室結構「一樑通四、五間，

---

❷　〔日〕三田村泰助：《清朝前史的研究》，1972年京都文學部內東洋史研究株式會社圖書印刷同朋舍出版。

如僧舍」，而尼麻車兀狄哈居室結構「與唐人（漢人）居室相似」，甚至比斡朶里、兀良哈要好，「室大淨潔」❸，結構合理，造型講究，均可佐證尼麻車、都骨兀狄哈人，建築業已達到比較高的水平。

漁獵業、採集業，也是比較發達的，在尼麻車、都骨兀狄哈人生活中仍佔着重要地位。關於這方面，過去史學界已有著述，在這裡已不贅及。

尼麻車兀狄哈、都骨兀狄哈社會發展，到了明中葉，已發展以擄掠奴隸、牲畜等爲目的「征戰殘殺」的奴隸制社會佔有形態。明代尼麻車、都骨兀狄哈部族的頭人，爲了獲得奴隸、財富，也出現了類似的「征戰殘殺」的戰爭。不過明初即洪武、永樂、宣德朝時期，在《李朝實錄》中還未發現有記載完全以擄掠人口、牲畜爲目的「征戰殘殺」階段。直到明中期即十五世紀六十年代《李朝實錄》才有記載，世祖十二年（明憲宗成化二年，1466年）「東良（茂山）西里住（毛憐衛）兀良哈多良哈、伊波與兀乙界住羅下，伐引住於夫介、愁陽哥，吾治安住汝赤，阿赤郎耳住多弄介、方祇金、阿堂介，堡兒下住時堂介，毛里安住阿下等，領三百餘兵，與尼麻車兀狄哈兵合，總五百餘兵入遼東，擄男女五百餘名。」❹這個事件的出現，說明了尼麻車兀狄哈氏族制度在發生變化。尼麻車兀狄哈對漢人進行掠奪，對朝鮮人也是如此，

---

❸ 吳晗輯：《朝鮮李朝實錄中的中國史料》，2 冊，第 743 頁，1980 年中華書局出版。

❹ 吳晗輯：《朝鮮李朝實錄中的中國史料》，2 冊，第 571 頁，1980年中華書局出版。

進行「征戰殘殺」。《李朝實錄》成宗六年（明憲宗成化十一年，1475年）二月丁未條記載：「尼麻車兀狄哈甫陽介等前日穩城鎭作耗時，賊二人中矢，一人死。由是含恨，請諸姓兀狄哈欲乘農民布野之時，潛入爲寇」❺。又《李朝實錄》成宗二十三年（明孝宗弘治5年，1492年）二月壬寅條記載：「兀良哈波乙大進告，都骨、尼麻車、伊仇乙車、于乙未車諸姓兀狄哈聚兵千餘，欲分入會寧、鍾城、隱城等鎭，攻城底斡朶里，以報嚮導之仇」，「尼麻車兀狄哈未應巨等四十人入穩城城底野人阿令哈里，焚蕩廬舍，射殺二人，擄沙賓介兒子，掠牛馬十五頭而去。」❻同年五月庚辰條記載：「尼麻車兀狄哈百餘名分道來侵高嶺等處斡朶里，掠牛馬而去」❼。這些事件的出現，雖然帶有一定的血緣復仇的成份，但可以看出尼麻車、都骨兀狄哈部族已完全進入了以擄掠人口、牲畜等爲目的「征戰殘殺」階段。這說明尼麻車、都骨兀狄哈，至遲明中葉起，已不是氏族社會，而是奴隸社會了。

　　嫌眞兀狄哈與尼麻車、都骨兀狄哈地望相近，居住在明阿速江徧地。嫌眞兀狄哈，又作兼進兀狄哈或謙眞兀狄哈，經濟狀況，社會發展情況與尼麻車、都骨兀狄哈差不多，已不贅述。下面談談居住在東海邊的骨看兀狄哈經濟狀況。

---

❺　吳晗輯：《朝鮮李朝實錄中的中國史料》，2冊，第621頁，1980年中華書局出版。

❻　吳晗輯：《朝鮮李朝實錄中的中國史料》，2冊，第735頁，3冊866頁，1980年中華書局出版。

❼　吳晗輯：《朝鮮李朝實錄中的中國史料》，2冊，第736頁，1980年中華書局出版。

二　明代中期「野人女眞」喜樂溫河衞骨看兀狄哈經濟狀況

　　骨看兀狄哈，經濟狀況在明代初年同尼麻車、都骨、嫌眞諸兀狄哈比較，是落後的。但由於明代喜樂溫河衞設立，帶去先進的農業生產工具和技術，影響兀狄哈社會向前發展。生產工具是社會生產力發展水平重要標誌，是表明一定社會的生產力的特徵。歷史上每一種社會經濟形態向前發展，歸根到底是因爲在生產中應用了生產工具。生產工具及一切勞動資料是社會生產力中的物質要素。骨看兀狄哈人由漢人處得到的生產工具，受到先進生產技術的影響，又與朝鮮進行貿易，交換農具，促進了骨看兀狄哈經濟發展，到了明代中期初年，即正統七年（1442年），《李朝實錄》世宗二十四年五月丙戌條記載：「深處居住骨看虧知介等，因失農携妻子到慶興府乞糧資生者頗多。」《李朝實錄》世宗二十九年（明正統12年，1447年）十二月癸未條又載：「慶興近地及越江居住骨看兀狄哈等，今因失農，必率妻子來乞米糧。」上述史料提及「失農」二字，不言而喩是從事農耕生產因年景不好歉收而爲「失農」。《李朝實錄》成宗八年（成化13年，1477年)五月已巳條記載：「骨看中樞李小通哈來告慶興鎭曰：奪我奴而不還，吾當突入阿吾地等處掠農民而去」。骨看中樞李小通哈居住在草串地方。草串在摩闊崴（今波謝特灣）附近，骨看兀狄哈酋長李小通哈，因奴隸逃到朝鮮慶興鎭而影響大忙季節，春耕生產，所以他向朝鮮索要奴隸，並聲稱如不還給他，他就要到朝鮮「掠農民而去」。此件事，充分說明了從事農業生產的勞動者——奴隸，對骨看兀狄哈酋長李小通哈是何等的重要，得知

骨看兀狄哈這個時期的農業生產，比明初是有一定的發展。

當然，綜觀《李朝實錄》等文獻記載，骨看兀狄哈農耕生產要比尼麻車、都骨兀狄哈落後一些，比嫌眞兀狄哈農耕生產更落後和慢一些。

手工業長期處於不發達狀態。煉鐵是不存在的，但已開始使用鐵器，鐵器是從明朝或者朝鮮而來的。鐵器主要用於戰爭的弓矢、槍刀和用於農具、獵具、漁具。骨看兀狄哈造船業還是比較發達的，他們能夠製造大小漁船，甚至能造作戰用的船隻。

骨看兀狄哈養馬，常以馬與朝鮮貿易，換取布匹，說明畜牧業有一定的發展。

總之，從《李朝實錄》記載看，十六世紀五十年代，骨看兀狄哈的氏族制已進一步瓦解，進入了氏族社會末期了。

第二節　明代中期建州女眞建州衞胡里改部、建州左衞斡朵里部經濟狀況

一　明代中期建州女眞建州衞胡里改部經濟狀況

前已述及，建州女眞建州衞胡里改部李滿住率領族人於永樂二十一年（1423年）遷到婆豬江居住。李滿住在婆豬江畔居住十四年，其間屢與朝鮮發生戰爭，朝鮮軍曾兩度大舉侵犯婆豬江，李滿住多次向明廷請求內遷，於正統三年（1438年）獲准遷至今遼寧省蘇子河上游居住。《明英宗實錄》卷四三，正統三年六月戊辰條有記載：「舊婆豬江，屢被朝鮮軍馬槍殺，不得安穩，今

移住灶突山東渾江（渾江上游蘇子河），仍舊與朝廷效力，不敢有違。」灶突山在興京老城的西南，老城東南有二道河子舊老城，城前有一條叫夾哈河的河流，這裡土地肥沃，「頗業耕作」，建州衞胡里改部農業又進一步發展。此時胡里改部作爲農耕爲主的農業部族更爲明顯。

建州衞女眞胡里改部生產方式主要是以「山幕」形式進行耕作。這種形式，前面已述及，明初就開始了。但到該部族遷到婆豬江一帶，據《李朝實錄》記載更爲普遍，李滿住管下的建州衞女眞百餘家進行耕作時，「皆居山幕」，因此說這種山幕是聚居胡里改部人開荒耕地的居所，當然也可作爲「狩獵小屋」，還可禦敵自保，「每聞敵情，皆可聚集」其中自衞。成化元年(1465年)，李滿住管轄的建州女眞趙三波、甫下土家、李權赤等「見滿浦軍士多，隻船隻腹亦多，疑其入攻，皆居山幕」。但這種山幕主要還是作爲開墾耕地居住之用。山幕後來發展成「包」（ bo ）或「保」，這個稱呼來自漢語的「堡」，而堡的意思是「用牆圍起來的地方」，「包」形成「家」，「包的出現說明胡里改女眞已經走上農業社會」 ❽。「包」的形成必須出現「農幕」，農幕即是後來的拖克索（ tokso ）的雛型。拖克索《清文鑑》釋爲「城廓：莊屯」。《滿和辭典》釋爲「莊園」。關於建州女眞拖克索的情況後面詳述。

建州衞胡里改部手工業是比較發達的。手工業已基本上從農

---

❽ 〔日〕三田村泰助：《清朝前史的研究》，1972年京都文學部內東洋史研究會株式會社圖書印刷同朋舍出版。

業中分離出來，弓、箭、刀、鞍鞒等製作，毛皮類的加工，他們都經營。尤其有了手工業中的製鐵業，《李朝實錄》世祖十四年（明憲宗成化 4 年，1468 年）十一月癸亥條記載：「野人（指建州衞胡里改部）以唐牛角或以本土牛角自造弓……絃用皮，箭鏃貿大明鐵自造。」這時鐵箭鏃還不佔一半。六年後，即明成化十年（1474 年）「鐵鏃居半」❾，又隔一年，即《李朝實錄》成宗六年（明憲宗成化 11 年，1475 年）二月辛巳條記載：「鏃皆用鐵。」一年時間，用鐵製鏃，從「居半」到「皆用」，翻了一番，並且已有專門的「爐冶匠」。不但有了專門爐冶匠，還有了專門「弓人」。同上《李朝實錄》所載：建州松古老同居住的六個家，有「冶匠、弓人」等專門的工匠。分工很細，專門手工業匠人的產生，說明胡里改手工業已達到相當高水平。

　　採集狩獵業，在建州胡里改部也佔比較重要地位，但已不是原始「塔坦」採集狩獵經濟，而是更多的向農家副業過渡的特點。採集品主要有人參、木耳、蘑菇、蜂蜜、松蠟、松子、榛子等山貨。狩獵主要是獐、熊、土豹、貂鼠等。這些山貨除了一部份留着生活自用外，其餘都作爲與內地人交易的交換商品，特別是貂皮，是同內地交換的主要商品。

　　商品交換，在建州胡里改部社會中處於特殊重要地位。建州地區，由於長期以來受內地經濟影響，因此胡里改部的生產和生活，不能不捲入同內地的經濟聯繫之中。這種聯繫主要是通過向明朝「朝貢」的形式進行的。朝貢是一種特殊的貿易形式，向明

---

❾　《李朝實錄》成宗 5 年 12 月壬午。

廷輸出土特產，而明廷則以賞賜爲名，向胡里改部輸送內地的生產工具和生活必需品。貿易的進行，推動了胡里改部經濟發展。

總之，建州衞胡里改部無論是農業、手工業、採集狩獵業和商品貿易都比較發達。他們已經發展成以農業爲主，採集狩獵也很重要，而且手工業、商業貿易等都發展到相當水平的農業部族經濟，並且這種經濟形態同內地經濟已經形成了不可分割的整體。

二　明代中期建州左衞斡朶里部經濟狀況

建州左衞斡朶里部人在猛哥帖木兒率領下，正當在豆滿江畔阿木河積極從事農耕生產時，宣德八年遭到了具州嫌眞兀狄哈人的襲擊，猛哥帖木兒遇害，斡朶里部族不得不離開阿木河地區，於是猛哥帖木兒弟凡察、子董山，奏請明廷充移居婆豬江（渾江）與胡里改部李滿住同住，但受到朝鮮阻撓。於是雙方展開鬥爭，鬥爭中心內容圍繞「農事」展開的。《李朝實錄》有多處記載。

《李朝實錄》世宗十九年（明英宗正統 2 年，1437年）七月己丑條載：猛哥帖木兒弟凡察管下十六人「欲退居會寧三十里之外，待機西遷」，朝鮮阻之，說凡察欲逃「有此計！」，凡察對曰：「管下愚民無知犯法，抵罪不赦。邊人或輕蔑我民，且牛馬互相放逸，踏害禾穀，故欲退居耳。」說出朝鮮「輕蔑」斡朶里部人，隨意放牧牛馬，「踏害禾穀」，因此要西遷。

《李朝實錄》世宗二十年（明英宗正統 3 年，1438年）四月辛酉條記載：朝鮮派人調查了解斡朶里董山是否有「欲居滿住所」的動向。朝鮮咸吉道使金宗瑞經過調查向朝鮮政府報告說：據童倉（董山）說：「無移去之意」。但金宗瑞眞正認爲「其言難信，

然勤治農事，時無移徙之狀」。金宗瑞報告中又說：「童倉及他斡朶里等畏我國威靈，不敢出移徙之言，勤治農事，無移徙之，然詐謀難測，臣於朝夕窺其去留。」

《李朝實錄》世宗二十一年（明英宗正統 4 年，1439 年）二月丙寅條記載：朝鮮爲了籠絡董山，又以賜官「侍衞」職，引誘董山不要遷徙走。董山拒絕說：「我輩室廬草野，深慮賊徒突入，且我輩與會寧人並耕而食，若會寧人奪我舊田，後居與爭，亦無及矣，乞速遣還。」董山談及「舊田」事，還是因朝鮮影響斡朶里部「農事」一事，進行鬥爭。

凡察、董山經過多次鬥爭，終於率部人衝破朝鮮的阻撓，從會寧遷逃婆豬江。斡朶里部遷逃後，朝鮮還是圍繞農事一事，勸誘他們回來。朝鮮國王「開諭」曹判崔致，下達撫綏政策。《李朝實錄》世宗二十二年（明英宗正統 5 年，1440 年）七月辛丑條記載：凡察、童倉遷走時，「拋下牛馬家產等物，並令還給，無衣者給衣，無食者給糧，無穀種者給種，但有田禾，官給人夫鋤治，更加撫綏。」

《李朝實錄》上述這些記載：朝鮮邊民放牧牛馬，踏壞凡察的「禾穀」；凡察居住會寧「勤治農事」；凡察抱怨朝鮮邊民奪他「舊田」；凡察、董山遷走後，朝鮮採取誘還政策，如能回歸，「無穀種者給種」，遷走時丟下「田禾」，如能回來，朝鮮政府派人給「鋤治」。所有這些記載，都圍繞一個「農事」，這些促以佐證斡朶里部，在阿木河居住時，早已是以農耕爲主的農業部族了。

社會經濟的發展，和先進的生產工具有着密切關係。但是僅

僅有生產工具，不能構成生產力，勞動者在社會經濟發展中，生產力起着主導作用。

斡朶里從事農耕生產的勞動者，明初主要是本部族人，其次是擄掠的漢人和朝鮮人。到了明中葉擄掠的朝鮮人，特別是漢人，從事農耕勞動，越來越多。正統二年（1437年），朝鮮官員給政府報呈的一份公文裡，便列舉被擄漢人逃往朝鮮地區，朝鮮方面收容後送還遼東達一千多人 ⑩。《李朝實錄》成宗八年（明憲宗成化13年，1477年）記載：「野人（泛指女真人）剽掠上國（明朝）邊氓，做奴使喚，乃其俗也」，可見漢人被斡朶里部擄掠去爲奴隸是常事。奴隸受着慘無人道的待遇，體力和智力遭到嚴重的摧殘，他們過着痛苦而悲慘的生活。《李朝實錄》成宗二十二年（明英宗正統9年，1444年），一個曾在女真地區被奴役多年的朝鮮人逃還朝鮮，述說遭受奴役，過着非人待遇的生活：

賊（女真奴隸主）使臣每日砍木員來，手足皆裂流血，臣呼泣。賊呼朴丹容阿女子問其呼泣之意，臣具言其故。丹容阿女子告賊，賊曰：誰能使汝坐費飲食乎？如此，則將殺之。臣畏不敢復言。一日，丹容阿女子招臣，臣往見之，饋酒食，曰：汝見此飯不淅不去沙，此犬馬之食，非人之食也！在我土生長父母之家豈見如此之食乎？又語臣曰：今汝所寓之家，乃富家也！汝雖無衣其家造給之矣，我則貧乏無衣，汝脫一衣贈我何如？臣脫衫兒以贈之。

---

⑩ 吳晗輯：《朝鮮李朝實錄中的中國史料》，第1冊，331頁，1980年中華書局出版。

女眞斡朶里部對朝鮮人「或誘或邊，或招亡」，也就是實行
雇工，則大概出現在宣德末、正統初年。如正統五年朝鮮人朴石
金、鄭夫金等在斡朶里部當雇工，就是一例。斡朶里部的雇工出
現，說明斡朶里部社會生產力和生產關係發生了變化，已有早期
封建生產關係的因素了。

三　明代中期建州左衞斡朶里部的社會結構

斡朶里部的社會發展，造成了氏族社會組織解體，奴隸佔有
制產生的經濟基礎。第一、表現民人分等。女眞斡朶里部居住在
會寧一帶，據《李朝實錄》端宗卷十三，魯山君日記三年（明景
泰六年，1455 年）三月己巳條記載，朝鮮咸吉道都體察使李思哲
對圖們江流域會寧鎮女眞斡朶里部六個部落進行了調查：

會寧鎮「北指二十里江（指圖們江）內」的女眞斡朶里吾弄
草村落：

> 會寧鎮北指二十里江內吾弄草，住斡朶里萬戶李貴也，族類
> 強盛，酋長一等，子護軍李巨乙加介上京侍衞、次子司直阿
> 伊多可、次子處巨乃，已上四等。護軍童南羅，故都萬戶阿
> 下里子，族類強盛一等，子息迷弱。護軍童毛多赤，族類強
> 盛，阿下里弟侍衞二等，子也車石四等，次子名不知。護軍
> 浪加加乃，族類強盛二等，子護軍浪三波侍衞四等，次子司
> 直浪金世、次子浪金吾介、次子沙乙之、次子浪三下。次子
> 毛可，已上四等。護軍朴訥于赤侍衞二等，子司直毛都吾、
> 次子司正家老，以上四等，次子二名不知。護軍浪愁老，族
> 類強盛二等，子浪加乙愁四等，次子三名不知。副萬戶童敦

道，族類強盛二等，子三名不知。司直李溫赤，族類強盛三等，子都老古四等，次子一名不知。司直浪下毛羅，族類強盛三等，子阿下四等。司直李都致李貴也弟二等，子這巨乃四等，次子三名不知。司直阿弄可三等，子阿古赤四等，次子三名不知。司直童束時，族類強盛三等，子四名不知。副司直童也音夫四等，子兒家四等，次子一名不知。司直李注音比李貴也姪三等，子二名不知。副萬戶童所乙吾三等，子三名不知。護軍文加乙巨，族類強盛二等，子公時大四等，次子三名不知。右里四十餘家，內壯丁八十餘名，已上並李貴也管下。⓫

上引文「斡朶里」，《李朝實錄》有時記載「吾都里」。「童南羅，故都萬戶阿下里子」，這個「阿下里」，就是《李朝世宗實錄》卷九二，二十三年（1441年）正月丙午條的「凡察兄阿哈里」，「哈」與「下」，朝鮮同音通用。文中記載，斡朶里萬戶李貴也一等，護軍李巨乙加上京侍衛、司直阿伊多可、處巨乃，均爲四等。童南羅一等。護軍童毛多赤二等，也車石四等。護軍浪加加乃二等，護軍浪三波侍衛四等，司直浪金世、浪金吾介、沙乙之、浪三下、毛可，均四等。護軍浪愁老二等，浪加乙愁四等。副萬戶童敦道二等。司直李溫赤三等，都老古四等。司

⓫ 《李朝實錄》卷 13，魯山君日記（乙亥年）3 年 3 月條，詳細記載了當時朝鮮邊將李思哲對圖們江流域女眞斡朶里部、骨看兀狄哈部等進行了調查，儘管有很多遺漏和謬誤，但是這類材料是極其珍貴的，因特別缺乏。這是記載斡朶里部西遷當時的生活形態，成爲研究明代中葉女眞社會經濟形態極其重要史料。

直浪下毛羅三等，阿下四等。司直李都致二等，巨乃四等。司直
阿弄可三等，阿古赤四等。司直童束時三等。副司直童也音夫四
等，兒家四等。司直李注音比三等。護軍文加乙巨二等，公時大
四等。「右里四十餘家，內壯丁八十餘名」，實際所舉人數，算
「名不知」二十五人在內，不足六十人，戶數不足數十家。儘管
如此，也可看出吾弄草部落等級劃分：一等二人，二等七人，三
等六人，四等十九人，其餘都沒有列上等級，爲等外。階級分化
明顯顯示出來。

《李朝實錄》同條記載，會寧鎮「四里江內」女眞斡朶里的
吾音會村落：

> 四里江（亦指圖們江）內吾音會，住斡朶里都萬戶馬仇音波，
> 族類强盛，酋長馬邊者姪，所老加茂妹夫一等，子護軍伐伊
> 多三等，次子毛多赤、次子阿唐可，已上四等。童亡乃，族
> 類强盛，酋長一等，子護軍伊時可三等，次子司直約沙、次
> 子麻舍、次子甫郎可，以上四等。護軍馬朱音波仇音波第二
> 等，子甫郎可三等，次子甫多赤四等。護軍馬金波老仇音波
> 第二等，子司直馬千里三等，次子多弄可、次子阿乙多，已
> 上四等，次子一名不知。副萬戶童三波老，族類强盛，都萬
> 戶吾沙介子二等，子護軍伊時可三等，次子司正者吐、次子
> 者邑可，已上四等。護軍馬加弄可仇音波第二等，子三名不
> 知。右里九家，內壯丁二十餘名。

上記載斡朶里都萬戶馬仇音波一等，護軍伐伊多三等，毛多
赤、阿唐可均爲四等。童毛乃一等，護軍伊時可三等，司直約沙、
麻舍、甫郎可均爲四等。護軍馬朱音波仇音波二等，甫郎可三等，

甫多赤四等。護軍馬金波老仇音波二等，司直馬千里三等，多弄可、阿乙多均為四等。副萬戶童三波老二等，護軍何時可三等，司正者吐、者邑可均為四等。護軍馬加弄可仇音波二等。引文中記載「右里九家，內壯丁二十餘名」，實際所舉人數，算「名不知」在內，戶數才六家，儘管如此，也可得知吾音會部落內部等級劃分：一等二人，二等四人，三等五人，四等十人。還有四人「名不知」。階級劃分是明顯的。

《李朝實錄》同上條記載，會寧鎮「西指二十里江內」女真斡朶里的下甫乙下村落：

> 西指二十里內下甫乙下，住斡朶里都萬戶童吾沙可，族類強盛，酋長一等，子護軍童宋古老四等。護軍童吾乙沙故都萬戶因豆子，無子，二等。司直阿下大四等，子訥許四等。司直童沙下知，無子，四等。護軍童夫里可故都萬戶也吾太子，童亡乃姪二等，子二名不知。指揮多可，童吾沙可女壻，三等，子家老四等。司直童束時，亦童吾沙可女壻無子，三等。右里七家。內壯丁十五餘名，已上並吾沙可管下。

上引文七家，戶數一致。七家等級即：都萬戶童吾沙可一等、護軍童宋老四等。童吾乙沙二等。司直阿下丈四等，訥許四等。童夫里可二等。多可三等，家老四等。童束時三等。可知下甫乙下村落七戶等級：一等一人，二等二人，三等二人，四等五人，等外五餘人。

《李朝實錄》同條記載，會寧鎮「西指三十五里江外」女真斡朶里的下多家舍村落：

西指三十五里江外下多家舍，住幹朶里司直無伊應可三等，子伐伊堂可、次子三下、次子多非可、次子阿乙多，已上四等，次子一名不知。毛多吾，童末應巨加勿等故都萬戶加時波子，無子，二等。右里二家，內壯丁九名。

　　上引文「右里二家」，戶數一致。兩家中分的等級爲：一家司直無伊應可三等，伐伊堂可、三下、多非可、阿乙多，均爲四等。另一家毛多吾爲二等。可知下多家舍二等一人，三等一人，四等四人。餘者爲等外。

　　以上是女眞幹朶里部居住在會寧一帶，四個村落，即吾弄草、吾音會、下甫乙下、下多家舍，內部社會階級劃分情況。爲了清楚起見，特列表如下：

會寧女眞幹朶里部四個村落等級劃分情況

等級 村落名	一等	二等	三等	四等	備　　　　　注
吾 弄 草	2	7	6	19	
吾 音 會	2	4	5	10	
下 甫 乙 下	1	2	2	5	
下 多 家 舍		1	1	4	無有酋長因此無一等
總　　　計	5	14	14	38	

　　由上表不難看出：㈠斡朶里部吾弄草等四個村落已有等級劃
分，可以推測出整個斡朶里部這時已有等級劃分。㈡等級爲少，
逐次漸多，當然還有等外，本表未列出。㈢下多家舍村落因無酋
長，因此沒有一等，可能是酋長或酋長族系或者「族類強盛」，
才有可能列爲一等。莫東寅先生在《滿族史論叢》中對斡朶里社
會等級研究頗深，但在吾弄草村落四等數字統計有誤，特別不應
把會寧「南指二百一十里」的上東良村落，也規屬於斡朶里部族
來統計，因其村落不但居住着斡朶里人，也居住着兀良哈人。

　　上述已得知斡朶里部這時已劃分了等級，等級的劃分其含意
又是什麼呢？《李朝實錄》有詳細記載：

　　　咸吉道都體察使李思哲，因諭書，與節度使同議，第其野人
　　部落，族類強弱，以啓曰：火剌溫、愁濱江、具州等處兀狄
　　哈，則居於深遠之地，未嘗歸順。故其部落族類強盛及麾下
　　名數，不可得知。兀良哈、斡朶里女真、骨看兀狄哈內首長，
　　則分等爲難，故並以一等施行。雖非首長，部落族類強盛人，
　　亦一等施行。其餘各人，以強弱分爲二、三、四等。⑫

　　引文中明顯看出，等級劃分標準，不完全依據血統因素，而
是更多考慮「部落族類強盛人」作爲「一等施行」，其他「以強
弱分爲二、三、四等」。上述《李朝實錄》記載四個村落一等者
爲：李貴也、童南羅、馬仇音波、童毛乃、童吾沙可，這五個人
中不是酋長，就是族系中有權有勢的人。斡朶里氏族已崩潰，階
級明顯分化，奴隸佔有制已產生。

---

⑫　《李朝瑞宗實錄》卷13，3年3月己巳條。

　　第二、奴隸佔有制產生，表現血緣氏族部落已開始破壞，出現了非血緣村落。還舉上述《李朝端宗》卷 13 ，魯山君三月（明景泰六年，1455年）三月己巳條記載，朝鮮咸吉道邊將李思哲對圖們江會寧一帶女眞斡朶里部吾弄草村落進行調查結果：這個村落居住斡朶里萬戶李貴也爲酋長。這個村落居住李、童、浪三姓爲多數，另外還居住着朴、文二姓及姓氏不名的一家。李姓除了萬戶李貴也，及其子李巨乙加介、阿伊多可、處巨乃外，還有司直李都致及其子這巨乃。司直李注音比。童姓有護軍童南羅，護軍童毛多赤，及其子也車石，副萬戶童敦道，司直童束時，副司直童也音夫及其子兒家，副萬戶童所乙吾三。童姓之中童南羅，其父「故都萬戶阿下里」，就是《李朝世宗實錄》卷九二，二十三年（1441年）正月丙午條記載的「凡察親兄阿哈里」，「哈」與「下」朝鮮同音通用。凡察此時還在建州左衛（正統七年才從建州左衛分出建立建州右衛），因此童南羅與凡察有血緣關係。

　　但浪姓的浪加加乃的浪三波，據《李朝實錄》卷二十，六年（1461年）四月壬申條記載，是兀良哈族浪孛兒罕從弟，浪加加乃一家必爲兀良哈。因此吾弄草村落不是單一血緣家族，已失去了氏族血緣紐帶，變成地緣村落。

　　再看看吾音會村落，居住六家，即馬仇音波，其子伐伊多、毛多赤、阿唐可。童亡乃，其子伊時可、甫郎可。馬朱音波，其子甫多赤。馬金波老仇音波，其子馬千里、多弄可、阿乙多。童三波老，其子伊時可三、者吐、者邑可。馬加弄可仇音波，「子三名不知」。六家馬姓四家，童姓兩家。六家屬於三個血緣家族。馬姓四家屬於一個血緣關係，全是同族，四戶十六口，佔吾音會

村落一半以上。童亡乃屬於一個血緣關係。童三波老一族所屬明。同姓不一定就是同一血族。因此吾音會村落所居住居民也不是單一的血緣家族。童三波老，其父吾沙介即《李朝世宗實錄》卷八二，二十年（1438年）七月辛亥條記載的「于沙哥」，于沙哥是凡察之兄，因此童三波老和建州左衞有血緣關係。

而下甫乙下村落情況也是一樣，共居住七家，即童吾沙可，其子有童宋古老。童吾乙沙，無子。阿下丈，其子訥許。童沙下知，無子。童夫里可，子二名不知。多可，子家老。童束時，無子。七戶中童姓佔五戶，還有阿、多二姓。童姓五戶中，雖童束時是吾沙可女婿，兩家有婚姻關係。但童姓五戶，不皆同族。也說明下甫乙下村落，不是同一血緣村落。特別酋長童吾沙哥（即吾沙介），又不於其子，居住在吾音會村落同居，父子都分居在兩個村落，即吾音會和下甫乙下居住，更說明已出現非血緣村落。

再看看最後一個村落下多家舍血緣情況。這個村落儘管住了兩戶人家，也不是同一血族的。居住的無伊應可，其子伐伊堂可、三下、多非可、阿乙多，與另一戶毛多吾毫無血緣關係，也與建州左衞凡察無關係。但毛多吾却與建州左衞凡察有關係，「毛多吾，……故都萬戶加時波子」，這個加時波子是凡察異母弟。

以上四個村落居民情況充分可以看出，這時女眞斡朵里社會結構發生了變化，血緣氏族已完全破壞了，出現了完全非血緣村落。

第三、奴隸佔有制的產生，表現在婚姻形式上是家長制父權之下的一夫多妻制的出現。一夫多妻制的婚姻形態，家長過着一夫多妻的生活，女眞人掠奪很多的漢人、朝鮮人，爲奴爲妾。

《李朝端宗實錄》魯山君二年（1432年）十二月癸巳記載：「遼東人逃避徭役而來吾土者（係指女眞斡朶里居住地），或有作妾而居者。」女眞凡察告朝鮮方面使臣時說：「吾等交易使喚奴婢及作妾人等，逃至慶源城界者，悉還中國，因此，吾輩無使喚之人」⓭。掠奪漢人、朝鮮人爲妻妾，女眞人過着一夫多妻的生活。還有一種情況，這時期女眞人頗流行轉房習俗，也是女眞人出現多妻的原因之一。《李朝世宗實錄》卷八二，二十年（1438年）七月辛亥條記載：

> 凡察之母，僉尹（官名）甫哥之女也吾巨，先嫁豆滿（官名）揮厚，生猛哥帖木兒。揮厚死後，嫁揮厚異母弟容紹（官名）包奇，生于盧里、于沙哥、凡察。包哥（奇）本妻之子有吾沙河、加時波、要知。

引文中的于盧里，就是「凡察親兄阿哈里」⓮。阿哈里之子是吾弄草村落的童南羅。吾沙哥即吾沙介，也就是童吾沙可。根據上引文可知二七六頁表系內容。

現在把這表系和前《李朝世宗實錄》卷八十二對照一下：凡察之母也吾巨，先嫁揮厚，生猛哥帖木兒。揮厚死後，又嫁揮厚異母弟包奇。這就是轉房習俗，弟可娶兄嫂，兄可娶弟妻的「兄死妻嫂」的風習。在這裡可以看出女眞斡朶里部婚姻制度，一位寡婦有再轉嫁於其已故之夫的兄弟的義務和權利；而夫的兄弟，也有權利和義務同兄嫂成婚，這是族外羣婚的遺俗。也吾巨嫁給

⓭　《李朝世宗實錄》14 年 3 月壬申條。

⓮　《李朝世宗實錄》23 年正月丙午條。

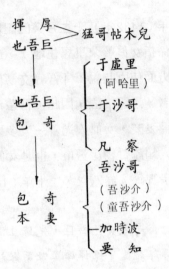

揮厚與母弟包奇，生子于盧里（阿哈里）、于沙哥、凡察。特別
值得一提的是與寡嫂結婚後已生了三個孩子，但包奇又娶妻，稱
爲「本妻」，又生三子，即吾沙哥、加時波、要知。這樣由亡夫
家族內轉房，轉房妻不能算正室，男方又娶「本妻」爲正室，這
樣由轉房造成一夫二妻的婚制。轉房風俗正反映女眞斡朶里仍然
存在族外羣婚的痕跡。但已脫離了羣婚、對偶婚，正在走向一夫
一妻制的「挿入了男子對奴隸的支配和一夫多妻制」。

第三節　海西女眞兀者等衞兀者諸部經濟狀況

一　農耕狀況

　　海西女眞，又稱扈倫四部，即哈達、輝發、烏拉和葉赫。其

分佈區域大體在明開原邊外，輝發河流域，北至松花江中游等廣大地區。這一區域明政權招服後，先後設置了近二百個衞所❻。這些衞所官員的任命、升降和承襲都由明政權決定，各衞所必須聽從明王朝調發戍守邊疆，按時繳納貢賦，執行明王朝政令，進行「羈縻」統治的撫綏政策，在政治、經濟上與明朝建立了隸屬關係。從總的看，明政府與女眞人的這種統屬關係是正常的，和平相處是主要的。因此海西女眞經濟發展的較快，特別是明代後期發展更快。

　　海西女眞各衞經濟發展是極不平衡的。有的衞所農耕是相當發達的，是一個以農業為主，並營漁獵的農業部族。他們早在金代時，就已從事農業生產。

　　明代海西地區由於處於沃野之饒，山川之利，江河之便，再加上勞動民衆披荊斬棘，辛勤勞動，在元代的基礎上，到了明代農業得到了進一步發展。據《寰宇通誌》卷一一六轉引元代的《開元新誌》記載：由「其腦溫江（今嫩江）上自海西，下至黑龍江，謂之生女眞，受野人所轄，略事耕種，土俗居處，稍類建州。」到了明代情況就不一樣了，則是「溫腦（腦溫）江，上自海西，下自（至）黑龍江，謂生女眞，受轄於野人，事耕種，言語居處，與建州類」❼。上述兩條史料，記載這一地區，由元代「略事耕種」，到了明代則「事耕種」；由元代「土俗居處，稍

---

❻　各個衞所地扯，見拙著：《明代奴兒干都司及其衞所研究》，1982年中州書畫社出版。

❼　《遼東誌》卷9，〈外誌〉。

類建州」，到了明代則「言語居處，與建州類。」可知明代農業比元代有了進一步發展。海西境內另一地區元明兩朝農業發展情況也不一樣，《寰宇通誌》卷一一一又轉引《開元新誌》記載：「可木以下，沿江皆榛莽，人無常處，以樺皮爲屋，行則馱載，止則張架以居，少事耕種，養馬弋獵爲生，以獨木刳舟，其阿速河至散魯江爲迤西，頗類可木。」到了明代歷史文獻記載同一地區農業發展情況就有所不同，《遼東誌》卷九記載：「可木以下，松（沿）江皆榛莽，人無常處，帷逐水草，樺皮爲屋，行則馱載，住則張架，事耕種，養馬弋獵，刳獨木爲舟，以皮毳爲市，以貂鼠爲貢。阿速河至散魯溫爲迤西，其耕作、射獵、飲食、居處，類可木。」上文提及的「可木」，即今黑龍江省同江縣東，黑龍江右岸科木，明代可木衛和可木驛站，均設在此地，迄今仍是赫哲族居住區。阿速江即在今寧安縣一帶，據《遼東誌》記載：「源出古州百山，北流入松花江。」古州即谷州，即今寧安縣一帶。明代有阿速江衛，當設在寧安一帶。散魯溫，即今黑龍江下游右岸宏格力河口的薩爾布湖畔之原薩爾布屯。明代在散魯溫地方設驛站。上兩種文獻，即元《開元新誌》、明《遼東誌》對同一地區記載，對比起來，有所不同。元代文獻記載該地區「少事耕種」，而明代文獻則記載「事耕種」；又元代文獻記載：「阿速江至散魯溫爲迤西，頗類可木」，而明代文獻記載：「阿速江至散魯溫爲迤西，其耕作、射獵、飲食、居處，類可木」，元明文獻兩相對照，皆不相同。可知明代可木，即今同江縣東，以下沿江地段的農業的發展，比元代是進了一步；而阿速江至散魯溫，即今寧安縣一帶至黑龍江下游宏格力河口一段，明代農業也比元

代發展。

以上事實說明海西地區農業比元代是發展了，居民「俗尙耕稼」❼，農業所需要的耕牛和農具，均由內地交換供給。正統四年（1439年）「韃子（係指兀良哈三衞）、海西野人女眞，歸自京師，道過邊境，輒以所得綵幣或駑馬，市耕牛及銅鐵器皿」❽。成化十三年（1477年），海西諸部「入寇鼇陽」，據海西部人言是明政府「禁製我買，使男無鏵鏟，女無針剪，因是入寇」❾。成化十五年（1479年），又有明將「（馬）文昇禁建州女眞虜交易農器」，而引起「屢寇邊」❷的事件。生產工具的交易受到障礙就引起海西諸部「寇邊」，可見生產資料鏵、鏟等對海西甚爲重要。農業方面，海西女眞地區並不低於建州女眞地區。至於明代後期，海西女眞農業更爲發展，這在以後詳談，本章且不贅述。

二 手工業

手工業生產已從農業分離出來，已達到相當水平。首先表現在冶煉技術方面。由內地輸入海西地區的金屬工具，不僅會直接推動海西女眞的農業發展，同時還會引起和推動海西冶鐵業的發展，同時還會引起和推動海西冶鐵業的發展。如弘治十六年（1503年）記載鄒文盛上疏中談到：「竊聞虜所易之鍋鏵，出關

---

❼ 《皇明九邊考》卷2；《遼東誌》卷7，〈藝文〉。

❽ 《明英宗實錄》卷54。

❾ 《明元清係通紀》正編，卷10。

❷ 《明全從信錄》卷23。

後盡毀碎融液」❷。毀碎原有器物，經過融煉改鑄新品的過程，必將促進和提高鑄鐵冶煉技術的發展。朝鮮《李朝實錄》成宗十四年（明憲宗成化 19 年，1483 年）又記載：建州衞女眞所用的甲冑以「冶工」用造之，而鐵「產於火剌溫地面」❷，火剌溫地面屬於海西，冶煉出鐵，且輸往建州之用。可見海西鐵的生產已很可觀，海西冶煉技術已達到相當水平。

手工業比較發達也表現在造船業方面，據《遼東誌》卷九記載：海西可木地方居民造船「刳獨木爲舟」，而阿速江至散魯溫一段居民造「五板船，（船）頭是枒權木根，如鹿角狀，兩舷盪槳，疾行江中，謂之廣窟魯。」比元代《開元新誌》關於五板船的記載，更爲具體❷。

手工業比較發達還表現在土木建築業方面。盧瓊的《東成見聞錄》載：海西「開原北，近松花江者曰山寨夷，亦海西種類，又北抵黑龍江曰江夷，俱有室廬，而江夷爲最」❷。《遼東誌》卷九也記載：「近松花江者曰山寨夷，近黑龍江者曰江夷，此輩亦有室廬居，止（祇）而江夷，又其最者焉。」❷所謂「室廬」，造型已經是屋室式結構的房舍，說明海西地區明中葉手工建築業

---

❷ 《明孝宗實錄》卷 195。

❷ 吳晗 輯：《朝鮮李朝實錄中的中國史料》第 2 冊，第 693 頁，1980 年中華書局出版。

❷ 《遼東誌》卷 9，第 5 頁〈外誌〉（《遼海叢書》本）；參見董玉瑛：《明代海西女眞的經濟生活》，載《社會科學戰線》，1980 年 4 期。

❷ 《遼東誌》卷 7，〈藝文〉。

❷ 《遼東誌》卷 9，第 13 頁〈外誌〉（《遼海叢書》本）。

已經是很發達了。

三　採集狩獵業

　　明代海西女眞採集山貨主要是木耳、榛子、蘑菇、人參等，
這些土產品，成爲海西人與內地交換的主要產品。在遼東開設
「馬市」、「木市」，以便海西女眞各衞部人互市買賣。在馬市
上，明朝以海西女眞人所需要的生活用品、生產資料，如糧穀、
食鹽、布匹、絹帛、鐵鍋、鐵鏵以及耕牛等，同女眞交換土產品，
促進了海西地區經濟發展。這在以後章節中還要詳述。

　　海西狩獵業是比較發達的。「腦溫江，上自海西，下自（至）
黑龍江」一帶居民，尤爲善射獵，「江口有石，名木化石，堅利
可銼矢鏃，土人寶之」❷❻，可見這一帶各衞居民極善狩獵，主要
是貂、黑狐等。據《李朝實錄》世宗二十一年（明英宗正統４年，
1439年）記載：兀者衞地一帶「所產獐、鹿居多，熊、虎次之，
土豹（即失剌孫）、貂鼠又次之」。福餘、泰寧等衞地，主要產
「馬、失剌孫、貂鼠皮」❷❼。這些土產品，除馬匹外，多爲貢物，
當然有一部分是與內地商業貿易之用。這是因爲東北各地區，各
民族間社會經濟，社會發展是不平衡的。以漢族爲主的遼河流域
經濟是比較發達的，而建州、海西地區次之，又「野人」女眞地
區更次之。生產品的地域差異性、不平衡性，這就決定了地區間
在經濟上的相互地依存關係和進行交易的必要性。進行交易形式

---

❷❻　《遼東誌》卷９，第５頁〈外誌〉（《遼海叢書》本）。

❷❼　《遼東誌》卷９，第12頁〈外誌〉（《遼海叢書》本）。

是多種多樣的，一種是內地商人，進入海西地區直接進行交易，看來這種形式爲行商之類了。如海西弗提衞是海西地區商業交易活躍衞之一，明政府鼓勵，「各處商買欲來居者」、「從其便」❷，要求「各處民衆照舊買賣」，「爾平交易，不許爭競分擾」❷。弗提衞確實成爲海西地區土地「肥饒」，「畋獵孳牧」，商買輻輳的地方。商品進行交易的另一種形式主要是通過馬市進行的，開原馬市是當時海西地區各衞與內地進行交易的重要場所。進行交易，加強了東北地區各族人民間經濟聯繫，促進了各少數民族經濟的發展和生產技術的提高。

❷ 《明太宗實錄》卷 93。

❷ 《明英宗實錄》卷 339。

第十章　明代東北民族及民俗特點

第一節　明代東北民族

一　明以前東北的漢人

關於明以前東北漢人的歷史，不僅資料豐富，而且問題複雜。在這本書祇能抛出一個綱，供廣大讀者思考。在談這個問題之前，我們向讀者推薦 1983 年 8 月出版的《人類學學報》第二卷第三期。首先請讀施全德等撰寫的《黑龍江省達斡爾族體質特徵調查》一文，他們說：「調查結果表明，達斡爾族居民具有典型的黃種人特徵。例如鬍鬚少，眼裂狹窄，蒙古摺發達，鼻梁較直，鼻高中等，鼻寬偏窄，頭部短寬且較高，面部較高且偏寬。這些特徵與華北地區的漢族和朝鮮族、羌族的體徵比較接近」❶。人類學資料表明，東北漢族和兄弟民族長期共處，有着悠久的血緣關係。

東北地區的瀋陽新樂下層文化、黑龍江省密山縣新開流下層文化、遼西紅山早期文化更提供了重要證據。早在 1979 年我們就已命名「新樂和新開流距今六千年前的原始文化為東北夷文化」

---

❶　施全德等：《黑龍江省達斡爾族體質特徵調查》，載《人類學學報》1983 年 2 卷 3 期第 60 頁。

❼。我國歷史文獻中的 「東北夷」，最早稱「九夷」，其後裔相
繼加入漢民族。據考證，九夷族團還是漢族先世的主源之一。

　　按通行說法，華夏族是漢族的先世，曾經一度以「炎黃子孫」
代替漢族族稱，認爲炎帝和黃帝是華夏族的兩位始祖，也就是漢
族的始祖。

　　距今 800 多年前，鮮卑族的宇文周著書聲稱契丹族「本炎帝
之後」❸，而契丹族的耶律儼修誌「稱遼爲軒轅後」❹。元代脫
脫主修《遼史》謂：「儼《誌》晚出，蓋從周《書》。蓋炎帝曰
葛烏菟者，世雄朔陲，後爲冒頓汗所襲，保鮮卑山以居，號鮮卑
氏」❺。是鮮卑族、蒙古族學者均主張炎帝說。契丹族發源於今
天的西遼河上游。該地區的紅山文化無疑是契丹族和遼西漢族的
共同先世之一的炎帝。在這一地區相繼發現五千年前的祭壇、女
神廟、積石冢羣址。1986 年 7 月 25 日《光明日報》頭版報道：
「考古學家根據已經出土的大批文物推斷，五千年前這裡曾存在
過一個具有國家雛形的原始文明社會。」同年 8 月初，我們在一
次古民俗學學術大會上談了我們的看法，我們認爲五千年前的遼
西女神屬於炎帝族，其後裔「都是炎帝族的直系、黃帝族的姻親」
❻。我們主張屬於炎帝族的根據比較充分。如碳十四的測定距今

---

❼　傅朗雲、楊暘：《東北民族史略》吉林人民出版社，1983 年出版。

❸　《遼史·世表》。

❹　《遼史·世表》。

❺　《遼史·世表》。

❻　傅朗雲：《東北古代女神考述》（油印稿），第 9 頁。

五千多年，正與《帝王世紀》的推算吻合❼。女神塑像全係黃土
黃草稈爲原料，可見女媧搏黃土造人的遠古神話實有所本❽。且
史書所載，炎帝排在女媧之後，炎帝族人均係女媧嫡係的後裔❾。
炎是火的表像，呈紅色、赤色，故炎帝又稱赤帝❿，與女神頭像
面呈紅色，係塗丹所致⓫，遼西係東北夷發祥地。紅山文化的分
佈範圍達到河北省⓬，炎黃交戰的古戰場正在這一帶⓭。考古資
料和歷史文獻基本一致。還有一些證據，就不一一贅述了。

　　耶律儼認爲契丹族出自黃帝也不無根據。早於宇文周的魏收，
在其所著《魏書·帝紀第一·序紀》中載稱：「昔黃帝有子二十
五人，或內列諸華，或外分荒服。昌意少子受封北土，國有大鮮
卑山，因以爲號。其後世爲君長，統幽都之北，廣漢之野。……
其裔始均，入仕堯世。逐女魃於弱水之北，民賴其勤。帝舜嘉之，
命爲田祖。」又《漢魏叢書·十六國春秋·前燕錄》云：「昔高
辛氏游於海濱，留少子厭越以君北夷，世居遼左，號曰東胡。」

---

❼　《文物》1986 年 8 期 17 頁載：「4995 ± 110 年，樹輪校正 5000 ±
　　130 年」。徐宗元《帝王世紀輯存》第 11、15 頁（中華書局，1964
　　年）分別輯有炎帝八代五百三十年和黃帝三百歲。夏距今四千餘年。
　　故炎帝距今五千多年。

❽　《太平御覽》卷 87 引〈風俗通〉：「女媧搏黃土做人」。

❾　參見皇甫謐《帝王世紀》；司馬貞補《史記·三皇本紀》。

❿　參見丁山《中國古代宗教與神話考》龍門聯合書店，1961 年。

⓫　古代羌、鮮卑等少數民族都自稱炎帝後裔。

⓬　參見《蘇秉琦考古學論述選集》1984 年文物出版社。

⓭　參見《史記·五帝本紀》；郭沫若主編《中國史稿》1976 年人民出
　　版社。

可證契丹先世實有黃帝後裔。夏以前的「仰韶文化」在東北地區的傳播 [14]，亦可證黃帝族進入東北地區。《魏書》所記「入仕堯世」的「始均」，即《山海經》中的「義均」和「叔均」，《竹書紀年》作「義鈞」和「商均」[15]。《國語·楚語》上記載：「堯有丹朱，舜有商均」。《路史·後紀》十一載稱：「女英生義鈞。義鈞封於商，是爲商均。」是謂夏以前的商族先世曾活動在東胡、鮮卑、契丹等歷史民族地區。史書記載，受封於商的是「契」，而契之母是「有娀氏之女」[16]。「有娀氏之女」，亦可作「女娀」，即「女英」的異寫。

力主商族發源於遼西地區的學者，如徐中舒教授說：「余疑古代環渤海而居之民族，即爲中國文化之創始者，而商民族即起於此」[17]。陳夢家先生進一步論證：「商部族最早活動於東方的渤海沿岸，它和遼東半島、山東半島古代土著有若干共同之處」[18]。傅斯年著《夷夏東西說》（載《蔡元培紀念論文集》）和《古代之東北》（載《東北史綱》）僅復論商爲東北民族。商代擁有發達的青銅工業，遼西地區發現的大型煉銅遺址當與商民族有關。

商取代夏，將華夏民族的文化推向光輝燦爛的青銅器時代。封在東北地區的箕、燕等諸侯國，以華夏居民爲主，不斷向東北

---

[14] 佟桂臣：《東北原始文化的分佈與分期》，載《考古》1961年第6期。

[15] 《山海經·大荒北經》有「叔均乃爲田祖之說」。

[16] 參見《史記·殷本紀》和《詩·商頌》。

[17] 《國立中央研究院歷史語言研究所集刊》，第2本（1930－1932年）第60頁。

[18] 陳夢家：《殷代社會的歷史文化》，載《新建設》1955年7期。

地區發展。

　　西周時期，東北地區的古朝鮮國接納許多商王朝的遺民 ⑲。新封的燕國又有許多周族人定居 ⑳。東北地區的華夏族成份兼有夏、商、周三大系統。又由於西周統治階級執行比較開明的民族政策，促進了民族交往和民族融合 ㉑。

　　春秋戰國時期有三次規模最大的華夏族向東北移民。第一次，約當公元前 664 年，齊桓公北伐山戎 ㉒。第二次，公元前四世紀，山戎族的一支建立中山國，爲華夏族人進入東北地區創造了有利條件 ㉓。第三次，是燕國大將秦開戰敗東胡，在東胡人的土地上發揮移民的農業技術優勢，招徠衆多華夏族進一步移居東北 ㉔。

　　史載，西漢時期遼東郡有 27 萬多人口，遼西郡有 35 萬多人 ㉕，幾乎都是漢人。根據民間傳說，戰國名將李牧、前漢的李陵，其後人和當年中原將士曾遠徙今蘇聯境內的錫霍特山區 ㉖。可見漢族，已在東北地區建立家園。

　　三國時期，中原戰亂，漢族人民紛紛遷徙。建安初年，「幽、

---

⑲　朝鮮《海東繹史》引《三才圖會》稱：「箕子率五千人入朝鮮」。

⑳　參見《史記‧燕召公世家》。

㉑　參見《逸周書‧王會解》。

㉒　參見《管子‧小匡》。

㉓　參見《文物考古工作三十年》第 43 頁。　中山國的鮮虞民族爲華夏族陸續進入東北地區架起一道民族關係的橋樑。

㉔　參見《史記‧匈奴列傳》。

㉕　《漢書‧地理誌》。

㉖　參見阿爾先耶夫《在烏蘇里的莽林中》，第 577 頁，商務印書館，1977 年，中譯本。

冀吏人奔烏桓者十萬餘戶」❷，起碼有五、六十萬人。

西晉南北朝時期，漢族在東北少數民族地區相對集中，出現「漢城」一類的地名❷。後趙、前燕、前秦、後燕、北燕等地方民族政權所轄漢族吏民，和兄弟民族一道，在艱苦的條件下建設東北地區。

隋唐時期，國家復歸統一，許多漢族官兵留在東北，相繼同兄弟民族婚配，其子孫成爲兄弟民族成員❷。契丹族地區的漢人相對集中，到處出現「漢城」一類工商業中心地❸。

遼王朝採取民族雜居而分治的政策，或派漢兵鎮守其它民族地區，或俘漢戶分置東北各州、縣，遼初很注重按撫漢人，取得明顯效果。在今吉林、黑龍江二省交界的松花江兩岸，曾有許多民族分區集中，以漢人居多，漢語已成各民族共同使用的語言❸。今黑龍江省泰來縣出土的遼代「大安七年刻石，載有四十七個漢人姓名」，可見當時漢族定居東北之多。

金取代遼，又滅北宋，大批俘獲的漢戶再度移居東北各地。抗金宋將王貴與牛皋的後裔至今還生活在黑龍江下游❷。

元統一後，法律規定：「諸流遠囚徒，惟女直、高麗二族流

---

❷ 《後漢書・烏桓鮮卑列傳》。

❷ 《周書・高麗傳》。

❷ 傅朗雲：《關於黑龍江的名稱》，載《吉林師大學報》1978 年第3期。

❸ 《遼史・地理誌三》。

❸ 參見《三朝北盟會編》卷20。

❷ 參見叢佩遠等編：《曹廷傑文集》第124頁，中華書局，1985年。

湖廣，餘並流奴兒干及取海青之地」❸。這就是說除了女眞族、
高麗族的囚徒而外，其餘各族囚徒，凡判刑流放到極邊的，一律
以黑龍江地區爲集中地。 1321 年，元王朝的監察御史成珪、李
謙享、曲呂不花等官員及其家屬流放到奴兒干城。此種情況對東
北居民成份有很大影響。元朝客戶有三部份，一是蒙古軍中的漢
族俘戶，隨蒙古王公封地的固定，這些漢族俘戶就在遼東地區定
居，充當這裡的蒙古王公們的農業奴隸和手工業奴隸。後來逐漸
變爲封建社會的農民和手工業者。一是歷年黃河泛濫、旱災、蝗
蟲和戰爭，成羣的災民逃難，有不少逃到東北。三是元朝各級政
府以罪犯名義流放不少漢人到東北各地。

二　明代東北民族

　　明繼元在東北統治，元遼東漢人歸撫明朝。並元代遼東漢族
有許多名門大姓，入明後世世爲官。據出土的《崔源墓誌銘》云：
「公姓崔氏，諱源，字本清。其先瀋陽人，元季有爲按撫諱文者，
實公之祖考也。我高皇帝奄有天下之十一年，考先乃〔率衆〕來
歸，授官昭信校尉。後有能世其官諱文者，實公之先考也。公早
承父師訓，通故典，明習孫吳。永樂間，隨駕北征，累功進陞武
略將軍。宣德元年，同太監亦信下奴兒干等處招諭，進指揮僉事」
❹。崔源及其父祖輩的歷史足以說明漢族大姓在遼東地區的特點。
他們世居遼東並且最先迎接明軍，被明王朝重用，可以世襲官職，

---

❸　《大金國誌》卷 40 。

❹　《崔源墓誌銘》撮片，遼陽市文物所供稿。

是明王朝統一東北地區的助力，也是進一步開發東北遠疆的功臣
宿將。

　　另一部份漢人是明初領兵統一東北，在遼東定居下來。據
《吳俊墓誌》記載：「其先祖合淝人。祖考諱海，贈鎮國將軍都
指揮同知。祖妣魏氏，贈夫人，和州仕族也。……祖海，當元季
從軍。聖朝起兵淮甸，洪武四年累功授濟陽衞百戶。十一年，以
年老，伯父斌替職，以功陞燕山前衞正千戶。已而從上南平內亂，
累陞本衞指揮同知。至於長清之戰，奮不顧身，死於敵。叔父全，
以舍人從軍，死於戰。考襲伯父職，陞指揮使，尅東昌，取夾河，
潰蒿城，拔西水，所至有功，陞都指揮僉事。收東平，汝上，大
戰靈壁。下揚泗，踰淮渡江入京，剪除奸兇。內難既平，論功陞
湖廣都指揮同知。永樂九年，調鎮遼東。累嘗從駕北征，率領前
軍剿敗胡寇，回鎮遼東。且境內冬備胡虜，夏防倭寇。號令嚴明，
將士推服」❸ 。

　　從上述墓誌可知，吳俊的父親吳海從元軍中投奔明軍，三個
兒子有兩個死於戰場。吳俊由湖廣都指揮同知調鎮遼東，冬天駐
兵北境，以防元軍殘部南下；夏天鎮守海疆，以防倭寇入侵。吳
俊代表來自長江流域的漢族，戎馬生活在遼東地區發揮的作用。

　　還有一部份漢族因罪流放東北，這在第二章已述及，這裏不
再贅述。

　　高麗族，明代東北尤其遼東地區高麗族居民較多。明洪武二
十六年（1393年）李成桂所建李氏王朝恢復了朝鮮國名，朝鮮半

　　　❸　《吳俊墓誌》攝片，遼陽市文物管理所供稿。

島上的高麗族也改稱朝鮮族。但居住在中國境內的高麗族未改族稱。正統八年（1443年）修的《遼東誌》卷一記載，整個遼東地區「華人居十七，高麗人土著附女直野人十三。」就是說，漢族佔十分之七，高麗、女眞族佔十分之三。我國境內的高麗族是一個多源民族，其族稱沿襲高夷、高句驪、高驪等歷史民族的族稱。明代遼東地區的高麗族多是古高句驪族後裔。

高句驪族源問題，《魏略》記載，和扶餘族有關。《三國誌》卷三稱：高句麗族據「東夷舊語以爲扶餘別種，言語諸事多與扶餘同，其性氣、衣服有異」。《後漢書》卷八五略加修辭，「東夷相傳以爲扶餘別種，故言語法則多同，而跪拜捭一腳，行步皆走」。漢以後古籍多本於此。另有三夷之的高夷說，高夷同臰臾（扶餘）同古。

漢以前，古朝鮮民族區有高句驪族，其時朝鮮是中國國中之國，高句驪又是朝鮮國中之國，以封建依附關係逐級從屬。朝鮮貴族領地上有許多民族，如玄菟、樂浪、高句驪、沃沮等。各族頭人也有自己的領地。

朝鮮族是遠古東北一個民族聯盟新形成的民族共同體。此聯盟以太陽圖騰和鮮魚圖騰兩個原始民族爲主體。九夷中的「陽夷」久據東北沿海地帶，以太陽爲圖騰。我國歷史上的契丹、烏桓、鮮卑諸民族和朝鮮半島、日本列島、美洲的古老民俗也有祭祀太陽的記載，說明陽夷同這些民族的先世同源。「鮮」字的構成，是水中動物魚和陸地動物羊兩種圖騰形像的結合，古漢字中也曾有「鱻」和「羴」，但鮮字的本字爲鱻，而羴讀作「膻」。相傳羊圖騰的羌族地區有鮮山和鮮水，約當陝西境內。不吃魚的舊習

可能是魚圖騰的遺蹟，保留在羌族活動地區，當是「魚」「羊」拼寫而構成「鮮」字的遠淵。

《說文解字》卷十一下釋「鮮，魚名，出貉國。從魚，羴省聲。是謂龘爲形，羴爲聲。鮮魚出貉國，而貉族曾是我國古代北方民族，東遷朝鮮半島。貉族以貉爲圖騰，戰國時期猶有一支活動在今內蒙古中部。貉族與貊族進入東北，與燕爲鄰，或稱貊，或稱貉，和濊族結成聯盟而成濊貊族。《博物誌》卷八云：「箕子居朝鮮，其後伐燕之朝鮮，亡入海爲鮮國師。」是謂春秋戰國時期的一支鮮族遷居海島。復姓「鮮于」，多見於我國西北地區和朝鮮半島上中古時期的居民，說明古朝鮮族同中原有關係。周滅商，箕子君臨朝鮮，商族再次和朝鮮族融合，民族成份又發生一次大變化。漢武帝以前，燕地華夏族大批進入朝鮮地區，構成了遼東漢族的主體和高句麗共處。西漢中期蹶起的高句驪民族包含一大批古朝鮮族後裔。直到渤海族建立地方王國，遼東地區仍有高麗居民。明洪武二十五年（1392年）高麗李成桂廢其王瑤自立，改高麗爲朝鮮。半島上的高麗族也改稱朝鮮族。但遼東地區的高麗族仍保持原有族稱，和漢族、女眞族爲鄰，積極發展水稻生產和蠶絲業。

女眞人，始見於五代，女眞民族的源流問題，雖女眞族是金王朝的統治民族，但金王朝歷代皇帝和女眞民族著名學者也沒有搞清楚。有關女眞人的族源史料，據筆者目前掌握的祇有三條。一條是佚名著《北風揚沙錄》，另一條是南宋人徐夢莘編的《三朝北盟會編》政宣上帙三，還有一條是元代馬端臨的《文獻通考》卷三二七。我們以這三條史料爲基礎，反覆對比研究，不難看出，

女眞民族早唐太宗李世民統一東北時就有活動在今鴨綠江流域和長白山地區。

　　女眞族，它有着悠久的淵源。先秦古籍中所記的肅愼人，就是女眞人的最早先人。漢代以後，不同朝代古籍上分別記載的挹婁（漢、三國）、勿吉（北朝）、靺鞨（隋、唐）、女眞（遼、宋、元、明），是肅愼的後裔，也是女眞族的先人。肅愼人的歷代後裔，在祖國東北的「白山黑水」地區生息繁衍，開發了祖國的邊疆，豐富了祖國的文化，也經歷了復雜的變化過程。

　　元末明初，女眞民族出現一次大遷徙，其遷徙方向由北往南，由東向西，分化出先進者，即建州、海西諸部。十六世紀下半期，在努爾哈赤領導下，建州女眞統一了女眞各部，並以此爲核心，吸收其他族人形成了滿族。在明季階級矛盾、民族矛盾白熱化之際，女眞後裔滿族奇跡般地崛起，揮麾全遼，馳騁中原。也有部落處在邊遠地區，未完全納入滿族共同體，他們就是今天的鄂溫克（埃文基）、鄂倫春（鄂羅奇）、赫哲（那乃）⑥等族的先人。

　　由此可見，肅愼的歷代後裔和滿族是既有關聯又不能等同，不應該把肅愼、挹婁、勿吉、靺鞨、女眞的發展過程作爲滿族本身的直接發展過程；但是，在滿族史中如果把肅愼以迄明代女眞的世代相承的聯繫與滿族割裂開來，也是不能正確反映滿族悠久的歷史淵源的⑰。

　　吉里迷，早在金代已有此族名。史載金代領土「東極吉里迷、

---

⑯　埃文基、鄂羅奇、那乃是居住今蘇聯境內各該族的同族異稱。

⑰　滿族簡史編寫組：《滿族簡史》1979 年中華書局。

兀的改諸野人之境」❸，其地歸胡里改管轄。胡里改路以江得名。
元代稱吉里迷爲吉烈迷，明代稱吉里迷，有時也寫作吉烈迷，清
代稱費雅喀，英國興地學家拉文斯坦所指的「黑龍江口北至庫頁
島爲奇勒爾人」即費雅喀❹。俄國古代著作稱基里亞克，今蘇聯
稱尼夫赫。蘇聯學者認爲屬於古亞細亞民族。

苦兀，是明代對庫頁島上土著居民稱謂。曹廷杰認爲：「庫
葉島在古爲女國，亦名毛人國……明《開原誌》云，苦兀在奴兒
干海東，人身多毛，其鄰吉列迷，男少女多，知女國毛人皆在此
島矣」❹。明代苦兀，金代稱兀的改，清代稱庫葉，可能是烏德
蓋人的先人之一。

轄轕，不是一個固定民族，而是黑龍江流域居民的泛稱。元、
明時期東北地區的轄轕族居民大多數是今天鄂倫春族、鄂溫克族、
達斡爾族、錫伯族和蒙古族的祖先。鄂倫春，據《東三省政略》
記載：「鄂倫春實以索倫之別部，其族皆散處內興安嶺山中，以
捕獵爲業。元時稱爲林中百姓」❹。明代黑龍江流域的「阿哈婁
得」人❹，就是鄂倫春族。根據鄂倫春的民間傳說，可以追溯到
唐代黑龍江流域的鄂倫春人已經和中原漢族有了聯繫❹。清初，
鄂倫春、鄂溫克和達斡爾都曾使用「索倫」的族名。蘇聯瓦西里

---

❸ 《金史》卷 24 。

❹ 拉文斯坦：《俄國人在黑龍江》1981 年倫敦出版。

❹ 《庫頁島沿革形勝考》（《遼海叢書》本）。

❹ 《東三省政略》卷 1 。

❹ 《遼東誌》卷 7（《遼海叢書》本）。

❹ 參見《旅行家》1957 年第 1 期第 41 頁。

耶夫等編的《北方民族的新生活》一書列舉了蘇聯北方二十六個
小民族，其中有居住在鄂霍茨克海沿岸的埃文基人自稱「奧羅奇」，
意即「養鹿者」❹。俄國學者馬克曾肯定「奧羅綽一詞的意思是
養鹿人」，並強調指出：「不管怎麼講，我覺得奧羅綽這個名稱
不是俄國人給他們起的，而是源於中國。在那裡久遠以來就知道
這族人叫奧倫羌和鄂倫春」❺。明代已有鄂倫春族人，祇是包括
在韃靼人內，有時也被泛稱爲野人。

　　鄂溫克，按我國通行的說法是源於索倫。考「索倫」同遠古
東北夷人中的「索家」有關係。陳玉書著《略論鄂溫克族的來源
問題》，堅持「鄂溫克族主要來源靺鞨」說，他主張明代活動
「在生女眞和野人女眞的區域有一些居住森林中，並保存了靺鞨
名號的，即今天鄂溫克人的前輩」❻，根據歷史文獻和民間傳說
證實，陳玉書先生的見解是正確的。但據日本學者調查，近代索
倫人「多少有些與蒙古混血的跡象」❼。因爲鄂溫克人同蒙古人
雜居，此種跡象不足爲怪。

　　達斡爾，在明代韃靼人中算是惟一的半農業定居民族。據
《蒙古源流》一書記載，明萬曆年間（ 1571 年— 1590 年）科爾
沁草原上的蒙古貴族攻打東部鄰人「珠爾齊特」、「額里克特」
和「達奇鄂爾」。日本學者和田清考證，珠爾齊特是女眞，額里

❹　《民族譯叢》1979 年第 2 期第 69 頁。

❺　馬克：《黑龍江旅行記》1859 年彼得堡版第 46 頁。

❻　《民族團結》1962 年第 5 、6 合刊。

❼　山崎摠與：《滿洲國地名大辭典》昭和 16 年版，第 830 頁。

克特是索倫，達奇鄂爾是達斡爾❹。明末清初，達斡爾人分佈於西起石勒克河，向東跨越額爾古納河、黑龍江、精奇里江（結雅河）、牛滿河（布列雅河）的廣大地區。在達斡爾族的神話傳說中也有追述本民族中在唐代就有中原人來到黑龍江的史料。近代學者有的主張達斡爾即唐代室韋族姆部。

錫伯，在我國歷史文獻上有許多不同的寫法。如：席北、席帛、席百、錫卜、錫百、西北、西伯、喜伯、實伯、什白、斜婆等。據瀋陽太平寺錫伯碑文記載：「歷史清明，世代相傳之錫伯部落，原本環海拉爾東南之扎賚陀羅河流域而居」。明末，建州女眞努爾哈赤率部火併附近各族居民，錫伯族聯合女眞族、蒙古族的八個部落進行反抗，表明維護明朝統治，結果兵敗而被「分散各境」。有人考證，「歷史上，錫伯族最早的居住地可能在黑龍江以北，或更遠的地方，以後逐漸南移到海拉爾以南扎賚陀羅河流域。清康熙時期，再移至齊齊哈爾、黑爾根（嫩江）、伯都納（吉林省扶餘縣）一帶」❹。近代學者有人主張錫伯族源出古代鮮卑族，也有主張源出室韋族，也還有人主張和滿族同源。

蒙古族，自唐以來有蒙兀室韋、蒙瓦室韋、梅古悉、謨葛失、毛割石、萌古子、蒙國斯、盲骨子、蒙古里、朦骨等稱謂。道潤梯步同志認爲：蒙古「即長生（或永恆）」的部族之意❺。

---

❹ 《蒙古源流》卷 6 註。

❹ 鐵玉欽：《瀋陽太平寺錫伯碑考略》，《遼寧大學學報》1979 年第 5 期 57、58 頁。

❺ 《蒙古秘史》1978 年版，第 2 頁註。

　　朱元璋建立明王朝，對元朝皇室和蒙古貴族採取按撫政策。

　　明初，我國東北地區的蒙古族以兀良哈各部爲主。「兀良哈」意即「樹中人」或「林木中百姓」，今稱「森林居民」，由狩獵民族發展爲游牧民族。《元史》卷一二一〈速不臺傳〉云：「速不臺，蒙古兀良哈人。其先世獵於斡難河上，遇敦必乃皇帝，因相接納，至太祖時已五世矣。揑里必者孛忽都，衆目爲折里麻。折里麻者，漢言有謀略人也。三世孫合赤溫生哈班。哈班二子，長忽魯渾，次速不臺，俱驍勇，善騎射。太祖在班朱尼河時，哈班嘗驅羣羊以進」。是兀良哈部元初尚處於狩獵與游牧相結合的部落。元末，兀良哈部分佈在納哈初境地內。納哈初降明後，置兀良哈三衞。兀良哈三衞於成化年間竟南遷於「自黃泥洼踰瀋陽、鐵嶺至開原」❺。蒙古貴族察哈爾汗達齎遜庫㙇率部遷至遼東，從事牧業和農業。

　　總之，明代東北地區的居民，其民族成份極爲複雜，漢族固然是多數，女眞族、高麗族也不少。其中的女眞人有許多是鄂倫春、鄂溫克、達斡爾、赫哲等兄弟民族的先世。至於蒙古族，旣有遼、金時期移居遼東的韃靼人、蒙古人，也有元代蒙古軍人和王公貴族。明代兀良哈三衞蒙古族居民因抵抗倭寇留住東北南部，即遼東地區或武裝騷擾屯駐遼東的也很多。明代後期更與女眞族聯合，佔有遼東地區一些地段，安營紮寨，與明朝中央派出的軍隊對峙。

　　有明一代西南地區和兩湖、兩廣的少數民族成員，都是判刑

---

❺　《明史》卷328，〈兀良哈三衞傳〉。

發配的「囚犯」，永遠禁錮，偶然也有成家立業定居下來。我們今天仍可在滿族和漢族居民中找到父子連名制的痕跡，就是西南少數民族先世來到東北的證據。

第二節　明代東北民俗特點

一　相互融合的民族共俗

民俗的出現是很遠古的。民俗是人們社會實踐的產物。民俗就其性質而言，是屬於社會意識形態的。它不管在文化發達還是不發達的民族裏都是人們社會生活中的一個重要部份，是各個民族共同生活裏俱有普遍性和重要性的一種社會現象，而這種社會現象，又可在各個民族，相互學習、相互融合中形成共同的民族風土人情，即多民族的共俗。

有明一代，東北民族如漢族、女眞族、蒙古族、朝鮮族等，他們除了各自的民俗外，又因互相影響產生了共同的民俗。如漢族和女眞族有些民俗是一樣的。民俗一樣，其原因是女眞族和漢族雜居的結果。我們知道，在明代女眞族和漢族相互移居的現象是屢見不鮮，也就是說，奴兒干都司轄境內女眞人和漢族同屬明疆一統之內相互移居是經常發生的。早在永樂六年（1408年）四月，明成祖朱棣諭令兵部大臣道：他自即位以來，建州等衞女眞人等「來朝者多願居京師，以南方炎熱，特命於開原置快樂、自在二城居之」。同年五月，「命遼東自在、快樂二城設自在、安樂二州，每州知州一員，吏目一員」，六月又「添設遼東自在、

安樂二州同知、判定各一員」❷，其後，移自在州於遼陽。由於
明廷實行積極安置奴兒干都司轄內的女眞人政策，其女眞人紛紛
南遷。如永樂九年九月，建州衞千戶囊那哈等來京奏稱「願居遼
東快樂城」，明成祖從其請，「賜予如例」❸。永樂十年（1413
年），阿剌山衞（位於黑龍江城北約 420 里，臨近精奇里江流域）
哈木等人遷居遼東安樂州、自在州居住❹。永樂十年忽石門衞
（位於黑龍江下游格林河口）女眞頭人兀龍哥遷居遼東安樂州居
住❺。景泰三年，兀的河衞（設在流入鄂霍次克海的烏第河流域）
頭人兀山等二十八人遷居遼東金州衞居住。奴兒干都司轄境內各
衞所遷居遼東東寧衞人數更多，據日本學者河內良弘先生在《明
代遼陽的東寧衞》一文寫道：僅宣德朝就有七次遷入遼東東寧衞
居住❻。因爲東寧衞安置女眞人較多，所以淸太祖努爾哈赤說：
「東寧衞，我之部也」❼。這些女眞人長期與漢族雜居共處，對
於漢族文化已經是「煦濡浹深，禮樂文物彬彬然」❽，可見逐漸
在漢化，民俗習慣在相通。漢族重貞節，女眞族也重貞節，如
《明太祖實錄》洪武十五年四月記載：「定遼（衞）南寨幹羅村

---

❷　《明太宗實錄》卷 56。

❸　《明太宗實錄》卷 78。

❹　雷禮：《皇明大政記》卷 7。

❺　《明太宗實錄》卷 82。

❻　河內良弘：《明代遼陽の東寧衞について》，載《東洋史研究》第
　　44 卷，第 4 號。

❼　《滿文老檔》太祖 20。

❽　《遼東誌》卷 1（《遼海叢書》本）。

有卒裴皮鐵者疫，其妻李氏女眞人，年二十二，停柩二年，晝夜哀臨比葬之日，陳祭辭柩畢，縊於屋西桑樹而死，鄉人義之，遂合葬焉」，得明廷賜之謂「裴皮鐵家爲貞節之門」❺❾。特別是女眞人的社會發展，到了十七世紀初滿族在東北崛起，形成同漢族某些共同民俗更快。這時滿族因受漢族影響，文化提高也更快，善於學習，把先進的漢族文化，吸收至自己民族文化生活中來。民族文化的融合，最明顯的標誌，就是在民俗上的相通。滿族自進入遼瀋地區以後，同漢族雜居，更受到漢族文化風俗的衝擊，風俗上的融合就更明顯。首先，滿族更多的人學會使用漢語漢文，改稱漢字姓的人更多了。

其次，在服飾上，改穿漢族的寬袍大袖。如今流行的「旗袍」，早已被漢族婦女吸收後，在原來基礎上，圓領改爲直領，肥變瘦，緊束腰，成爲滿、漢婦女共同喜愛的服裝樣式。另外，滿族的坎肩、馬褂、套褲等，也都被漢族接受而穿用。

其三、在歲時節令上，同漢族共慶春節、重陽節、臘八節等。

其四、接受漢族的影響，訂婚一般也都是聽從「父母之命，媒妁之言」，訂婚要彩禮，結婚拜天地。死人報廟，穿孝衣，燒周等習俗。

蒙古族、朝鮮族、回族等的風俗也都不同程度地受到漢俗的衝擊，逐漸與漢族民族相融合。特別遼東都司轄境內各民族民俗相融，漢化情況，形成一些共同的民俗習慣，即多民族共俗的現象更爲明顯。

---

❺❾　《明太祖實錄》卷 144。

歲月滄桑，民俗互化，民族融合，這是歷史前進的潮流，這無疑是進步的。

二　各有特色的各民族民俗

有明一代東北，雖然出現了一些共俗現象，但各民族的民俗還是各有特色，差異還是很大的。不同的民族心理，就會有不同的民族民俗心理；不同的民族意識，就會有不同的民族民俗意識；不同的民族觀念，就會有不同的民族民俗觀念。如明初女眞人「穿土爲床，溫火其下，而寢室起居其上」，發展到明代末期的女眞人仍喜歡睡火炕，就是今天的滿族也仍喜歡睡火炕。女眞人男女訂婚，一般也要門當戶對，「貴賤殊隔，亦不可渝」，很多衞所頭人子女與衞所頭人子女結合，如建州衞和建州左衞，世世爲婚，猛哥帖木兒是李滿住之舅；猛哥不花之妻，是猛哥帖木兒姊妹；猛哥帖木兒之子都赤娶猛哥不花女。而雙方都向上攀結，有婚姻關係，阿哈出結皇門之親，即猛哥不花姊妹之父；而猛哥帖木兒又稱皇親，則其姊妹亦爲永樂妃嬪⑥。這種情況反映出明代女眞人婚姻看重門第，清代以後，滿族的婚嫁仍還保持固有的傳統民俗。

反映在風俗禮節上，漢人有漢人的特點，女眞人有女眞人的特點。漢人注重貞節，當然也注重禮節。女眞人尤其注重禮節，民風淳樸，熱情好客。隨着歷史的進程，這一民族優秀品德更發展光大。過路行人，若遇住家，可直入其室，主人並不嗔怪。當

---

⑥　孟森：《明元清通紀》正編，卷3。

日若不能成行，晚上則自臥北炕，則讓客人宿睡南炕，以示敬重。

尊重老輩，長幼卑尊，井然有序。常見的禮節是行曲膝禮，俗稱「打千」，是小輩對長輩一種禮節。叩頭禮常見於下級對上級。行禮時，先脫帽，跪左膝，後跪右膝，馬蹄袖一彈，雙手着地，連叩三個頭。此民俗自建州女眞時就有，《建州聞見錄》記載：「將胡（指女眞人爲官者）之見奴酋（指努爾哈赤），脫笠叩頭，卒胡之於將胡亦然」❻。民俗有鮮明的民族性。

不同的民族保持不同的民族民俗。就是同一民族、同一時代，他們的民俗也各不相同。則主要原因是由於所處的經濟條件不同，文化發展不同，地理環境不同的結果。古語說：「一方水土一方情。」人的生存離不開環境，人能改造環境，但環境也影響着人。一個民族羣體，受地理環境的影響，會形成地域性很強的一些風俗習慣，即使是同一個民族，此地的一些風俗慣例，也會有別於彼地的一些風俗慣例❻。如建州女眞和「野人」女眞，無論在歲時節令上，還是在婚喪嫁娶上，也還是在人生禮儀等民俗事象中都有所不同。又如因其地理條件而影響，遼陽「政教自始，故習而有；貨賄所居，故侈而無節。金、復、海、蓋，富而健爭。開原、鐵、瀋，剛而好義。錦、義，慷慨激烈，稍有古道。而前屯、寧遠，負氣自喜，務農講武。古屯則僻處海濱，樸而勤簡，而陋焉」

---

❻　李民宩：《建州聞見錄》。

❻　宋德胤：《民俗美論》，載《社會科學戰線》1986 年第 3 期。

❻❸。特別廣寧「人性淳實，務農桑，粗習文禮」❻❹，蓋平「氣質勇敢，勤於種藝」，金州「擅魚鹽，勤耕作」，開原「賦性質實，務農習射」，鳳凰城「俗尚簡略，騎射足多」❻❺。這就是各地民俗風情，受自然條件地理環境影響較大之佐證，這是應該承認這一歷史情況的。這種區域性的民俗的空間上的差異，一旦形成，它就具有相對的歷史穩定性，雖然隨着歷史的發展，它會發生一定的變異，甚至有的民俗事象，會成爲歷史的陳跡，但要徹底改變，需要一個歷史階段，需要提倡精神文明和物質文明。因爲民俗雖其性質來說是屬於意識形態的，但這濃烈的民族意識往往都是凝凍在物質的形式上，這無論在吃、穿、住、行物質生活中，還是婚喪嫁娶等民俗中，都可以得到證明。因此提倡精神文明的同時，也要提倡物質文明，發展經濟，提高物質文化生活水平是非常重要的。

三　尚禮教、重貞節，與中原民俗有着千絲萬縷的聯繫

有明一代東北，尤其遼東地區民俗是「尚禮教」，「凡子喪其父，妻喪其夫，皆日至墓所拜，哭奠酒漿百日，乃止服衰，三年不飲酒、食肉、不理髮、不游獵，不與人語戲，間有以歉歲食肉者，鄉人共詆之」。尤其是提倡貞節清操。民俗，做爲社會意

---

❻❸　《全遼誌》卷4，號48頁（《遼海叢書》本　）；參見王一元：《遼左見聞錄》。

❻❹　《大明一統誌》卷25，〈廣寧誌〉。

❻❺　《盛京通誌》卷25，〈風俗〉。

識形態之一，這必然與道德等意識形態有「共性」，並相互作用，成為社會一種風氣，遺傳給後代，就成為社會習俗。

封建社會婦女「貞節」，便是一例。貞節，即指「貞女不更二夫」，夫死不嫁，不失身。明代東北這種風俗習俗主要表現在遼東都司婦女「貞節」。其主要有如下三方面：

其一、夫死不嫁，從子終生。如金州衞軍卒杜林妻籍氏，永樂十五年（1417年）夫死，籍氏年才二十歲，「欲以身從夫」，「親鄰勸曰：夫死從子禮也，今捨幼子而從夫是為不慈」，於是籍氏「依勸守志四十餘年」，明廷按着封建社會風俗習慣道德規範，賜「其事旌表其門」❻。又如開原守軍高鳳死，其妻蘇氏，年方二十，「扶櫬歸葬，撫教二子，八十三卒」。高鳳弟龍卒，其妻羅氏年也才二十一歲，「遺腹四月生子」，撫養其子至死，明廷「謂之一門雙節」❼。金州衞前所軍卒王士舉死，妻朱氏，「撫孤子，養舅姑，守節四十九年」❽。

其二、有明一代東北婦女「貞節」，不僅表現婦女有子守節，無子也守節。如定遼前衞指揮同知耿秩，永樂二十年（1422年），「達賊侵西鄙，（耿）秩領兵戰歿於西沙嶺」，其妻張氏「年十九，仰天號痛，欲自縊」，在父母勸說下，「守志四十年，清白無玷」，景泰五年（1454年），「衞上其事，旌表其門」❾。

---

❻　《遼東誌》卷 6，第 43 頁（《遼海叢書》本）。

❼　《遼東誌》卷 6，第 44 頁（《遼海叢書》本）。

❽　《明英宗實錄》卷 192，景泰附錄 10。

❾　《遼東誌》卷 6，第 43 頁（《遼海叢書》本）。

史載不乏其例。

其三、遼東都司轄境婦女「貞節」，還表現夫亡隨夫死。如定遼後衛舍餘邵倫，成化十五年（1479年）死，其妻張氏年二十一歲，「哀號不絕」，「數日後自縊而死，與夫同葬」❼⓪。又如遼海衛人陸淳，弘治初死，其妻鄧氏「年十九，哀痛不食，殮畢入閨，自縊而死，及葬之」❼①，等等。舉不勝舉。這些封建禮教，「夫死不嫁」，「夫死即死」的習俗道德規範，有些就是直接受中原影響結果。如廣寧後屯衛總旗賀升，其妻楊氏，浙江鄞縣（今浙江省寧波市）人。賀升永樂二十二年（1424年），「隨駕北征東歸於山海關」，其妻「扶柩歸葬」，「孀居四十九年，守節無玷」，後「衛上其事，旌表其門」❼②。又如高希鳳直隸人，「戍遼東，爲亂軍所掠，拒而不服，軍怒斷其腕」死，而其妻劉氏，光州固始（今河南省信陽地區固始縣）人，也「被虜行十五里，罵不絕口」，最後被殺。高希鳳家還有四女，均因夫死，「誓不再適」，「自縊於室」，史稱「高門五節婦」，「皆盡節義」，俱得「旌表」❼③。漢族婦女這種「三從四德」，封建倫理的「貞節」行爲，也影響着明代東北少數民族婦女的「貞節」。女眞人三萬衛鎭撫劉忽魯禿女，夫裴貴有疾，妻「潛割股肉和糜，以奉弗效，每夜叩禱於天，誓以身代夫疾」，身漸危「遂入隱室

❼⓪　《遼東誌》卷6，第43頁（《遼海叢書》本）。

❼①　《遼東誌》卷6，第43頁（《遼海叢書》本）。

❼②　《遼東誌》卷6，第43頁（《遼海叢書》本）。

❼③　《遼東誌》卷6，第43頁（《遼海叢書》本），參見《明太祖實錄》卷144。

而繪」❼。這種封建禮教習俗，是對婦女一種殘害，由於統治階級提倡，有些道德規範風氣習俗是落後的，是陋俗。但就其當時來說，它根深蒂固地影響着遼東大地。今天我們必須提高祖國社會文明，掃除障礙生產力發展的陋俗，而引導人們去移風易俗，發揚中華民族優秀文化傳統。

　　總之，有明一代東北民俗，與中原民俗有着千絲萬縷的聯繫，由於漢化而出現了民族共俗的現象，但仍具有多民族的民俗，而少數民族女眞族更爲突出，這就是明代東北民俗特點。

---

❼　《遼東誌》卷6，第43頁（《遼海叢書》本）。

下　篇

明朝後期滿族的崛起與
東北社會的改造

（嘉靖元年至崇禎十七年，西元 1522-1644 年）

第十一章　明王朝繼續加強統治
挽救政治危機

第一節　明代後期奴兒干都司衛所增設和寬奠六堡的移建

一　明代後期奴兒干都司衛所增設

　　明王朝經過中葉社會矛盾與風風雨雨政治風暴之後，約從十六世紀二十年代，已步入了它的歷史後期。明武宗朱厚照於正德十六年（1521 年）卒於豹房。死後他的堂弟朱厚熜在楊廷和等人擁護下，而「入繼大統」❶，改元嘉靖，爲明世宗皇帝。

　　世宗即位不久，便發生內閣紛爭，即歷史上稱謂「大禮議」之爭。內閣的紛爭直接形成了政治混亂的局面，政治的腐朽與沒落日益明顯❷。東北地區是明帝國的一部份，當然受其政治腐敗

---

❶　《明史》卷 17，〈世宗紀〉。

❷　王世貞：《嘉靖以來首輔傳》卷 2。

影響，官員爲非作歹，橫行霸道，軍民普遍受其害，特別少數民族更受其雙重壓迫，即階級壓迫和民族壓迫。因此不斷遭受少數民族的反抗，明朝統治者爲了穩住東北局勢，維護統治，在明初、明中期於奴兒干都司轄境內已設置的衞所基礎上，這個時期即明代後期又增設一些衞所，具體如下：

塔哈衞，置於嘉靖年間 ❸。設在流入呼瑪爾河之支流塔哈河流域。該衞直到萬曆三十七年（1609年），還向明王朝請求「襲職」 ❹。

額克衞，嘉靖年間設立 ❺。衞是以額爾克山而得名的。地點在墨爾根城東北。據《滿文老檔》記載明王朝對該衞管轄至嘉靖四十三年（1564年）❻。

脫木衞，嘉靖年間增設。設在今結雅河支流托姆河流域 ❼。據阿那保家傳《勤勇公紀恩錄》記載，達斡爾族的郭貝勒氏，自吳默特之四世祖薩達吉庫起，就定居在精奇里江左岸布丹河流域的郭貝勒阿顔屯 ❽，屬脫木衞地。

蜀河衞，嘉靖年間增設。蜀河是蘇魯或蘇爾河的別譯。《乾

---

❸ 萬曆《明會典》卷 125。

❹ 《滿文老檔》太祖 75。

❺ 萬曆《明會典》卷 125。

❻ 《滿文老檔》太祖 80。

❼ 疑是脫木河衞，脫「河」字之誤。

❽ 《勤勇公紀恩錄》原爲滿文，轉引自《中國民族問題研究集刊》第 1 輯。

隆內府十三排輿圖》作「蘇魯必拉」。《皇輿全圖》（乾隆方格
十排）作蘇魯河。河在黑龍江城東面 1230 里，距黑龍江與松花江
交滙處約 200 餘里，該衞當設於此。

　　馬失衞，據《明會典》、《吉林通誌》記載是嘉靖時增設[9]。
衞設在穆蘇屯，即今蘇聯境內之辛達附近。

　　蓋干衞，萬曆《明會典》卷二十五記載，嘉靖年間設置。設
在黑龍江下游今阿紐依河口的對岸原格根屯。

　　恨克衞，《柳邊紀略》記載嘉靖、萬曆年間置。置於今興凱
湖畔。

　　以上是明代後期在東北奴兒干都司轄境內又增設七衞，其目
的是對少數民族繼續推行「羈縻」政策，維護明帝國之統治。

二　寬奠六堡之移建

　　明朝統治者爲了加強對女眞族控制，另一個措施就是寬奠六
堡的移建。

　　明朝自太祖太宗之後，長期陷於衰弱不振的境地，特別到了
中後期，邊政軍備更加廢弛。這個時期明代出現了著名社會改革
家張居正，他隆慶年間入閣，便決心改革一切積弊。萬曆初又陞
爲內閣首輔，銳意改革，淸丈土地，推行一條鞭法，在周邊加強
整肅邊政，鞏固邊防，以保證地方安寧，於是他建議，朝廷必須
任命淸官名將，治理邊政。結果這個時期名將戚繼光委調駐守薊

---

[9]　萬曆《明會典》卷125。

州、永平、山海等處任總兵官❿。李成梁被調陞爲遼東總兵官。
又加強巡撫察邊工作，當時右僉都御史張學顏親來東北巡撫，當
他親自察看遼東東部後奏呈寫道：遼東東部「緣地腹裏，去邊甚
遠」，「險山地曠兵寡，旣分防不周，廣寧、遼陽官兵，又一時
策應不及，若任其蠶食，靉陽之東將來當爲無人之境矣！」如不
速採取措施，「再遲數年，不惟養成虜患，滋蔓難困，抑且內變
潛生」❶。足以說明遼東「虜患」、「內變」的局勢急待解決。
必須把過去已建的邊牆內之六堡移到邊牆外，邊牆外土地肥沃，
又是軍事要地。戰時可守，和時可耕。這樣一個戰略思想，被長
期戰守在遼東東部地區李成梁所認識，如果六堡移建成功，它將
使明朝的統治勢力直接伸展到女眞人的居住腹地，地近朝鮮。可
直接控制王兀堂、王杲等女眞頭領，使「（王）兀堂不欲爭，王
杲又不能爭」的局面。李成梁的設想，得到了遼東巡撫大員張學
顏等人採納，於是萬曆初年便開始移建六堡。其六堡有：

　　寬奠堡，《明神宗實錄》三年正月記載：「兵部侍郎汪道昆
議：將險山參將部軍移寬佃子，參將廷勳量加副總兵職銜，管參
將事，以重責成。得旨如議」。則說明寬奠堡是由險山堡移建成
的。險山堡，今本溪縣東南「新城子」。寬奠堡其位置，據《盛
京通誌》卷二十九記載，在「（鳳凰城）東北二百九十里……明
神宗萬曆六年築」❷，今寬甸縣。寬奠堡，明朝十分重視，調

<hr>

❿　《明史》卷 212，〈戚繼光傳〉。

❶　《明經世文編》卷 363。

❷　《盛京通誌》卷 29，第 43 頁。

「定遼右衞軍士及官於寬奠堡」。

大奠堡，據《新築大奠堡記》碑文鐫刻：「舊大佃子堡境外一百二十里，地名散等，係東胡分犯要路。萬曆元年，閱視兵部侍郎歙縣汪公道昆訪地方興革事宜，鎮守都督李公議當移大佃子堡於此地」，「東南至永奠、長奠二堡俱六十里，北至新奠堡八十里，西至險山舊堡六十里」❸，其位置在今寬甸南「坦甸」，原名散等，移建後稱大奠，清末改稱坦甸，今亦稱坦甸。

長奠堡，《盛京通誌》卷二十九記載：在「（鳳凰城）東二百七十里。」《明神宗實錄》萬曆三年記載：「江沿臺備禦部軍移住長奠子」，可知長奠堡是由江沿臺堡移建而成。江沿臺堡，今遼寧省丹東市北「九連城」。《寬甸縣誌略》記載：「長甸城南門有額曰長奠堡」。長奠堡，即今遼寧寬甸縣南「長甸」。

新奠堡，《讀史方輿紀要》記載：「寬奠北三十里曰新奠堡」。原名長嶺，清改稱赫甸。《明神宗實錄》萬曆三年記載：「新安堡移駐長嶺」，可知長嶺堡，就是新奠堡是由新安堡移建的。新奠堡，今遼寧寬甸縣西北「赫甸子」。

永奠堡，原名雙墩。《明經世文編》記載，雙墩即其位置據《盛京通誌》卷二十九記載：在「（鳳凰城）東二百七里。」今遼寧東南「永甸」。

孤山堡，據《讀史方輿紀要》卷三十七記載：本溪縣「新城村為明孤山堡故址」，即今遼寧本溪縣東南「新城子」。

上述兩項措施，即衞所的增置和寬奠六堡之移建，均是為了

---

❸ 參見《東北史研究》，載《略論明代萬曆年間寬甸六堡的移建》。

加強對明朝東北之統治。對外，這個時期明朝統治者發兵到朝鮮，進行禦倭戰爭。禦倭戰爭原因是日本發動侵朝戰爭，明朝政府應李朝政府要求，出兵朝鮮。但從朝野辯論出兵還是不出兵朝鮮情況來看，也是有轉移東北兵民反抗鬥爭的因素。援朝鮮鄰邦抗倭是主要原因，也有保護明帝國安全的因素。

第二節　援朝禦倭戰爭

一　戰爭的緣由

援朝禦倭戰爭發生在萬曆二十年至二十六年（1592年—1598年）。這時日本戰後割據紛爭的局面趨於結束。以豐臣秀吉爲首的軍事封建主統一了全國，掌握了政權，構成了日本最高統治集團。但豐臣秀吉統治基礎很不牢固，爲了轉移國內矛盾，野心勃勃的封建統治者豐臣秀吉夢想先征服朝鮮，再侵佔中國，於是便發動了大規模的侵朝戰爭。日本侵略軍以小西行長、加藤清正爲先鋒，於萬曆二十年四月率日本水陸軍十五萬人，先後在釜山等地登陸。

而這時李氏王朝統治着朝鮮，其政權非常腐敗，國防薄弱，軍士缺乏訓練，無法打仗。所以倭軍登陸後二十天，便攻陷了漢城，接着平壤也失守了。國王宣祖李昖逃到中朝邊境的義州。倭軍侵佔朝鮮後，焚燒掠奪，凌辱婦女。又強迫人民穿協和服，使日語，夢想把朝鮮變成第二個日本國。加藤清正率倭軍北上，直

逼中國邊境❹，朝鮮大片領土已陷落，處於民族危亡的緊急關頭。
李朝政府急忙向中國明朝政府告急，請求援兵。

　　中朝兩國山水相連，國土毗鄰，是友好相處的友誼之邦，而
且日本侵略朝鮮，直接威脅明朝安全，明朝統治階級也想利用這
個機會轉移國內危機和矛盾，以便更好進行統治，因此明朝政府
決定應李朝政府之請，派兵前去朝鮮應援。

二　援朝禦倭戰爭蹟

　　萬曆二十年夏，明廷先派祖承訓、史儒等率明軍由遼東出發，
渡過鴨綠江，進抵平壤❺。因地理不熟，又時值大雨，明軍失利，
史儒戰死，祖承訓遂退回遼東。明廷又命宋應昌為朝鮮事務（即
備倭軍事）經略，特命遼東總兵李成梁之子李如松指揮同知為東
征提督，繼續出兵援朝禦倭。同年十二月李如松率領遼東等地調
來軍隊共三萬餘人誓師橫渡鴨綠江。渡江後，李如松率領明軍與
朝鮮李鎰、金應瑞率領的朝鮮軍隊，聯合作戰，相互配合，長驅
直入，逼抵平壤。這時盤據平壤的是倭軍精銳小西行長的部隊，
約有三萬人，據城死守。中朝軍隊並肩作戰，奮勇爭先，勇猛攻
城。平壤城上有倭軍五千多人，築起防禦的「鹿角柵子」❻。但

---

❹　陳博文：《中日外交史》1928年商務印書館；王子毅：《韓國》1945
　　年商務印書館。

❺　吳晗輯：《朝鮮李朝實錄中的中國史料》，第4冊第1567頁，1980
　　年中華書局出版。

❻　古代軍隊作戰時，為防禦敵方偷襲，常用帶枝的樹木削尖埋植地上，
　　做為防禦敵人的工事。這種樹枝形如鹿角，所以叫「鹿角柵子」。

中朝軍隊很快就消除日軍各種工事，繼續攻城。在攻佔平壤的戰役中，遼東指揮同知東征提督李如松不但製訂周密作戰計劃，而且在戰鬥中身先士卒，奮勇殺敵。《李朝宣祖實錄》卷二十三是這樣記載：「提督（李如松）斬怯者一人，巡示陣前。提督挺身直前呼曰：先登城者賞銀五千兩……。提督與左協都指揮張世爵攻七星門，賊據門樓未易拔，提督命發砲二枝，着門樓撞碎，倒地燒盡，提督整軍而入。」李如松坐騎被彈丸打中倒斃。游擊吳惟忠，年已過六十，作戰非常勇敢，雖胸部中彈受傷，不但不退縮，反而更英勇。在明軍大砲攻擊下，門樓燒毀，攻城明軍一擁而上，倭軍戰敗。提督李如松率軍入城，佔領平壤。

據文獻記載，在收復平壤戰役中，倭軍被斬首約一千六百多人，被明軍火箭擊死約一萬餘人，還有不少倭軍被俘。未死和未被俘的不過十分之一 ❼。

倭軍小西行長在平壤敗陣後，躲進類似碉堡的「土窟」中，待機逃跑。侵佔朝鮮另一個倭軍頭子加藤清正也放掉侵佔咸鏡道，倉促南逃漢城，準備回國。

援朝禦倭戰爭第二個戰役是碧蹄之戰。提督李如松收復平壤之後，乘勝又收復開城，準備收復漢城，於離漢城三十里地方即碧蹄館進行偵查。同時又命查大受、祖承訓領三千騎兵，同朝鮮防禦使高顏伯軍合作。明軍小勝，但明軍武器裝備不好，李如松陷入重圍中，其弟李如梅、中官楊元領兵支援，李如松才得以脫身。碧蹄館之後，雖李如松損兵，但也斬獲一些倭兵。錢世禎之

---

❼　宋應昌：《經略復國要編》卷7。

《征東實紀》已有記載，特別宋應昌的《經略復國要編》記載頗詳，「雖碧蹄之戰，我軍已有損傷，然事在倉卒，（李）如松率將領奮勇血戰，以寡擊衆，射死倭酋，砍殺倭衆，彼實敗退＂⑱。尤"李如梅射死倭中金甲大將一員＂，"又得楊元提兵策應，殺入陣中，殺死倭奴頗衆，羣倭哭遁入城，其膽寒甚」⑲。說明碧蹄一役也給倭軍很大打擊。

遼東等地軍民援朝禦倭第三個戰役圍倭首加藤清正頑守蔚山、島山二地的戰鬥。遼東指揮同知東征提督李如松因在碧蹄館戰後中身負重傷，明朝又派遣兵部尚書邢玠任薊遼總督，楊鎬經略軍務，麻貴任備總兵官，萬曆二十五（1597年）底，楊鎬和麻貴會同朝鮮都元帥權慄率兵圍攻加藤清正倭軍。楊鎬想活捉加藤清正立大功，結果放鬆了攻城，指揮不當，就誤戰機。不久小西行長率水軍救援，楊鎬心慌膽怯，不及下令，便遁走，結果明軍失利。

遼東軍民援朝禦倭第四個戰役是露梁戰鬥。加藤清正逃遁後，剩下兩個倭軍頭子即小西行長、島津義弘率領倭軍，準備繼續頑抗。中朝水軍於萬曆二十六年十二月急速進駐露梁地方，準備伏擊倭軍。一日明軍「齊起，以長槍俯刺之」，英勇殺敵，倭軍被刺「落水死者以千數」，忽然陳璘鳴金鼓「收兵」，船裡寂然無聲，倭軍「疑之」，迷惑不解，稍稍退卻。明軍立即用「噴筒」，向倭船噴火，風急火猛，倭船「數百，頃刻煨燼」，大海被火光都映成紅色。朝鮮名將李舜臣這時已突圍出來，「合力血戰」。

---

⑱ 宋應昌：《經略復國要編》卷7。

⑲ 宋應昌：《經略復國要編》卷7。

明朝副總兵七十歲老將鄧子龍船中起火，「船爲之傾，賊乘之，殺子龍」 ❷，老將爲保衛朝鮮疆土，反抗倭軍侵略，最後「戰死」❹。李舜臣悲痛萬分，看見倭軍大將三人乘坐大船「督戰」，他立即命令集中火力「攻之」，射死倭將一人，包圍陳璘的倭船見勢不好，紛紛散去。陳璘衝出倭船包圍圈，「與舜臣軍合，發虎蹲砲，連碎賊船」 ❷，就這時倭軍一個「飛丸中舜臣右腋」，傷勢嚴重。李舜臣叮囑部下說：「戰方急，勿言我死」，並命令用盾牌把他掩蓋起來，「言訖而絕」，壯烈犧牲。部下「依其言，秘不發哭」，英勇戰鬥，戰鬥到中午，倭軍「大敗，追焚二百餘艘，賊兵燒溺斬殆盡，義弘等僅以餘兵五十船脫走，行長乘其間潛出猫島西梁，向外洋而遁」 ❷。這就是歷史上有名的露梁海戰。明將陳璘聞知李舜臣犧牲的消息，當即昏倒在船上。中朝將士在禦倭戰鬥中，就這樣用鮮血結成了戰鬥友誼。

在這次反侵略的正義援朝抗倭鬥爭中，明朝動員了薊、保、遼、大、宣等五鎮之兵力，但主要是遼東地區兵力，遼東民衆，奔赴朝鮮，支援了朝鮮，也保衛了中國。遼東民衆付出了巨大代價，爲友邦朝鮮捐軀。萬曆二十五年（1597年），遼東名將楊元統領三千子弟兵，與三萬五千倭軍血戰南原，同多於自己近十二倍敵兵，浴血搏鬥，直到最後「兵馬矢盡力竭」，僅十餘人殺出

---

❷　《宣廟中興誌》卷下。

❹　《明史》卷 247，〈鄧子龍傳〉。

❷　《宣廟中興誌》卷下。

❷　《宣廟中興誌》卷下。

一條血路生還，其餘全部壯烈犧牲。朝鮮方面對這次戰役給予了高度評價，稱云：「楊總兵，中原名將也，血戰孤城，兵單援絕，則南原之敗，勢所然也」❷❹。遼東民眾，不僅人力上支援了朝鮮，且物力也大力支援了朝鮮。軍鞋、軍服、武器等，其中大量還是糧餉。一部份從山東等地裝船海運到朝鮮，但主要靠陸路，僅萬曆二十四年（1596年）十一月，就「運金、復、海、蓋等五倉米十萬石於平壤，遼陽、湯站等五倉米六萬石於義州」❷❺。萬曆二十六年（1598年）三月，戶部「移文遼東巡撫，將該鎮本年應運糧餉，除運過七萬六千九百九十餘石，尚有未運二十六萬三千餘石，督行該道，嚴催速運朝鮮接濟」❷❻。特別遼東萬曆二十一年，繼嘉靖朝後期發生災荒之後，又一大災之年，遼東仍然運至朝鮮糧穀十四萬石。災後的第二年，遼東金、後兩地，又運糧二萬二千七百石於朝鮮❷❼。除了沿海水運外，就是靠陸路，風雪長行，受盡之苦，「遼左一路困於征東（指援朝）之役，騾子車子，都已蕩盡，民生嗷嗷，至有賣子而食者」❷❽。遼東民眾付出了巨大

---

❷❹　吳晗輯：《朝鮮李朝實錄中的中國史料》，第 1858 頁，1980 年中華書局出版。

❷❺　吳晗輯：《朝鮮李朝實錄中的中國史料》，第 1858 頁，1980 年中華書局出版。

❷❻　《明神宗實錄》卷 320 。

❷❼　吳晗輯：《朝鮮李朝實錄中的中國史料》，第 2388 頁，1980 年中華書局出版。

❷❽　吳晗輯：《朝鮮李朝實錄中的中國史料》，第 2598 頁，1980 年中華書局出版。

代價，克服了種種困難，保證了前線之軍需，直至戰爭取得最後的勝利。因此說遼東民衆援朝禦倭戰鬥中，無論是人力、物力等都給了朝鮮很大支援，在戰爭中起着重要作用。使中朝人民友誼更爲鞏固和發展，譜寫出中朝關係史上的光輝篇章，永載史册。

第十二章　明代後期的遼東經濟

第一節　土地佔有關係繼續轉變

一　屯田破壞益甚

　　武宗於正德十五年（1521年）死後，世宗朱厚熜即位。起初頒佈了一些改良政策，革武宗時期一些弊政，免追逋賦等。但世宗即位之第二年就改變了對人民讓步的改良諾言，因「新政所釐正，多不便於奸豪貴倖之家」❶，又恢復了武宗時期的弊政，內閣首輔地位的爭奪，從嘉靖以後愈來愈激烈。內閣在嚴嵩執政二十一年，帶來不少惡果，給民衆招致了深重的災難，政治腐朽與沒落日益嚴重。

　　遼東地區是明帝國一部份，受其腐敗政治影響，軍屯繼續遭到破壞。因土荒蕪，炊煙寥寥。嘉靖年間遼東額兵號稱十二萬九千多，屯軍僅剩一萬八千六百零三人，「今則死徙將半，屯種荒蕪不耕」❷。此種現象在嘉靖三十七年（1558年）明代遼東檔案《明信牌檔》丙類第三號卷和第二十九號卷記載更清楚，記載開

---

❶　《明世宗實錄》卷2。

❷　《全遼誌》卷2（《遼海叢書》本）。

原等五城及十堡原額軍丁、存在軍丁和逃故軍丁的數字。茲引錄
其總數和十堡軍丁逃故情況：

開原等五城並二十邊堡軍馬：原額軍舍餘丁共該一萬五千五
百一十六員名，見在一萬一千九百七十二名，逃故三千五百
四十四員名。❸

開原城下屬十個城堡逃故軍丁情況表❹

十 堡 名 稱	今 十 堡 名 稱	原 額 軍 丁	存 在 軍 丁	逃 故 軍 丁
古 城 堡	遼寧省開原縣西南"古城堡"	365 名	241 名	124 名
求 寧 堡	遼寧省開原縣附近"求寧堡"	264 名	164 名	100 名
威 遠 堡	遼寧省開原縣西北"威遠堡"	476 名	321 名	155 名
中 固 堡	遼寧省開原縣南"中固"	875 名	697 名	178 名
柴 河 堡	遼寧省開原縣東南"柴河堡"	377 名	229 名	148 名
鐵 嶺 堡	遼寧省鐵嶺市	856 名	784 名	72 名
撫 安 堡	遼寧省鐵嶺市東南"撫安堡"	328 名	239 名	89 名
鎮 西 堡	遼寧省鐵嶺市西北"鎮西堡"	568 名	494 名	74 名
彭 家 灣	遼寧省鐵嶺市東"彭家灣堡"	341 名	284 名	57 名

---

❸ 遼寧省檔案館藏：《明信牌檔》丙種，第3號卷。

❹ 遼寧省檔案館藏：《明信牌檔》丙種，第39號卷。

懿 路 堡	遼寧省鐵嶺市南"懿路堡"	865 名	765 名	100 名
總　　計		5,315 名	4,218 名	1,097 名

　　上表可看出開原城十堡逃故名丁是普遍之現象。逃故軍丁最
嚴重的求寧堡，達百分之四十點六，幾乎逃故一半。平均來看也
約達百分之二十多。所以當時山東巡按張聰指出：遼東軍士「至
衝即逃」，這種情況怎能不影響屯田生產呢？萬曆年間更爲嚴重，
太監高淮萬曆二十七年（1599年）來到遼東，他橫徵暴歛，敲骨
吸髓，肆行詐騙，無惡不作，弄得遼東地區軍民無法生活，軍丁
逃亡更甚，萬曆二十八年軍丁「堪戰者四萬」❺。萬曆三十年
「由遼潘歷汛、懿、開、鐵等處，所過莽莽極目，煙火不屬，人
跡少，即有墩堡屯臺，十無二三完固。而其中有臺無軍者，與無
臺同；有軍無器者，與無軍同；有器而不利於用，與無器同。無
怪乎虜之大入則大利，小入則小利，損兵折將，無歲無之，而竟
不能堂堂正正收一戰之捷，以雪百年之恥也」❻。萬曆三十七年
（1609年），遼東軍丁逃亡更多，「除見在老弱，精壯不過二萬
有奇」❼。軍丁的減少，反映在，另一部分被太監高淮霸佔，
「佔用有馬軍丁三百餘名，每名糧，合之則折步兵六百矣。又自
山海起，北至開原止，自遼陽起，南至金州、旅順，東至寬奠、
鎮江止，每三十里設龍旗軍或五十名，或四十名，多寡不等，共

---

❺　《明神宗實錄》卷345。

❻　〔明〕何爾健著，何茲全、郭良玉校編：《按遼禦璫疏稿》，1982年
　　中州古籍出版社出版。

❼　《明神宗實錄》卷457。

佔有馬軍丁二千有餘，無馬軍丁五百七十餘名，爲橫瑠（係指太監高淮）爪牙之用」**❽**，這些被佔用的軍丁中，當然包括很多屯軍。這些屯軍大量逃亡和被貪官太監佔用，影響屯田生產。萬曆末年，過山海關，錦州、義州、北鎮一帶竟至「地荒蕪而耕種無丁，糧缺欠而項納無人」**❾**。連所謂向來堪稱富庶的遼南地區「金、復、永寧等處」，也是「所在蕭條，村里爲墟。」**❿**軍屯荒廢，屯糧減少。嘉靖初年，屯糧「實收米石僅十萬八千石」**⓫**，《全遼誌》所載，嘉靖末年，遼東屯田雖曾屯田三萬八千四百一十五頃三畝，屯糧三十七萬七千七百八十九石多**⓬**。實際上則是把科田性質之類的田地、科糧也算在屯田、屯糧之內。隆慶初年，屯糧二十七石**⓭**。萬曆十年屯田也僅八千九百零三頃，屯糧才十九萬九千八百四十石**⓮**。屯田破壞日甚，土地佔有關係在發生急速變化。

二、營田的產生

　　明代後期屯田破壞日甚，屯糧銳減。統治階級爲了扭轉這種

---

❽ 〔明〕何爾健著，何茲全、郭良玉校編；《按遼禦瑠疏稿》，1982年中州古籍出版社出版。

❾ 《明神宗實錄》卷503。

❿ 〔明〕何爾健著，何茲全、郭良玉校編：《按遼禦瑠疏稿》，1982年中州古籍出版社出版。

⓫ 《明經世文編》卷358。

⓬ 《全遼誌》卷2（《遼海叢書》本）。

⓭ 《明熹宗實錄》卷6。

⓮ 《明神宗實錄》卷122。

局面，便在遼東推行「營田」制❺。所謂營田制，就是把服現役各營操軍中抽出一定比例人員，從事墾種。所耕種的田地叫「營田」。營田制不同於軍屯制。軍屯制，屯軍是專門從事農業生產，而且可以分散進行經營。當然屯軍有的也負責戍邊，但那是正式抽調頂補操軍，在沒有徵調頂補操軍戍邊時，屯軍專門從事墾種。而營田制卻不同，它的特點是士兵按軍隊組織，由各級軍官統領，時戰時耕，集體墾種，官給所需❻，如牛俱、種子等全部由國家供給，收穫歸公 ❼。營田在明代後期隆慶朝試圖大規模在遼東推廣，想把軍屯「改營田以足額」 ❽。但沒有眞正「改營田以足額」，軍士數少，征戍日增，耕地誤。不過營田制在遼東也推行了，如遼東東寧衞「原額屯田二百六十三頃五十畝，共穀豆五千五百六十九石，……營田一十三頃」 ❾。這份明代遼東檔案可說明兩個問題。其一營田在遼東確實推行；其二推行地很不充分，才佔屯田的二十分之一還不夠。營田制不能推行充分、廣泛和長久，其原因主要是營田制比軍田制更加野蠻地奴役廣大士兵從事農業生產，廣大士兵積極性低落，旣不能很好進行戍邊，又不能很好完成營田生產，可以說耕戰兩誤，「有損無益」 ❿，「營田軍士耕

---

❺ 《明經世文編》卷 181 。

❻ 叢佩遠：《明代遼東軍屯》，載《中國史研究》1985 年第 3 期。

❼ 《明世宗實錄》卷 544 。

❽ 《明穆宗實錄》卷 12 。

❾ 遼寧省檔案館藏：《明信牌檔》乙種，第 13 號卷。

❿ 《明穆宗實錄》卷 12 。

種有名而防守無賴，賦入少而糧費多」**㉑**，官府開支大，得不償失。在這種情況下，營田自然不能很好推廣和發展起來。

屯田破壞，營田發展不起來，與此相反，民田在這一時期卻得到了迅速發展。

三、　民田的發展

民田的發展是歷史的產物，是歷史發展的必然趨勢。屯田的破壞和衰落，營田的推廣停滯，則並不意味着遼東農業發展的倒退。相反的由於民田的發展彌補了軍屯衰落和營田推廣停滯所帶來的影響，使遼東農業繼續發展。

當然，民田的發展也是經過一個歷史過程，主要經過三種形式逐步轉變形成的。

一種情況，屯軍逃亡，屯田荒蕪，明廷祇好招民佃種，即「召人佃種」，按地起科，但這些地畝與屯田不同，它已經是可以由個人處理之田地。如明代遼東檔案《明信牌檔》乙種，第十三號卷記載，隆慶年間遼東定遼後衞「原額屯田六百七十四頃，共穀豆一萬四千五百五十石九斗七升五合。……已承種田四百六頃七十七畝五分，共穀豆八千八百九十八石六斗二升。……節年承種並上年復過召人佃種四百四頃七十七畝五分」**㉒**。這「召人佃種」，就是召民人耕種無屯軍承種的軍田。說明遼東屯田已向民田轉化。又如隆慶年間，遼東都司一衞「原額科田一百六十七

㉑　《明穆宗實錄》卷 32。

㉒　遼寧省檔案館藏：《明信牌檔》乙種，第 13 號卷。

頃三十六畝四分一毫，共米穀豆四千一百八十二石一斗一升七合
六勺二抄四撮，……」❷。「科田」乃是民人佃種軍田或是開墾
荒屯田而種的田。科田的出現更說明了遼東屯田已向民田轉化。

　　第二種情況，遼東土地佔有關係向民田轉化，就是遼東大小
官員武官世豪隱佔了許多官田即屯田。不管是侵佔的還是巧奪的，
土地佔有形式則是屬於把官田變爲私田，民田範疇的。這種侵佔
屯田的情況，明代中期已經很嚴重了，到了後期更爲嚴重。關於
這方面內容，《明實錄》記載實在浩繁。爲了簡便起見，按年
代、侵佔者、侵佔情況、出處，編製表式如下：

遼東都司各級官吏侵佔屯田事例表

年　　　代	侵　佔　者	侵　佔　情　況	出　　　處
嘉靖 8 年 （1529 年）	鎮守太監白懷 鎮守總兵麻循 監槍少監張泰 副總兵張銘	「各佔種軍民田土，多者二百五十餘頃，少者十餘頃。」	《明世宗實錄》卷 101
嘉靖 19 年 （1540 年）	副總兵時陳	「通私茶，強佔屯田。」	《明世宗實錄》卷 236
萬曆 10 年 （1582 年）	豪民	「丈出（屯）地八千三百九十頃，屯糧一十九千八百四十餘石。」	《明神宗實錄》卷 122

❷　遼寧省檔案館藏：《明信牌檔》乙種，第 13 號卷。

萬曆 14 年 (1586 年)	將領	「且不才將領，將膏腴 公然隱佔。」	《明神宗實錄》 卷 176
萬曆 18 年 (1590 年)	將官豪右	「或將官假養廉而侵奪 其膏腴之地，或衞官挾 本管而佔種其逃亡之田， 甚至豪右影射無糧之屯 地。」	《明神宗實錄》 卷 220

表中所記載遼東都司出現侵佔屯田事例，是出自於《明實錄》
之摘錄。表既名爲事例，意思是說表中所舉的不過是些例子，絕
不能在任何程度上理解明代遼東軍屯土地被各級官吏侵佔的就那
麼多了。

通過侵佔，明代遼東屯田便逐步轉移到遼東大小官吏巨室豪
族手裡。這些人多半是管軍、管屯、管堡、鎮守總兵等官。他們
可以說是「監守自盜」，侵奪軍田更爲方便。萬曆十八年戶部覆
議給事中王繼光關於屯政諸事時，奏稱：「各邊政之弊非一，或
將官假養廉而侵奪其膏腴之地，或衞官挾本管而佔種其逃亡之田，
甚至豪右影射無糧之屯糧」❷④。這個說法是符合事實的。

另從遼東地區幫丁的產生，也佐證明遼東武官豪強侵佔軍屯
田地。所謂幫丁，就是餘丁幫貼軍役而得名的。幫丁，到了明代
後期是爲普遍現象。茲摘錄明代遼東檔案事例，隆慶五年的檔册
記載：

招募軍士填實險山堡，蒙將趙尚仁□□（招募）　爲軍，伯父

---

❷④　遼寧省檔案館藏：《明信牌檔》乙種，第 124 號卷。

與賈伯武、梁三漢、李祿及先未故劉才兒供幫填給印票趙尚仁收執，赴操造冊存照，以為定規。本年九月內，趙尚仁患病□□替與伊在官姪趙金補役。本年十一月，□□□金向伯父討得幫錢三分，銀六分，……收討賈伯武幫錢白細布……肥豬一隻。㉕

《明信牌檔》乙種，第八三、八四號卷，也有關於幫丁的記載：

在河東者，如准付班及幫丁五名，每名每……年議出銀二兩；如准三名，每名出銀二兩七錢，永為定規。㉖

幫丁的產生客觀上起了幫助武官豪勢對屯田的侵佔，加速了軍屯制的解體。

還可從遼東地區家丁的產生，也可證明遼東武官豪強對屯田的侵佔。家丁是被奴役從事侵佔屯田直接生產的勞動力，因此家丁的產生，也加速了屯田制的解體。明代後期遼東地區衛所軍丁有很多人轉化爲將官的家丁。早在弘治十六年巡撫遼東都司御史張鼐就指出：「遼東總兵、副總兵、參將、都指揮、指揮、千戶等官，先年各選驍勇軍士，隨從殺賊，久之遂爲家人。其調官員，則有帶去軍丁，見在世襲子孫有任參將以下，一家有十餘姓，一姓有十七、八丁。又有隱佔軍丁，人嫁使令者」㉗。可看出遼東衛所軍丁就有很多人開始轉化爲將官的家丁。萬曆初年李成梁總

㉕　遼寧省檔案館藏：《明信牌檔》乙種，第 124 號卷。

㉖　遼寧省檔案館藏：《明信牌檔》乙種，第 83、84 號卷。

㉗　《明孝宗實錄》卷 196。

鎮遼東時，極力擴大這種權勢，公開迫使衛所軍丁充當他的家丁。
《明信牌檔》乙種八十二號卷到八十五號卷「查議家丁」冊，原
件雖已殘缺不全，但各頁主要內容還是可以看出來的，進行分析，
有助於我們進一步了解當時的情況。萬曆十二年十月五日「欽奉
整飭金、復、蓋、海等處兵備屯田遼東苑馬寺卿兼山東按察司僉
事曹」的卷冊記載：

> 據管坐營中軍事參將劉言呈依蒙會□……選到家丁文冊與衛
> 均徭清冊，照名審編，除各家丁本戶有丁者，卽本戶內審派。
> 如本戶果無人丁者，方許異姓名內編定。各（補另頁） 掌印
> 官就將各付丁幫丁原派差役除豁， 每給印信由票一紙收執
> （補另頁） ，不許分外派當別差。如正班家丁倘有事故，就
> 於付班者頂操，其付班及幫丁名缺，（接原頁） 就營移文各
> 衛呈請本等道另再查明補之。❷❽

上文坐營中軍官選送家丁姓名、換班來歷文冊，從而規定操
備家丁和指定衛所軍丁（付班家丁）的換班制度，也就是一項強
制衛所軍丁去補充和擴大將官家丁的明文法令。從此遼東衛所武
官世豪不必再非法地隱佔軍丁作家丁，當時武裝的家丁已成了遼
東地區軍隊的中堅力量，萬曆四十七年薩爾滸戰役時，朝野議論
遼事，凡是提到增兵的，幾乎都強調增派武裝家丁。經略袁應泰
請「調各鎮家丁一萬兵，赴遼應用，以備戰守」❷❾，可知明代
遼東衛所軍士變革中，家丁是佔有重要地位的。家丁的產生、發

---

❷❽ 遼寧省檔案館藏：《明信牌檔》乙種，第 82 — 85 號卷。
❷❾ 《明熹宗實錄》卷 5。

展又加速了屯田制的解體和大小官吏對屯田的佔奪。

在屯田制的解體過程中，遼東地區已出現了土地自由買賣現象。武官世豪佔奪屯田成爲科田，就是成爲私有土地，准許自由買賣。嘉靖時遼東殘檔有記載，茲摘錄事例如下：

> 嘉靖年間有明本堡，在官軍人劉趕兒故祖劉海四缺費，將伊祖業科田二日（每日約六畝），立契絕賣與今告王朝親伯王春耕種，代納□（官）糧二斗五升；又將田二典與□（在）官張天祿耕種。❸⓿

再舉明代遼東檔案一例：

> 萬曆三十三年三月內（高）有學與高承德因爭買田土成釁。❸①

上兩段史料說明遼東地區土地已出現了土地自由買賣現象，亦佐證屯田已解體，向民田轉化。以及談及明代後期遼東地區民田發展兩種情況。

第三種情況，是新開墾的民田。民田沒有軍役負擔，經營自由，賦額較輕，所以廣大民人開荒十分活躍和積極，大量開墾新土地。新墾之民田有三個比較集中地區。一個是遼東都司治所遼陽附近，這裡土地肥沃，人煙稠密，農業技術發達，一旦明政府宣佈自由墾種，「令授田徵稅」，民人積極性馬上調動起來，開墾土地迅速發展。所以萬曆三十八年（1610年）熊廷弼指出：遼陽今歲告墾納科者甚多❸②，可想當時墾荒耕地的情形是多麼活躍。

---

❸⓿　遼寧省檔案館藏：《明信牌檔》甲種，第 43 號卷。

❸①　遼寧省檔案館藏：《明信牌檔》丁種，第 15 號卷。

❸②　《按遼疏稿》卷 2、4、6。

另外少數民族對遼陽地區農業開發也做了一定的貢獻。遼陽東寧衞居住很多少數民族，其官員開墾農田竟達到「一戶之丁以百口計」，「一官之地以千畝計」❸情況。

新開墾土地另一個比較集中地方，是沿着遼河邊牆「自三岔河起，至開原沿邊，順長六百餘里，居民開荒有抵牆下，種出亮子河外者」❸，特別開原附近「兩關地素沃饒」❸，又加上海西女眞的勞動力和他們的生產技術，每「戶知稼穡」，所以農業生產很快發展起來了。

再一個開墾比較集中的地方是鴨綠江沿岸的夾江、馬耳山等處，自嘉靖三年以來，遼東人董禮、瓢雄等，聚集羣衆，潛入這裏，私墾盜耕。定遼中衞指揮朱賷等「將董禮問擬發落」，但嘉靖十三年遼東人周偉又來佔種，並「盜賣官田」。明廷立碑勒令禁止「遼東軍民不許在此耕種，朝鮮軍民不許越此採取」。但嘉靖十八年邊民王賢糾同周偉等人，密將所立之碑刻字「不」字改鑿爲「本」字，並「將盜佔田土私相盜賣，各得過價銀入己」❸。萬曆初年，寬奠六堡建成，據史記載，寬奠六堡「延袤八百里」，「土胍肥美」，不少軍丁、軍餘逃到這裡開荒耕種，披荆斬棘，辛勤勞動，通過他們的雙手，使千里冰封的遼東東南地區，寬奠六堡八百餘里大甸顯得生機活躍，繁榮了遼東地區經濟，發展了

---

❸　《明神宗實錄》卷 458。

❸　《按遼疏稿》卷 5。

❸　《山中見聞錄》卷 9。

❸　吳晗輯：《朝鮮李朝實錄中的中國史料》，第 1306 — 1307 頁，1980 年中華書局出版。

生產，促進了民族融合，至萬曆三十一年（1603 年）這裏居民竟
「積集六萬餘人，屯聚日久，生齒益繁」❸，開墾農田，發展生
產，使這裡經濟日益發展起來。又如遼東東南山區岫岩一帶，萬
曆二十六年查出開墾土地五百八十餘頃❸。以上祇是說三個主要
比較集中的新墾民田地區。但這並不是說其它地區就沒有新墾民
田。遼東半島沿海中一些島嶼，如獐子島（今薪島）、鹿島（今
大鹿島）、廣鹿島、大長山島（今長海）、海浪島（今海洋島）
等等，遼東軍民「避後」，來到這裡，「往往開墾，種以雜穀」
❸，有的還從事「水田」耕作，「則可至千餘結矣」，可見他們
在這裡開墾了很多旱田和水田。

　　特別遼東地區東南臨近朝鮮一些島嶼逃去的更多。《李朝實
錄》中宗己丑二十四年（明世宗嘉靖八年，1529年）七月甲辰記
載，朝鮮政府向遼東都司奏報：遼東「唐人」崔霖「率誘貴境男
女百餘名，投入」薪島（即獐子島，位於鴨綠江口中國海域境內），
「造家耕田，以爲避役之所」❹。《李朝實錄》關於這方面的記
載是不乏其例的。

　　這一時期屯田和民田開墾耕種的面積，具體數字歷史記載罕
見，現僅從萬曆十年的清文中，也可看出大致的情況。當時屯田

---

❸　《明神宗實錄》卷 424 。

❸　《明神宗實錄》卷 320 。

❸　吳晗輯：《朝鮮李朝實錄中的中國史料》，第 1146 頁，1980 年中華
　　書局出版。

❹　吳晗輯：《朝鮮李朝實錄中的中國史料》，第 1146 頁，1980 年中華
　　書局出版。

爲八千九百零三頃五十畝，而科田爲二萬四千一百八十八頃零七十餘畝 ❹。科田即民田。民田將近屯田的二倍半。可以說民田生產在遼東完全佔居了統治地位，屯田已遭到了嚴重破壞，茲列表如下：

明代後期遼東屯軍屯田屯糧情況表

年　代	屯　軍 （名）	屯　田 （頃）	屯　糧 （石）	出　　　　　處	注
嘉靖初年			108,000	《明經世文編》卷 358	
嘉靖年間	18,603		190,000	《遼東誌》卷 2	
嘉靖年間			259,990	《皇明九邊考》卷 2	
嘉靖末年	18,603	38,415	377,789	《全遼誌》卷 2	這個數字可能有誤，同格 2 比，屯軍同，屯糧殊差，不可理解。
隆慶初年			270,000	《明熹宗實錄》卷 6	
萬曆 4 年 （1576年）			260,000	《明神宗實錄》卷 51	
萬曆 10 年 （1582年）		8,903	199,840	《明神宗實錄》卷 122	

　　表中所載，僅是明代後期遼東屯田情況的事例。表既名爲事

---

❹　《明神宗實錄》卷 122。

例，當然包括不全，還僅舉《明實錄》一種文獻記載，那就更不全了。儘管如此，同第三章明代初期遼東屯軍屯田屯糧情況表比較，同第八章明代中期遼東屯軍屯田屯糧情況表比較，可以充份看出：明初儘管宣德年間屯田已有破壞，但總的看，特別洪武、永樂年間屯田是很發達的，這時軍屯是遼東土地佔有關係的主要形式。到了明代中期，情況就發生了變化，屯田破壞已十分嚴重，成化至正德年間尤爲嚴重，正德年間民田已超屯田面積的一半以上，遼東軍屯制在農業中已退到次要地位，屯田已不是遼東土地佔有主要形式了。到了明代後期，屯田破壞已極其十分嚴重，特別隆慶時期屯田已經不成體統了，所以當時總督薊遼兵部左侍郎譚綸說：「今之屯田，軍得買賣，勢豪兼併，名在實亡」❷。在這種情況下，總理屯鹽都御史龐尙鵬奏准，對抛荒的屯田，「無分官旗舍餘，寄籍客戶，聽其自行認種，各照頃畝，先給牛種，待五年之後，若有收成，仍分別上中下，辦納屯糧，其有逼臨虜穴及工力繁難者，永不起科」❸，這種趨勢已經成爲遼東農業發展的主流，土地佔有關係在急驟變化，迫使明朝不得不承認其合法地位。到了崇禎二年（1629年），給事中汪始亨又奏陳盜屯損餉之弊，戶部尙書畢自嚴承認現實，順應形勢，認爲這種情況「相沿已久，難於核實，請無論軍種民種，一照民田起科」❹。畢自嚴的奏陳得到了崇禎皇帝的批准。至此，屯田完全停止、消

---

❷　《明穆宗實錄》卷 35 。

❸　龐尙鵬：《清理遼東屯田疏》，載《明經世文編》卷 358 。

❹　《明史》卷 256 ，〈畢自嚴傳〉。

亡。而民田取得了合法地位，從法律上固定下來。從此，民田完全成為遼東土地佔有關係形式了。屯田向民田轉化，民田在遼東最後形成，則是封建土地制度史上一大進步。民田的形成促進了遼東地區農業發展，使明初遼東地區民人「以獵為業，農作次之」⑮，經過遼東廣大軍民長期進行反封建剝削和辛勤勞動，逐漸改變了遼東地區經濟結構，出現了「以力農為本業」⑯，農業相當發達的「沃壤」⑰。嘉靖十六年編纂的《遼東誌》總論遼東經濟狀況時說：居民「家給人足，都鄙廈皆滿，貨賄羨斥」⑱，則雖然有誇張，但也確實說明遼東地區農業生產有了很大發展。

四　經濟作物

隨着土地佔有關係的轉變，順應形勢發展民田，不僅表現糧食作物產量的增加，也表現經濟作物的發展。

經濟作物，產品豐富，種類繁多。如榛子、松子、桃子、李子、杏子、櫻桃、山梨紅、山釘子、白果、棗、梨、山核桃⑲等等。

朱元璋建國後，對於棉業，視與桑麻並重，並以法律條文把它確定下來，促進了植棉的發展。明中業以後，遼東植棉廣泛開展起來，生長在畿輔山東的「北花」棉種，很快移於遼東種植。

---

⑮　《明太祖實錄》卷 144 。

⑯　《明經世文編》卷 358 。

⑰　《遼東誌》卷 7 （《遼海叢書》本 ）。

⑱　《遼東誌》卷 3 （《遼海叢書》本 ）。

⑲　《遼東誌》卷 1 （《遼海叢書》本 ）。

　　經濟作物中藥材皆有生產。如五味子、細辛、芍藥、黃芩、桔梗、防風、昇麻、枸杞子、狼毒、百合、班貓、地龍、麻黃、本通、半夏、蒲黃、天仙子、車前子、紫河草、紫草、茅根、馬蘭、甘草、瓜萎、川芎、地椒、青木香、桑白皮、草決明、草麻子、馬兜鈴、透骨草、定風草、旱蓮子等等。藥材以人參爲最著名，「都下諺云：關東有三寶，人參（莨）、貂皮、烏拉草。」談遷在《棗林雜俎》寫道東北遼東盛產人參，「遼陽東二百餘里，山深林密，不見天日，產人參。採者以夏五月八，裹三日糧，搜之最難，或徑迷斃人。」❺⓪黑龍江人參產地在齊齊哈爾東北山中。大概明以前，甚重上黨參，謝肇淛的《五雜俎》記載：「人參出遼東，上黨者最佳，頭面手足皆具。清河次之，高麗新羅又次之。」❺①，謝氏是明萬曆二十年（1592年）的進士，這可說對明萬曆時東北人參一種估價。到了清初，遼東人參聲價突起，《古夫於亭雜錄》記載：「王介甫云：平生無紫團參，亦活到今日。按紫團，上黨山名也。《本草》及唐、宋以來皆貴黨參，今惟貴遼東及高麗產，佳者每一兩價至白金五兩，而上黨參每一斤止白金二錢」❺②。

　　這一時期烟草已傳入東北，伊始種植。烟草一名淡巴菰，由呂宋傳入福建漳州❺③。據《玉堂薈記》記載：「烟酒，古不經見，

---

❺⓪　談遷：《棗林雜俎》中集。

❺①　謝肇淛：《五雜俎》卷11。

❺②　王士禛：《古夫於亭雜錄》卷4。

❺③　姚旅：《露書》卷10。

遼左有事，調用廣兵，乃漸有之，自天啓中始也。二十年來，北土亦多種之，一畝之收，可以敵（抵）田十畝，乃至無人不用」❺。自烟草傳到黑龍江省後，達呼爾種者尤多，「人家隙地種烟草，達呼爾則一歲三生計也」，可見烟草在東北種植極為興盛。

第二節　舟車的製造、冶煉業的發展和 商品貿易

一　舟車的製造

　　明代造船業無論是規模和技術，當時在世界來說屬於首位，特別永樂時更為發達。東北造船業也是很興盛，這在第三章已述及。不過那時造船業主要是官辦，當然民人經營也是有的。但到了明代中期以後，不要說遼東都司官營能造「巨舟」，就是沿海和島民船隻也是很大的。嘉靖三十九年（1560年），遼東「重遭兇荒，地方危機」，明廷為賑濟「邊鎮」，「雇調海島船六十三隻」。金州衞指揮張國體，押僱調船一十隻，其中有船頭白仲仁，大船一隻，載米一百石，腳價銀一十三兩。船頭白成，中船一隻，載米六十石，腳價銀七兩八錢。船頭陳守積，小船一隻，載米三十石，腳價銀三兩九錢，等等。

　　復州衞指揮李良臣，押僱調船一十五隻，其中有船頭張文舉，大船一隻，載米五十石，腳價銀六兩五錢。船頭何永福，中船一

隻，載米四十石，腳價銀五兩二錢。船頭王祥，大船一隻，載米
九十石，腳價銀一十一兩七錢，等等。

　　蓋州衞指揮盧沛，押僱調船一十五隻，其中有船頭李文明，
大船一隻，載米九十石，腳價銀一十一兩七錢。船頭張文昇，中
船一隻，載米四十石，腳價銀五兩二錢。船頭武強，小船一隻，
載米二十石，腳價銀二兩六錢❺❺等等。舉不勝舉。可見遼東民船
運輸業是很興盛的。

　　而官營的船場，主要在金州衞、復州衞、海州衞、蓋州衞等
地，蓋州衞各百戶所，「造船船夫六十四（名）」，這是「成規
已久，歷年呈解不缺」，但萬曆三十四年「原額船夫不足」，因此
蓋州衞以船夫原額不足影響修造船事給山東布政使司呈文奏報❺❻。
上面史實均說明遼東地區修造船事業明代後期還是很興盛的。

　　水運靠船隻，陸運靠車輛。明代在東北設有多條交通陸路線，
運往繳納貢賦、賞品，「裝運建州夷人」、「裝運海西夷人」、
「押送囚徒」，運送朝鮮貢品及「回賜」等，都需用車輛轉運，
這就促進了明代東北車輛製造業的發展。明代車輛的製造，宋應
星記載最詳。永樂帝朱棣北往，「造武剛車三萬輛」❺❼，這是戰
時用的戰車，而作為交通工具的車輛也為數不少。據明代遼東檔

❺❺　遼寧省檔案館、遼寧省社會科學院歷史所編：《明代遼東檔案滙編》
　　　175，〈金州衞管屯指揮同知呈報為賑濟邊鎮災荒用所僱船隻及裝運
　　　糧食數目清冊〉，1985 年遼瀋書社出版。

❺❻　《明代遼東檔案滙編》180，〈□□□為蓋州衞船夫原額不足影響修
　　　船事給山東布政使司的呈文〉，1985 年遼瀋書社出版。

❺❼　茅元儀：《掌記》卷 4。

案記載，大部份驛站、遞運所，均有車輛供之運輸使用。車的種類，是多種多樣的，又用途各異。如「裝運夷人車」、「裝運高麗車」、「裝運甲車」、「裝運貨車」、「裝運箭杆車」、「軍車」、「輜輬車」等等。而且車的輛數也很多。僅以廣寧衛爲例，「廣寧遞運，安插二所車戶周奎等，裝運海西夷人車七輛」，同檔又記載「廣寧遞運，安插二所車戶周奎等，裝運海西夷人車三十四輛」，同檔還記載「廣寧遞運所車戶翟見等，裝運囚犯車三輛，用車戶李添福等六名」❺❽，僅僅一個衛的遞運所就使用的車輛竟達四十四輛之多。明代遼東檔案殘破已甚，實際車輛數字一定比這還要多。僅就這個記載，明代東北車輛製造業是比較發達的。

二 冶煉業的發展

明代進入後期，政治極端腐敗，社會矛盾已極嚴重。但因戰爭需要，冶煉、鑄鐵業仍在發展。首先遼南地區，不僅開鐵礦，還大量開採銅礦。麻地溝是當時重要開採銅礦之一 ❺❾。另外這個時期礦區和鑄鐵已發展到遼東半島沿海島嶼中❻⓿，當然這些冶煉、

---

❺❽ 《明代遼東檔案滙編》177，〈□□遞運所具報應付往過轎扛人夫車輛囚徒等項目清冊〉，1985年遼瀋書社出版。

❺❾ 《明代遼東檔案滙編》168，〈分守遼海東寧道帶管海蓋道事張登雲關於審處沙景元等聚衆抗阻開礦事的呈文〉，1985年遼瀋書社出版。

❻⓿ 吳晗輯：《朝鮮李朝實錄中的中國史料》第2冊，第1151頁，1980年中華書局出版。

鑄造主要以民辦爲主。

其二、這個時期冶煉、鑄造業發展，主要表現在武器鑄造方面。能鑄造多樣兵器。如「鐵佛郎機」、「鐵銃」、「鐵砲」、「快鎗」、「手銃」、「虎鐏砲」、「平虜砲」❻等鎗砲。還能做腰刀，遼東都司二十五衞都能生產，歲造腰刀三千五百二十把，頓項盔三千五百二十頂，甲三千二百副，鐵箭頭一十萬五千六百枝❷，能鑄造各種兵器，說明冶煉和鑄造的技術提高。不僅鑄造兵器樣品多，而且生產數量大，上述提及的「鐵佛郎機」，僅瀋陽中衞就生產一百九十六臺。金州衞鑄造「碗口銃一百三十八」枝，還「鑄鐵砲三百三十五位，快鎗二百五杆」。義州衞「鑄神器一百六十五位，快鎗一百六十五杆」。復州衞「鑄鐵砲三百三十五位，快鎗一百二十八杆」。海州衞「鑄拐子鎗一百把」、「鑄大把銃四百座」。蓋州衞「鑄一把連砲二杆，牛角砲一杆，鐵砲三百一十六位，快鎗一百四十五杆」等等。

其三、表明冶煉、鑄造技術的提高，「新製火器」效能還好。如嘉靖三十五年（1556年）「新製火器九龍砲」，威力大，「聲震撼山，力能殞衆」。嘉靖四十三年（1564年）製的連珠鎗，「一容十子於內」，發放「雖鐵騎如雲，率皆歛避」，「以制奔衝」。嘉靖四十四年（1565年）製的千里鎗，「形簡勢迅」❸，射程遠，

❻　《明代遼東檔案滙編》29，〈署都指揮僉事黃鑒呈報瀋陽秋班官軍現存器械火藥數目淸冊〉，1985年遼瀋書社出版。

❷　《全遼誌》卷2（《遼海叢書》本）。

❸　《全遼誌》卷2（《遼海叢書》本）。

威力大。這些新火器的產生，都說明冶鐵技術的進步。

其四、冶鑄技術的提高，也表現多品種冶鑄方面。不是單一的冶鑄鐵，還能冶鑄銅。關於銅的冶煉方法和技術，《天工開物》有記載：

> 凡出銅山夾土帶石，穴鑿數丈得之，仍有礦包其外。礦狀如姜石，而有銅星，亦名銅璞，煎煉仍有銅流出，不似銀礦之為棄物。凡銅砂，在礦內形狀不一，或大或小，或光或暗，或如鍮石，或如姜鐵。淘洗去土滓，然後入爐煎煉，其薰蒸旁溢出，為自然銅，亦曰石髓鉛，凡銅質有數種：有全體皆銅，不加鉛、銀者，洪爐單煉而成。有與鉛同體者，其煎煉爐法，旁通高低二孔，鉛質先化，從上孔流出；銅質後化，從下孔流。⑭

可窺見明代冶煉技術進步的痕跡。宋氏所稱銅璞，即是夾土帶石低品位的銅礦石。文中所指的鍮石，即黃銅，是用銅加入爐甘石或鋅合熔煉而成。宋氏所指的姜鐵，是指銅礦中小塊天然銅，外着黑色銅銹，故稱姜鐵。文中所及石髓鉛也是一種天然銅，外着黑鉛。以上是明代科學家對冶鐵技術的解釋。這在當時來說是具有世界先進技術水平。明時遼東熔煉銅的技術，史書雖無記載，但史書記載遼東已冶煉銅，則在明代初期就已經有了。到了中後期更有所發展。據嘉靖四十五年（1566 年）《全遼誌》記載，當時火器有很多都是銅鑄造的，如「銅佛郎機」、「銅碗口銃」、「銅三將軍銃」、「銅大將軍砲」、「銅神砲」、「銅馬腿砲」、

---

⑭　宋應星：《天工開物》下卷，〈五金〉。

「銅十眼砲」、「銅信砲」❻，等等，都說明冶煉技術的進步和提
高。

三　商品貿易

　　手工業發展，社會生產力的提高，手工業脫離農業發展的趨
勢越來越顯著，手工業的發展必然促使商品貨幣經濟發展以及市
鎮的興起，在東北雖不及江南發展那麼快，那樣發達，但起碼可
窺視這一地區商品經濟發展的痕跡。其次，明代東北地區商品貿
易發展的另一個原因是，手工業地區發展的不平衡性，必然促使
商品交換進行。遼東地區的鹽、鐵工具、絲、麻布、花絹葛布等
生產、生活必需品，是奴兒干都司轄境所必須的；相反，奴兒干
都司轄境產的土特產，特別是馬匹遼東人民很歡迎，這就促使商
品貿易的發展。其三、東北地區商業城市的出現，廣寧、開原、
清河、靉陽、撫順，特別遼陽城市商品貿易的發展，吸引內地商
人聚集資本，當時徽商和晉商為最❻，這也是促進東北商品貿易
發展的原因。

　　商品貿易方式，粗略主要分為行商和坐商兩種經營方式。行
商的商品貿易有一個特點，那就是往往以貢市，即朝貢貿易的形

───────────────

❻　《全遼誌》卷 2 ，第 67 — 69 頁（《遼海叢書》本）。

❻　蔡羽：《遼陽海神傳》。蔡羽，明正德、嘉靖年間人，《明史》〈文
　　苑傳〉有傳；〔明〕何爾健著，何茲全、郭良玉校編：《按遼御璫疏
　　稿》，1982 年中州書社出版；嚴佐之：《論明代徽州刻書》，載
　　《社會科學戰線》1986 年第 3 期。

式出現，這在文獻記載中是不乏其例的❻。是有明一代，商品貿易的主要形式，尤其是前期。當然行商還有一種形式，即依靠販運而獲利的，他們賤買貴賣，往返於產地銷地之間。如，當「時有山東、山西、河東、河西、蘇、杭等處在撫順貿易者十六人」❻。還有登萊海蓋間「商民雜販，由海上糴買」、「自行貿易」❻。甚至這些商民，不僅在遼東內地經常往來，還往往去遼東半島沿海一些島嶼「興販」❼。

　　商品貿易中另一種形式就是坐商。坐商主要集中在東北幾個主要城鎮，他們多經營雜貨舖，而發財的。而這些雜貨舖，往往是客居守攤經營。如徽商程氏，挾重資經商於東北遼陽。《遼陽海神傳》記載：

> 程宰士賢者，徽人也。正德初元與兄某，挾重資商於遼陽，數年，所向失利，輾轉耗盡。徽俗，商者率數歲一歸，其妻孥宗黨，全視所獲多少為賢不肖，而愛憎焉。程兄弟既皆落寞羞慚慘沮，鄉井無望，遂受傭他商，為之掌計以糊口。❼

徽商程氏，「客居」遼陽經商影響很大。又如程士章，「歙

---

❻　拙著：《明代奴兒干都司及其衛所研究》，1982年中州書社出版。

❻　《太祖高皇帝實錄》卷5，第33頁。

❻　《籌遼碩畫》卷21。

❼　吳晗輯：《朝鮮李朝實錄中的中國史料》，第3冊第1138頁，1980年中華書局出版。

❼　《遼陽海神傳》；凌濛初《二刻拍案驚奇》卷37；吳曾祺《舊小說》戊集1。

岩鎮人。父岩注，以太學生操鹽策賈遼陽」**⑫**。說明明代遼陽商
品貿易還是比較發達的，僅徽商程氏就有大戶客居遼陽坐地經商。
經商數年，有的離遼陽歸籍，有的永不返籍，成爲本地的富商大
賈，如「山西客人張柱者，往來臨清販易，頗有微積」，苦心經
營，最後張柱，竟成「遼陽一富商耳」**⑬**。又如，撰刻於明嘉靖
二十六年（1547年）的《汪德軒墓誌》，記其墓主人德軒，「貫
祖於饒之都，實江西望□族，國初渡海」，落籍遼陽定居，「與
弟曰樑，協心創業，貿易江湖，積累千金，起成巨室，未嘗有分
毫爭競，其友於有此者。正德年間，公遨遊上京，道遇強賊，衆
皆惶惶失措，公獨挺身克敵，雖財貨盡却，衆賴以安。……每遇
兇年，出已資以賑貧乏。自始施捨以至今日，所存活者幾千百人，
此公濟人利物之惠矣。一日公燕閑時，集諸孫闔謂曰：金玉非爲
貴，讀書最爲高。遂選擇諸孫中資質明敏，性行勤苦者一人，從
師而教之。雖未大成，將來不負所望，此又公雅好儒術之志矣」
⑭。既寫出了遼東都司治所遼陽「貿易經商」大戶，創業和經商
的艱險，又寫出了汪德軒「致富濟貧」和「讀書爲貴」的思想。
一九七三年在遼陽市郊南林子出土，撰刻於明正德十三年（1518
年）《王璉墓誌》所記，王璉「從兄事賈業，充拓之成，遂成富
室」，其子「鉉、錠巨資遠服賈；鎬遊郡庠，事舉子業」。王璉

---

⑫　《歙事閑譚》第39冊，轉引張海鵬、王廷元主編：《明淸徽商資料
　　選編》1985年黃山書社出版。

⑬　〔明〕何爾健著，何茲全、郭良玉校編：《按遼御璫疏稿》，1982
　　年中州古籍出版社出版。

⑭　《汪德軒墓誌》撮片，遼陽市文物管理所供稿。

臨終前囑咐其子鉉、鋌：「汝父數年，勤勞刻苦，乃殖而不散，亦守財虜（奴）耳。鄉黨宗族果貧乏者，汝隨力以周之，勿徒以益之富，亦可以慰汝父之心也！」⑬，類似經商的家庭在遼陽不祇一家。撰刻於嘉靖三十二年（1553年）的《許節母張氏墓誌》，記其家「服買修儒而門風益振」。撰刻於嘉靖三十六年（1557年）的《王鑰墓誌》記其墓主人「早讀書，通大義，乃政生理，服勤江湖，朝夕弗懈」，其弟鋌、金「俱遨遊江湖，精於著數，協力承家，號稱巨族」，「經商耕讀，循循有條」⑯。這是一個較有代表性的經商、讀書、耕耘，而發家致富的封建地主兼「巨族」家庭。

上述史料，極其珍貴，它可彌補文獻記載的不足。管斑窺豹。由上面墓誌內容，我們可以看出一個問題，遼陽經商大戶，有一個重要特色是，「買而好儒」，「買儒結合」。他們或是「先買後儒」，或是「亦買亦儒」，或是「買而好儒」，「買為厚利，儒為名高」。也或是「亦買亦儒亦耕」，三者兼而有之。買儒結合，儒政相通。這樣便把城市巨商大買勢力同農村封建地主政治勢力，結合在一起，相互影響，相互作用。從而決定了這些巨商大買的社會性質。從這裡我們可以考察到我國封建社會長期性的原因，當然也可得知封建社會後期東北地區，特別遼陽等城鎮商業貿易是比較發達的。

總之，遼東開發比較早，是東北先進地區，「秦漢迄唐遼西

---

⑬　《王璉墓誌》攝片，遼陽市文物管理所供稿。

⑯　《王鑰墓誌》攝片，遼陽市文物管理所供稿。

之屬邑多，遼金以後遼東之辟地廣」❼，「在元為富庶」❽，但和內地比也是落後的，特別是元末戰亂頻仍，山河殘破，生產遭到嚴重破壞，連比較發達的遼陽古都，也「城為一空」❾。但有明一代遼東經濟，明初隨着全國安定，遼東經濟也緩慢的發展起來了，江淮齊魯民眾陸續北來，人口不斷增加，軍屯拓荒，使遼東經濟有了發展，特別是洪武和永樂年間。但是，遼東仍為地廣人稀，當時數千百家算大城，遼陽為遼東都司，是明代遼東政治經濟文化中心，然而仍是「地闊人稀」❽⓪，邊地如寧遠一帶「空曠如野」，鳳城等地更是山林野甸❽①。遼河兩岸腴土原疇，種「一日」（六畝）可收子粒八、九石，但也未盡墾。有明一代，遼東經濟是自給自足的農業經濟，以農業為主，和農業和家庭手工業及副業相結合的特點。商品貿易也在發展，對內地的貿易有兩條路，一是陸路通山海關，一是海路通旅順口到山東登萊等地，所謂「鬻販之夫，操其贏餘，走吳越臨濟間，可窺十五之利」，但「多齒齦」❽②，不是多見的。海運通的時候，商賈也多集聚金州、復州和遼陽之地，尤其以地理之便，「商賈駢集，貿易貨殖絡繹於金、復間」❽③。清初王一元《遼左見聞錄》記載：「海

---

❼　乾隆元年《盛京通誌》卷 10 ，〈建置沿革〉。

❽　《明太祖實錄》卷 145 。

❾　《遼東誌》卷 8 ，第 7 頁（《遼海叢書》本 ）。

❽⓪　民國《遼陽縣誌》卷 25 ，〈人類誌〉。

❽①　孫文良：《明代的遼東和明末的遼事問題》，載《歷史教學》1962 年第 10 期。

❽②　《全遼誌》卷 4 ，第 47 頁（《遼海叢書》本 ）。

❽③　《明神宗實錄》卷 543 。

（州）、蓋（州）諸邑多產木棉，而婦女不解紡織。予初怪之，後知遼俗女紅甚多，日不暇給，紡織徒費辛勤，而利甚微，不如買之市爲省費也。」又記載：「遼左婦女習勤，一切布帛染青紅諸色，多取辦於家」❽，「四民之中，農居其三」❽，可見明代遼東經濟是純粹的以農業爲主的自然經濟特點。但有明一代遼東農業經濟發展各個時期也是不相同的。大致可分爲三個時期，明初盛世，即洪武、永樂年間社會矛盾相對緩和，因此這一時期是經濟發展時期；正統以後至正德，社會矛盾日趨尖銳，軍屯破壞，經濟發展，農業生產受到了嚴重影響時期；嘉靖至明亡是遼東軍丁反抗明朝統治和滿族興起反抗民族壓迫激戰中，民族矛盾和階級矛盾十分尖銳，遼東社會經濟遭到嚴重破壞時期。

---

❽　王一元：《遼左見聞錄》。

❽　《全遼誌》卷4，第47頁（《遼海叢書》本）。

第十三章　明王朝在東北統治的結束

第一節　封建腐朽統治

一　賦稅繁重

　　明王朝封建統治，從明中葉以後，其腐朽性愈來愈明顯。皇帝昏庸無能，朝臣結黨營私，宦官專權，對民眾進行毫無限制的政治壓迫與經濟剝削。社會矛盾開始變得日益尖銳，如明英宗，幾乎在突然爆發的社會危機中斷送了大明江山。

　　然而，明朝最嚴重的危機還是到了萬曆神宗時期，這個「不以天下憂，反以天下爲樂」的庸君，在位時間最久，長達四十八年，其中有二十年不上朝召見大臣，把朝政束之高閣。明朝的國家機器祇靠慣性運轉。在他親政時期，虐政百出，諸如大肆揮霍，極盡享樂；太監專權，殘害忠良；礦監稅使四處，盤剝市民百姓。所有這些，加劇和激化了階級矛盾和民族矛盾。其後，政局急轉直下，迅速走向沒落。

　　明代的東北，做爲它統治的一部份，同整個明朝的發展一樣，也經歷了由盛轉衰的過程。這一廣大領土主要是遼東地區，號稱「神京左臂」，南當倭，北當虜，東有女眞，九邊重鎮，特居首位。明朝對這一地區一向給以十分重視，不設州縣，設軍政合一

的都司衞所，常駐軍十萬餘。明初，至成化以前，靠着強大的國力，這個地區一度比較穩定，經濟有所發展，「邊地同盡耕而食自足」❶。社會上呈現一派安居樂業的景象。有詩爲證：

　　日照千門物色新，雪消山郭靜風塵。

　　閭閻處處聞簫鼓，遼海城頭也有春。

又有一首詩寫道：

　　東土春深花亦然，家家耒耜出城邊。

　　麥禾浪逐春風起，穀種根隨時雨連。

　　盡說今農勝往社，不將舊貝典新田。❷

這些詩句無疑出自封建官宦和文人之手，不過歌咏「盛世」，粉飾太平。但畢竟在一定程度上眞實地反映了當時遼東社會的面貌。那時，軍民安緒，各務本業，呈現一定繁榮的景象。

可是，曾幾何時，這種景象頓然消失，代之以殘破、頹敗。其主要原因是明政府向民衆徵收繁重的賦稅。當地衞所官員將吏「不問腴瘠、洼亢、虛實、隔涉，但欲足數，牽紐配搭，抑配軍人而使之耕」❸。他們不管土地肥瘠，也不管距離遠近，但爲湊足數，便強行搭配，把土地分給他們耕種。明朝規定每屯田士卒必耕種五十畝，那就向他們徵收「屯田子粒」。「屯田子粒」即是屯軍向國家繳納的租稅。屯軍實際上是官田的佃農。他們上繳屯田子粒，還得繳屯草。明初規定，每份屯地五十畝，上繳租十

---

❶　陳仁錫：《天夢園集》，〈遼屯原額〉。
❷　《全遼誌》卷6，第14頁（《遼海叢書》本。）
❸　《明經世文編》卷163，〈應詔屯田疏〉。

五石❹，並納屯草七十五束❺。這裡處北，氣候寒冷，加之生產水平低，上繳這麼多租稅是十分困難的。

對無屯田來說，更爲嚴重的負擔，還要繳無地之租，即「包賠屯田子粒」。所說「無地」，是指由於各種原因，屯軍將自己的份地或其中一部份地拋荒，沒有耕種；或者被官員奪佔而失去土地，但屯軍必須上繳「屯田子粒」名曰「包賠」。還有，遇有災害，顆粒不收；或者土地瘠薄，不堪耕種的，也得如數繳納「包賠」。遼東屯地多瘠薄，生產條件差，耕牛奇缺。全遼所有的牛頭數，按屯地計算，差不多兩頃地才有一頭牛；按屯軍名額平均，每三名多屯軍士卒才分得一頭牛。三名屯軍的份地共一百五十畝，而用一頭牛耕地，則是難以想像的❻。所以，在遼東土地拋荒而不能耕種是很普遍的。例如，宣德七年，廣寧前屯衞與新設的寧遠衞「軍士缺食，無牛耕種」❼，儘管如此，仍然照原屯地數納租。在遼東，一個嚴重而普遍的問題，就是地方鎮守總兵官及各將吏、地方豪強，即所謂「豪官勢家」，以各種名目，「乘機侵佔」屯地，「屯軍迫於賠糧，往往竄逃」❽。這就是「田歸豪室，賦累貧軍」❾。是當時社會的真實寫照。

---

❹　《明憲宗實錄》卷244。

❺　《遼東誌》卷3（《遼海叢書》本）。

❻　王毓銓：《明代的軍屯》，1965年中華書局。

❼　《明宣宗實錄》卷90。

❽　《明孝宗實錄》196。

❾　《明世宗實錄》139。

二 徭役沉重

明代的戶籍分爲軍民、民戶、灶戶、醫戶、陰陽戶、音聲戶等。除此以外還有其它各類的戶，如養馬戶的叫馬戶、看陵的叫陵戶、打柴的叫柴炭戶、種茶的叫茶戶，如此等等。但總的分成三大類，即軍、民、匠三種戶籍。凡屬於各種戶籍的人戶，均爲世代承襲，永遠承擔特定的差役。

軍戶就是百姓中來供應軍役的人戶。遼東的人戶，主要是軍戶。按照衞所制規定，每一軍戶，除有一個丁男應征「正軍」，還得有一個「餘丁」，隨同正軍到衞所，爲正軍從事服務性的差役。餘丁又不只一人，遼東「每軍一，佐以餘丁三」❿。除了正軍與餘丁各一人外，還需要預備一名「繼丁」，當正軍死亡或逃走，就以「繼丁」補之⓫。很清楚，一個軍戶往往全家都得從軍。正如萬曆時遼東巡撫何爾健所說：「一夫在軍，一家仰給」⓬。他們什麼徭役都得幹，主要表現如下幾個方面：

一是，遼東官吏任意驅使屯田士卒爲他們私耕土地。弘治六年（1493年）三月，遼東都司都指揮同知宋溥，「役軍士耕私田」⓭。太監劉恭鎮守遼陽時，「私役軍餘千餘人，佔種官地三百餘

---

❿ 《明史》卷 203，〈呂經傳〉。

⓫ 參見湯綱、南炳文：《略論明代軍屯士卒的身份和軍屯的作用》，載〈南開史學〉1980 年 1 期。

⓬ 〔明〕何爾健著，何茲全、郭良玉編校：《按遼御璫疏稿》，1982年中州書畫社出版。

⓭ 《明孝宗實錄》卷 73。

畝」❶。海州衛指揮僉事林相，在督修邊工時，私役「夫丁李序、汪役割田使用一十餘日」❶。他們私役軍丁士卒割田、種田、放牧、碾磨、銀冶等各種繁重勞役，在遼東已成為普遍現象。

二是，採辦貢品。東北出產人參、貂皮及各種藥材，每年都得按規定向朝廷獻納。如東寧衛負擔甚重，「役東寧衛卒出境採辦」❶，向朝廷進貢。

三是，修築邊牆、城堡。有明一代，先是防兀良哈，後是防女真，這些勞役都由遼東民眾負擔。據清初王一元所見，「自山海關以東皆築磚石為煙墩，高四、五丈，廣可二、三畝，或方或圓，雉堞偕是，亦有築小城以為捍衛者，答佈星羅，千里相望，沿邊諸山頂亦處處有之」，又自山海關至開原、鐵嶺，長達二千餘里，「每三十里即築一城，勢若連珠」❶。嘉靖時期，是遼東大興土建工程較多的一朝。在此之前，遼東的防禦工程已修建墩堡路臺林立，但嘉靖時還是繼續增修。嘉靖四十二年，遼東巡御史楊柏建議：在原設每五里一座路臺的中間再增設一座，也得到批准❶。所有這些勞役都落在屯軍士卒身上❶。

四是，其它雜項私役，均得負擔。為官吏立牌坊，立石碑，皆落到軍卒身上，還有蓋州的布帛，長奠的金銀，海州的海參、

❶　《明孝宗實錄》卷192。

❶　遼寧省檔案館藏：《明信牌檔》甲種，44號卷。

❶　《李朝文宗實錄》卷5。

❶　王一元：《遼左見聞錄》。

❶　《明世宗實錄》卷523。

❶　李治亭：《明王朝在東北統治的瓦解》，載楊暘主編《中國東北社會》1991年遼寧人民出版社。

鰻魚，右屯的鵝鴨，凡此之類，不勝枚舉，「凡可謀利生財，無非軍士取辦。」 ❷沉重的徭役，均由屯軍士卒負擔。

三　官吏腐敗

賦稅繁重，徭役沉重，遼東各地「軍士饑寒切身」 ❷，掙扎在饑困的死亡線上。

然而，遼東的各級將吏，政治腐敗，生活腐朽，他們每天卻花天酒地，揮霍着軍民們的膏脂，以盡享樂。遼東總兵李成梁就是一個最典型的例子。他世居鐵嶺，父子五人相繼稱霸「極邊」。以廣大流人、軍卒的辛勤勞動，建成了「雄視絕塞」的這座衛城，連同「附郭」，達十餘里，所謂「編戶鱗次，樹色降天，不見城郭」。這個衛「世職」官員達數百人，城中「皆官弁第宅，無復兵民居地」，只好居住城外，就是這樣一座地處「極邊」的小衛城，卻集中妓女二千餘人，她們身帶「香幣數十綴襪帶，兩端貫以珠寶，一帶之費至三、四十金，數步前即氣襲人，窮奢極麗」，「每天傍晚，夾道皆管聲矣。」而李成梁的生活極其腐化。他在鐵嶺衛城安定門前，建造「別墅」，其中有看花樓，更是精雕細琢，其「臺榭之勝，甲子一時。」王一元感嘆：「大鎮如遼陽又不知何如！蓋承平日久，極天力之力，以充遼餉，將吏以強奢相尚，軍民效之，繁華反勝內地」 ❷。官員的腐朽、侈奢，與廣大

❷　《明孝宗實錄》卷 196 ；《明經世文編》卷 428 。

❷　《明英宗實錄》卷 127 。

❷　王一元：《遼左見聞錄》。

軍民困苦形成了鮮明對照❷。

在敍述到明在東北統治沒落，官員腐敗時，不能不注意到另一個重要人物，他就是臭名昭著的礦監使高淮。

神宗是位荒淫經年不務政事的皇帝，不問天下安危，深居九宮，極盡享樂。但內帑空虛，不足揮霍。爲了滿足自己的貪慾，便採取新的掠奪手段，蒐刮民脂民膏，竊取天下之利。蒐取礦稅，便是他們新的掠奪重要手段。於是萬曆二十七年三月，神宗便派遣高淮到遼東徵稅。

高淮受到神宗的至深寵信，而以此爲榮耀，更加肆無忌憚地爲非作歹。他坐鎮山海關開設徵收私稅的「福陽店」，「截斷咽喉，亡命無賴之徒，白晝攫金之伎，百十成羣，紛然四出，或指取方物，或指催馬價，或指納上戶，或指修理公廨，令行禁止，求得欲遂」❷。這哪是收礦稅？豈不是妄立名目，隨心所欲地搶刼民財！

有時高淮還親自出馬，明目張膽地瘋狂蒐刮。萬曆三十一年春季，「當雪深丈餘人煙幾斷之時」，高淮親自「帶領家丁數百人，自前屯起，遼陽、鎮江（遼寧丹東附近）金（州）、復（州）海（州）、蓋（州）一帶大小城堡無不迂迴遍歷，但有百金上下之家，盡行蒐刮，得銀不下數十萬，閭閻一空」❷。

---

❷　李治亭：《明王朝在東北統治的瓦解》，載楊暘主編《中國東北社會》1991 年遼寧人民出版社。

❷　〔明〕何爾健著，何茲全、郭良玉編校：《按遼御璫疏稿》，中州書畫社 1982 年出版。

❷　朱賡：《論遼東稅監高淮揭》，載《經世文編》第 6 冊。

貪婪的高淮，不僅掠奪金銀財寶，還視遼東馬匹爲他的又一個主要的掠取物，千方百計搶奪，又以倒賣馬匹積斂財富。高淮索取馬匹的手段，一是明佔，二是公開奪。所謂佔，就是以其權勢，徵集各地軍馬，爲己用。他自設「龍騎馬」，爲其專用。據遼東巡按何爾健披露：自山海關，北至開原；又自遼陽起，南至金州，東至寬奠止，「東西南北，各設撥馬不等，每處多者五十匹，少者也不下三十餘匹，共佔馬二千有餘。」高淮一人「除常設佔用二千有餘外，一次巡歷，每次用馬千餘匹，一年兩次巡，約共用馬匹四、五千匹」❷⑥。所謂奪，就是如同強盜一般，硬行強搶。他派出爪牙，「向四方挨查，民間但養馬騾，即稱富戶。」威脅他們「上銀若干」，平民百姓祇好放棄自己的馬騾，任他們奪去。遼東各地「民馬空」。高淮掠民馬，竟猶不足，進而掠取軍用的馬匹。他縱使爪牙，到軍營中，「有膘壯，竟自連鞍轡帶去」，軍卒敢怒不敢言，「而營馬空」。高淮將掠取大批馬匹，除己用，多數加以倒賣，攫取巨資。

高淮居遼十年，橫徵暴斂，刻奪銀錢馬匹等，弄得東北「由遼、瀋歷汎、懿、開、鐵等處，所過蓁莽極目，煙火不屬，人跡罕少」，「道路行者，垂頭喪氣，重足側目，憔悴尪羸，半人半鬼，令人舉目而不敢視」❷⑦。這是多麼怵心的悲慘景象！高淮已

❷⑥　〔明〕何爾健著，何茲全、郭良玉編校：《按遼御璫疏稿》，中州書畫社 1982 年出版。

❷⑦　〔明〕何爾健著，何茲全、郭良玉編校：《按遼御璫疏稿》，中州書畫社 1982 年出版。

已把遼東廣大軍民逼得「上天無路，入地無門」❷，他們編出歌謠來訴說自己的疾苦和對高淮的痛恨：「遼人無腦，皆（高）淮剜之；遼人無髓，皆淮汲之！」❷ 又憤怒的喊道：「皇天不睜眼，內相（指高淮等人）抹了臉，遼東人遭殃，不久要逼反」❸。以高淮爲首的這伙腐敗的明代遼東官員，把遼東搞得山窮水盡，民衆無法生活下去，到處是「號泣」聲，到處是「誓食（高）淮肉」的切齒痛恨❸。一場民變、兵變由遼始。

第二節　遼東軍民反抗鬥爭

一　遼東民變

「民變」，包括農民、市民、商民及其它階層民衆集會請願、抗稅、罷市，直到武裝鬥爭。據記載嘉靖三年（1524年），「遼東妖賊陸雄、李眞，聚衆」，「突入山海關殺守關主事王冕。」❸ 又載嘉靖二十四年（1546年）海州衞朱寶已展開抗稅鬥爭❸。

---

❷　〔明〕何爾健著，何茲全、郭良玉編校：《按遼御璫疏稿》，中州書畫社1982年出版。

❷　宋一韓：《直陳遼左受病之原疏》，載〈明經世文編〉第6冊。

❸　〔明〕何爾健著，何茲全、郭良玉編校：《按遼御璫疏稿》，中州書畫社1982年出版。

❸　《明史》卷305，〈高淮傳〉。

❸　《明世宗實錄》卷46。

❸　遼寧省檔案館藏：《明信牌檔》甲類，第46號卷。

萬曆年間，民變更爲激烈。

據明遼東檔案記載，金州衞「鐵軍」曾國忠等抗稅，不繳納「鐵二百斤」的重稅額 ❸❹ 。

萬曆二十七年高淮剛出任遼東，路經遼西時，爲商民所反抗，幾乎生變。及至開原，「嚴利激變」 ❸❺ 。

同年九月，礦夫沙景元領導金州、復州地區的民衆反抗高淮開礦徵稅。明官方史書沒有記載這次事件，卻在明代遼東檔案中得到了具體反映。原來，高淮派他的爪牙葉國相前往麻地溝開礦，金州衞指揮沙守珍管下舍丁沙景元不願參與其事，拒絕當礦夫，帶頭反對，得到沙九子、沙功等三十餘人的支持。葉相國將沙景元等逮捕，以「屯民聚衆抗拒，違誤國課」的罪名，把沙景元等人判處徒伇等刑罰 ❸❻ 。

萬曆二十八年六月，高淮委官廖國泰「虐民激變」 ❸❼ 。

同年八月發生一次規模空前的農民激變。它的首領金得時是遼東孤山堡人，他以傳教的名義，集聚了幾至四、五萬人，佔據清河堡附近，他們沒有武器，使鋤頭，同明朝展開鬥爭。明朝特派總兵官率軍前去鎮壓，民衆進行英勇鬥爭，堅持數月，最後失敗，金得時在戰鬥中受傷被俘而死 ❸❽ 。萬曆二十九年十二月，遼

❸❹ 遼寧省檔案館藏：《明信牌檔》乙類，第127號卷。

❸❺ 《明神宗實錄》卷336。

❸❻ 遼寧省檔案館藏：《明信牌檔》丁種，第21號卷。

❸❼ 《明神宗實錄》卷348。

❸❽ 《國榷》卷79；參見《李朝實錄》宣祖33年7月條下。

陽商罷市，抗議高淮稅鹽的壓榨 ❸。

　　從萬曆三十年至三十六年六月，遼東民衆以反高淮爲目標的反封建鬥爭始終沒有停止過，民變次數迅猛增加，到四至六月，形成了鬥爭的高潮。以前屯衞反高淮的鬥爭爲起點，繼而發展成有軍士及其家屬參加共數千人的隊伍，他們「歃血擺堆，誓殺高淮而後已」❹。他們的行動影響其它地方，接着，在遼西連續爆發多次民變。據大學士朱賡等人的奏疏，「不數月間，一見於前屯，再見於松山，三見於廣寧，四見於山海關。愈猖愈近」❹。顯見，民變的鬥爭還在發展。

　　萬曆三十六年五月，在錦州又發生一次民變。高淮「索賄錦州等戶，軍戶殺其徒，激衆千人圍之，淮倉皇逃入山海關」❹。驕橫的高淮在軍民的反抗下，氣焰頓消，不得不作喪家之犬，最後被逐出遼東。明神宗祇得把高淮交司禮監聽候處理❹。

　　明中葉以後，在全國各地不斷爆發民變。神宗時派往各地的稅監，橫行不法，激起的民變次數更多，鬥爭更加激烈。他們的鬥爭直接打擊了明在遼東的黑暗統治，同時也動搖了它在全國統治基礎。

---

❸　〔明〕何爾健，何茲全、郭良玉編校：《按遼御璫疏稿》，中州書畫
　　社 1982 年出版。

❹　《明神宗實錄》卷 445。

❹　《明神宗實錄》卷 446。

❹　《明史紀事本末》卷 65，〈礦稅之弊〉。

❹　《明神宗實錄》卷 447。

二　遼東兵變

有明一代東北社會各階層民人都程度不同的捲入了明末反腐朽、反腐敗這一浪潮中。這種鬥爭包括消極怠工、抗役、抗稅、逃亡和直接武裝反抗。從永樂年間就出現了❹。宣德朝，特別正統朝以後，遼東軍政日趨腐敗，軍丁們的鬥爭愈加激烈。尤其到了正德年間，東北軍政更加腐敗。武宗繼位，昏庸無能，縱慾淫樂，寵信太監劉瑾。

劉瑾，興平（今陝西興平縣）人。本姓談。原為當地一名無賴，品性惡劣，狡詐兇狠。為向上爬，他忍痛自己割閹，投入劉姓太監門下，冒姓劉，混入宮中，投武宗所好，引誘年幼皇帝尋歡逐樂，遂得寵日增，為能斂財供武宗揮霍，劉瑾派官四出丈量各地軍屯田額，並乘丈量之機，加重對屯軍的剝削。他在正德四年（1509年）派爪牙韓福到遼東。韓福「希瑾意」，「偽增田數，蒐刮慘毒」❺。同年八月，他們到達義州、錦州等地，因為丈量屯田時，虛增屯軍的屯田的畝數，「所行過刻，屯卒弗堪」，又加上隱佔土地的官豪煽惑，已久的憤怨終於爆發了。軍餘高真、郭城等領導兵變❻，軍丁們首先抓來「諸將領及城中百姓不從者之家，焚毀廬舍，毆逐委官」❼。兵變聲勢很大，「當地守臣不

---

❹　《明太宗實錄》卷 95。

❺　《明史》卷 77，〈食貨誌〉。

❻　《明武宗實錄》卷 53。

❼　《明武宗實錄》卷 53。

能禁」，於是明廷採取了狡猾手段，「發銀二千五百兩撫諭之」，才使「亂者始息」。於是明廷又採取殘酷鎮壓手段，馬上把兵變領導者高眞等二十二人處斬。這場兵變明廷採取按撫手段，進行欺騙，致使失敗。但是迫使明廷暫時作了一定的讓步，明廷同意選出爲軍士素所信服的將領，從公丈量屯田，並宣佈「自願耕佃者，仍從其舊，報出糧料，即平價與之。」這是明代第一次兵變，是以後一系列兵變的先導，在全國影響很大❹。

次年，即正德五年，寧夏屯軍也因丈量屯田的官吏「以五十畝爲頃」，又受遼東兵變的影響，而釀成大亂。

到了嘉靖年間，各地軍民更加不斷反抗明朝封建統治。據《明實錄》記載，嘉靖十三年、十四年廣寧、遼陽、撫順等地發生規模較大的兵變。嘉靖十三年遼東都御史呂經巡撫遼東，他「苙政多苛，奉法太過」❹，一改前例，把過去規定每名軍士「佐以餘丁三」，改爲餘丁一名，這就大大的損害了廣大軍士的利益。因爲遼東操軍，無暇全力務農，爲了減輕負擔，明廷規定每名軍士，可有三名餘丁幫助做些零活，這樣一方面可減輕軍士負擔，又可補貼一下軍士生活，而且這三名餘丁是免徵賦銀的。呂經私改以前規定的制度，把另兩餘丁「皆編入徭册徵銀」。對馬軍也是一樣，以前規定每名馬軍給牧地五十畝，不徵賦銀，呂經又下令，「盡收牧地還官，又役軍築邊牆，督趣過當」❺。大

---

❹　叢佩遠：《明代遼東軍戶的反對鬥爭》（油印稿）。

❹　《明世宗實錄》卷173。

❺　《明史》卷203，〈呂經傳〉；參見《皇明經世文編》卷188。

大加重了軍丁的負擔。於是嘉靖十四年三月兵變首先在遼陽爆發了。在軍卒趙劃兒領導下，衝向呂經「大噪」、「罷役」，都指揮劉尚德獻眉主子呂經，讓軍丁退下，但軍丁「不退」。呂經見勢不妙，逃竄到「苑馬寺幽室中」，軍丁們緊緊追趕，「毀府門，火均徭冊」，捉呂經，軍丁們「裂其冠裳，幽之都司署」❺。嘩變的軍丁們迫使朝廷詔呂經「回朝」，此時呂經才得脫身，又將呂經的爪牙都指揮「革職」。兵變結束，這場鬥爭取得初步勝利。

呂經「回朝」，路經廣寧時，廣寧士兵聞知呂經在遼陽「奉法太過」，厲行苛政，減少軍士餘丁和「追牧馬田還官，召佃納租」等罪行，並又知被遼陽軍丁驅逐回京。適值呂經之到來，「素諂事經」的廣寧中軍指揮袁璘居然「克諸軍草價」，爲呂經「辦裝」❺。又激怒了廣寧軍士，頓時軍情大嘩。軍卒們在陳羊兒、于蠻兒領導下，擒住呂經，問其罪行：「非爾奪我餘丁徵徭銀耶？非爾奪我牧馬田耶？而復能虐使我築牆、種樹，終歲勤苦，不遑耕織耶？」❺。然後，軍丁們「聚諸公牒，並經私篋，縱火熱之」，大火「延燒公署及儒學東廡，一時俱燼」❺。明廷怕兵變繼續擴大，只好逮捕呂經，「謫戍茂州（今四川省茂汶羌族自治縣）」。待軍丁們安定後，明廷又迅速密捕遼陽、廣寧、撫順等地兵變領袖二十八人，斬首梟示各城❺。

---

❺ 《明史》卷 203，〈呂經傳〉。

❺ 《明史》卷 203，〈呂經傳〉。

❺ 《明世宗實錄》卷 174。

❺ 《明世宗實錄》卷 174。

❺ 《明世宗實錄》卷 177。

　　嘉靖十八年（1540年）七月，廣寧再次發生兵變。這次兵變
大部份還是嘉靖十四年參加兵變的軍丁。他們心情沉痛，「狃於
前事，時有不逞心」，首領被殺害，生活無改善，又適逢這一年
遼東饑饉，廣寧地區更爲嚴重，朝廷「糧賞不及」。廣寧衞「達
軍」佟伏與軍丁于禿子、張鑒等四十餘人，揭竿而起，「鼓噪登
城」，殺死千戶張斌。但事先準備工作不夠，組織工作也不好，
很快被鎮壓下去，四十人犧牲，兩人被捕，無一人得脫❺。

　　從正德四年到嘉靖十八年，遼陽、廣寧、撫順，特別廣寧一
地，曾多次發生兵變，雖然都失敗了，但遼東兵變猛烈地衝擊了
明朝封建專制統治。十七世紀二十年代終於爆發了全國農民大起
義，經過二十多年的鬥爭，李自成領導的起義軍進駐北京，結束
明朝統治，同全國民衆一樣，在東北一角建州地，滿族（女眞）
崛起，進行反抗明朝統治鬥爭，加速了結束明朝之統治。

第三節　清（後金）接替明朝在東北統治

一　努爾哈赤建立清（後金）

　　滿族是女眞的後裔。滿族的名稱是明代末年(十七世紀初年)
才出現的，其崛起於中國東北白山黑水之間。努爾哈赤便是這一
動盪年代裡崛起的代表人物。他生於嘉靖三十八年（1559年），
屬建州左衞指揮使猛哥帖木兒的後裔，塔失的長子。從建州左衞

---

❺　《明世宗實錄》卷 227。

在蘇子河定居到努爾哈赤的興起，共計五代。姓愛新覺羅氏。「愛新」滿語的意思是「金」，「覺羅」滿語的意思是「祖」，意即女眞之遺族。

努爾哈赤的生母是王杲的長女名叫額穆齊，姓喜塔喇氏，生努爾哈赤兄弟三人。努爾哈赤是長子，二弟舒爾哈赤，三弟雅爾哈赤。十歲喪母。繼母是海西哈達萬汗王臺所養的族女，名叫懇哲，姓納喇氏。心地不善，待他不好。爲了生存，不得不離開家鄉，渡湍深壑，披荆斬棘，風雪長行，常常爬山越嶺，出沒在深山老林中，採人參、松子等山貨到撫順馬市出售，常與漢人交往，增加了知識，吸收漢文化，幼年能讀漢文《三國》、《水滸》等書。十五歲左右，寄居在外祖父王杲門下。王杲常擾邊作亂，明廷派官軍剿拿。

萬曆二年（1574年），當遼東總兵李成梁率部攻打王杲營寨時，努爾哈赤兄弟正在王杲家中，被俘，發誓願爲效勞。從此在李成梁帳下，充當侍衛。

努爾哈赤二十五歲時（萬曆十一年，1583年）祖父叫場（覺昌安）、父塔失（塔克失），在明軍討王杲之子阿臺時做嚮導，死於戰火，明「以祖父故，預指揮職」❺❼。努爾哈赤認爲父、祖之死應由別部女眞酋長尼堪外藍負責，遂以父、祖遺甲十三副起兵討尼堪外藍。這是他統一女眞各部的開始❺❽。萬曆十七年（1589年），明封努爾哈赤爲都督僉事，二十三年（1595年），

---

❺❼ 《建州私誌》卷1。

❺❽ 滿族簡史編寫組：《滿族簡史》中華書局1979年版。

又晉陞爲龍虎將軍❺，成爲有職有權的明朝地方官吏，行使職權時用的是「建州左衞之印」❻。仰順天朝，履行臣職。

努爾哈赤一面做明朝的地方官員，一面以舊老城（費阿拉）爲中心，逐漸統一女眞各部。萬曆三十一年（1603年），努爾哈赤「從虎藍哈達南崗（即舊老城）移於黑禿阿喇處，築城居住。宰牛羊三次，輯勞夫役」❻。其背靠鷄鳴山崗，南面則面向蘇子河。從城往北數里，橫亘一山崗，稱啓運山，與它遙向對應。努爾哈赤遠祖孟特穆，曾祖福滿，祖父叫場，父親塔失，及他的伯父禮敦，叔父塔察均葬於此，名曰永陵。

努爾哈赤從舊老城遷到老城，經濟得到了很大發展，要求女眞社會統一，再加上明末政治的腐敗，又爲努爾哈赤統一女眞各部提供了客觀條件。

努爾哈赤首先從統一建州女眞着手。先後統一了蘇克蘇護河部（明建州左衞新地）的尼堪外藍、渾河流域的渾河部（明建州衞新地）、佟家江流域的棟鄂部、哲陳部（明建州右衞地），等等。僅用五年多時間，就統一了女眞五部。

接着，努爾哈赤又開始統一海西四部。萬曆二十七年（1599年），攻克以哈達河流域爲中心的哈達部。萬曆三十五年（1613年）又攻克了輝發河流域的輝發部。萬曆四十一年（1613年）正月努

---

❺ 努爾哈赤晉號龍虎將軍《三朝遼事實錄》、《明皇從信錄》、《山中聞見錄》等書記載，雖不盡相同，但對努爾哈赤爲「龍虎將軍」一事，記載一致。

❻ 瀋陽故宮博物館藏申忠一：《建州圖錄》。

❻ 《淸太祖武皇帝弩兒哈奇實錄》。

爾哈赤率軍與烏拉頭人布占泰大戰於烏垃城下，烏拉部遂亡。

海西烏拉部滅亡以後，努爾哈赤除了去完成對葉赫合併任務外，就是對已被招撫女眞各部如何加強統治。於是萬曆四十四年（1616年）正月宣告後金國誕生，都城赫圖阿拉，國號大金，史稱「後金」，年號爲「天命」，以萬曆四十四年爲天命元年。努爾哈赤稱帝（後謚爲清太祖）。

努爾哈赤在統一建州女眞和海西四部女眞的時候，當然不會忘懷生活在那裡的與其語言、騎射相同的同族人。於是便開始了對奴兒干都司轄境的黑龍江、烏蘇里江流域的招撫。

二　清（後金）入關前就統一了明奴兒干都司轄境

努爾哈赤招服奴兒干都司轄境黑龍江、烏蘇里江流域，早在十六世紀末就開始了。當時分佈在這一帶的有東海窩集部、瓦爾喀部，使犬部和使鹿部等，包括赫哲、恰喀拉、奇勒爾和費雅克等族人。萬曆三十五年，努爾哈赤出兵收服瓦爾喀，瓦爾喀部蜚悠城，城主策穆特赫率衆歸服。三十七年（1609年）收服東海窩集部的瑚葉路（明兀也衞地）❷。接着，又派兵至圖們江北岸明代毛憐衞等地招服窩集部內那木都魯、綏芬、寧古塔、尼瑪四路（明雙城衞、速平江衞、木陽河衞、剌魯衞等衞地）❸。三十九年（1611年），努爾哈赤之子阿巴泰吉招服烏蘇里江流域窩集部的

---

❷　《滿洲實錄》卷3，第64頁。瑚葉路以瑚葉河得名，該河在興凱湖以東，西北流入烏蘇里河，即今蘇聯刀畢河。

❸　《清太祖實錄》卷3；《吉林通誌》卷12。

烏爾古辰（今比金河一帶）、木倫（明麥藍河衞地）二路 ❻。四
十二年（1614年），招服東海窩集部的雅攬（明牙魯衞地）、西
臨（明失里衞地）二路 ❺。以後，又征服厄勒（明斡藍河衞地）、
約鎮（明魚失千戶所），撫陰達輝塔庫喇喇、諾羅、石喇忻等三路
（明喜申衞、亦兒古里衞、蓋干衞、者帖列衞）。直到「東海散
居之民盡取之」，「其島（庫頁島）居負險不服者」，也「乘小
舟盡取之」 ❻。崇德元年（1636年），皇太極稱帝，改國號大清，
在這前後，原屬明朝奴兒干都司的烏蘇里以東和黑龍江下游，皆
被清朝接管。

　　同烏蘇里江和黑龍江流域下游一樣，原屬明朝奴兒干都司管
轄的黑龍江中、上游地區，也逐步轉歸後金管轄 ❻。天命元年
（1616年），努爾哈赤命大臣扈爾漢、安費揚古率部二千征薩哈
連部，兵「行至兀爾簡河，刳舟二百，水陸並進，取河南北諸寨，
凡三十有六」，又渡黑龍江，取薩哈連十一寨 ❻。這是清統一黑
龍江上游地區的第一步。天聰八年（1634年）一月，「黑龍江地
方羌圖里、嘛爾干率六姓六十七人來朝，貢貂皮六百六十八張」
❻，特別是同年五月，「黑龍江地方頭目巴爾達齊四十四人來朝，

---

❻　《吉林通誌》卷12載：「烏爾固辰路，一作庫侖布新，河名字，在興
　　凱湖東北，入烏蘇里江，路以河得名」。

❺　《滿洲實錄》卷4，第16－17頁。

❻　《滿洲實錄》卷4，第60頁；《清太祖實錄》卷5。

❻　《清朝文獻通考》載：「本朝太祖高皇帝（努爾哈赤）天命年間
　　（1616－1626年），黑龍江人次第歸附」（卷271，「輿地三」）。

❻　金梁輯：《漢譯滿文老檔拾零》第2114頁。

❻　《清太宗實錄》卷17。

貢貂皮一千八百一十八張」❼⓿。巴爾達齊領族人歸附後金後，接
着精奇里江流域（明阿剌山衛、古里河衛等）的額蘇里屯、噶爾
達屯，以及黑龍江上游呼瑪爾城對岸吳魯蘇屯（即烏蘇穆丹城）
等，也都歸服後金❼❶。巴爾達齊由於接替明代衛地，統一黑龍江
流域有功，得到皇太極的寵信，娶了皇族的女兒，成了後金的額
駙，其後又被封爲阿思哈尼哈悉（滿語，意爲男爵）❼❷。

天崇八年（1634年）游牧於鄂嫩河（明斡難河衛）尼布楚一
帶的蒙古族茂明安部前來歸附，皇太極曾特開「大宴」隆重慶祝
❼❸。崇德二年（1637年）皇太極又派兵收服索倫部的雅克薩城
（明卜魯丹河衛地，今阿爾巴津城）等木城，一直到齊治臺（明
乞塔河衛地）❼❹一帶。

至此，經過努爾哈赤和皇太極兩代的經營，明代奴兒干都司
轄境，全被清朝置於統治之下。崇德七年（1642年），皇太極致
書明朝崇禎皇帝曰：「予纘承皇考太祖皇帝之業，嗣位以來，蒙
天眷佑，自東北海濱（鄂霍次克海），迄西北海濱（貝加爾湖）、
其間使犬，使鹿之部，及產黑狐、黑貂之地，不事耕種，漁獵爲
生之俗，厄魯特部落，以至斡難河源，遠邇諸國，在在臣服」❼❺。

---

❼⓿　《清太宗實錄》卷 18 。

❼❶　《清太宗實錄》卷 23 、 39 、 51。各地位置參見《盛京吉林黑龍江標
　　　注戰蹟輿圖》。

❼❷　《清太宗實錄》卷 28 ；《清世宗實錄》卷 44 。

❼❸　《清太宗實錄》卷 20 ；《清聖祖實錄》卷 143 。

❼❹　《清太宗實錄》卷 36 、 48 、 51 、 53 。

❼❺　《清太宗實錄》卷 61 。

這清楚說明，從斡難河源，到黑龍江入海口，包括外興安嶺以南和庫頁島在內，這些原屬奴兒干都司所轄領土，在清入關前，即一六四四年以前就轉歸清朝所屬。由明至清，黑龍江、烏蘇里江流域廣大地區一直是中國的領土。有文可徵，有史可考⓭。

三　明遼東都司歸清（後金）朝

清（後金）收服了明奴兒干都司轄境，又開始接替明遼東都司境域。萬曆四十六年（1618 年，天命 3 年），努爾哈赤以「七大恨」告天，誓師攻明。所謂「七大恨」，一是明朝不守界約，向女眞人居住地進犯；二是明朝無故殺害其祖父叫場和父親塔失；三是後金與明朝誓約，不殺越界明人，明朝反殺往廣寧大臣剛古里等；四是明朝支持葉赫反對後金；五是後金人在柴河（今開原縣東南柴河堡）、三岔兒（今鐵嶺縣三岔村）、撫安（今鐵嶺縣東南撫安堡）耕種，明朝不准收穫；六是偏聽葉赫話，惡言謾罵後金；七是明朝先後扶植哈達、葉赫牽制後金發展壯大。「七大恨」，實際是後金對明朝遼東都司進攻的宣言書。努爾哈赤乘其不備很快就攻佔了撫順，明將李永芳投降，軍民死傷兩萬人，近萬人被掠走。於是明廷以楊鎬爲遼東經略，調集兵馬，分四路向後金都城興京（赫圖阿拉）進軍。努爾哈赤採取明降李永芳的「恁爾幾路來，我自一路去」⓮的戰略方針，一路出擊，各個擊破，集中八旗兵全部兵力六萬人，首先擊破薩爾滸山的明軍主力杜松軍，

⓭　拙著：《明代奴兒干都司及其衛所研究》，中州古籍社 1982 年出版。

⓮　傅國：《遼廣實錄》卷上。

其全軍覆沒，杜松戰死，而「死者漫山遍野，血流成渠，軍器與屍衝於渾河者，如解冰施轉而下」[78]。這一戰役明軍陣亡官員「三百一十餘員名」，「陣亡軍丁共四萬五千八百七十餘名」[79]。

薩爾滸之戰後，後金又以摧枯朽、勢如破竹的速度，乘勝攻取開原、鐵嶺，遼東都司治所遼陽危在旦夕，當時遼東一片混亂，數百里無人煙，官兵毫無戰鬥力，全軍喪膽，聞風便逃，逃兵盈路。天啓元年（1612年，天命六年）三月，努爾哈赤親統大軍，直取瀋陽衛城，很快城陷。緊接，八旗兵齊頭並進，直搗遼陽，旌旗蔽空，向遼陽進發。

遼陽城歷史悠久，是遼東半島上最早出現的一座城邑。清代以前，這裡一直是東北地區政治、經濟和文化中心。尤其明代遼東都司治所設此後，不僅是政治、經濟和文化中心，而且也是軍事中心。其地理位置十分重要，史稱遼南重鎮。明朝經略等文官武將一向駐守此鎮守遼東。他們認為保衛遼東首先必須保衛遼陽城。前遼東經略楊鎬鎮守遼東時，坐鎮遼陽；前遼東經略熊廷弼鎮守遼東時，也坐鎮遼陽；現遼東經略袁應泰鎮守遼東，還坐鎮遼陽。可見遼陽對鎮守遼東是佔有何等重要地位。因此，明、後金雙方爭奪的目標自然是遼陽城。

三月十九日晚上，努爾哈赤統率大軍，進逼遼陽城下。右旗軍攻東城，左旗軍攻西城，兩軍在遼陽小西門交鋒，展開激烈的

---

[78] 《滿洲實錄》卷5。

[79] 王在晉：《王朝遼事實錄》卷1。

爭奪戰⑧。

　　第二天，即三月二十日，努爾哈赤一面指揮八旗軍與東山明軍激戰，一面組織八旗軍攻城。袁應泰爲了阻止八旗軍攻城，又命明軍急速撤回城去。由於指揮失誤，許多士卒在撤回城過護城河時落水淹死甚多。袁應泰與巡按大臣張銓據守東西大門。

　　努爾哈赤繼續指揮士卒登城，奮勇激戰，西門火藥起火，燒及城內草場，明軍積屍相枕，八旗軍很快佔領遼東都司衙署西關，努爾哈赤率軍順利進入遼陽城內。遼陽許多家開門，張燈迎後金⑧。經略袁應泰、巡按張銓又以東城爲陣地，也被後金軍所擊敗。袁應泰見大勢已去，焚樓殉職。張銓，見遼陽失陷，決心與遼城共存亡，身中多矢，最後被俘，自縊而死。遼陽城被攻陷，努爾哈赤軍「大殺在遼商賈五萬人」⑧，席捲遼河以東七十餘城。爲了鞏固和加強對新佔領的明遼東都司治所遼陽的統治，天啓元年（1621年，天命六年）四月，後金從薩爾滸遷都遼陽，於遼陽城東太子河畔築新都，名曰東京城。從此遼陽城由明的統治，轉成爲後金的統治。

　　遼東都司遼陽城陷落，及至明朝軍事勢力儘管還堅持了一個時期，但大勢已去，已退到大凌河一帶，在山海關以外，僅剩錦、寧一隅之地了。就一個國家地方政權來說，遼東都司被後金攻佔，說明了朱明王朝在東北統治的地方政權——遼東都司，已完全退

---

⑧　《武錄》卷3；《滿文老檔》太祖19。

⑧　《明熹宗實錄》卷3。

⑧　彭孫貽《山中聞見錄》，〈建州〉。

出了歷史的舞臺，而被後金政權所代替，表明了明王朝在東北統治的結束。

隨着歷史的進程，順治元年（1644年）十月，清軍入關，入主中原，建立了清王朝，完成了中國的統一。從此，結束了長期鏖戰，身首異處，馬革裹屍，惡戰局面，並抵制了外國資本主義勢力入侵，基本奠定了中國現代版圖、民族、傳統、共同民族意識、共同民族心理素質的、統一的、多民族的東方大國。

第十四章　明代關東文化

第一節　地方誌書和檔案

一　《遼東誌》

有明一代文化的發展是中國封建社會文化發展史上的一個重要階段。這和中國封建社會末期商品經濟的顯著發展，以及階級鬥爭日益尖銳和複雜的歷史現實分不開的。除了古典小說的發展，就是地方誌的發展，如《大明誌書》、《大明清類天文分野之書》等等。這些發展，當然要影響、促進關東文化的發展。

當時東北雖然沒有產生宏篇巨著，但各類作品均有發展，尤其編纂東北遼東地方誌書成績更爲顯著。

地方誌，是反映着一個歷史時期的地區建置、政治、經濟、文化、軍事、民族、名勝古跡、金石碑刻、琴棋書畫、雅音歌舞、雜技藝術、諸多戲曲、風土人情、物產資源等一種分門別類特定體裁的綜合著述。它是一門邊緣科學，也等於地方百科全書。內容豐富，絢麗多彩。因此說，地方誌是一份珍貴的歷史文化遺產。我國地方誌書，地域之廣闊，內容之豐富，在世界上是罕見的。也可以說，地方誌書是我國的文化特產，是我國民族文化百花卉中獨放的一隻無比鮮艷的奇葩。

　　我國地方誌書發展的歷史是悠久的。到了明代已經發展到興盛時期，就其數量、質量和理論研究方面來看，已達到了相當水平，對清代方誌的編寫有直接而深刻的影響。這也和明王朝大一統封建國家的建立分不開的。我國歷史上每當國家統一或「太平盛世」，封建統治者為了維護國家大一統的局面和鞏固其君主專政，都重視對地方誌的搜集、整理和編纂。朱元璋建立起朱明王朝，當上了皇帝，為了誇耀明朝統一的「功績永垂」，也為了更好的統治民衆，對方誌的編纂極為重視。在稱帝後的第三年，即洪武三年（1370年），令下事行，同年十二月書成，這就是明代最早的全國地理總誌，即《大明誌書》（失傳）。洪武六年（1373年），又「令有司上山川險易圖」。洪武十七年（1384 年），又編成全國性地理誌書，謂之《大明清類天文分野之書》，全書二十四卷，遼東都司為該書第二十四卷❶。這部地理誌書「以十二分野星次分配天下郡縣，又於郡縣之下，詳載今古沿革之由」❷。二十七年（1394年），再詔修《寰宇記通衢書》。

　　明成祖繼位，更重視地方誌書編纂工作。永樂十六年（1418年），詔修天下郡、縣、衛、所誌書，任命夏原吉、楊榮、金幼孜總之，「仍命禮部遣官編詣郡縣，博採事跡及舊誌書」❸，為了保證質量，還頒佈了《纂修誌書凡例》，要求纂修各地誌書，

---

❶　傅振倫在《論中國元明清以來的舊方誌》（載 1981 年 《中國方誌總論》）一文中寫道《大明清類天文分野之書》「今已不存」，則實為失考。該書手抄本，現存吉林省社會科學院圖書館。

❷　《明史》卷 98，《藝文誌 三》。

❸　《明太宗實錄》卷 110 。

從體例到內容都要有統一規範，這是迄今所發現的最早的封建王朝統治階級欽定的纂修誌書的凡例。自隋至清歷代王朝多有纂修地方誌之舉，但是由朝廷頒佈修誌凡例，祇有明成祖朱棣是這樣做的。景泰七年（1456年），陳循纂成的《寰宇通誌》。天順五年（1461年），李賢等成書奏進，並賜名《大明一統誌》。正德年間，韓幫靖纂修的《朝邑縣誌》、康海編撰的《武功縣誌》，結構嚴謹，文簡事核，頗有成績。

明朝纂修方誌蔚然成風，在衆多的地方誌書中，有一部份是邊關誌書。因明朝處於蒙古的瓦剌和韃靼的威脅，爲了鞏固邊防，明朝統治階級極爲重視東北疆域建設，設地方政權兩都司，即遼東都司、奴兒干都司。對纂修東北誌書也必然重視，因此明代又出現了一種新的方誌形式，邊務誌書。《遼東誌》就是在這種情況下編纂的。

《遼東誌》作者畢恭、王祥。畢恭，字以謙，前屯衞籍，其先山東濟寧（今山東濟寧市）人，有文武才，著有《遼城吟稿》。王祥，字伯禎，河南汝南（今河南省汝南縣）人。據畢恭正統八年五月寫的《遼東誌》序：「自永樂中，上遣使諭本司纂修國誌，乃即欽承上命，以國朝削平叛亂之由，創治之制、建置、沿革、分野、疆域、城池、里至、山川、形勝、坊郭、屯堡、烽墩、土產、貢賦、戶口、學校、軍儲、廨宇、舖舍、壇場、寺觀、橋道、驛程、宦績、人物、雜誌、詩文、謹集進呈，惟稿是存。斯集乃國朝之盛典，藩維之偉勳，可秘乎哉！用壽諸梓，以永其傳」❹。

---

❹ 《遼東誌》解題第1頁（《遼海叢書》本）。

又據日人稻葉岩吉撰《遼東誌》解題，謂「《遼東誌》者，明代之遼東地誌也，書凡九卷，附圖一卷。初次編纂於正統八年(1443年)，據是遼東都指揮僉事畢恭所撰序文，謂本書之資料，蓋先探訪於永樂中，既將正本進呈，恭復欲取其稿本，而刊行之，其事未果」❺，可知《遼東誌》蒐集資料從永樂年間就開始了，並且已經形成了資料性質的「惟稿是存」。但《遼東誌》眞正始修是正統八年，畢恭「用壽諸梓」，打算刊行「進呈」，可惜「其事未果」。

迄至弘治元年(1448年)，由冀州新河(今河北省新河縣)人巡按御史陳寬、定遼中衞(今遼寧省遼陽市老城鎭)人遼陽副總兵韓斌主持，由遼陽人致仕知縣邵奎、自在知州陳塏對畢恭原稿進行「修改」，「繁者刪之，缺者補之，僞者正之」，「並命名曰《遼東誌》」，是《遼東誌》第一次刊本，因此說《遼東誌》成書於弘治元年。

嘉靖八年(1529年)由徽州婺源(今江蘇省婺源縣)人潘珍主持，徐文華、劉琦、程啓充「復事修改」。徐文華，字用光，四川嘉定州(今四川省樂山縣)人，正德戊辰進士，文理左少卿，嘉靖六年，謫戍鐵嶺衞，後以恩宥回籍，卒於舟中。劉琦，字廷珍，陝西洛川(今陝西洛川縣)人，正德甲戌進士，兵科給事中，嘉靖六年謫戍瀋陽中衞，後以恩宥回籍。程啓充，四川嘉定州(今四川省樂山縣)人，正德戊辰進士，監察御史，嘉靖六年謫戍撫順，後以恩宥回籍。這些人都是有文化的讀書人，他們倖免

---

❺　《遼東誌》解題第 1 頁(《遼海叢書》本)。

於罹難，萬里迢迢，破衲風雪，從關內流放到荒磧塞北，在逆境中，冰天雪窖裡，降志辱身，茹苦含辛，孤燈伏案，著書立說，受命參加《遼東誌》纂修工作，促進了東北文化發展，但這次修改未成。

嘉靖十六年（1537年），由明左僉都御史任洛主持，工科左給事中薛廷寵等繼續編纂《遼東誌》，任洛，河南鈞州（今河南省禹縣）人，正德辛未進士。薛廷寵，福清（今福建省福清縣）人，嘉靖壬辰進士。這次纂修《遼東誌》爲第二次刊本，也就是現在通行的《遼海叢書》本，前有金毓黻先生校印《遼東誌》敍，後增日人稻葉岩吉《遼東誌》題解。並附有康平高鳳樓、遼陽許麟英校勘記。

《遼東誌》是現存最早的東北地誌之一。《遼東誌》是有明一代歷史文化遺產的一部重要書籍，是研究我國東北地區的歷史地理、政治、經濟、文化、民族等各個方面情況的重要古籍文獻。

全書九卷，內容翔實，考訂細緻，文風樸實，筆墨簡練，文圖並茂。其書首卷附有二十五衞圖十七幅，即「遼東河東地方總圖」、「遼東河西地方總圖」、「遼東都司治衞山川地理圖」、「廣寧山川地理圖」、「廣寧右屯衞山川地理圖」、「義州山川地理圖」、「廣寧左中屯衞山川地理圖」、「寧遠衞山川地理圖」、「廣寧前屯衞山川地理圖」、「開源山川地理圖」、「開原控帶外夷山川圖」、「鐵嶺衞山川地理圖」、「瀋陽中衞山川地理圖」、「海州衞山川地理圖」、「蓋州衞山川地理圖」、「復州衞山川地理圖」、「金州山川地理圖」。卷一地理誌十一目，即沿革、疆域、郡名、形勝、山川、風俗、物產、宮室、陵墓、寺觀、古蹟。卷

二爲建置誌八目，即城池、公置、監苑、學校、關樑、坊表、驛傳、祠祀。卷三爲兵食誌四目，即武備、邊略、財賦、徭役。卷四典禮誌六目，即公式、祀典、賓興、鄉飲、鄉射、夷人入貢。卷五官師誌四目，即爵命、使命、職官、名宦。卷六人物誌十七目，即荐辟、科貢、通事、將選、武舉、封贈、任子、家世、忠節、孝行、宦蹟、學術、隱逸、貞烈、流寓、方伎、仙釋。卷七藝文誌十目，即聖製、表、箋、經略、奏議、記、紋、詩、行、詞賦。卷八雜誌二目，即三遼表編、祥異。卷九外誌三目，即外郡、外夷衞所、外夷貢獻。這部誌書圍繞二十五衞二州的設置，紋述明廷對遼東都司及其北部地區的管轄，突出邊政建設，特別外誌一卷記載了奴兒干都司屬下設衞三百四十一、所二十三和驛站建設及其「貢獻」等內容，雖不是遼東轄境內，但它同遼東都司有着密切的聯繫，其區域在遼東都司北境，因而名曰遼東都司的「外誌」，記入誌內，這是獨具匠心，很有見的編纂。「清修《四庫全書》不收《遼東誌》，存目內亦未著錄。然清初實有傳本」❻，是一部史料翔實，內容豐富的有較高價值的誌書❼，是研究有明一代東北史必讀之書。

二 《全遼誌》

記載明代現存東北最早誌書，除了《遼東誌》，就是《全遼誌》。《全遼誌》是嘉靖四十五年（1566年）由巡撫山東監察御

---

❻ 《全遼誌》金毓黻校印遼東誌紋，第 1 頁（《遼海叢書》本）。

❼ 薛虹：《中國方誌學概論》1984 年黑龍江人民出版社出版。

史李輔主持，由致仕通判馬應龍、孫荆玉，致仕知縣孫顏良、余尚貢，致仕訓導李如魯，監生張文羽，都司儒學生員（秀才）葉馨、徐文中、瓢繼武、汪觀、何文綺、楊守中、廣寧儒學生員傅佶纂修。李輔，字近臺，江西進賢（今江西省進縣）人，嘉靖己未（1559年）舉人。馬應龍，定遼衛（今遼寧省遼陽市老城）人。此書編纂僅用了半年的時間，是在《遼東誌》一書的基礎上纂修的。因此金毓黻先生在校印《全遼誌》敍中寫道：「《全遼誌》者，《遼東誌》第三次之續本也」，實際上是對《遼東誌》一次續修本。但「觀其凡例」、「綱目」等處，「多所更定」，「故易名爲《全遼誌》」❽。特別是對嘉靖十六年以後明代東北事跡多有增補。現有通行的《遼海叢書》，書正文前亦有金毓黻校印《全遼誌》敍，後附有康平高鳳樓、遼陽許麟英校勘記。

　　全書六卷，這是研究有明一代東北史，特別有關東北文化史的另一部重要誌書。卷一有圖考誌、沿革誌、山川誌。圖考誌附有二十五衛圖十九幅，即「全遼總圖」、「遼陽鎮境圖」、「遼陽鎮城圖」、「蓋州衛境圖」、「廣寧鎮境圖」、「廣寧鎮城圖」、「義州衛境圖」、「廣寧左中屯衛境圖」、「廣寧右屯衛境圖」、「廣寧前屯衛境圖」、「寧遠衛境圖」、「瀋陽衛境圖」、「鐵嶺衛境圖」、「開原衛境圖」、「開原控帶外夷圖」、「永寧監境圖」、「金州衛境圖」、「海州衛境圖」、「復州衛境圖」。卷二有賦役誌、邊防誌、兵政誌、馬政誌。卷三有職官誌、選舉誌。卷四有宦業誌、人物誌、典禮誌、風俗誌、方物誌、祥異誌、

---

❽　《全遼誌》校印《全遼誌》敍，第1頁（《遼海叢書》本）。

故迹誌、雜誌。卷五有藝文誌上。卷六有藝文誌下、外誌。共十九誌目。這部誌書亦同樣圍繞着二十五衛二州的設置，敍述明朝對遼東都司及其北部疆域的管轄。在外誌卷中記載了奴兒干都司屬下設衛三百三十二、所二十二，雖然比《遼東誌》少記載了九衛、一所，但把奴兒干都司境域，看成屬於遼東都司的重要政務，而載記入誌內，這也是很有見地的編纂。

此書存世版本不少，有明萬曆年間增刻本，在北京圖書館存藏；還有舊抄明嘉靖本，遼寧圖書館、北京圖書館存藏；清初節抄本，不分卷，北京圖書館存藏；現通行易見的是《遼海叢書》本。

《全遼誌》也是一部有較高史料價值的誌書。特別是研究明代東北歷史地理、歷史文化方面，史料價值尤高。是撰寫明代東北史必須參考的誌書。

這裡特別要提及的是中原名人對遼東文化發展，做出了重要貢獻。所謂中原，即中土或中州。狹義的中原係指今河南一帶❾。明時期中原，據《明實錄》記載，「伏維北京」，「南府中原」❿，其中原廣義係指黃河中、下游地區。今僅就狹義中原意指河南省一帶來說吧，有明一代名人對遼東文化發展影響是很大的，這裡毫無過獎之詞。他們萬里迢迢，從溫暖的河南故里，來到冰天雪地的東北，或參加編書，或主持編書，或從事教育，或受命巡撫，或治理政務等等，間接或直接對遼東文化發展起着促進、

---

❾ 《辭海》第 1408 頁，1980 年上海辭書出版社出版。
❿ 《明太宗實錄》卷 103。

推動作用。有史可徵，屢見不鮮。

　　上面提及的王祥，他原籍就是今河南省汝南縣人，來到了遼東，茹苦含辛，孤燈伏案，著書立說，編纂《遼東誌》，但此書這次編纂未成，「其事未果」。直到另一位河南鈞州（今河南省禹縣）人，任洛來遼寧，於嘉靖十六年主持繼續編纂《全遼誌》，最後才臻於完成。

　　明時期，河南名人來遼東，促進東北文化等事業的發展，《遼東誌》記載其人數較多，不便全引，僅選錄若干條，列表如下，以觀其一斑。

姓　名	原　　　　　　　　　　　　籍	學　品
馬文昇	鈞州（今河南省禹縣）人	進　士
張　奎	固始（今河南省固始縣）人	進　士
元高亮	湯陰（今河南省湯陰縣）人	進　士
周　宗	裕州（今河南省方城縣）人	進　士
徐　璟	光山（今河南省光山縣）人	進　士
馬　震	汲縣（今河南省汲縣）人	進　士
唐　羆	安陽（今河南省安陽市）人	進　士
賈　鋌	安陽（今河南省安陽市）人	進　士
樊　祉	昨城（今河南省鄢陵縣）人	進　士
劉　訊	鄢陵（今河南省鄢陵縣）人	進　士
喬　祐	洛陽（今河南省洛陽市）人	進　士

毛　泰	蘭陽（今河南省蘭考縣）人	進　士
張承祚	光山（今河南省光山縣）人	進　士
馬　敏	上蔡（今河南省上蔡縣）人	進　士
袁　端	蘭陽（今河南省蘭考縣）人	進　士
景仲光	偃師（今河南省偃師縣）人	進　士
熊　爵	祥符（今河南省開封市西南）人	進　士
谷　高	祥符（今河南省開封市西南）人	進　士
畢　張	裕州（今河南省方城縣）人	進　士
劉　濟	郟縣（今河南省郟縣）人	進　士
潘　傲	洛陽（今河南省洛陽市）人	進　士
楊文錦	陳州（今河南省淮陽縣）人	進　士
王　鸛	永寧（今河南省洛寧縣）人	監　生
畢　凱	懷慶（今河南省沁陽縣）人	監　生
王　璋	開封府（今河南省開封市）人	監　生
王　嵩	汲縣（今河南省汲縣）人	進　士
羅　綺	磁州（今河南省靈寶縣）人	進　士
許　進	靈寶（今河南省靈寶縣）人	進　士
許　逵	固始（今河南省固始縣）人	進　士

由上表可知，明時期中州這些先哲名流來東北均為有文化之

人，除了少數貢生、監生外，都是進士學品。他們跋涉冰雪，遠離河南故里。至於一般民人來遼東，戍守邊疆，那更是屢見不鮮。比如，《明信牌檔》記載：「郭維藩，年二十九歲，係河南省開封府祥符（今河南省開封西南）人。嘉靖二十九年二月八日到任，守閭陽驛（今遼寧省北鎮縣南「閭陽」）。」又如「郭世勳，年四十一歲，係直隸河南府永寧縣（今河南省洛寧縣）人。嘉靖三十一年三月五日到任，見掌本百戶所印兼管馬隊」❶，舉不枚舉，中原有文化人，一般百姓也好，他們跋涉冰雪，遠離河南，來到了重冰積雪的明代北國大地，把先進的中原文化帶到了東北，受邊多年，破納風雪，披荆斬棘，辛勤勞動，同當地兄弟民族攜手前進，對祖國邊疆建設、文化發展、民族融合，都做出了卓越的貢獻。有的甚至在遼東勞苦一輩子，未返故里，最後埋骨荒溝野嶺，結束終生。先哲往矣，留芳百世。他們的光輝業績必定做爲歷史的篇章，千載斯古。

三　歷史檔案

　　歷史檔案係指遼東都司官署的文件，現存一千零八十件，藏於遼寧省檔案館。這批檔案包括遼東都司、山東都司和明兵部三部份內容。明兵部檔案，現存的都是崇禎年間的題稿，反映明用兵等情況。山東都司檔案，現存多嘉靖年間遼東與山東的關係和山東都司及其所屬衞所戍務、操練、軍紀、糧餉等文件，包括戚繼光抗倭鬥爭一些內容。這批檔案，由於努爾哈赤率領八旗兵進

---

❶　遼寧省檔案館藏：《明信牌檔》乙類，第 20 號卷。

佔遼東後，被用來裱糊瀋陽宮殿的屏風，後揭取下來，因而今被
人們習慣叫作「屏風檔」。遼東都司檔案，起於洪武年間，止於
崇禎末年。這部份檔案，也是由於努爾哈赤進佔遼東時，將一部
份當成廢物用，而絮入包裝「信牌」的囊袋夾層。所以現在人們
習慣稱之爲「信牌檔」。

　　這三部份遼東檔案有極高的史料價值。特別是遼東都司檔案
史料價值更高，它詳細地記錄了東北遼東地區各方面情況，具體
涉及衛所、驛站、軍事、民族、馬市、司法、民政、職官、賦役、
外交、文教等方面，是研究明代歷史，特別是研究明代東北地區
歷史和清初歷史的珍貴材料。如明代忽魯愛衛設置朝貢史料明代
遼東都司檔案就有清楚記載，現藏於遼寧省檔案館。茲抄錄如下：

　巡按山東監察御史宋施行奉此前事，合行開坐具呈，施行須
　至，呈者計開：海西忽魯愛等衛野人女直都揮倒哈等四十三
　名進馬。

　右　　呈
　按山東監察御史宋
　弘治四年十一月二十七日經歷張益
　　　　都事商質 ⑫

　　這件檔案雖然文字不多，但史料價值是極其珍貴的。它是明
代遼東都司奏章的原始記錄。

---

⑫　遼寧省檔案館藏：《明信牌檔》乙類，111 號卷，弘治 4 年 11 月 27
　　日遼東都司爲夷人朝覲貢馬事呈巡按山東監察御史宋官吏的奏折。

由這件檔案內容可看出三個問題：

其一、明代在東北地區確設有忽魯愛衞。檔案記載與《明實錄》記載完全相符 ❸，是永樂十三年（1415年）「考郎兀衞指揮同知惱納等來朝，置忽魯愛衞」。考郎兀衞官員惱納來朝奏陳忽魯愛衞設置之事，說明「考郎兀」、「忽魯愛」二衞地相關聯，因此這兩個衞地必相距不遠。考郎兀一詞來源於蒙古語，是「哈喇木倫」的省譯音轉，即漢語「黑水」的意思 ❹，意在江邊附近。據徐中舒先生考證「考郎兀古城即樂浪古隘口」 ❺，當爲今松花江與黑龍江合流處附近 ❻，此地今尚留有古城遺址，又據《明太祖實錄》卷一四二記載：「胡里改至樂浪古隘口一百七十里」。上已述及「考郎兀古城即樂浪古隘口」，可知胡里改至考郎兀地也應爲一百七十里，又因胡里改、忽魯愛均爲同名異譯，胡里改爲今牡丹江 ❼，可知忽魯愛衞即設在今黑龍江省牡丹江流域，下距考郎兀衞一百七十里 ❽，爲奴兒干屬下一個衞。明朝在牡丹江流域設置忽魯愛衞，從此忽魯愛衞地就正式納入了明王朝版圖。

---

❸　《明太宗實錄》卷98。

❹　張太湘：《近年來黑龍江省歷史地理學研究的主要收穫及其存在的一些問題》（鉛印本）。

❺　徐中舒：《明初建州女眞居地遷徙考》，載國立中央研究院《歷史語言研究集刊》第6本，第2分冊。

❻　〔日〕和田清：《明初之滿州經略》（上篇），載《滿鮮地理歷史研究報告》第14期，第238－239頁。

❼　王鍾翰：《明代女眞人的分佈》，載《清史論文選集》第1集，1979年中國人民大學出版社出版。

❽　拙著：《明代對忽魯愛衞的管轄》，載《歷史檔案》1982年,第1期。

其二、檔案中記載忽魯愛衞「野人」女真都指揮「倒哈」，《明實錄》中亦有記載，「倒哈」為忽魯愛衞都指揮 ❶。明代遼東都司檔案與《明實錄》記載，相互印證，甚合。忽魯愛衞官員均由明王朝任命，「野人」女真倒哈做了忽魯愛衞指揮使，為正三品級。任命時「賜誥印、襲衣」。所謂「誥印」，就是委任狀性質的「誥命」和「印信」，印是禮部鑄造賜發給忽魯愛衞的。明王朝規定武官五品以上為「誥命」，六品以下為「敕命」。指揮使倒哈，賜的是誥命。誥敕上記載着明朝授給的官職名稱、等級等。所謂「襲衣」，就是明王朝賜給的官服。忽魯愛衞頭人倒哈獲得了印璽、官服以後，就成了忽魯愛衞的地方官，行使職權，「收集舊部人民，使之自相統屬」，而且是「父死子代，世世不絕」，這與內地官員任職制度不同，說明明朝對少數民族特殊待遇。「野人」女真倒哈得到了明朝任命，這又說明忽魯愛衞頭人倒哈已成為明代東北地方官員。

其三、由上錄明遼東檔案內容還可以看出，忽魯愛衞必須以時向明廷朝貢「馬匹」。忽魯愛衞所繳納的貢品主要是土特產「馬匹」等，即所謂「土貢」。這種以土特產充貢物的賦稅制度由來已久，據《文獻通考》記載：「土貢，即租稅也，漢唐以來，任土所貢，無代無之」 ❷。「土貢」是內地所稀有的珍貴物品，供給明朝統治者享用，因此統治階級把「土貢」看得比繳納錢糧還要貴重。奴兒干都司屬下忽魯愛衞頭人「各統其屬，以時朝貢」

---

❶　《明孝宗實錄》卷 59。
❷　馬端臨：《文獻通考》·《自序》。

❷，這種朝貢制度，是從忽魯愛衞建衞就開始的，以後貢賦更是絡繹不絕。在「野人」女眞倒哈被任命爲忽魯愛衞官吏之前，明朝已任命多位女眞人爲忽魯愛衞頭人，而且他們以時向明朝朝貢。明宣德元年（1426年），忽魯愛衞指揮僉事阿哈剌「來朝貢馬及方物」❷。正統十一年（1446年），忽魯愛衞頭人撒祇哈等「來朝貢馬及方物」❷。成化二年（1466年），忽魯愛衞頭人干合「來朝貢馬及貂皮方物」❷。次年他又千里迢迢，赴朝「貢馬及貂皮等方物」❷。成化九年（1473年），他又不辭辛苦再次「來朝貢馬及貂皮」❷。女眞人干合被任命忽魯愛衞官吏期間，是忠於職守的，以時朝貢，效忠朝廷。因此，明朝任他繼父惱納指揮使職後，很快就晉昇爲都指揮職，正二品級。繼之，弘治五年（1492年），忽魯愛衞頭人倒哈「來朝貢方物」❷。《明實錄》中記載這次忽魯愛衞與明遼東檔案記錄忽魯愛衞朝貢馬匹一事是一致的。

　　這件檔案是明遼東都司經歷張益、都事商質爲忽魯愛衞朝貢馬事呈巡按山東監察御史宋官吏的奏報。當時奴兒干都司屬下各衞朝貢，路經遼東都司，需要記錄檔子，而遼東都司隸屬山東佈政使司，《全遼誌》卷六記載：「遼東之於山東，原爲一省」，

❷　嚴從簡：《殊域周咨錄》卷24，《女直》。

❷　《明宣宗實錄》卷21。

❷　《明英宗實錄》卷147。

❷　《明憲宗實錄》卷25。

❷　《明憲宗實錄》卷38。

❷　《明憲宗實錄》卷123。

❷　《明孝宗實錄》卷59。

因此，才有遼東都司關於忽魯愛衞「進馬」，呈「巡按山東監察史」奏報一事，後轉報朝廷。遼東檔案的存在，說明有明一代遼東文獻檔案已經形成，遼東文化已有發展。

第二節　文學與藝術

一　碑誌文學

明代文學有很大發展，古典小說已經發展成熟。這種發展是和中國封建社會末期商品經濟的顯著發展，城市日益繁榮擴大，以及現實的階級鬥爭尖銳，複雜分不開的。當時產生幾部著名的現實主義古典小說，如明初施耐庵的《水滸》、羅貫中的《三國演義》，嘉靖時人吳承恩的《西遊記》，嘉靖、萬曆年間的作品《金瓶梅》，天啓時馮夢雲所編刻的「三言」，即《喻世明言》、《警世通言》、《醒世恒言》及同時期人凌濛初編輯的「二拍」、即初刻和二刻的《拍案驚奇》。傳奇作品也有很大發展，如著名作品有朱權的《荆釵記》、佚名的《白兔記》（又名「劉知遠」）、施惠的《拜月亭》、徐畽的《殺狗記》、高明的《琵琶記》和湯顯祖的《牡丹亭》等。當時東北雖然沒有產生那些著名古典小說、傳奇作品，但遼東碑誌文學卻有很大發展。所謂碑誌文學，就是在石碑上鐫刻墓誌銘，有些形成了文學作品，頗有文學藝術價值。有的碑誌，記述墓主人平生事跡，是以四言史詩形式記載。作詩言誌，氣象恢宏。以《宋國忠墓誌銘》爲例，不僅概括了墓主人生前品德，而且用辭妥貼，文筆流暢。詞風頗爲纖巧綺麗。其銘於

下：

　　千山峨峨，代水淵淵。

　　風氣毓秀，碩人生焉。

　　仁孝素鍾，智勇雙全。

　　遺愛在民，勛勞在邊。

　　才弗究用，壽嗇於賢。

　　數也不偶，孰謂其然。

　　猿哀夜月，鶴唳秋天。

　　承家有子，福蔭綿綿。

　　以千山代水起興，描畫了墓主人家鄉秀麗山水，使人如入其境，進而評述墓主人，其中，「勛勞在邊」句是對出身邊將世家宋國忠的恰到好處的記述，「壽嗇其賢」是指墓主人僅就到三十八歲。全篇無一廢字。

　　祇有個別墓誌銘文能突破四言豆腐塊詩的成式，如撰刻於嘉靖三十年（1551年）的《朱璽人莊氏合葬墓誌銘》載：「乾健而運，坤訓以寧。惟翁嗣後兮，佳城同穴。閟郁郁而不朽兮，紀名堅石。」此類銘文極為少見。

　　有的墓誌又可作散文欣賞。如《陳通夫人李氏墓誌》：「遼東都司儒學訓導張升撰：封鎮國將軍陳公夫人李氏墓誌銘。陝西都司都指揮同知鎮國將軍陳通元配夫人李氏，故陝西都指揮庸之女也。是歲三月之庚戌卒。其子烈衰經持其友鄉貢進士丘霽所為行狀詣予求銘。按狀，夫人自甫笄歸陳氏，時夫家貴盛，宗族罕比。雍雍肅肅，闔門百口。夫人事舅姑，色養無違。內外疏戚，長幼貴賤之咸中禮節。喜慍不形。綜理家事，繩繩如也。天性慈

厚，躬執婦功，雖處貴顯不廢。相夫睦親善鄰，教子皆中程度。夫家世踐武階而業儒行。得夫人知書秉禮，人以為宜。永樂間，夫以連帥受知於上，總統西夏兵，往平畏兀兒之地，行且別夫人，以兵戎事大，宜加重慎，□□告之，連帥亦深然諸，期以永樂已巳季春上澣凱旋。於是乘勝長驅，肅清西塞，過期未還。或有言西兵不利者，夫人謂其親族曰：兵雖危事，吾夫治陣有法，且能審天時地利之宜，保當萬全。於是齋沐焚香，告天乞祐。復遣隸僕數輩往覘虛實。比捷音至，形神俱耗，連帥果制勝而歸，人益信夫人之明。夫有疾，則朝夕不食，湯藥親嘗（嚐）。宣德庚戌，夫以事逮轉徙遼東，關河萬里，艱險備嘗。夫人保抱子女，撫育家僮，恬無怨言。暇則立諸子於庭，諭以入考出恭、忠君弟長大義，諸子德器大有所成就。生於己未年三月二十五日，享年六十有七」㉘。記其墓主人出嫁、事舅母、助夫治家、教子，從西北戰場到東北邊疆，外助其夫治軍從政，內治僮僕、養子女成人。其人品行、見地、才華躍然紙上。

又如《廣祐寺園公塔銘》記道園和尚重修廣祐寺一節，也十分生動，文采斐然。甚云：「公睹慈阯，廣袤殊勝而殿宇湫隘，廊廡荒蕪，不起人魄敬。乃蹶然曰：吾聞佛有囑曰，佛法付與國王、大臣，有力檀那乃敬。扣掌遼東都司印事、左軍都督府都督王公真為創首，而都督公忻然允諸，有恢復之心。一言既出，眾信景從，施金銀財帛木植等物，委積如山。肇建大佛殿，次天王伽藍祖師殿堂以及鐘樓、大悲閣，乃至方丈，兩廡、山門、眾屋、

㉘　《陳通失人李氏墓誌》攝片，遼陽市文物管理所供稿。

及粧塑佛菩薩、羅漢諸聖神。畫棟雕欄，金碧照耀。鍾魚鼓板，晨夕鏗鏗。梵剎興隆，禪誦盛集。偉哉聖鏡，煥然一新。可謂百丈成規，復見於今矣。四圍垣牆，百堵皆作。寶塔十三層，崇修完美。頂摩蒼穹，金瓶煥日；基蟠厚地，結砌堅剛，聳一城之壯觀，為十方之欽崇。旋遶者弭災免難，瞻禮者致福臻祥。夫以公之緣與都督公之功，詎不昭於今而垂於古也哉！」❷⁹廣祐寺的歷史，一目了然；廣祐寺的壯觀，如在眼前。有述有評，有介紹有描繪，有感慨，有贊嘆。處處給人以文學美的感受。

二　詩　詞

在中國文學史上，常以唐詩、宋詞著稱。明朝詩、詞，沒有超出唐、宋諸派詩、詞的窠臼，和唐、宋詩詞比較佳者甚少，內容毫無生氣，形式亦呆板堆砌。但也不是說明代詩詞就沒有成就。在東北由於形勢的發展，作品中的邊塞詩詞，也反映出一些成就。

馬文昇的《過蓋州紀興》、周斯盛的《蓋州道中》、胡汝輔的《過蓋州吟》等均是對當時古蓋州地帶有聲有色的描述，使人如入其境。郭登庸的《登望京樓有感》：「一方烟井聞雞犬，百里晴郊散馬牛」，寫出了當時遼陽一帶農村小景和農業生產情況。李貢的《見東作次韻》是最典型地反映了當時農耕情況：「東土春深花亦然，家家耒耜出城邊。麥禾浪逐春風起，穀種根隨時雨連。盡說今農勝往社，不將舊負典新田。兩年無限斯人念，按轡茲晨一笑旋。」這些作品不僅有文學價值，同時也有史料價值。

---

❷⁹　《廣祐寺園公塔銘》攝片，遼陽市文物管理所供稿。

薛廷寵的《羅漢洞》、張邦士的《秋夜宿千山祖越寺》、程啓充的《遊千山祖越寺》等詩句，均是對千山五大景祖越寺建造的描述，建造的「佛閣高樓」，如同「龍宮」。李承勛的《開原郊外》、溫景葵的《開原道中》、周斯盛的《閱開原城》、李貢的《登開原北城》均是對遼東都司北境重鎮開原城的描繪。對於馬市上交易的熱鬧繁榮的景象和「撫賞」的場面，李貢在《廣寧馬市觀夷交易》一詩中作了生動的描述：「累累椎髻梱載多，拗轆車聲急如傳；胡兒胡婦亦提携，異裝異服徒驚眴，朝廷待夷舊有規，近城二十里開官廛。夷貨既入華貨隨，譯使相通作行眩，華得夷貨更生殖」，「朝廷有道將領賢，保爾疆土朝赤縣，肉食餬漿如不充，常來市易吾不譴。狗鼠偷窮亦何爲，徒速天威斃雷電。羣酋歌呼復稽首，長奉茲言作藩埶」，「茲晨何幸不聞警，往事嘻噓今復見。共垮夷訓斯人福，載酒招呼騎相殿」。詩描寫的車裝馬載的華「夷」貨物湧入馬市，邊疆各族人民能滿意的銷售其土特產品換回所需要的物品，自然是值得「歡忻」的。漢族人民能換取珍貴少數民族土特產遠銷內地，以獲「生殖」之利又何嘗不高興！詩作不但具有文學藝術價值，又有極珍貴的史料價值。王之誥的「高嶺」、黃襄的《十三山》是反映有明一代東北交通驛站的建設。在明代東北詩作中有關反映東北邊陲戍防爲內容的也是不乏其例的，如黃襄的《夕笳》、張鐸的《同榮黃二道東巡》、李輔的《登觀風樓呈王中丞》、《聞砧》寫道：「庭前落木風淒淒，月下砧聲轉更悽。征戍未還已暮夕，寒衣何日到遼西」。寫出了戍邊的軍丁辛苦，寒冬已來，棉衣還未到。特別是在這些詩作中懷古憂憤之作內容爲數不少。這些詩作作者大部份是流人。

這些人大都是有文化的讀書人。他們倖免於死刑，萬里迢迢，破納風雪，從魚米江南故鄉流放到東北，這是一羣落難者，一代謫客名流，在逆境中，墾念、深恨，思念故里親人，不逸要苦悶，要憤激，雲集在一起，志同道合，以文會友，詩酒唱合，吟詩作賦，以陳言志和對人生的不平，湧溢紙表，產生了許多宏篇巨作。代表作者是徐文華、劉琦、程啓充，他們原籍均爲四川，因罪充軍來到東北。徐文華的《遊千山祖越寺》的「坐久虛堂疑誤入，恍然身世出人寰」詩句，特別三人合撰的《九日聯句》「邊州秋淨海天憲，佳景重逢漫作觀。雲日蕭條飛北雁，風塵流落繫南冠。八年九死霜前淚，萬里孤臣塞上寒。少壯從軍今白首。榮莫愁向醉中看。」寫出了詩人懷念故里家鄉和對當政的不滿。

　　李貢的《藍英碑詞》寫的是蓋州人藍英，成化九年，戍守廣寧，屢建奇功，一次戰役身亡。寫的古戰場，烟土四起，屍體狼藉；戍邊將士，短兵厮兇，血染征衣的壯烈情景，讀後使人一片蕭然。詞風頗爲織巧綺麗。

　　明代遼東詩詞，新出土的碑誌有記載，一九七五年在遼陽藍家皖家溝出土的撰刻於成化二年（1466年）《陳通墓誌》，鑴刻其墓主人嘗「以讀書咏詩」、「詩得唐人之體」，其子陳勛尤「善詩、工眞、草書」，可見當方人士詩畫藝術的高超造詣。

　　明季東北民謠也頗爲流行，是勞動民眾在生活、生產和階級鬥爭中的創造。如《捕蝗謠》：「朝捕蝗，暮捕蝗，去何處？來何方？遼地三月花不芳，冬寒遣睡結冰霜。遷氓流卒愁死亡，當年聞蝗未見蝗，翩翩衡雁近隨陽，北飛往往先春翔，人言遼地似蘇杭，我願寬上寒如舊，蝗不來兮免飢瘦。」寫出了遼東都司境

地發生蟲災的情況。還有遼東人民咒罵宦官太監高淮的民謠：「遼人無腦，皆淮（指太監高淮）剜之；遼人無髓，皆淮吸之。」民謠反映了遼東人民對貪官的不滿和憎恨。這是勞動人民民間文學藝術的創造。

三　曲　藝

明季東北戲曲，文獻記載頗鮮，種類更少。但明人已有戲曲創作。

明末，弋陽腔已傳入遼東都司遼陽一帶。清初，瀋陽故宮有大戲樓，戲曲得到了進一步發展。

皮影戲，又叫影調戲，在明代東北已經產生了。不過當時很原始。到了清代得到了進一步發展。以及發展到今天皮影戲僅在遼寧就形成了三大派，即以蓋縣爲中心的遼南影，以凌源爲中心的遼西影和以康平爲中心的遼北影。

東北的曲藝歷史悠久，早在明代就有女眞人的單鼓，是祭祀時用的。發展到滿族歌舞時也用這樣鼓，後來傳給漢族，又稱太平鼓。鼓形橢圓形，鼓鞭下有彩穗。擊鼓者腰繫「腰串鈴」，表演時，打着各種鼓點，扭動身軀，「腰串鈴」互相撞擊，伴隨着鼓聲和鈴聲，還有唱段，載歌載舞，精彩動人。

當時舞蹈興盛之地，當然主要集中在城鎮。除了遼陽外，就是「極邊」鐵嶺衞城，僅舞女就有二千餘人，每到傍晚，「夾道皆弦管聲」❸。可以看出統治階級侈奢生活，但也說明了明代東

---

❸　王一元：《遼左見聞錄》。

北「極邊」城鎮舞蹈發展的情況。

第三節　建築藝術與科學技術

一　寺　觀

　　明季建築藝術和科學技術甚爲發達。就全國而言，首先表現在大建築的組羣上。洪武時建南京城，以宮城爲中心，左右基本對稱，從宮殿皇城至社稷壇、太廟、天壇等均爲宏麗大建築組羣，爲中國歷史城鎮建築的典範，也因建築藝術和科學技術精湛而著稱於世。明代建築藝術和科學技術的發展，也表現在東北城鎮建築上，這在前面城鎮建築的章節已述及。這裡不贅述。下面主要談及寺觀等方面建築。

　　遺留在東北大地的寺觀，較爲著名的有北鎮廟、蓋縣上帝廟、新金縣吳姑城廟、肇源衍福寺雙塔、鐵嶺園通寺等 ❸。

　　古老的北鎮廟坐落在北鎮縣西五里許的景色壯麗幽美的一個高崗上，是北鎮醫巫閭山的山神廟。

　　廟前，正中是一座石造六柱五樓式牌坊。由此拾級而上便是山門。在石門額上橫刻「北鎮廟」三字。山門內爲神馬門、御香殿，東西有鍾、鼓二樓。大殿在御香殿之後，現面闊五間，進深三間。

　　北鎮廟，始建於金代，元明清三代重修。但主要是明季建築。

---

❸　《鐵嶺縣誌》卷 19。

「元季值兵燹,總遺正殿三間」,到了明洪武二十三年(1390
年),「於寢殿之南建瓦房三楹,左右各一間,於廟東建宰牲亭、
神庫、神厨各三間,繚以垣牆,春秋命有司致祭」❷。明成祖
朱棣更重視北鎮廟的修建。永樂十九年三月初七日「敕遼東都司」
重修北鎮廟。敕文《廣寧縣鄉土誌》是這樣記載的,《明成祖有
建北鎮廟敕》:「北鎮醫巫閭山之神,自昔靈應彰顯,而爲國祐
民厥績光著,獨其廟宇頹毀,至今弗克修治,朕心惓切,夙夜弗
忘,敕至爾等擇日興工,建立祠宇,傷嚴祀事,以稱朕崇仰之意。
故敕」❸。

遼東都司,根據明成祖諭旨,於是「撤其舊,而創構前殿五
間,以貯朝廷之降香也,通爲一臺,高丈餘,周鑿白石爲欄。後
殿前左右各建殿五間,前殿前東西各建左右司十一間」❹。廟主
體建築,係歇山式大木架結構,飛檐鬥角,綠琉璃瓦頂,牆壁灰
磚,又配上各種形式的白臺建築,極其工致。步入正殿,莊重肅
穆,氣勢磅礴。殿內東西北三殿上繪有星宿人物三十二軀,殿中
塑有神像,姿態各異,栩栩如生。

北鎮廟整個建築錯落有致,佈局深遠,風雅古樸,蔚爲壯觀。
因它的建築帶有「靈應彰顯」之意,所以,自然處處都在宣揚神
權至上和唯心主義的天命論,但是由於它在特定的政治條件下,

---

❷　《遼東誌》卷 2,第 30 頁(《遼海叢書》本)。

❸　《廣寧縣鄉土誌》第 33 頁。

❹　《遼東誌》卷 2,第 30 頁(《遼海叢書》本);《廣寧縣鄉土誌》
　　第 33 — 34 頁。

以這樣雄偉壯觀的形式建築廟宇，從一個側面反映了我國統一多民族國家的思想統治鞏固和發展的歷史，也反映明季東北廟宇建築藝術和技術發展的高超。

另外廟宇院內有「永樂年碑一座，正統年碑一座，成化年碑一座，弘治年碑三座，正德年碑三座」㉟。其中有告祭碑，有重修的廟宇碑記，有帝王題咏刻石，都是很有價值的歷史資料。

北鎮縣東丘上還有明時建築的玉皇廟。

北鎮廟外有鎮東樓，建於明萬曆八年（1585年），是明鎮守遼東總兵李成梁族人所建。李成梁，鐵嶺人，他於明萬曆年間在鐵嶺衞地還建造看花樓，精雕細琢，其「臺榭之勝，甲子一時」㊱。

圖 12　蓋縣明玄帝廟

㉟　《北鎮縣誌》卷 2。

㊱　王一元：《遼左見聞錄》。

　　有明一代，遼東地區所建造的廟宇，至今保存比較好的還有蓋縣玄帝廟（見圖 12 ）。玄帝廟位於蓋縣西門大街北。本名玄直觀，又稱上帝廟。是由廟內敬祀供奉「玄天上帝」而得名的。據《盛京通誌》記載，玄帝廟原建造有「正殿五楹，配廡十楹，大門三楹」，殿門上懸掛一方「玄天上帝」立額四個大字，兩端有鴟吻。樑檀上又墨書大字「大明洪武十五年四月二十九日吉立閻郡官庶人等監呈」。玄帝廟是採取我國古代單層重檐格式，斗拱四挑，翹角拱起，整個建築卯榫銜接，不用一枚釘，是鑲嵌連在一起，殿角突翹，立地仰視，似凌空躍起，顯得氣勢磅礡，給人有高不可仰之感。

　　吳姑城廟，是有明一代遼東地區至今保存另一座比較完好的古建築廟宇羣。座落在新金縣皮口鎮北星臺鄉葡萄溝村（見圖 13 ）。

圖 13　明吳姑城廟

　　吳姑城，又名巍霸山城，山城的城牆，是用青色花崗岩長方
形石塊，隨着山勢高低砌成。周圍十餘里。據廟內碑文記載，明
萬曆時有吳姓女子在此修行，死後埋葬於此，修廟祭祀，所以人
稱吳姑城廟。這裡羣山環抱，地勢高峻，古樹郁然，顯得格外寧
靜。吳姑城廟，遠遠望去，雄偉氣派，高深宏敞。棄車登山，拾
級而上，首先映入眼簾的廟門，額上鑴刻文徵明文：「一洞天」
三個大字。筆力古樸雄健，氣度維宏。步入廟庭內有大殿、正殿、
偏殿等建築物。古松掩映，幽雅恬靜，大小廟宇，交錯相連，左
施右曲，蜿蜒相續，堂奧縱深，景勝無窮。此廟以幽深見勝，人
們足入廟內，一種虛實得宜，景交意深的感覺油然而生。在城東
門內還有保存完好的清泉寺。

　　清泉寺建築物佈局別出一格，依山降次，層次清明。寺檐飛
突凌空，結構精細，雕龍畫鳳，古香古色，再加泉寺後奇峯迭翠，
峽谷幽深，花草樹木，交翠參差；泉寺前雨季小溪，寺樓倒映水
中，別成畫境，處處充溢着詩情意，給人以明法，雅素印象之感。
體現了明代遼東建築工整柔和雅逸明快特點。

　　吳姑城廟正殿內供奉天王神像，天載寶冠，胸掛瓔珞，面頰
豐盈，神態安祥。天王神像兩旁依次排列金剛武將。其中有一尊
對天王神像而立，職素是保護天王神，手裡拿着一根叫降魔杵，
是除邪用的，藝術形象完美逼眞，是我國勞動人民藝術結晶。

　　總之，吳姑城廟是建築美、自然美、繪畫美的有機統一，又
運用了借景、對景的造廟建築方法，使虛實相對，佈置相宜，交
相輝映，廟中有廟，寺中有寺，負山面水，把建築物、山水、花

木組成爲綜合藝術。當時遼東著名建築人物是戆州人張三豐❸。
吳姑城廟是有明一代廟宇建築藝術和技術上是比較高的，是明代
遼東建築藝術優秀文化遺產。

明季東北大地，尤其遼東地區明代廟宇建造可以說是星羅棋
佈，現僅舉復州衞所建廟宇，列表如下，可見一斑。

復州衞轄境廟宇建造一覽表

名　稱	所　　在　　地	建造時間
先農壇	復州衞城南關	明
孔子廟	復州衞城內	明
關岳廟	復州衞城內	明
文昌宮	復州衞城內	明
財神廟	復州衞城內	明
城隍廟	復州衞城內	明
永豐寺	復州衞城南關	明永樂
玉皇閣廟	復州衞城內	明
天齊廟	復州衞城內	明
龍泉廟	復州衞轄境大房身	明

---

❸ 《明史》卷 299，〈張三豐傳〉；《遼東誌》卷 6（《遼海叢書》本）。

靈應寺	復州衞轄境東陽臺	明
觀音閣	復州衞轄境四川溝	明
佛爺廟	復州衞轄境楊樹房	明嘉靖
天啓宮	復州衞轄境娘娘宮	明萬曆
羅漢廟	復州衞轄境羅漢廟地	明萬曆
三義堂	復州衞轄境大孤山	明萬曆
胡陽宮	復州衞轄境嵐崗城	明
清源宮	復州衞轄境白雲山	明嘉靖
三官廟	復州衞轄境白雲山	明嘉靖
清泉宮	復州衞轄境廟兒溝	明萬曆
望海寺	復州衞轄境栗子寺	明正德
聚仙菴	復州衞轄境小寺廟	明萬曆
報恩寺	復州衞轄境寺院溝	明正德
龍鳳寺	復州衞轄境三臺山	明正德
永勝寺	復州衞轄境大尖山子	明嘉靖
興龍寺	復州衞轄境大王溝	明嘉靖
清泉觀	復州衞轄境于家店	明正德

㊳

㊳　《復縣誌》。

　　僅一個復州衞轄境內廟宇等建造如此之多，說明了有明一代東北廟宇建造的發達。

　　寺觀建築還表現古寺方面。明朝爲了宣揚國威，示恩寵於遠人，加強思想統治，僅遼東都司治所及其附近地區就修建有龍泉寺、祖越寺、天王寺、地藏寺、西會寺、東會寺、廣祐寺、棲雲寺、向陽寺、中會寺、大安寺、香嚴寺、白塔彌陀寺等。這些古寺有的是明代建築的；有的是前代修建，明代進行再修繕。如龍泉寺就是明代建造的，寺在「遼陽城南六十里」㊴。所謂命名龍泉寺，是因「後半山中有泉瀲瀲下流」，「可以供飲，名曰龍泉寺之所以名也」，入龍泉寺，「山門額崖：題漱瓊兩個大字，明隆慶四年，按遼東侍御盛泰宇手筆也。門側又有龍泉洞天四個大字，胡文舉題，亦隆慶時人」。

　　廣祐寺修繕也很雄偉壯麗，據遼陽市東京陵鄉庚戶屯永寧寺出土的《廣寧寺園公塔銘》碑文記載，遼東都司主持修繕於明代初期，廣祐寺修建爲一個很大的建築羣，「肇建於大佛殿，次天王伽藍祖師殿堂以及鐘樓、大悲閣」，殿內「粧塑佛菩薩、羅漢諸聖神。畫棟雕欄，金碧照耀」，寺塔高爲「十三層，崇修完美，頂摩蒼穹，金瓶煥日，基蟠厚地，結砌金剛，聳一城之壯觀，爲十方之欽崇」㊵，可知廣祐寺修建的十分雄偉，古刹鐘聲，寺影

㊴　《遼東誌》卷1，第27頁（《遼海叢書》本）。

㊵　《廣祐寺園公塔銘》碑文搨片是遼陽市文物管理所供稿。據碑文記載，此碑撰刻於明正統7年（1442年），廣寧崇興寺鑒撰文，碑正文20行，行78字，楷書，碑末刻嗣法弟子、孫徒、重孫。

垂虹，飛簷凌空，功法細緻，柳蔭匝地，風景秀麗，美不勝收。
藝術精湛，令人感嘆。

　　祖越寺，位於遼陽「城南五十里，在龍泉寺東」❹，爲千山
五大寺之一。現祖越寺僅存五間。從明人程啓充《遊千山祖越寺》
的詩句中得知祖越寺建造的「佛閣高樓」❹，如同「龍宮」❹，
可見祖越寺建造的金碧輝煌，彩繪鮮艷，浮雕典雅，高空樓閣，
如同宮殿一般。而且祖越寺修建在層巒迭嶂，綿蜒起伏的千山中，
明人張邦士遊祖越寺有詞作，謂之《秋夜宿千山祖越寺》：「寺
景逢秋霽，鐘聲靜夕聲，山青初斷雨，壑瞑半屯雲，松裏千花塔，
碑間雙樹文，懸泉尤可愛，徹夜耳中聞」❹，鐘聲悠悠，山青峻
峻，茂密樹木，泉水湍流，好一個仙境之地。祖越寺之羅漢洞建
造的更非同一般，洞「中塑觀音像，十八羅漢朝之」❹，觀音神
態安祥，羅漢肥頭豐額。「觀音重塑金裝，鬼神千姿百態」，
「此處又幽境，勝過蓬萊」。明人薛廷寵有詩作，謂之《羅漢洞》
云：

　　羅漢洞天一徑通，

　　煙叢林杪放行踪。

　　海螺捧出雲千疊，

　　錫杖飛來閣幾重。

　　石澗長鳴曇雨落，

❹　《遼東誌》卷1，第27頁（《遼海叢書》本）。

❹　《遼東誌》卷6，第5頁（《遼海叢書》本）。

❹　《遼東誌》卷6，第1頁（《遼東叢書》本）。

❹　《遼東誌》卷6，第2頁（《遼海叢書》本）。

❹　《全遼誌》卷6，第5頁（《遼海叢書》本）。

香風不動法門空。

蓬萊未必能勝此,

縹緲笙歌繞梵宮。

這裡儘管有的地方被文人墨客加以渲染,但也可看出祖越寺修建的雄偉壯麗。飛閣重簷的祖越寺,重塑金裝羅漢洞的觀音像,美麗多姿的千山,山光水色交相輝映,組成一幅和諧統一、明麗動人的畫面,說明了有明一代東北建築藝術水平是比較高的。

天王寺,位於「定遼左衞治西」❻,天王寺建自遼代,明代重修,「始工於天順庚辰(1460年),而訖於成化之庚寅(1470年)」。修繕後的天王寺「杉楹松栿,孔曼且碩,藻棟文鑲,金碧交映。諸佛像設,則日增其光輝,護法善神,則重繪於庶壁。山門有嚴寮舍咸秩,化舊爲新爛然眩目」,可見修繕後的天王寺金碧輝煌,奪目耀眼。樑柱和椽板上的彩繪和浮雕及圖案,線條鮮明,色彩鮮艷,諸神百姿,栩栩如生。整個寺身結構精巧,造型美觀,典雅莊重。這是我國勞動人民的藝術發展的結晶。

重建天王寺碑已在遼陽城西南隅出土。碑記抄錄如下:

《重建天王寺碑》

奉訓大夫工部屯田清吏司員外郎周正撰

文林郎河南道監察御史胡深篆額

承德郎刑部陝西清吏司主事邱霽書丹

昔人有欲為之志未遂,後人勉循以就之者,謂之善繼,前人

---

❻ 1926 年 5 月出土的《敕建遼陽天王寺重修碑記》。

有已為之而未宏，後人力行以成之者，謂之善述，蓋不作之
於前，後無所述，不為之於後，前無所傳，此大主住持寧公
雪窗，可謂空門之善繼善述者也。天王寺乃遼之名剎，結於
城西南隅，創立原委，前教授天臺鄔公允瞻記之詳矣，不俟
餘言之贅也。然茲寺歷年旣久，不無凋弊之漸，主山雪窗者，
實傳鐵缸禪師之衣鉢，志精戒嚴，克（刻）苦梵行，念累世
營葺之勤，慨然以起廢自任，廣募眾緣，鳩市材木，維時□
欽差鎮守遼東右參將劉公端首捐俸助工，欣然作倡，旣而劉
公還朝，時則□欽差鎮守遼東副總兵韓公斌益捐資歡諭以感
動之，以故盈城之人，星馳蟻附，不約而同，繕修經營，陶
堅斧良，凡眾木腐且撓者，皆以真材代之，壞於上者則撤而
瓦之，剝於下者則除而甃之，漫漶於其間者，則塗墍而丹堊
之，凡故構之委靡，又莫不更張而恢大之，杉楹松桷，孔曼
且碩，藻棟文鑲，金碧交映。諸佛像設，則日增其光輝，護
法善神，則重繪於庶壁。山門有嚴寮舍咸秩，化舊為新爛然
眩目，所以然者，匪以為觀美計也，實為我國家祝釐皇圖，
保寧疆土，陶□人心之大計也。始工於天順庚辰，而訖於成
化之庚寅，旣襄事以碑誌之於戲金仙氏之教，自入中國以來，
凡遐陬僻壤，莫不建寺造庵以尊奉之，然能訖大功聚□材率
皆之王公有弘力專勢者為之，□□其人能□苦遲久積眾力於
□□之微，而復有成績焉，若雪菴精修苦志，不辭勞役□□□
為能世其業不墜，祖風者，矧加以劉、韓二公後先作興之難
以故事功之，就輪奐華有如是也。後之人有同志於雪窗者，
尚其修葺而鑒之哉。

成化七年龍集辛卯夏四月吉旦。㊼

上文記載，天王寺修建的是「杉楹松桷，孔曼且碩，藻棟文鑲，金碧交映」。可見天王寺建築無論從規模上，還是技術上都達到了一定水平。

有明一代，所建的古寺還有奴兒干永寧寺、長白山的長山寺、肇源的衍福寺等。這裡就不一一贅述。

二 古 塔

明代建築藝術的發展也表現在古塔雕刻藝術方面。明代古塔建築多用磚石，不復建木構塔。著明的有南京的報恩寺琉璃塔；北京西郊眞覺寺的金剛寶塔，俗稱五塔寺。東北古塔修建雖然不如關內那樣雄偉和數多，但也是爲數不少。

奴兒干都司境內衍福寺山門前的雙塔，既衍福寺雙塔，矗立在今黑龍江省肇源縣民意鄉大廟屯。塔分爲「東塔」、「西塔」。二塔外形極爲相似。雙塔頂端飾有寶珠等物，塔身南開龕門。雙塔塔身均刻繪浮雕，西塔爲蓮花瓣蔓草之類，東塔對稱兩條飛龍，爲「二龍搶珠」，騰空飛翔，饒有神致。雕刻線索流暢，刀法精緻。塔身又刻有梵文，爲三體文：漢、蒙、藏佛教警句：「六字眞言」，其內容爲「唵嘛呢叭嚩吽」，意爲「啊，像蓮花上的神一樣，佛法是無邊的」。說明明朝統治勢力已達到這裡，而且牢固的統治着。雙塔「六字眞言」，與奴兒干永寧寺碑側鐫刻的「六字眞言」內容亦同，祇是永寧寺碑鐫刻的是四體文，多一女

㊼　金毓黻：《靜悟室日記》。

眞文。雙塔三體文字鐫刻也說明了漢、蒙、藏各族人民共同豐富
了祖國的文化，是各族人民文化交流的碩果。

　　雙塔構築雄偉堅實，比例適度，刻飾的粗獷中見細緻，深厚
中見俊秀。說明明代各族人民工匠高超精湛的建築藝術水平。雙
塔是研究有明一代東北古塔建築的重要依據，也是研究明朝東北
宗教建築藝術的珍貴資料。

　　衍福寺雙塔爲明朝末年修建，年久破損，後幾經修葺，特別
是一九五七年的修葺，使雙塔煥然一新，光彩奪目❸。

　　遼東都司境內古塔建造更多。遼金時石塔八角多簷，而明時
石塔多角多層形，又多爲花崗岩製造，雕刻技術精巧。如千山祖
越寺石塔，座落在祖越寺前。這座石塔，六面十三層。塔的造型
端莊渾樸，簡潔清峻，且極其工致，結構別致，風雅古樸，蔚爲
壯觀，是能工巧匠精心所致。

　　在塔身一層正南面的上部正中，鐫刻題記十四行，滿行十七
字，全文共一百八十餘字。記載塔建於永樂八年（1410年）「尚
寶太監田嘉禾、御馬監左少監海」、「奉使朝鮮，路由遼城（今
遼陽）千山祖越寺，因見山水秀麗」，但「故刹荒涼」，又「無
幢塔威儀」、「發虔心，舍財命工」而建❹。此塔題記，是研究有
明一代東北古塔建築藝術，研究明史和中朝關係史，是極其珍貴
的史料。

　　塔題記田嘉禾與海某二人奉命前往朝鮮，《明實錄》永樂朝

❸　黃錫惠：《學習與探索》1981年第1期。
❹　千山祖越寺石塔題銘。

無載及，但《李朝實錄》庚寅十年（明成祖永樂八年，1410年）冬十月壬寅有記載：

> 內史太監田嘉禾、少監海壽奉勅書來，嘉獎獻馬，且賜篝絲、線縷、彩絹、銀兩及馬匹。又禮部咨發馬價絹三萬匹，綿布二萬匹。

又辛酉條記載：

> 內史田嘉禾、海壽以鄭氏還京師，其父前知宜州事鄭允厚、小官二人、女史四人，從之。⑩

由此可知，塔記題名的「御馬監左少監海」，即是《李朝實錄》記載的「海壽」。永樂八年田嘉禾、海壽奉使朝鮮是嘉獎獻馬一事。朝鮮這次向明王朝獻馬，規模是很大的，支援明朝統一戰爭，因此明朝才回賜大量禮品。石塔題銘是研究有名一代中朝關係史的重要資料。

開原縣城內石塔寺的石塔也很出名。塔是六角五層，大理石製，高約十二丈。據史料記載，塔身刻繪圖案，英姿矯勇，饒有神致。特別有大小形狀不同的浮雕菩薩像，有的閉目深思，有的托腮，有的講經說法。神態各異，千姿百態。這些雕像，具有很高的藝術價值。古塔是正統十三年（1448年）建造的。

三 牌 坊

表明明代建築藝術的還有牌坊。其中比較出名的有北鎮牌坊、

---

⑩ 吳晗輯：《朝鮮李朝實錄中的中國史料》卷1，第248—249頁，1980年中華書局出版。

興城牌坊。北鎮牌坊是李成梁而建。李成梁是明朝隆慶、萬曆年間鎮守遼東都司大將，在任遼東總兵期間，曾多次擊退蒙古、女眞的侵擾，保衞東北安全，在這一點是起到積極作用的。萬曆七年賜封寧遠伯，因他屢樹戰功，萬曆八年明神宗朱翊鈞爲表彰他的戰績，命遼東巡撫周咏等在廣寧衞（今北鎮）修建這座「寧遠伯石坊」。十月竣工。

　　牌坊在城內鼓樓前，是用花崗石仿木結構牌樓式建造，四柱三間五樓式，高三丈，寬四丈多。翹簷斗拱，製作精細。花卉浮雕，典雅精刻「天朝誥券」、「鎮守遼東總兵官兼太子太保寧遠

圖 14　　北鎮寧遠伯李成梁石牌坊

（遼寧省博物館供稿）

伯李成梁」和「萬曆八年十月吉日立」等字。石坊製造，體現了東北工匠的高超技藝。（見圖 14 ）

　　興城牌坊，是明思宗朱由檢爲表彰鎮守遼東的祖大壽，祖大樂兄弟的功績，而在寧遠衞（今興城）建立了兩座石牌坊。一南一北。南石牌坊爲祖大壽旌功坊，建於崇禎四年（1631年），爲四柱五樓式石建，高三丈多，寬三丈五尺多。正樓下陽面橫額三重層，上層刻「忠貞膽智」，中層刻「四世元戎少傅」，下層刻「誥贈」祖大壽上三代官銜和「欽差經理遼東掛征遼前鋒將軍印總兵官左軍都督府左都督少博祖大壽」字樣。陰面刻「廓清之烈」和「四世元戎少博」大字。字體沉穩雄麗，拙樸遒勁。坊上襯以雙龍和終生戎馬生涯，屢戰奇功之意。還有各種精刻的花紋。整個結構堅實雄偉，錯落有致，雕刻古樸雄健，氣度維宏。遠遠望去，雄偉氣派，高深宏敞。

　　寧遠衞城內南門大街北的一座石牌坊爲祖大樂旌功坊，建於崇禎十一年（1638年），形狀同於祖大壽石牌坊，但大小却小。正樓上額兩面刻「崇禎戊寅歲仲秋吉旦」和蔡懋德題「元勛初錫」、方一藻題「登壇俊烈」；下額兩面刻「誥贈」祖大樂上三代及「特晉榮祿大夫援剿總兵官右軍都督府右都督祖大樂」。字體方嚴，遒勁凝重。坊上飾有海馬、雙龍、蓮葉等花紋圖案。柱下還雕有石獅，形象雄勁，生動逼眞。另還有遼東總兵朱梅墓牌坊。建造宏偉，穩重蕭穆，古樸沉實，勻整工致（見圖 15 ）。

圖 15　遼東總兵朱梅墓牌坊

（遼寧省博物館供稿）

　　這些牌坊都是有較高的歷史和藝術價值，爲有明一代東北藝術珍品。

　　上面談的寺觀建築，石牌坊建造都體現了明代東北藝術的高深。另外還有金州、吉林的摩崖石刻，特別是遼東都司治所遼陽的碑誌石刻，都說明了明代石刻藝術已達到較高水平。遼陽碑誌不僅可以幫助我們闢探有明一代東北社會人文歷史風貌的規跡，經濟發展情況和整軍經武，文明教化，宗教信仰，邊陲設置等，而且是一部藝術的「石書」。

這些「石書」造型，鐫刻有的龜伏螭首，氣勢雄偉；有的製作精緻，玲瓏剔透。而碑文書法遒勁，或剛健雋永，或圓潤精工，或詼諧洒脫。用筆縱橫，很有些奇拗破澀的風格。碑文不僅講術一字的結構之美，而且十分注意全幅的意境美，力圖以形寓意，「貌與神合」，每篇墓主人，無不品貌全殊，形神各異。以不同的石刻藝術光彩，使人無不以睹張詩碑刻爲快。明代遼東碑誌，堪稱爲東北古代燦爛文化的寶庫，是我國文化遺產的一部份。石刻記事，千載斯古。

四　科學技術

有明一代，東北科學技術的發展，除了表現在前已述及冶煉技術、舟船製造業、燒製業和造紙業外，也表現在橋樑建築業方面。

橋樑建築主要有：遼陽城北三里的三子河橋、遼陽城鎮遠門外的太平橋、遼陽城平夷門外的昇平橋、遼陽城安定門外的安定橋、遼陽城東北的梁水橋、遼陽城北六十里的稠柳河木橋；海州附近的三汊河浮橋、海州城西門外的沙河橋、海州城南八里河橋；蓋州城南門外的重清橋、蓋州城南四十里的張果老橋；復州城南八里的沙河橋、復州東南門外的眞武橋；廣寧城南的經濟橋、廣寧城鎮門外的迎秀橋、廣寧城拱鎮門內的長春橋；義州城北門外的凌河橋；錦州城東七十里的石橋；右屯衞東三里的龍王廟橋；瀋陽南十里的深水木橋；鐵嶺城北三里的柴河橋；懿路所南的清河橋；開原城西門外的慶雲橋、開原城南門外的太平橋、開原城

東門外的和陽橋，等等❺。這些橋結構各異，規模宏大，橋有的是木結構，有的是石橋，也有的是浮橋。說明明代東北造建橋的工程科學技術已達到一定的水平。

科學技術也表現在水閘建設方面。如弘治十七年（1504年）於瀋陽城西北平虜堡南河建「永利閘一座」，「閘高一丈五尺，闊二丈五尺」，其目的防禦「虜入犯」瀋陽，後「年久閘壞」。嘉靖四十四年（1565年）夏四月巡按李輔巡查其地，「以瀋陽此閘係要害，不可廢」，「重修新石閘一座」、「閘口向西，高闊如舊，閘河身橫過五丈二尺，兩岸各砌馬頭一座，河身二丈，順長三丈五尺，中爲閘門一丈二尺，修此座閘門，用的物料：每塊長六尺、厚一尺五寸、闊二尺，每塊用鐵錠二個，共用一千四百四十個，每個重七斤。用石灰六百石。木料十塊。計用銀一百二十多兩」。可見水力工程比較大，建造技術也比較高。

科學技術發展，特別表現在武器製造方面。據《全遼誌》卷二記載：遼陽地方能製造銅碗口銃、銅夷部機、神槍、快槍；廣寧衞能製造銅馬腿砲、銅十眼砲，等等。特別明中葉以後，又發明幾種新武器，如九龍砲，發射時「聲震撼山，力能殞衆」。製造的連珠砲「一容十子於內，十分發彈」❺，威力甚大。這些都說明了當時科學技術達到了相當水平。

---

❺　《全遼誌》卷1，第36頁；參見《遼東誌》卷2，第24 — 25頁（《遼海叢書》本）。

❺　《全遼誌》卷2，第69頁（《遼海叢書》本）。

第四節　文化教育

一　重視教化

　　文化教育制度是整個封建制度的重要組成部份。明代文化教育制度發展比較完善，形成一個全國性的教育系統。遼東地區明代教育發展，亦是有明一代教育制度發展的一個重要組成部份。但因明代在遼東不設府州縣，而設都司衞所，實行軍政合一的衞所制，因此它又有自己教育發展的特點。

　　明朝統治階級同歷代統治階級一樣，很重視文化教育工作，重視儒士文人的培養。朱元璋在這方面是有深刻地體會的。在元末羣雄蠭起中取勝，儒士力量是起到了一定作用的。早在攻克婺州之時，朱元璋就召儒士許元、葉瓚玉、胡翰、汪仲山等十餘人，「皆會食省中，日令二進講經筵，敷陳治道」。朱元璋從「布衣」到皇帝，從不識字到識字不多及到後來能寫詩作文和批發諭旨，這是和他重視儒士，重視文化教育分不開的。他常常告誡部下說：劉基「數以孔子之言導予。」鼓勵部下同他一起要以儒士文人爲師。他對湯和說：「卿以武臣而位處之職，當求儒者講論自古人臣立自行己，事君治人之道，盡心所事，以事功業。他日名書史冊，垂耀千載，豈不美哉」❸。這是朱元璋重視有文化人，以儒爲師的政治目的。在他的帶動下，他的義子沐英「居常讀書不釋

----

❸　《明太祖實錄》卷 21 。

卷，暇則延諸儒生講說經史」❸。他的外甥李文忠「常師事金華
范祖干、胡翰，通曉經義，爲詩歌雄駿可觀。」他的「布衣兄弟」
徐達，「歸朝之日，單車就舍延禮儒生，談議終日，雍雍如也」
❺。朱元璋把「儒士」、「賢才」看成是「國之寶也」。把「儒士」、
「賢才」同治國緊緊相連，朱元璋認爲「追逐狡兔」爲武士；
「發踪指示」爲賢才。 認爲只有「賢才」，才能治國，「賢才不
備，不足以爲治」，朱元璋有過形象的比喻：「鴻鵠之能遠舉
者，爲其有羽翼也；蛟龍之能騰躍者，爲其有鱗鬣也；人君之能
致治者，爲其有賢人而爲之輔也」❺。 所以《明史》評論說：
「 明始建國，首以人材爲務 」， 要有人材，必須首先發展文化教
育事業。因此明朝從建國之初就形成一個從中央到地方的教育網。
建造學堂，開辦儒學。明朝是這樣重視辦學事業，是有着明確的
目的。國子監宋納對這一問題有清楚的闡述：「蓋學所以扶天理，
淑人心也。皇極由之而建，大化由之而運，世道由之而清。風化
本源，國家政務，未有捨此而先者。或未有備，則無以維三綱五
常之具，示作人重道之心」❺，可知明朝把發展文化教育事業，
開設學校當作治理政務，鞏固其統治的一種手段。朱元璋把辦學
宗旨說得更加清楚，他對中書臣告誡說：「學校之教至元其弊極
矣！上下之間波頹風靡學校，雖設名存實亡，兵變以來，人習戰

❸　《明史》卷 126，〈沐英傳〉。

❺　《明史》卷 71，〈選舉誌〉。

❺　《明史》卷 71，〈選舉誌〉。

❺　《明經世文編》卷 5。

爭，惟知干戈，莫識俎豆。朕帷治國以教化爲先，教化以學校爲本，京師雖有太學，而天下學校未興，宜令郡縣皆立學校，延師儒，授生徒，講論聖道，使人日漸月化，以復先王之舊，於是大建學校」❺❽。他把治國、教化和辦學明確又緊密地聯繫在一起。所謂治國，就是治理和鞏固其朱元璋所建立的封建意識，三綱五常，道德規範來教化人民一切行動，要附合朱氏王朝的要求，使人們的思想、言行要適應統治階級利益的要求，以便更有利鞏固其明王朝統治。爲達到這一目的，就要培養出能掌握國家機器的各級官吏去行使統治。官吏的培養，就要通過學校才能完成。正如明人所說：「天下人材，其養也，皆由學校」❺❾。因此說，學校是培養明朝各級官吏重要場所和主要手段。明朝東北地區是在統治階級這種教化的思想指導下，建立起各級教育機構。

二　教育機構設立

明代在東北境內所設立的學校，分爲兩級：社學、都司衛所儒學，就全國來看還有國子監一級，爲最高學府。通稱儒學，轄於禮部。

社學是一種初級學校。「鄉裡凡三十五家皆置，願讀書者盡得予焉，……守令於其同方之先輩擇有一有學行者教之。在子弟稱爲師訓，在官府稱爲秀才。其教之也，以百家姓、千字文爲首，

---

❺❽　《明史》卷 69，〈選舉誌〉。

❺❾　《明經世文編》卷 78。

繼以經史歷算之屬」❻。明朝把初級學校，社學組織設置、學習
的內容、師導的安排，規定如此詳細、明確，說明明朝對地方學
校的重視。遼東都司境內所設的學校雖不盡焉，但也基本如此。
遼東都司境內共設社學二十五所，僅遼東都司治所遼陽就設有社
學六所❻。遼東地區社學往往稱之謂鄉學和私塾。有些地方紳士
豪強為了教育子弟而聘請一些讀書人進行私人教育，甚至本人親
自動手開辦鄉學或私塾，促進遼東教育文化發展。如一九六二年
在遼寧省遼陽城西門外出土《葉西峰墓誌》就說明了這一點。
《葉西峰墓誌》撰刻於明嘉靖二十六年（1547年），墓誌高四十
四厘米，寬四十三厘米。正文十九行，行二十六字，正書。《葉
西峰墓誌》記其墓主人葉西峰先生「弱冠入鄉校即有譽聲，舉業
諸生與相試時，莫不深畏其才。今少宰春罔劉公，昔提我遼東學
政，會試為第一，稱其父：如仙人羽客，不染塵俗；令人誦之，
自有凌世高步之想。識者咸以為知言。然青雲竟未逐。及教鄉弟
子數百人，賞自謂：世俗教人，事記誦，亡妙悟，淺陋是構，而
不知賅博，所以土鮮通儒。於是使人極力沉思，考求宗旨，以
除羌濫之習。又翌以百家諸子，詩歌聲律，各可師法。斯門下士
子彬彬成矣」❻。葉西峰畢生從事社學儒業，對明代東北教育事
業做出了一定的貢獻，在教育方法上也有所創新。《葉西峰墓誌》
是極其珍貴的史料，史學界從未加以研究和使用。

都司儒學是明代地方設置的最高學府。當然都司儒學除設儒

---

❻　金祖望：《鮚埼亭集外編》卷22。

❻　《遼東誌》卷2，第23頁（《遼海叢書》本）。

❻　遼陽市文物管理所供碑文搨片。

學外，還設武學、醫學、陰陽學、樂學等，但主要是設儒學。明朝在東北共設兩大都司，即奴兒干都司和遼東都司。就全國來說，明朝的地方政權機構布政使以下是府州縣。遼東都司先置後革，專以都司領衞二十五、州二代之，但遼東都司先設「金、復、海、蓋四州儒學」，後改爲「衞儒學」❻。明代在東北設都司衞所的儒學，是相當於關內府州縣所設的儒學。東北遼東都司設儒學是洪武十七年（1384年）。《明實錄》是這樣記載的，洪武十七年閏十月辛酉條：「置遼東都司指揮使司儒學，設教授一員，訓導四員」❻。都司屬下各衞，大都設儒學，並均設教授、訓導等人員進行執教。如海州衞儒學設「儒學教授一員，訓導二員（嘉靖二十七年革一員）」、蓋州衞設「儒學教授一員，訓導一員」、復州衞設「儒學教授一員，訓導一員」、金州衞設「儒學教授一員，訓導一員」、廣寧衞設「儒學教授一員，訓導二員」、義州衞設「儒學教授一員，訓導一員」、廣寧左中屯衞設「儒學教授一員，訓導一員」、廣寧右屯衞設「儒學教授一員，訓導一員」、廣寧前屯衞設「儒學教授一員，訓導一員」、寧遠衞設「儒學教授一員，訓導一員」、瀋陽中衞設「儒學教授一員，訓導一員」、鐵嶺衞設「儒學教授一員，訓導一員」、三萬衞設「儒學教授一員，訓導一員」、遼海衞設「儒學教授一員，訓導一員」❻，等

---

❻　《明太祖實錄》卷 238 。

❻　《明太祖實錄》卷 167 。《遼東誌》記載遼東都司儒學建於洪武 14 年。這裡從《明實錄》記載。

❻　《全遼誌》卷 3 ，第 26 － 32 頁（《遼海叢書》本）。

等。他們爲遼東地區培養了許多舉人、進士等人材❻❻。遼東都司設「儒學十四，書院六」❻❼，這裡提及明代遼東書院，書院的名稱始於唐代。南宋是書院制度的發展極盛時期。元代書院與南院相比大爲遜色。到了明代初期書院也未有大的發展。但到了明嘉靖年間以後（1522－1566年），書院才再次復興，明代書院大部份是在這以後重建或新建的。王守仁、湛若水等人對明代書院復興有很大影響。東林書院在明代後期發展很快。明代關內書院的發展，必然要影響到遼東書院產生和發展。據《重修書院記》載，創建於弘治七年（1494年）遼陽城西南隅。嘉靖十四年(1535年)重加修飾。二十三年（1544年），增建十一間，授業弟子已達六十九人❻❾。以後迅速發展起來。書院在長期的發展過程中，形成了許多顯著特點，即是教育和教學機關，又是一個學術研究機關。遼東都司通過儒學校、書院，進行《四書》、《五經》的教育。學員是通過考試錄取的。錄取後，學習易經、詩經、書經等內容。明代遼東檔案《明信牌檔》丙類，第三五三號卷，記載了明嘉靖年間錄取考生情況，約一萬字，不便於全引，僅造若干條，列表如下，以見其一斑：

姓　名	年　齡	外　　　貌	考　入　時　間	習作內容
馬德學	25歲	面方微鬚中身材	嘉靖36年9月11日	書　經

❻❻　《遼東誌》卷6，第1—24頁（《遼海叢書》本）。

❻❼　《遼東誌》卷2，第17頁（《遼海叢書》本）。

❻❽　《全遼誌》卷5，第12頁（《遼海叢書》本）。

韓來聘	20 歲	面尖無鬚中身材	嘉靖 42 年 10 月 6 日	易 經
李應芳	21 歲	面圓微鬚中身材	嘉靖 45 年 3 月	易 經
李應東	28 歲	面圓無鬚中身材	嘉靖 40 年閏 5 月 6 日	詩 經
王顏奇	23 歲	面圓微鬚中身材	嘉靖 42 年 10 月 6 日	詩 經
高尚質	25 歲	面尖微鬚中身材	嘉靖 45 年 6 月 27 日	詩 經
張文魁	27 歲	面長微鬚中身材	嘉靖 37 年 7 月	詩 經
王廷鑊	35 歲	面長微鬚長身材	嘉靖 45 年 6 月 19 日	易 經
李應時	22 歲	面尖微鬚中身材	嘉靖 41 年 10 月 9 日	易 經
倪承年	20 歲	面尖無鬚中身材	嘉靖 40 年閏 5 月 6 日	詩 經
王良弼	30 歲	面圓微鬚中身材	嘉靖 42 年 10 月 6 日	詩 經
吳東年	23 歲	面尖無鬚中身材	嘉靖 44 年 3 月 17 日	書 經
柯雲鳳	28 歲	面尖微鬚中身材	嘉靖 38 年 6 月 17 日	書 經
朱朝賓	30 歲	面尖微鬚長身材	嘉靖 41 年 3 月 20 日	書 經
李時芳	30 歲	面方微鬚中身材	嘉靖 38 年 9 月 14 日	易 經
□尚志	25 歲	面尖微鬚中身材	□□□□年閏 10 月 13 日	書 經
楊帷極	27 歲	面圓微鬚中身材	嘉靖 40 年 10 月 9 日	□ 經
王伯文	36 歲	面方微鬚中身材	嘉靖□ 8 年 7 月 5 日	詩 經

⑥⑨

---

⑥⑨　遼寧省檔案館藏：《明信牌檔》丙類，第 353 號卷。

上表僅是遼東都司嘉靖年間錄取考生的一部份。僅就這一點就可得知，考試是很嚴格的。錄取後，以《四書》、《五經》做爲教育的主要內容。

都司衛所儒學的學業優異者爲稟生，稟生有資格進入國子監。當然進入國子監的大都是都司衛所文官武將子弟，也有衛所治政成績卓越的少數民族頭人子弟。他們被送到國子監讀書深造，得特命及第，謂之「特恩」，將來培養成爲文武之材，襲世官爵。可見明朝科舉，其弊已甚。

國子監是明朝學校的最高學府，分設於南京和北京，因而有南監、北監之稱。國子監設「祭酒一人，從四品」、「司業一人，正六品」，是國子監負責人。下屬設五廳六堂。五廳是：「繩愆廳，監丞一人」、「博士廳，五經博士五人」、「典簿廳，典簿一人」、「典籍廳，典籍一人」、「掌饌廳，掌饌二人」，分別負責紀律、教學、書籍、財務和飲食。五廳中最主要的是博士廳，設五經博士五人，講授「易、詩、書、春秋、禮記」，人傳一經。六堂是：率性堂、誠心堂、修道堂、正義堂、崇志堂、廣業堂。六堂均爲學生學習的地方。遼東都司等所選拔的學生到京師國子監後，受到嚴格的教育。他們的學習、言談、行動，甚至衣冠、步履、飲食和起居都有嚴格的規定。

明代在遼東都司境內實行社學、衛學，擇優錄取爲國子監的監生，對明朝上層建築建設實行封建思想統治是有着重要意義的。

首先、爲明朝統治者培養了大批人材和官吏。明朝在遼東都司境內實行這種教育制度與科舉制和官吏選拔制度連結在一體，形成了人們入仕的唯一途徑，特別在洪武二年明朝明確宣佈：

「使中外文臣皆由科舉而選，非科舉者毋得與官，敢有遊學競奔之徒，坐以重罪，以稱朕責實求賢之意」**⑳**，則就確立了科舉是仕途的唯一出路，爲明朝各級機關培養了大批官吏，加強了明朝封建國家統治力量。

其二、明代遼東都司衞學對入學者有要求，要控制，但也是非常嚴格，這就爲一般人入仕開闢了一條途徑，不管是工匠籍，還是軍戶籍，或者民戶籍，明文規定祇要考試合格，均有資格入學**⑳**。當然實際情況不是如此，遼東都司文官武將子弟還是優先入學，則賜之第，易被荐舉，如上述及，謂之「特恩」。必然選成，風俗則壞，浪法之弊。其陋弊可見。

其三、遼東都司轄境內所設社學、衞學，這無疑是推動了東北地區文化的發展。特別是流人謫戍遼東，從事教授活動，更推動和促進遼東地區文化發展。因爲流人中有些是謫臣、謫儒，這些人大都是一些有文化的讀書人。他們倖免於罹難，萬里迢迢，破衲風雲，從魚米故鄉流放到關外遼東地區，有的孤燈伏案，著書立說，撰寫地方誌；有的在衞學裡從事教育工作，這無疑對有明一代遼東地區文化發展起着積極推動作用。

---

⑳　《明經世文編》卷 4 。

㉑　遼寧省檔案館藏：《明信牌檔》丙類，第 353 號卷。

第五節　宗教文化

一　薩滿教

　　明時期東北各民族的社會發展是極不平衡的，因此其宗教信仰文化的發展也因之而不一致。

　　薩滿教，在東北許多民族中流傳，其歷史之悠久，可追溯到古代。薩滿教是一種原始宗教，薩滿教的祭司也叫薩滿。據考證，「薩滿一詞，出於古代女眞語，意即狂妄者，是薩滿教士的統稱」❼❷。也有人說，「薩滿」是通古斯語的音譯，即「巫」的意思。還有人認爲「薩滿」是通古斯語，意爲「瘋狂的人」❼❸。漢語音譯還有「珊滿」、「薩瑪」、「撒麻」、「叉馬」等等。漢語意譯爲「巫師」，其中男薩滿稱「師公」，女薩滿稱「師婆」。薩滿教主張世界有三界，即神居上界，人居中界，魔居下界。在祭祀祖先時跳神唱歌，歌頌一年好收成，贊頌祖先的功德，保祐出兵作戰凱勝。薩滿跳神時，頭戴尖帽，綴以五色布條，下垂蔽面，外懸小鏡，身穿長布裙，腰繫銅鈴，擊鼓起舞，口中唸唸有詞，薩滿教是原始社會巫教的一種❼❹。在那漫長的原始社會，就是薩滿教誕生和成長的搖籃。原始宗教所反映的是原始社會平等的原

---

❼❷　《內蒙古社會科學院》總第 7 期第 194 頁。

❼❸　《中國少數民族》，人民出版社 1981 年版第 29 頁。

❼❹　拙著：《東北民族史略》，1983 年吉林人民出版社出版。

則。凡是處於原始社會或剛跨進階級社會的民族，每個氏族只有
一個薩滿，而出現了農村公社的地方，不僅有氏族薩滿，而且還
有一般薩滿，前者專祀氏族神，後者則祀外神。一般情況下，薩
滿不脫離勞動生產，他為全氏族祈禱平安，或為病人「治」病，
時而呼喊，聲勢森嚴，表示驅邪趕鬼。有的上層人物信仰薩滿教，
利用薩滿進行戰爭動員，以達到他們發動戰爭的目的。

　　到了明代，東北女眞族、蒙古族等有很多人信仰薩滿教。特
別遼東都司治所遼陽是女眞人聚居的地方，信仰薩滿教人更多。
進行薩滿教活動時，他們用一種古怪的詩歌咒語，多姿搖擺的舞
蹈乃至頭戴、身穿多變圖案花紋藝術創作的衣着，祭天祭地到悼
念死者，都廣泛地運用自己所創作的藝術作品，作為驅趕邪魔鬼
怪和奉獻給各種自然精靈、死者和祖先的英靈。他們這樣把衣着
繪畫製作、舞蹈以及其它藝術品，同宗教祭祀緊密地聯繫在一起，
看成是驅邪逐惡的巨大力量，當然客觀上也促進了東北地區民族
繪畫、舞蹈等藝術的發展。

　　薩滿教直到 1949 年東北地區仍很盛行，甚至直到今天吉林
省吉林市烏拉街滿族居住地方，仍有跳薩滿的遺風。從世界範圍
來看薩滿教流行也很廣，亦至今仍然流行於歐、亞、美三大州的
極北地區[75]。

二　佛　教

　　佛教，在明代東北地區也很盛行。佛教，來自古印度，大致

---

[75]　拙著：《東北民族史略》1983 年吉林人民出版社出版。

西漢全盛時期，即公元前一世紀前期就傳入中國❼。魏晉之後，佛教迅速發展。佛教大量地傳入東北地區並成爲東北地區的一種主要的宗教形式是在遼代。在遼代及其後的各個時代，佛教雖曾不斷地衰落，但一直在流行。特別到了明代，又曾一度興盛。佛教主張摒棄暴力，反對造反，號召人們出家，棄絕人倫，教人厭棄現實世界，厭棄軀體，追求一種超脫塵世的絕對安靜的精神世界，去達到彼岸「極樂的世界」。逃避現實鬥爭，這是很投合明代統治階級的口味，因而得到明代統治階級的支持，在遼東地區建造或修繕很多寺院，以利於佛教廣泛的傳播。如廣寧衞的普慈寺、清安寺、海潮寺；寧遠衞的靈覺寺、仙靈寺、望海寺；鐵嶺衞的圓通寺、水朝寺、東寧寺；瀋陽中衞的白塔彌陀寺、龍泉寺、清涼寺；海州衞的銀塔寺、金塔寺、報恩寺、法雲寺；蓋州衞的清峯寺、妙峯寺、金仙寺、慈雲寺、法王寺；復州衞的寶林寺、平林寺、道原寺；金州衞的白雲寺、勝水寺、龍鳳寺，等等。這些寺院規模宏大，富麗堂皇，寺院中香火鼎盛，來往信徒絡繹不絕。佛僧聚衆講經說法，佈佛傳戒，燒香禮拜，朝夕敲打着木魚。但其中多是不嚴格遵守教義和戒律的懶散和尚。

　　但也有些虔誠的高僧產生。其中最著名的是女眞族高僧道圖。他出自「迤東海洋女直右族童氏」，先於他鄉入大廣濟寺（建於錦州城內）依師學法。後投東會寺（在遼陽郊外），拜千江印公爲師，苦心修行，得授心法。道圓於永樂四年春「欽取遼東通教

---

❼　靳生本：《法顯及其「佛國記」的幾個問題》，載 1980 年山東大學學報第 1 期。

僧六員赴京預會」，「以其年臘月會天下僧衆三萬人，俱於江東
門迎西大葛哩嘛上師大寶王，館於靈穀寺」、「預會而退」，回
遼東。永樂六年，由衆僧「斯舉」，「兼領廣祐寺住持事」。其
人「平生以念佛三昧爲宗，無戲論，無妄言」，「恒以慈悲化導，
人是以信」⓱。是一位著名的少數民族高僧，設壇傳戒，講經說
法，寺院之中香火鼎盛，信徒絡繹不絕，有「行淨」弟子四十餘
人。高僧道圓對東北佛教發展有很大影響，在東北地方宗教史上，
有一定的地位。

有明一代，也有一些遼東都司文官武將、豪強勢族信奉佛教。
遼東民衆對明朝腐朽統治是不滿的，多次進行反抗鬥爭，特別明
代後期，各族民衆反抗鬥爭不斷，沉重地打擊了明朝統治。明朝
統治階級爲了長期統治東北民衆，他們在鎮壓東北各族民衆反抗
鬥爭的同時，也極力支持和鼓勵民衆參加佛教活動，以瓦解有明
一代東北民衆的反抗鬥爭意志。因此武官世豪帶頭加入佛教。他
們沆瀣一氣，經常混跡於僧尼羣中參禪悟道、談玄論妙。各地大
小寺院中的牌匾、碑銘、聯幛等多出於這些武官世豪人物的手筆。
其實他們並不理解佛教的宗教原理，甚至連「四諦」、「十二因
緣」等基本學說都不清楚，其目的無非是要加速佛教的傳播，麻
痺民衆反抗鬥爭意志，鞏固和加強其明朝腐朽統治。

有明一代，東北民間村民虔誠的信奉佛教的更不在少數。不
但漢族信奉，其他少數民族也信奉。佛教早在高句麗民族中廣爲

⓱　《廣祐寺圓公塔銘》碑文攝片，遼陽市文物管理所供稿。

傳播，朝鮮族信仰佛教的也不少 ⑱。比較流行的是《阿彌陀經》，主要內容說信奉佛教，死後能去「極樂世界」，引導人們進行宗教修行。他們把信奉佛教當成一種祠祀形式，認爲信奉佛教與供奉祖先靈位、祭祀天地鬼神是一樣的。往往把信仰佛教活動與民間流行的各種封建迷信活動混同一起。大供如來佛、彌勒佛，燒香跪頭，施奉齋飯，其目的接受佛神的福澤。信奉佛教是爲了禳除疾病，消滅災害，擺脫苦難，或是爲了求子孫，求富貴等。這是民衆無力擺脫受奴役的地位，加上他們沒有文化，愚昧落後，不了解人間苦難的眞實原因，爲了解除苦難生活，解除被奴役地位而信教的。

遼東都司及其屬下各衞建造許多寺廟，爲簡便起見，僅舉瀋陽中衞所建寺廟，列表如下，可見一斑：

瀋陽中衞建造寺廟

名　稱	所在地、建造情況等
萬壽寺	在外攘關路北。明正統五年建。御賜藏經一，藏七一六函。
關帝廟	在外攘關邊門外路南，明代建祠宇二十三楹，住持僧五。
望雲寺	在懷遠關衞北。明代建祠宇十一楹，住持僧二。

---

⑱ 《東北民族史略》，1983 年吉林人民出版社出版。

持教寺	在德勝門東南，萬泉河右岸。明代建祠宇九楹，住持僧二。
普濟寺	在天祐關風雨臺。明代建祠宅十一楹，住持僧三。
慈恩寺	在德勝關大井沿路東。天聰二年建。
三義廟	在撫近關泉河北岸。崇德年間建。舊附祀觀音閣，龍王廟。
寶覺寺	在撫近關礁砟市。萬曆四十四年建祠宇七楹，住持僧一。
老郎廟	在內治關路南。崇禎九年建。原名精忠廟，爲奉祀岳武穆王神祠。
應福寺	在福勝關邊門內路北。明朝建祠宇十二楹，住持僧二，舊名茱棚庵。
大法寺	俗名八王寺，在福勝關北邊牆。崇德三年建。
吉祿庵	在撫近關衙南。明時建，祠宇九楹。
永寧庵	在內治關老虎廟胡同，明代建。
地藏庵	在外攘關回回營東胡同。明時建。

⑦⑨

以上僅舉遼東都司瀋陽中衞的有明一代寺廟建造情況，這些寺廟是人們同宗教聯繫的橋樑。寺廟不僅僅是宗教傳播的場所和中心，而且還是有明一代東北人民文化教育傳播的中心。一般說

---

⑦⑨ 《瀋陽縣誌》卷13，〈宗教〉。

來信奉佛教的人們多少都有點文化，或者容易接受文化教育。特別是僧人的文化修養較高，他們掌握教育、配藥方法和文學藝術創作技巧，甚至掌握冶煉技術。因此佛教對東北社會和文化的影響也是多方面的，這些都應該聯繫到具體歷史進程作細緻的研究。

三 儒 教

儒教，在遼東地區更爲普遍流行。儒教，即孔教。把孔子學說當成宗教，和佛教、道教並列。儒教是中國封建社會形成的一種宗教。孔子學說，最先不帶有宗教性質，但在封建社會裡，當它宗教化之後，便變成了一種神聖教條，罩上神的靈光，便成了神聖之學，即神學。神學便是儒教初級階段，有的學者論述宋明理學才是儒教的完成，我贊同此說。儒教第一義諦是「天理」，要求人們摒除欲望，存養「天理」，宣揚天人感應，神能賞善罰惡，上天直接干預人事，皇帝是代表「天意」的，代表上天的意志，發號施令，這是以神權強化王權，因此儒教要求人們都要禮拜皇帝，皇帝要禮拜孔子，君君臣臣，父父子子，都要「愼獨」、「大孝」、「奉天法機」，把「三綱五常」變爲神聖的教條，奉爲天經地義。《四書》、《五經》作爲封建教育的教材。

明朝是重視儒學的。遼東都司轄境內設了許多儒學、書院。通過這些場所，進行《四書》、《五經》的教育，這就客觀上推動了遼東文化的發展。但進行這些教育內容，而往往包涵、滲透許多宗教思想，用以宣傳「三綱五常」、「天人感應」、「讀書

爲貴」❽，強化封建宗法制度。並通過科舉制度，依據對儒教經典的領會程度，選拔做官，要求這些人把經書捧上神聖地位，要用心攻讀，靜坐修身，要「正心」、「愼獨」、「貞節」。儒教雖不主強出家，但主張人倫的世俗性，即主張追求高明的精神境界。

　　明朝統治者除了辦儒學，推行儒教外，爲了擴大儒教影響，便在東北大地城鎮、鄉村大建孔廟、上（天）帝廟，甚至烏蘇里江以東的密林中也修起了孔廟❽。上帝廟也平地而起。當年蓋州衛地所建造的上帝廟至今還完整無恙。遼東大地還修建起許多「貞節坊」、「尙美坊」，僅「貞節坊」在遼陽就建起四座❽。

　　有明一代，儒教在東北大地傳播推廣，發生了極其深刻的影響，這種影響是多方面的。首先是文化方面的影響。中國是一個多民族的國家，我國北方許多少數民族，社會發展是較慢的，有的少數民族在明時期處在奴隸制社會，甚至有的民族還處在氏族部落社會，由於接觸了中原地區傳播來的儒教文化和儒教思想，促使他們很快跨進了封建社會，如女眞族、蒙古族等，都深受儒教文化和儒教思想影響，在社會的發展中縮短了封建化的過程，促進了各兄弟民族思想文化的融合和發展，儒教是起着積極作用的。

---

❽　《汪德軒墓誌》揭文，遼陽市文物管理所供稿。該墓誌於1976 年在遼陽市郊南莊出土。撰刻於明嘉靖26 年，碑高寬 44 厘米，正文 19 行，行 29 字，楷書。蓋文《明耆壽汪德軒墓誌銘》篆書。

❽　阿爾先耶夫：《在烏蘇里邊疆的密林中》1951 年莫斯科出版。

❽　《遼東誌》卷 2，第 27 頁（《遼海叢書》本）。

　　儒教是中國封建社會一個大派別的宗教。對當時世界經濟文化影響也是很大的。可以說儒教代表了中國封建社會發展的文化，它和其它幾大教相比，儒教的世俗性很強。因此它也影響到海外，隨着文化交流，儒教也傳播到鄰國，如朝鮮、日本、越南，甚至東南亞諸國。這些國家通過儒教接觸並了解了中華民族的精神文化。對這些國家歷史文化的發展也起着不同程度的影響。

四　道教等

　　道教，是中國土生土長的一種宗教。它在遼東地區也廣泛流傳。道教以煉丹、養神、養氣作爲宗教修煉方法，宣傳信奉道教能使人長生不老，修煉成仙。這些人一般說文化較高，他們掌握配藥方法，煉丹技術。如明時遼東張三豐、黃花老人均信奉道教，在傳播道教的同時，對有明一代文化發展也是起着一定作用的❽❸。

　　喇嘛教，自元代傳入東北，主要是蒙古族中廣爲傳播。到了明代仍繼續傳播。修寺院、築喇嘛塔，今肇東縣大廟屯的喇嘛寺塔，即衍福寺雙塔就是一個很好例證。說明喇嘛教明時期東北大地仍很流行。明清時期，蒙古族的喇嘛，幾乎佔了本民族總人口的三分之一。喇嘛不娶妻室，也不從事生產，但在發展蒙古族文化和科技上有很大貢獻❽❹。

　　回教在明末清初傳入東北，本世紀初，東北一些主要城鎮已建有清眞寺，回教對回族文化在東北的傳播也起着很大作用。

---

❽❸　《遼東誌》卷6，第49頁（《遼海叢書》本）。

❽❹　拙著：《東北民族史略》，1983年吉林人民出版社出版。

第六節　近年出土的遼東都司治所遼陽碑誌及碑刻藝術

一　遼東碑誌的緣起

　　我國的碑誌有着悠久的歷史，曾被譽爲刻在石頭上的書。明代遼東碑誌出土頗多，佔有重要地位。特別近年來，遼陽市文物管理所等單位在遼東都司治所遼陽及其附近地區發現的各種碑誌，琳瑯滿目，風雅古樸，可稱之爲遼陽碑林。這些碑誌的內容極其豐富，涉及到明代政治、經濟、文化、軍事、邊疆沿革及民族政策等，是研究明史，特別是研究明代遼東地區社會風貌、設官置制、謫戍流人、屯田拓荒、守土戍疆，乃至經制典章、宗教風俗、山川城郭、文明教化等重要碑刻資料，亦是中華民族文化寶庫的一部份。

　　尤其我國古代東北是邊徼地域，加上封建王朝祇重腹地經營，忽視邊陲，是以東北荒陬僻域，不祇缺乏編年正史的綜合史乘，即如軼事傳奇之類的稗乘野史，也鮮見著述，故使人不能不有闕如之嘆。遼東出土的碑誌，其刻石記事，雖屬大輅椎輪，但殊能彌典籍之疏漏，補文獻之不足。然而，到目前爲止，史學界關於明代遼陽碑誌的研究還是很不夠的，未曾有一篇全面而系統的專門論著刊出。這可能是因爲碑誌過去出土不多，已出土的碑誌又因年久，碑面漶漫剝蝕嚴重，筆劃損缺，難以辨認的緣故吧。今筆者不揣譾陋，僅就管見，草成是章，以期有裨於對有明一代遼東歷史的研究。

　　遼東地區的碑誌可追溯到漢魏時期，據《遼史・地理誌》記載，東京道鶴野縣原來是漢代居就縣，即今遼寧省遼陽高甲山古城❽。當地傳說有一個叫丁零威的人曾在此安家，後來離家遠遊，一千年後化爲仙鶴，落在華表上，用其啄在華表上刻下一首詩：「有鳥有鳥丁零威，去家千年今來歸，城郭雖是人民非，何不學仙冢累累。」這即是遼東碑誌傳說的重要資料。

　　近年發現的遼東地區最早的一塊碑誌，是唐開元二年五月十八日（714年7月4日）唐鴻臚卿崔忻於旅順黃金山下，鑿井兩口，並刻碑記事：「敕持節宣勞靺鞨使鴻臚卿崔忻，井兩口，永爲記驗」❻，是渤海國王受封於唐王朝中央的歷史見證。以後的碑誌種類增多，內容越來越豐富。如遼壽昌二年（1096年）撰刻的《王剪妻高氏墓誌》使用漢・梵兩種文字，並以「警覺陀羅尼」五個漢字爲題，可證墓主人信奉佛教甚篤。金天德二年（1150年）撰刻的《張行願墓誌》，不僅記載了墓主人家庭身世，而且記載了當時統治者有爲尼僧的習俗。金大定二十九年（1189年）撰刻的《東京大清安寺英公禪塔銘》更是難得的歷史資料。金世宗完顏雍的母親貞懿太后動用內府錢三十餘萬，建此東京大清安寺，後寺內「有資巨百萬，凡市易者數十，金帛如山」，「僮僕四百人」。所刻銘文可觀爲一篇四言體詩作，記載這位英善的和尚的生平事跡，頗爲感人。

---

❽　王鍾翰、陳連開：《戰國秦漢遼東遼西郡縣考》載1979年《社會科學集刊》第4期。

❻　碑刻「羯」字，當爲「鞨」字之誤。

元大德八年 (1304 年) 撰刻的《關帝廟碑》，不僅是宣傳封建道德規範，還記載了此廟建築規模，描述了千山的秀麗風光。元至正八年 (1348 年) 撰刻的《張成墓碑》記載了元王朝對外戰爭給民衆帶來的災難和元兵的痛苦生活，平時流汗，戰時流血，遠戍極邊，屯田種地，每役必從。張成曾於元至正二十三年 (1286年) 由水達達地區屯田鎮守改派「至黑龍江之東北極邊而屯營」，晚年定居金州 (今遼寧省金縣)城東北雙山。每次調遣，均「統所部軍，携妻弩輕重」隨往。

二　明代遼東碑誌及碑刻藝術

有明一代，遼東碑誌在前代的基礎上，又有了新的發展。這不僅表現在碑刻的數量上大大超過前代，而且也表現在碑刻的內容上大大超過前代。明代遼東碑誌內容極其豐富，刻碑記事，多正史不及備載。

首先、碑誌保存着一批有關明代遼東地區居民家庭結構的社會學資料。有的碑誌是以一姓一族爲記載對象的，記載着一姓一族的發展史，爲我們了解封建家庭、家族組織內部結構及封建宗法關係，提供了生動的佐證。如在遼陽市東陵石橋子出土的《王宣墓誌》，撰刻於明景泰二年 (1451 年)，記其家自永樂年間，由「直隸廬州」(今安徽省合肥市)遷至遼陽，至景泰二年已繁衍成爲遼東望族，「侄子森然羅列，族居八十餘口」❸。這塊碑誌爲我們研究宗系大家庭的封建宗法制度，就提供了很好的資料。

---

❸　《王宣墓誌》搨本，遼陽市文物管理所供稿。

・第十四章　明代關東文化・

又如一九七五年在遼陽附近千山倪家臺發掘的撰刻於景泰元年
（1450年）「遼東都指揮僉事」《崔源墓誌》及其家族《崔勝墓
誌》、《崔鑒墓誌》、《崔鍇墓誌》、《崔賢墓誌》、《崔世武
墓誌》，由此我們可以了解崔氏家族門閥制度和譜牒承遞關係。
「族有譜，猶國之有史，史以立萬世君臣之綱常，譜以疏子孫千
載之倫紀，孝子順孫，所宜先務」❸。由這些碑誌我們還可以了
解到遼東地區的人口史、經濟史、民俗史乃至民族史等。再如在
遼陽市鏵子村磨旗山出土，撰寫於明正統九年（1444年）的《許
復壙誌》，載其墓主人許復，隨「明太祖起兵，從軍征伐有功，
陞伍長，由伍長陞百戶，由百戶陞副千戶，任定遼前衛後千戶所。
後以年老征傷，令公替職」，許復「命嫡長男替其職事」❸。在
撰刻於明正統九年《吳升墓誌》中記載，吳升「奉嫡母尤愈所生，
敬族兄誠同一氣」❹。按封建宗法制，實行嫡子世襲；而不能生
育或無兒子的嫡母也是一家女主，凡庶妾所生子女，尊嫡母必高
於生母❺。許復、吳昇墓誌的出土，完全證明了這一點。

　其二、明代遼東碑誌，還記載了有明一代遼東地區實行軍屯
制和民戶中有的以經商致富，耕讀持家的內容。遼東都司實行軍
屯，是洪武七年（1374年）開始的❻。軍屯的成員，主要是應征
士兵，當然也有些少數民族的降人，和一部份郵傳驛站的士兵。

---

❸　嘉靖12年《新安休寧嶺南張氏雲通譜・續修譜序》。
❸　《許復壙誌》搨本，遼寧市文物管理所供稿。
❹　《吳昇墓誌》搨本，遼陽市文物管理所供稿。
❺　參見遼寧省檔案館藏：《明信牌檔》乙類，第258號卷。
❻　《明太祖實錄》卷87。

・435・

這些軍丁有耕、戰雙重任務❸。這在《吳升墓誌》中有記載，可知遼東地區的軍丁，平時務農，戰時戍邊，兵農兼務，守戰有備。這樣「強兵足食」的軍屯制，既加強了明代遼東地區的武裝力量，也促進了遼東地區的經濟發展。

　　有關遼東民戶的經濟狀況，素來文獻記載甚微，人多憾之。遼東碑誌的這方面史料，極爲珍貴。如一九七三年在遼陽市郊南林子出土，撰刻於明正德十三年（1518年）《王璉墓誌》所記，王璉「從兄事買業，充拓之成，遂成富室」，其子「鉉、錠巨資遠服賈；鎬遊郡庠，事舉子業」。王璉臨終前囑咐其子鉉、錠：「汝父數年，勤勞刻苦，乃殖而不散，亦守財虜（奴）耳。鄉黨宗族果貧乏者，汝隨力以周之，勿徒以益之富，亦可以慰汝父之心也」❹。類似的家庭當時在遼東都司治所不止一家。其中一九七六年在遼陽市郊南莊出土，撰刻於明嘉靖二十六年（1547年）的《汪德軒墓誌》記其墓主人「與弟曰樸，協心創業，貿易江湖，積累千金，起成巨室，未嘗有分毫爭競，其友于有如此者。正德年間，公遨遊上京，道遇強賊，衆皆惶懼失措，公獨挺身克敵，雖財貨盡却，衆賴以安。……每遇兇年，出已資以賑貧乏。自始施捨以至今日，所存活者幾千百人，此公濟人利物之惠矣。一日公燕閑時，集諸孫閫謂曰：金玉非爲貴，讀書最爲高。遂選擇諸孫中資質明敏，性行勤苦者一人，從師而教之。雖未大成，將來不負所望，此又公雅好儒術之志矣」❺。既寫出了遼東都司治所大

---

❸　《明太祖實錄》卷 194。

❹　《王璉墓誌》搨本，遼陽市文物管理所供稿。

❺　《汪德軒墓誌》搨本，遼陽市文物管理所供稿。

戶有的以「貿易經商」創業和經商的艱險，又寫出了汪德軒「致
富濟貧」和「讀書爲貴」的思想。撰刻於嘉靖三十二年(1553年)
的《許節母張氏墓誌》，記其家「服賈修儒而門風益振」。撰刻
於嘉靖三十六年（1557 年）的《王鑰墓誌》記其墓主人「早讀書，
通大義，乃政生理，服勤江湖，朝夕弗懈」，其弟錠、金「俱遨游
江湖，精於著數，協力承家，號稱巨族」，「經商耕讀，循循有
條」❻，這是一個較有代表性的封建地主家庭。據碑誌上述幾則
記載，可以概見有明一代遼東開屯田，兵農兼務，而民戶則經商
致富，耕讀持家的人家也是大有人在的。僅上述及，均可考擷遼
東地區經濟發展狀況，彌補文獻記載之不足。

　　其三、特別值得提及的是遼陽碑林中，有幾批極珍貴的關於
明代經營東北邊陲黑龍江下游奴兒干地區歷史的史料。其中主要
有：一九六四年遼陽市太子河鵝房屯出土的撰刻於明嘉靖三十七
年下土的《宋國忠墓誌》和一九七五年在鞍山市千山倪家臺出土
的撰刻於景泰元年《崔源墓誌》。這些碑誌的發現，爲我們研究
明代東北疆域特別是奴兒干地區的歷史，提供了新的重要資料。

　　《宋國忠墓誌》記載着宋國忠「高祖卜花襲招諭奴兒干，征
進三叉路有功，歷陞明威將軍」的一段史實。誌文中的「三叉」
與「撒察」、「撒叉」，均爲同音異寫。《明史》作「撒察」，
《遼東誌》、《明實錄》均作「撒叉」。永樂中置撒察衞。其地
是在松花江與嫩江交會，松花江折而東流處❼。明初經營東北，

────────────────

❻　《王鑰墓誌》榻本，遼陽市文物管理所供稿。

❼　拙著：《明代奴兒干都司及其衞所研究》，1982 年中州書社出版。

當曾用兵於此，故誌文中曰：「征進三叉路」。又誌文中「宋卜花」，文獻裡雖未見記載，但在奴兒干地方修建的永寧寺，寺前所立的《敕修奴兒干永寧寺碑記》裡碑記末題名的亦失哈的隨行官員中，鐫刻有「所鎮撫宋卜花」的名字。宋不花，即是宋卜花的音轉。宋卜花是隨從明朝內官亦失哈第三次，即永樂十一年（1413 年）巡撫奴兒干地區。亦失哈，本海西人❹。一生中多次前往明邊陲奴兒干地區，每次前往帶領隨從人員多人，這次就有「鎮撫宋卜花」隨從前往，因此碑誌中才有此記載。這是明朝在黑龍江口附近設立奴兒干都司，經常由遼東都司委派官員前去巡視，管轄廣大黑龍江流域，遼東碑誌有此記載，是一個重要歷史物證。

《崔源墓誌》石方形，方蓋篆書「昭勇將軍崔源墓誌銘」三行九字；誌文楷書，二十八行，滿行二十九字。墓誌內容更為豐富。《崔源墓誌》記載：遼東都司官員崔源是於「宣德元年同太監亦信下奴兒干等地招諭，進指揮僉事」職。誌文中的亦信，即奴兒干永寧寺碑中記載的「欽差亦失哈」，奴兒干重建永寧寺碑中記載「欽差都知監亦失哈」❹；誌文中的崔源，即永寧寺碑中

---

❹ 《明英宗實錄》卷 186。亦失哈，《遼東誌》作「亦什哈」。《崔源墓誌》作「亦信」。事迹見《明史·曹吉祥傳》。明人王世貞《弇州史料前集》卷 12 稱：「亦失哈，本廣西人」。《明英宗實錄》載：「亦失哈本海西人」。兩相對勘，顯然「廣西」為「海西」之誤。

❹ 《明英宗實錄》卷 189，《景泰附錄》7 記載：「鎮守太監易信言：軍中守（手）把銃發輒不繼。」《弇州史料編》·《中官考》記載：正統 14 年「虜犯廣寧，亦失哈仍鎮遼東」。「易信」即墓誌中的「亦信」，亦即「亦失哈」。

記載的「百戶」官「崔源」⑩，重建永寧寺碑中記載的「遼東都司指揮使」的「崔源」。《崔源墓誌》與永寧寺碑文記載相互印證，完全相符。

《崔源墓誌》，辛浩撰。《遼東誌》卷六《人物傳》記載辛浩是「湖廣江夏（今武漢市）人」，「正統間被謫於遼」。《盛京通誌》記載他爲「監察御史」，不避權勢，而被「謫居遼陽」⑩。他所撰刻的《崔源墓誌》是研究明代遼東都司的重要資料。根據墓誌記載，崔源是瀋陽土著居民，其祖崔孝先曾官按撫，父崔文襲昭信校尉。崔氏家族是明代遼東望族。從崔源開始，世代提任遼東都司要職。《明會典》、《明史》等記載，崔源曾任昭勇將軍、都指揮僉事，爲正三品。其子崔勝，龍虎將軍、右參將、都指揮使，爲正三品。崔源生於洪武二十五年，死於景泰元年，歷經明洪武、建文、永樂、洪熙、宣德、正統等六朝。崔氏家族雖《明史》無傳，但據《遼東誌》、《全遼誌》等文獻和出土墓誌的記載，明確地記述了他們在奴兒干等地區活動，其中包括崔源、崔勝等人多次招撫「海西」、「奴兒干」等地，這是遼東碑誌記載明朝在黑龍江口附近設立奴兒干都司管轄黑龍江流域的又一歷史物證。

其四、遼東碑誌不僅有極高的關於明代經營東北和東北邊疆

---

⑩　舊諸錄本《永寧寺記》「崔源」皆作「崔□」，近經較訂確爲「崔源」（見鍾民岩等：《明代奴兒干永寧寺碑記校釋》，載《考古學報》1975 年，第 2 期。

⑩　《盛京通誌·流寓傳》。

的史料，而且還包含着珍貴的政治、軍事思想素材。《崔源墓誌》記載崔源「早承父師訓，通古典，明習孫吳」兵法。宣德七年（1432年）出任懿路城守備，「鋤強梁，植忠善，持公秉明，耕守備御，威德其法」。後陞遼陽僉都指揮，告誡將士說：「用兵如醫家用藥不拘常法，在臨機應變，攻其無備，出其不意，兵法之妙也。爾多士其恭喜進止，用命有重賞，否則有顯戮。衆逐蕭整，銳氣自倍，乃大克捷，斬獲生口、獲生口無算。」崔源治軍，機動靈活，隨機應變，賞懲分明，從政用兵的指導思想在當時是進步的。正統九年（1444年）撰刻的《吳升墓誌》，記載吳升的治軍思想，對今天也是有借鑒的。

其五、明代遼東碑誌還有關於關內流人謫戍遼東的記載。流人，《釋文》解爲「有罪見徙者也」，這就是說，因罪而被流徙者，均謂之流人。流人由內地謫放遼東，自古有之，到了遼金元，特別是到了明清時期已有大量流人被發遣到遼東。關於明代流人謫戍遼東，遼陽出土碑誌有記載。一九七五年在遼陽市藍家皖家溝出土的《陳通夫人李氏墓誌》記載，宣德年間，陳通在陝西因「事逮轉徙來遼東」 ⑩，「遼東爲燕京左臂，三面瀕夷」 ⑩，即西面有蒙古、北面有女眞、南臨大海有倭寇，經常騷擾明遼東都司，陳通以戴罪謫戍之身，統領彪師，「奮身殺賊」，屢立奇功，「陞□（昭）信校尉」 ⑩，領銜受賞。流人在遼東戍邊等方面是

---

⑩　《陳通夫人李氏墓誌》搨本，遼陽市文物管理所供稿。

⑩　顧炎武：《天下郡國利病書》卷115，引周宏祖《遼東論》。

⑩　《陳通墓誌》搨本，遼陽市文物管理所供稿。

有貢獻的。又一九六二年在遼陽城西門外出土的撰刻於嘉靖二十六年（1547年）《葉西峰墓誌》記載「西峰先生葉氏，葉舊出江西南昌之武寧（今江西省武寧縣）。其諱九皋者，旣先生五世祖，以名進士任兩浙鹽運使。未幾，被讒謫遼東定遼後衞（今遼陽市城西），竟終於戍中，故先生爲遼東葉氏，實始諸此。九皋生壽篔，壽篔生鋼，鋼生濟，濟配桂氏，生先生。先生幼而異他氏子。濟翁嘗喜曰：吾葉氏因於客寓者，殆四、五世，復運使公之業者，或在茲乎！」❶❺這是極其珍貴的史料。《明史》、《明實錄》等文獻均失載。由墓誌得知，葉九皋，原籍今江西省武寧縣人，因罪謫戍遼東，渡湍水，越穹嶺，遠離鄉土，跋涉冰雪，蓽路藍縷，謫戍遼東，因此墓誌鐫刻「被讒謫遼東定遼後衞」爲流人。葉九皋謫戍遼東「終於戍中」，可以看出流人在一般的情況下，是很難返回原籍的。得老天「恩賜」，皇上發「善心」，遇赦回歸江南水鄉道里者甚少；而大部份離親別友，永戍遼東，勞苦一生，最後埋骨野嶺，結束終生。其中有的流人，偶有成家，他們的後人一代一代相傳。他們被謫戍到遼東，辛勤勞動，繁榮了遼東經濟，發展了遼東文化，促進了遼東的民族融合。

其六、遼東地區歷來缺乏文化科技名人傳世的文獻資料，明代遼東碑誌却有不少關於這方面的史實記載。如上面提及的一九七五年在遼陽藍家皖家溝出土的撰刻於成化二年（1466年）《陳通墓誌》，其內容不僅記載陳通因罪由陝西謫戍東北充軍戍邊，而且還載其墓主人嘗「以讀書咏詩爲事」、「詩得唐人之體」，

---

❶❺　《葉西峰墓誌》榻本，遼陽市文物管理所供稿。

其子陳勳龍「善詩、工眞、草書」⑯，可見當方人士詩畫藝術的高超造詣。又上提及的《葉西峰墓誌》，除了記載有明一代謫成遼東流人，偶有成家，永留遼東，代代相傳的史實外，還記載遼東地區文化教育發展情況。墓誌鐫刻其主人葉西峰先生「弱冠入鄉校，即有聲譽，舉業諸生與相試時，莫不深畏其才。今少宰春網劉公昔提我遼東學政公試爲第一，稱其文：如仙人羽客，不染塵俗，令人誦之，自有凌世高步之想。識者咸以爲知言。然青雲竟未遂，及教鄉弟子數百人，嘗自謂世俗教人，事記誦，亡妙悟，淺陋是構，而不知該博，所以土鮮通儒，於是使人極力沉思，考求宗旨，以除蕪濫之習，又翌以百家諸子，詩歌聲律，各可師法，斯門下土□彬彬然成矣」。葉西峰先生對遼東文化教育事業做出了貢獻。

其七、明代遼東碑誌內容，還能反映有明一代遼東宗教發展情況。如撰刻於正統七年（1442 年）的《廣祐寺園塔銘》，記載了明代遼東高僧道園，出身「迆東海洋女直右族童氏」，「先於其鄉入廣濟寺依師學法，後投遼東東會寺（今遼陽市郊外）拜千江印公爲師，得授心法」。「迄永樂四年（1406 年）春，欽取遼東通教僧六員赴京預會，公居道選。以其年臘月會天下僧衆三萬人，俱於江東門迎西天葛哩嘛上師大寶王，館於靈谷寺，得聞法要，獲受記□，預會而退。至六年（1408 年）遼陽僧綱司前副都綱去世，缺官，而諸山咸推公之德，宜膺斯舉。奉公赴史部，試中，除授前職，兼領廣祐寺住持事。」與人「平生以念佛三昧爲

---

⑯　《陳通墓誌》搨本，遼陽市文物管理所供稿。

宗，無戲論，無妄言，不重久習，不輕初學，恒以慈悲化導，人
是以信。」一生「手度弟子行淨等四十餘人，皆分輝行道」⑩。
這位著名的女眞人高僧，在遼東建寺講佛，設壇傳戒，敲打木魚，
講經說法，對東北佛教發展有很大影響。

　　遼東碑誌還有關於其它方面史實的記載。如嘉靖五年（1526
年）撰刻的《魯倫墓誌》記載遼東民衆因明政權橫徵暴歛，造成
饑餓不堪，流離失所，致使「僻壞半成荒野」。撰刻於嘉靖二十
六年（1537年）的《汪德軒墓誌》記載因部族火拚戰爭，傷之動
輒成千累萬，遼陽一帶每逢災荒年月，就有「幾千百人」死於
「饑餓」。

　　當然，遼東碑誌由於墓主人、撰寫者、階級、時代的局限，
在字裡行間不可能不出現封建道德觀念；不少地方更表現「家族
興亡在於天命」的歷史唯心主義觀點。這是在閱讀使用碑誌時必
須注意批判之點。

　　這些豐碑「石書」造型，有的龜伏螭首，氣勢雄偉；有的製
作精緻，玲瓏透剔。而碑文書法遒勁，或剛健雋永，或圓潤精工，
或詼諧洒脫；十分注意境美，力圖以形寓意，「貌與神合」，每
篇墓主人，無不品貌全殊，形神各異。明代遼東碑誌，堪稱爲東
北古代燦爛文化的寶庫，是我國文化遺產的一部份。

---

⑩　《廣祐寺園塔銘》搨本，遼陽市文物管理所供稿。

附錄：

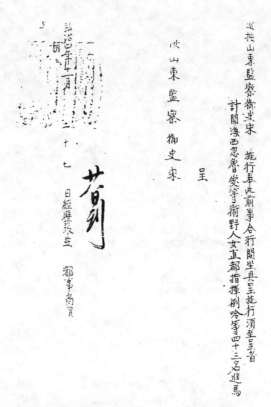

遼寧省檔案館藏明代遼東檔案原抄本書影之一

　　遼寧省檔案館藏《明代遼東檔案》（明信牌檔），乙種111號卷。書影之一。其記載弘治四年十一月二十七日山東監察御史（當時東北隸屬山東監察御史轄）爲東北「海西忽魯愛等衛（今地址牡丹江畔）野人女直都指揮倒哈等四十三名進馬」，向明王朝進貢原抄本。（我國明代的檔案文獻，至今存者甚少。遼寧省檔案館現藏的遼東明檔，大部份於一九四九年從瀋陽故宮所藏的屛風和信牌套上發現的。這些檔案經過精心揭取和修裱，又稱之爲「屛風檔」、「信牌檔」。史料價值，極其珍貴）。

定遼後衛

遼原額屯田陸百肆拾肆頃共穀豆壹萬肆千伍百伍拾

穀玖千叁百陸拾叁石肆斗伍升

豆伍千壹百頃共柒拾柒石伍斗升

節年承種并上年優免各人佃種田肆百肆頃柒拾

遼寧省檔案館藏明代遼東檔案原抄本書影之二

遼寧省檔案館藏《明代遼東檔案》（明信牌檔），乙種273號卷。書影之二。爲萬曆初年，定遼後衛（今址遼陽城內）屯田頃數和徵收穀米數的檔案原抄本。

汪縣殖民肆名

召汪玉係本縣曾溪都人洪武貳拾伍年為剜指事克本衛俊所百戶黃旗所

軍洪武貳拾捌年伍月內故

前件

召李時布係本縣曾東都人洪武貳拾伍年為剜指事克本衛俊所百戶黃旗所

軍洪武貳拾捌年伍月內故

前件

召王寄係本縣溪頭人洪武貳拾伍年為剜指事克本衛俊所

軍本年貳月內故

前件

召駱從生係本縣義打都人洪武貳拾伍年為剜指

前件

姓德縣捌名
一文朱名

遼寧省檔案館藏明代遼東檔案原抄本書影之三

遼寧省檔案館藏《明代遼東檔案》（明信牌檔），丙種24號卷。書影之三。為涇縣（今安徽省涇縣）汪玉、李時布、王寄、駱從生等人，均因「剜指事」罪，發配充軍東北的檔案原抄本。

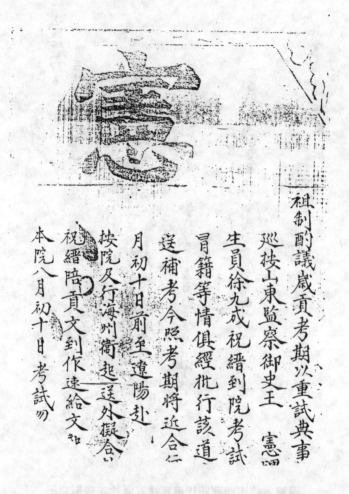

憲

祖制酌議歲貢考期以重試典事

巡按山東監察御史王　憲牌

生員徐九戒祝縉到院考試

冒籍等情俱經批行該道

送補考今照考期將近合行

月初十日前至遼陽赴

按院及行海州衛起送外擬合

祝縉陪貢文到作速給文

本院八月初十日考試勿

遼寧省檔案館藏明代遼東檔案原抄本書影之四

遼寧省檔案館藏《明代遼寧檔案》（明信牌檔），乙種223號卷。書影之四。為明萬曆十四年生員考試「補考」及其「補考」日期一事的檔案原抄本。

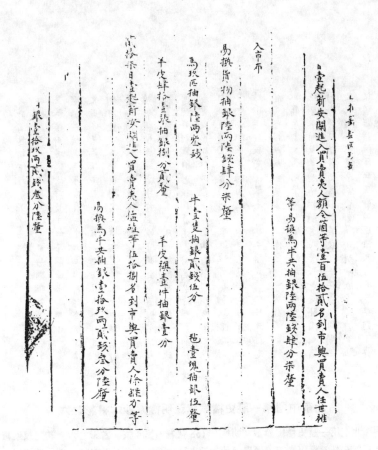

遼寧省檔案館藏明代遼東檔案原抄本書影之五

遼寧省檔案館藏《明代遼東檔案》（明信牌檔），乙種 103 號卷。書影之五。爲萬曆五年「新安關（今遼寧開原縣慶雲堡西北十里）進入買賣夷人額」以及馬換貨物抽銀兩事宜的檔案原抄本。

兵部為遵旨深籌等事〔原件第七九三号〕

兵部為遵·旨深籌急請　聖斷事職方清吏司案
呈奉本部送　御前發下紅夲該遼東巡撫方一藻
題稱崇禎十三年四月二十六日准兵部咨職方清
吏司案呈崇禎十三年四月二十二日奉本部送
御前發下紅夲崇禎十三年四月二十一日該夲部
覆兵科都給事中張維彥題前事等因二十二日未
時奉　聖旨這遼中奇正機守撫宜即著該督撫鎮
齋籌方畧自行回奏著立限去敵部飛檄行欽此欽
遵備咨列臣准臣看得薊州為前鋒門戶形格
勢禁足以制奴西窺丁丑春臣等躬相度業已徐
上修復事宜不童諄諄之往復商畧馳致遷延因
遠中止微臣三疏見在　御前可復按也往苒迄今
倏踰三載奴突擁衆為屯扰之舉臣前疏有云揣度
遼局此地在所必爭盖已不幸言而中矣奴馬步的
數萬廣裒一帶屯堡賊雲擾武日驅窮我難民
肆其衆突狼奔之志詇謀最狡下手極毒時已
伐其承辭草菜時以銳騎肯我逼廛卧楇之間
交代趨　朝後奉暫管連撫　新命祗艮　簡書馳
捉鎮興新撫臣丘民仰鎮臣祖大壽吳三桂劉肇基等

北京中國第一歷史檔案館藏明檔原抄本書影之六

　　北京第一歷史檔案館藏《明檔》153號卷，第4號。書影之六。其記載崇禎十三年五月遼東巡撫方一藻奉崇禎諭旨，與鎮臣祖大壽、吳三桂、劉肇期等昕夕商榷，謀畫戰事之策。指出：「義州為前鋒門戶，形格勢禁，足以制奴西窺」，「揣度遼局，此地在所必爭」檔案原抄本。

遼撫方題為逆奴掘衆次圍困松山等事

共部呈十六料抄出遼東巡撫方一藻謹題為逆奴
掘衆圍松山官兵戮力捍禦斬獲房次聲勢多城李
獲攻城梯木大獲全勝事崇禎十二年三月初五日
未時據寧前兵備道石參政仍帶參職一倃蔡揑
塘報未年三月初五日己時准松山路副將金國鳳
南台下扎營乙任塘報外二十一黃時馬步達
塘報未年二月十四日前終至二十日在松山
三處樓橐不期台力單薄難以抵敵本時將三處
樓台打口口三股對城坎打至晚同營至二十三日
焰苗坎打即在南台下營來夜暗襲南閘廂墻下扎
閘三十七處安設紅夷三十七位木職情口商同碑
石官粮通判未建撤佇城守王殿目背同各營中干
把刘恩康等生員全應試湯自明王三才宋佩
昌等各高議相同本口頒兵出城與賊對敵射死賊
夷無數拿未換押七面賊即退囘木職收兵囘城無
余賊衆復同步夫夫至壞用砲打向日畫夜不能成
梁盡壞本職思慮誠恐四面蔟攻不職帶頒中華元
戎總十愿王應銳把總鄭坎磻萬芳戎牛仝王贊元

北京中國第一歷史檔案館藏明檔原抄本書影之七

　　北京中國第一歷史檔案館藏《明檔》228號卷，第4號。書影之七。其記載崇禎十二年三月遼東巡撫方一藻奏報淸（後金）「三萬餘騎」，携帶「紅衣砲」，奮力攻打松山城檔案原抄本。

兵部題為塘報緊急夷情事

兵部呈於兵科抄出總監各路援兵太監高起潛達

題為塘報緊急夷情事叁月十六日據內中軍劉

國王寧前道察悉德各塘報稱撥署東協原任總兵

益道等飛報今月初九日賊仍攻圍松山從西南

角池中挖掘洞穴深入城辰計多用火藥轟城城上

用鎗砲打挖虜城中甚是危急十一十二等日賊用

大砲攻壯鎮台又攻觀察山台又攻杏山等情到日

據此該日看得賊牲年犯遼大段口肯多偽夷部以

頃銳堅城令乃圍松已迫一月而輸攻之謀既備且

刀八城之口惟松保鴈城不甚高厚而界在錦合閉

保最要德久困他虜則賊志益肆全局動搖不可不

急奮力救除日一面督鎮將星夜出關馳援外理合

飛行題報為此具今崇禎十二年三月十九日奉聖

旨知道了該部知道

北京中國第一歷史檔案館藏明檔原抄本書影之八

北京中國歷史檔案館藏《明檔》229 號卷，第 6 號。書影之八。其記載崇禎
十二年三月太監高起潛奏報，松山城地理位置「界在錦、杏，關係最要」檔案原
抄本。

遼東都司治所遼陽近年來出土的碑誌搨片之一

昭勇將軍崔公墓誌銘

崔源墓誌（遼陽市文物管理所提供）

由崔源墓誌搨片得知，遼東官員崔源於「宣德元年，同太監亦信（亦失哈）下奴兒干等地招諭，進指揮僉事」。這是明朝管理黑龍江下游奴兒干地方的歷史物證。

崔源墓誌石方形。誌蓋篆書「昭勇將軍崔公墓誌銘」三行九字。誌文楷書，二十八行，滿行二十九字。墓誌錄文：

故昭勇將軍崔公墓誌銘。前文監察御史江夏辛浩撰，前文林郎監察御史滎陽吉慶書丹，前承德郎戶部主事廣平張斌篆額。

維景泰元年夏六月十有七日，遼東都指揮崔公卒。其子奉前秋官洪君所撰公行狀，泣哀求銘於余，按公姓崔氏，諱源，字本清，其先沈陽人。元季有爲安撫諱孝先者，實公之祖考也。我高皇帝奄有天下之十一年，孝先乃率衆來歸，授官昭信校尉。後有能世其官諱文者，實公之先考也。公蚤承父師訓，通故典，明習孫吳。永樂間，隨駕北征，累功進陞武略將軍。宣德元年，同太監亦信下奴兒干等處招喻，進指揮僉事。正統元年，奉敕撫安忽刺溫野人。越明年，達賊寇鐵嶺，公爲前鋒，斬首數十級，賊衆遂遁去。七年，懿路城守備者難其人，鎮守大臣金以公守之。公鋤強梁，植柔善，持公秉明，耕守備禦，咸得其法。懿路大治，至今人猶德之。九年，征兀良哈達賊有功，陞指揮同知。十有二年又征之，有功，進指揮使。今年春，總戎諸大臣以遼陽爲邊城都會，匪得公明勇敢之才，以襄成藩屏之重不可。乃交章以公薦陞僉都指揮。時女直野人寇邊，公將精兵三千，兵行，矢於師，曰：用兵如醫家用藥，不拘常法，在臨機應變。攻其無備，出其不意，兵法之妙也。爾多士其恭喜進止，用命有重賞，否則有顯戮。衆遂肅整，銳氣自倍，乃大克捷，斬獲生口無算。旋師論功，上聞，恩命未下而公不可作矣。嗚呼惜哉！公生於洪武壬申，距卒得年五十有九。娶白氏贈恭人，先公五年卒。繼室王氏，男一人；勝，卽銘世其官者也。女二人，長適千戶男吳凱；次適千戶金勝，俱白所生。孫男一，曰恭，孫女一，曰妙寶，尙幼。將以是年七月十七日葬於千山之陽，謹書公之大概，銘之貞石，以志其幽雲。銘曰：桓桓將軍，光昭祖武。義勇仁明，信乎戎伍。越昔殘胡，敢肆侵侮，鋒蝟斧螗，以干斯怒。實維將軍，陣分龍虎。死委全軀，生擒渠虜。威振三邊，功聞九五。指日進封，曷天不祜。夜臺長逝，士林殷憮。既銘於幽，千載斯古。

遼東都司治所遼陽近年來出土的碑誌搨片之二

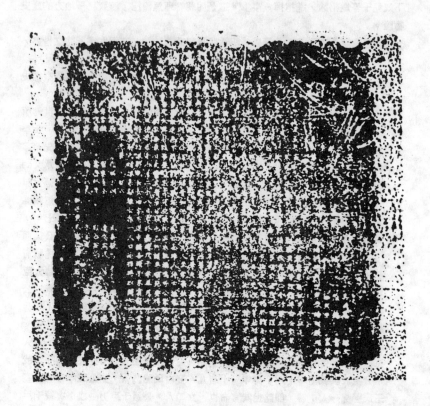

宋國忠墓誌（遼陽市文物管理所提供）

　　由宋國忠墓誌搨片得知，宋國忠先人「宋卜花襲招諭奴兒干，征進三叉路有功，歷升明威將軍」。這是明朝管理黑龍江下游奴兒干地方的又一歷史物證。
　　宋國忠墓誌石方形。誌文楷書，三十二行，每行三十字。墓誌錄文：
　　　　明故明威將軍宋公墓誌銘，州進士毅軒吳國賓撰文，儒學生東林範錦書丹，儒學生葵軒徐文中篆蓋。

　　公諱國忠，字良勇，別號南樓。先鞍山人。始祖鐵相伊，洪武間率衆歸附，授昭信校尉，欽駐定遼中衞，遂馬焉。高高祖方京伊，疾，未仕。高祖卜花氎，招諭奴兒干，征進三叉路有功，歷陞明威將軍。卜花傳曾祖玉，玉傳祖英，英傳考錯，錯傳公。公襲原職，時嘉靖十九年也。初誠爲青臺峪守‥，地產銀礦，盜賊實繁，公令行禁止，邑人以寧。用是遷爲左衞捕盜官。繼推後衞掌印事。民瘁事煩，前衞爲最，僉議非公不可。公勵精事務，無日不公座，侍御公嘉其勤政之實，推之以表揚於諸衞。使不職者勸焉。又以復州瀕海，海州爲遼孔道，俱稱難治，命公先後視事。抑强遏惡，而吏畏民懷，論政者咸以爲首稱才華富有，屢試輒效，侍御趙公薦其才可當一面，欽差璦陽守備，以都指揮體統行事。先是東夷猖獗，民不聊生；公飭士卒，設方略，斬首二十四級；虜畏之數歲不敢近邊。皇上嘉其功，賞銀五十兩。未幾，制府聞其勇，調入衞，督軍事。竣，欽賞銀五兩。衆方期其大用，而公忽感寒疾矣。一日，索紙筆，書遺訓，處分家事，條理詳悉；筆勢端妙，不減於昔。其能預知而不亂者乎？書畢夫人與子環問而終不答，越三日，意逝矣。公儀貌魁梧，音如洪鍾，事母夫人至孝，豪欽劇談，人弗能及；以至書翰製造，無不精絕。輕財樂施，器廢豁如也。接人待士，謙恭和怡，豪杰莫不樂與之交。至於臨事整衆，威不可犯，故所在以能稱。嗚呼！公敭歷仕任幾二十年，身歿而家無兼日之蓄，其清廉可知也已。所謂生順死得正而斃者非歟！公生於正德辛巳年十月二十八日，卒於嘉靖戊午年五月十九日，享壽三十八歲。夫人蔣氏，指揮蔣斌長女，治家有道，中饋甚精。子來賓，讀武書，善騎射，將來必大顯達，娶鄢氏，指揮弟鄢棟女。孫一人，曰延孫。將以閏七月二十七日附葬於鵝房屯之先塋。銘曰：

　　　千山峨峨　　代水淵淵
　　　風氣毓秀　　碩人生焉
　　　仁孝素鍾　　智勇兼全
　　　遺愛在民　　勳勞在邊
　　　才弗究用　　壽嗇於賢
　　　數也不偶　　孰謂其然
　　　猿哀夜月　　鶴唳秋天
　　　承家有子　　福陰綿綿

遼東都司治所遼陽近年來出土的碑誌搨片之三

陳通夫人李氏墓誌（遼陽市文物管理所提供）

　　由陳通夫人李氏墓誌搨片得知，宣德年間陳通在陝西因「事遠轉徙遼東」。
這是明朝由關內謫戍流人充軍於東北的歷史物證。
　　陳通夫人李氏墓誌石長方形。誌文楷書，二十九行，行三十字。墓誌錄文：
　　　　遼東都司儒學訓導張升撰，封鎮國將軍陳公夫人李氏墓誌。
　　　　陝西都司都指揮同知鎮國將軍陳通元配夫人李氏。故陝西都指揮僉之女
　　也。是歲三月之庚戌卒。其子烈袞經持其友鄉貢進士丘齋所為行狀詣予求銘

。按狀，夫人自甫笄歸陳氏，時夫家貴盛，宗族罕比。雍雍肅肅，閨門百口。夫人事舅姑，色養無違。內外疏戚，長幼貴賤之咸中禮節。喜慍不形。綜理家事，繩繩如也。天性慈厚，躬執婦功，雖處貴顯不懈。相夫睦親善鄰，教子皆中程度。夫家世踐武階而業儒行。得夫人知書秉禮，人以爲宜。永樂間，夫以連帥受知於上，總統西夏兵，往平畏兀兒之地，行且別夫人以兵戎事大，宜加重慎，□□告之，連帥亦深然諾，期以永樂己巳季春上澣凱旋。於是乘勝長驅，肅清西塞，過期未還。或有言西兵不利者，夫人謂其親族曰：兵雖危事，吾夫治陣有法，且能審天時地利之宜，保當萬全。於是齋沐焚香，告天乞祐。復遣隸僕數輩往覘虛實。比捷音至，形神俱耗，連帥果制勝而歸，人益信夫人之明。夫有疾，則朝夕不食，湯藥親嘗。宣德庚戌，夫以事逮轉徙來遼東，關河萬里，艱險備嘗。夫人保抱子女，撫育家僮，恬無怨言。暇則立諸子於庭，諭以入考出恭、忠君弟長大義，諸子德器大有所成就。生於巳未年三月二十五日，享壽六十有七。子男三：長曰勳，娶陝西都指揮屬恕之女；次曰烈，娶定遼後衛指揮張源之女；次曰杰，娶定遼左衛指揮楊昭之女。女一人淑寧，適左軍都督府都督王公長子鍇。女孫曰淸、曰純者，勳所生也。男孫曰起、曰超、曰越者，烈所生也。勳先夫人五年卒，烈承重比▓易簀，召語之曰，君親恩重，倫理道大，汝知所以事父，則知所以事君矣。陳氏世不乏賢，汝宜勉勵進修，以資紹述▓萬一，不墜休▓閒，則吾瞑目矣。言訖而逝。聞者罔不爲之涕，是月吉日，卜葬於城東杏村之原。嗚呼！婦有四德，夫人其全矣。德旣全所從又賢，世有幾人哉？德之賢出乎巳之性，從之賢系乎天之命，若夫人所得於天可謂厚矣。父爲連帥名振關西，夫人幼而所以有賢父也，連帥爲國名臣，六經子史，罔不精究，間爲文辭淸新，夫人長而所以得賢夫也，三子皆能操觚，作爲歌詩，有唐人風致。次子烈以父詿誤，意上書數百言以直之，致靑甋舊物，不失尺寸。子之賢名，孰非夫人之嘉誨乎！苦是者斯可以銘矣。銘曰：

　　婦有四善，孰其全兮？德言容工，夫人具之。厥從有三賢，亦罕□□，旣父賢子賢，又繼德以相德，賢以繼賢，或本於性，或系於天，夫之所豐，無論無喪，或雲或仍，乃將乃相，南山之麓，卉木敷榮，於千斯年，玉碢題銘。

　　景泰乙亥歲季春下澣五日教授汪珣書丹

後　記

　　吾少遭國難，奔走西東。後入初師，繼之中師、高師就讀。畢業後，幸進史山學海，濫竽學林，以明史研究爲己志，面壁苦讀，潛心問學，用志不紛。但敝人不才，學識淺陋，大器之成，猶待來哲。

　　今有幸逢海峽，厚情雅意。將在中國東北社會研究的基礎上，又參之於孫與常的馬市貿易、傅朗雲的明代東北民族、李治亭的明王朝在東北的瓦解等研究內容，而於如豆之燈光下，幾度酷夏寒冬，進行修改、補充，予不過哺其糟，啜其醨，草成此稿，聊備覆瓿，謂之《明代東北史綱》。稱爲史綱者，蓋不敢視爲定本之意也。現懷鉛握槧爲事，不幾爲大雅所嗤乎？尚能奉獻學林草芥之助，亦甚幸矣。

　　拙著撰寫中，粗體病疴，幾乎難以爲繼，困厄之際，內助曲若筠老師趕抄書稿，因此本書也包含着她的辛勞。尤其吳智和先生在百忙中不吝賜文斧正其稿以及書局諸位先生之厚意，才得以付梓問世，情誼深篤，精誠可感，所謂知我於桑落之下者也。在此，一併深深志謝。

　　校訖，頗有春蠶絲盡，蠟炬淚乾之感。終日伏案，披書不已，鈎沉發微，潛心故紙，冬爐夏扇，甘苦自知，杜門堨戶，紙墨疲瘁，鍥而不捨，執著追求，乃妄矜學術每有一得，實爲不易之事矣。

一九九二年關東學人楊暘書於長春

南湖新村二四棟力耕齋

國立中央圖書館出版品預行編目資料

明代東北史綱／楊　暘著--初版.--臺北市：臺灣學生，
民82
　　面；　　公分.--(史學叢刊；23)
　ISBN 957-15-0482-3（精裝）.--ISBN 957-15
-0483-1（平裝）

1.中國-歷史-明（1368-1644）

674.02　　　　　　　　　　　　　　　　82000214

明代東北史綱（全一冊）

著 作 者：楊　　　　　　　　暘
出 版 者：臺 灣 學 生 書 局
本書局登：行政院新聞局局版臺業字第一一〇〇號
記證字號：
發 行 人：丁　　文　　治
發 行 所：臺 灣 學 生 書 局
　　　　　臺北市和平東路一段一九八號
　　　　　郵政劃撥帳號〇〇〇二四六六八
　　　　　電　話：3 6 3 4 1 5 6
　　　　　FAX：(0 2) 3 6 3 6 3 3 4
印 刷 所：常 新 印 刷 有 限 公 司
　　　　　地址：板橋市翠華街8巷13號
　　　　　電話：9524219・9531688
香港總經銷：藝 文 圖 書 公 司
　　　　　地址：九龍偉業街99號連順大廈五字
　　　　　樓及七字樓　電話：7959595

定價　精裝新台幣四一〇元
　　　平裝新台幣三五〇元

中 華 民 國 八 十 二 年 一 月 初 版

60106　　版權所有・翻印必究

ISBN 957-15-0482-3（精裝）
ISBN 957-15-0483-1（平裝）

臺灣學生書局 出版
史 學 叢 刊